Alles was ich wissen will

Ravensburger Buchverlag

Natur und Technik

Natur und Technik

Fahrzeuge auf Rädern

Wasserfahrzeuge

Flugzeuge

Unsere Erde

Was in der Natur geschieht

Weltraum und Raumfahrt

Sonne, Mond und Sterne

Nahrungsmittel

Alltägliche Gegenstände

Bauen

Fahrzeuge auf Rädern

Autos, Fahrräder und Züge gehören zum täglichen Leben. Wie aber funktionieren Motoren und Bremsen? Wann wurden die ersten Räder gebaut? Was bedeutet Allradantrieb? Kurze Erklärungen geben dir Antworten auf deine Fragen.

Woraus ein Auto besteht

In der Autofabrik sind alle zum Zusammenbau benötigten Teile der Reihe nach angeordnet. Das Auto wird auf einem Fließband weiterbewegt und mit den jeweiligen Teilen versehen. Das nennt man Fließbandmontage. Ist das Auto komplett, kommt es auf den Prüfstand und wird auf Mängel getestet.

Das Fahrgestell
Motor, Kupplung, Getriebe, Antriebswelle, Achsen und Federung werden auf dem Fahrgestell montiert. Dieses Auto hat Hinterradantrieb. Es gibt auch Autos mit Vorderrad- oder Allradantrieb.

Die Karosserie
Die Karosserie wird aus einem großen Stahlblech hergestellt. Die Form des Autos wird mit einer großen Maschine ausgestanzt, Türen und Fenster werden herausgeschnitten.

Zubehörteile
Lenkrad, Scheiben, Lampen, Sitze und Stoßstange sind Zubehörteile. Sie werden erst ganz am Schluss an das Auto montiert.

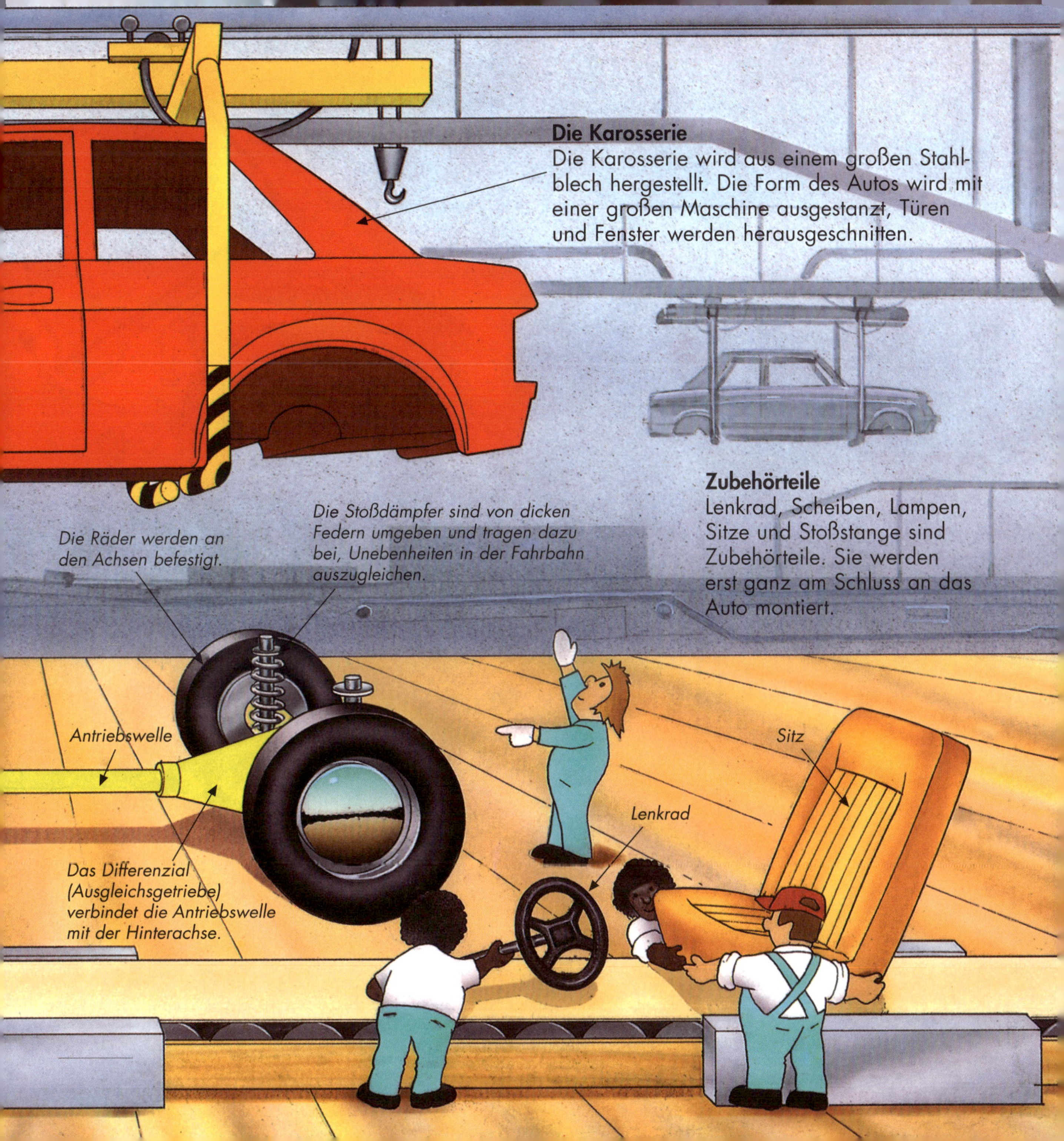

So funktioniert der Motor

Der Motor eines Autos hat eine Reihe beweglicher Teile, die immer gut geschmiert sein müssen, damit sie funktionieren. Automotoren werden mit einem Benzin-Luft-Gemisch (oder Diesel) betrieben, das in den Zylindern durch die Zündkerzen zur Explosion gebracht wird. Wird der Motor angelassen, bewegen sich in den Zylindern die Kolben auf und ab. Diese Bewegung wird auf die Kurbelwelle übertragen. Die Kurbelwelle wiederum dreht die Antriebswelle und damit die Räder.

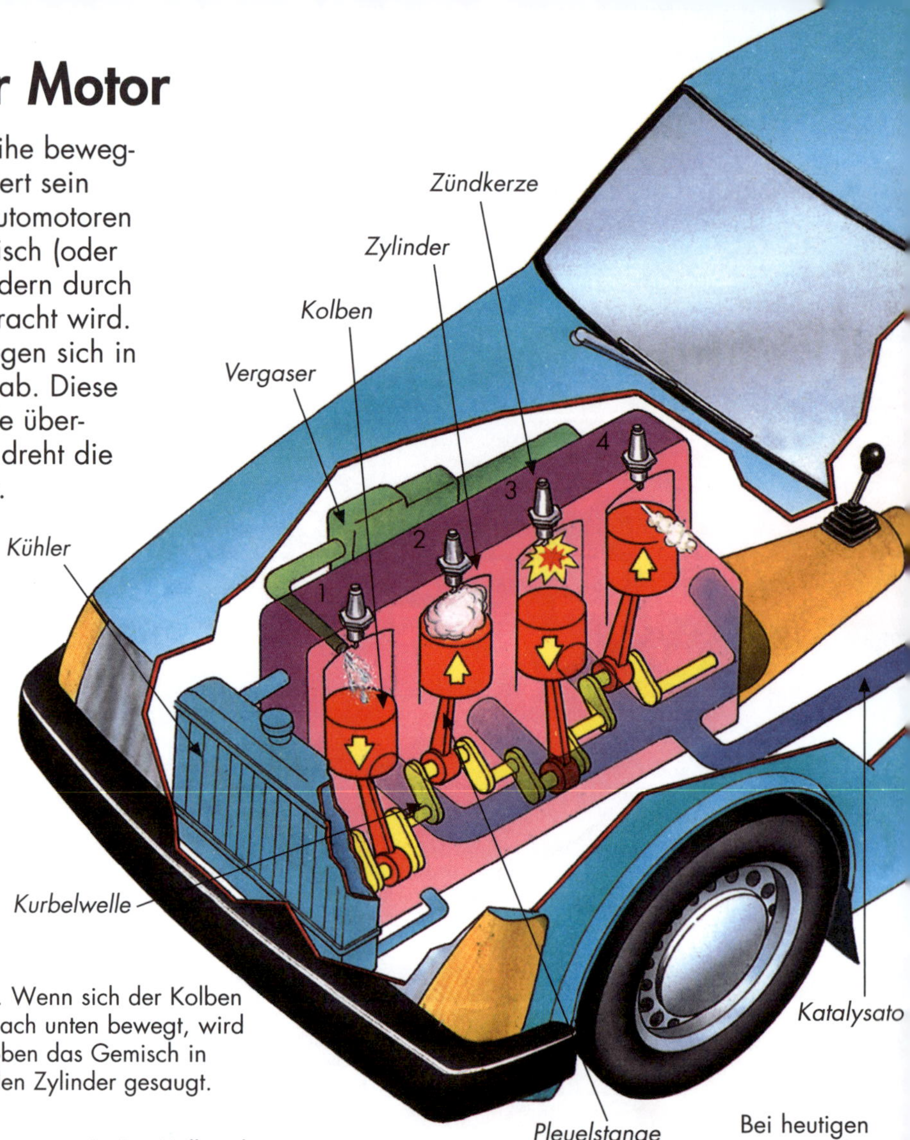

1. Wenn sich der Kolben nach unten bewegt, wird oben das Gemisch in den Zylinder gesaugt.

2. Der Kolben bewegt sich nach oben und presst das Gemisch im Zylinder zusammen.

3. Ein elektrischer Funke aus der Zündkerze entzündet das Gemisch. Es explodiert und drückt den Kolben nach unten.

4. Wenn sich der Kolben wieder nach oben bewegt, werden die Abgase durch das Auspuffrohr abgeleitet.

Bei heutigen Autos ist in der Auspuffanlage ein Katalysator eingebaut. So verringert sich die Menge schädlicher Abgase.

Der Vergaser

Im Vergaser wird Benzin mit Luft gemischt. Einströmende Luft zerstäubt das Benzin in winzig

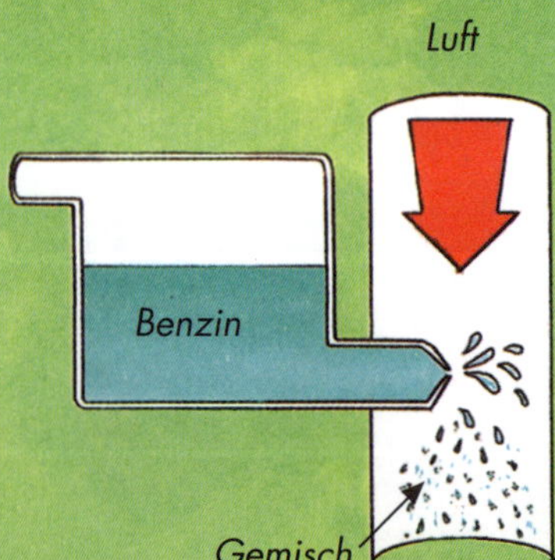

kleine Tröpfchen, die mit bloßem Auge nicht zu erkennen sind. Es entsteht das sogenannte Gemisch. Dieses Gemisch gelangt in den Zylinder.

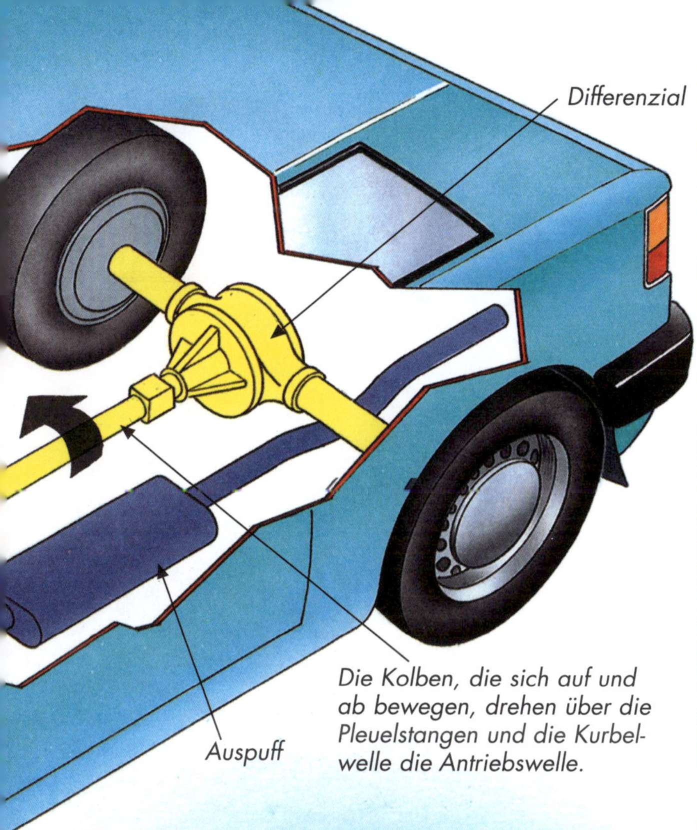

Dieser Motor hat 4 Zylinder. Stärkere Motoren haben 6, 8 oder 12 Zylinder.

Der Hinterradantrieb*

Am Ende der Antriebswelle befindet sich ein Zahnrad, das mit dem größeren Zahnrad der Hinterachse verbunden ist.

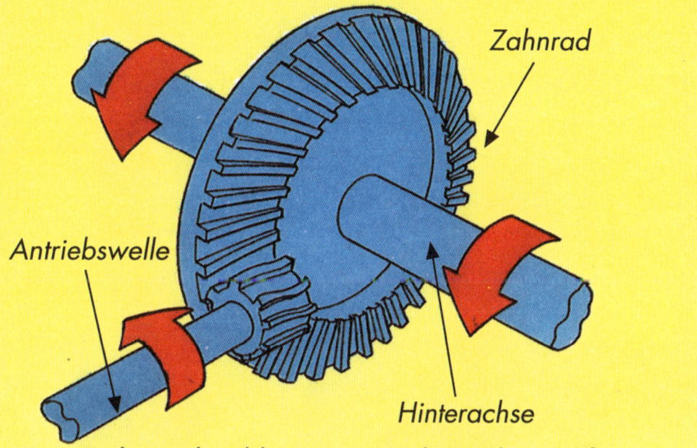

Die Zähne des kleineren Zahnrads greifen in die des größeren Zahnrads und bringen es zum Drehen. So setzt die Motorkraft Hinterachse und Hinterräder in Bewegung.

Kraft durch Kolben

Der Kolben im Zylinder funktioniert wie eine Kanonenkugel. Wenn das Schießpulver gezündet wird, explodiert es. Heiße Gase drücken die Kugel aus dem Rohr heraus.

Wassergekühlte Motoren

Der Kühler ist ein Wasserbehälter aus Metall. Eine Pumpe spült ständig Wasser um den Motor, damit er nicht zu heiß wird.

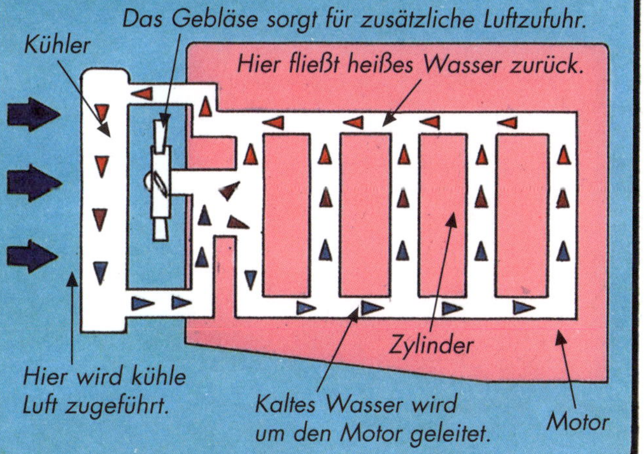

* Dieses Bild ist stark vereinfacht. In Wirklichkeit gibt es mehrere Zahnräder an dieser Stelle (dem Differenzial), damit sich die Hinterräder bei einer Kurvenfahrt unterschiedlich schnell drehen können.

Unterwegs auf vier Rädern

Hier erfährst du, wie Kupplung und Gänge ein unterschiedliches Tempo ermöglichen und wie die Bremsen funktionieren.

Was sind Gänge?
Gänge sind Zahnräder, die ineinander greifen und sich je nach Anzahl der Zähne verschieden schnell drehen.

So funktioniert das Getriebe
Der Motor dreht die oberen Zahnräder des Getriebes. Diese bewegen die untere Reihe und übertragen so die Kraft auf die Räder.

Viele Autos haben fünf Vorwärtsgänge und einen Rückwärtsgang. Manche Lastkraftwagen haben bis zu 16 Gänge.

Gut geschaltet
Beim Anfahren legt der Fahrer den ersten Gang ein. Um ein Auto in Bewegung zu setzen, ist viel Energie nötig.

Im zweiten und dritten Gang beschleunigt man das Tempo.

Im vierten Gang wird schnell und in gleichmäßigem Tempo gefahren.

Der Rückwärtsgang verändert die Drehbewegung der Räder, sodass man rückwärts fährt.

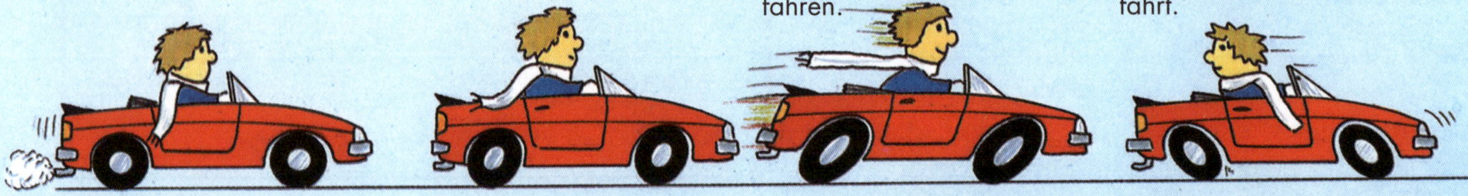

So funktioniert die Kupplung

Will der Fahrer einen anderen Gang einlegen, tritt er das Kupplungspedal. Dadurch werden die beiden Kupplungsscheiben getrennt. Der Motor treibt die Räder nicht mehr an.

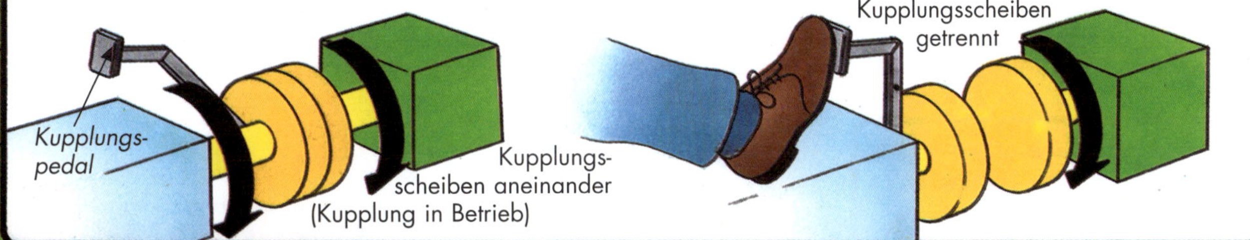

Bei den Vorderradbremsen handelt es sich meist um Scheibenbremsen.

Das Steuer gut in der Hand

Die Lenkung dieses Autos erfolgt über ein Ritzel und eine Zahnstange, das sogenannte Zahnstangengetriebe.

Das Ritzel wird durch das Lenkrad gedreht und bewegt die Zahnstange. Diese Bewegung wird dann auf die Räder übertragen.

So funktionieren die Bremsen

Tritt der Fahrer das Bremspedal, so werden die Bremsklötze gegen alle vier Räder gedrückt. Bremsklötze und Räder reiben gegeneinander. Die Räder bewegen sich immer langsamer und kommen schließlich zum Stillstand.

Trommelbremsen
Die Trommelbremse ist innen im Rad befestigt. Werden die Bremsbacken gegen die Trommel gedrückt, kommen die Räder zum Stillstand.

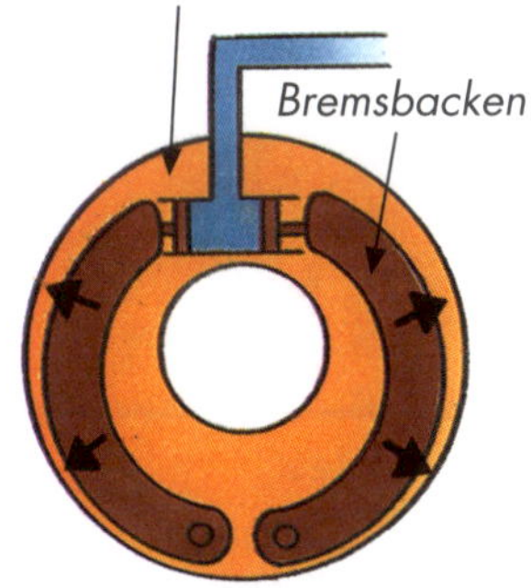

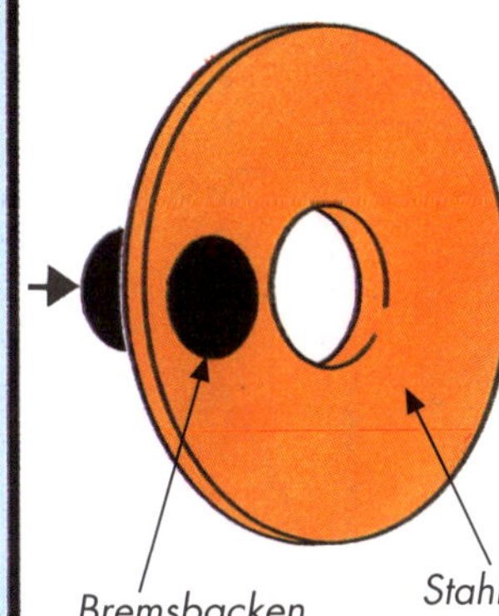

Scheibenbremsen
Innen im Rad ist eine Stahlscheibe montiert. Die Bremsbacken werden gegen die Scheibe gedrückt. Durch die Reibung werden die Räder angehalten.

Grand-Prix-Rennen

Das höchste Ziel beim Motorsport ist ein Sieg in der Formel-1-Weltmeisterschaft. Um diese Meisterschaft kämpfen die Fahrer jedes Jahr viele Monate lang auf Rennstrecken der gesamten Welt. Während der 16 Grand-Prix-Rennen legen sie über 5000 Kilometer zurück. Die Fahrer erhalten Punkte, wenn sie unter den ersten sechs sind, die ins Ziel gelangen. Es gibt zwei Weltmeisterschaften: die Fahrer- und die Automarken-Weltmeisterschaft.

Wagenheber

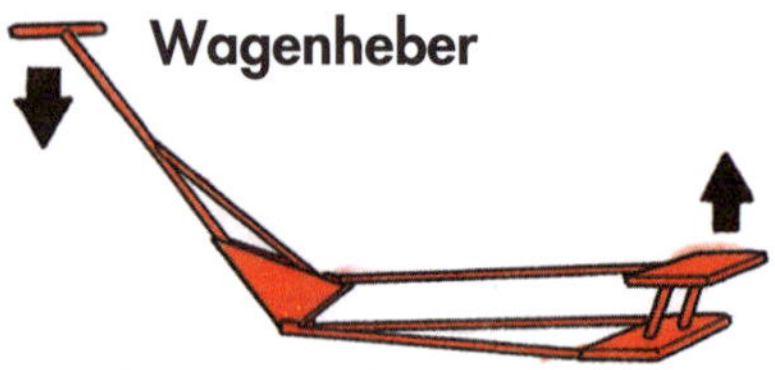

Mit dem Wagenheber lässt sich der vordere Teil des Autos mit nur einer Bewegung vom Boden heben.

Boxen-Stopp

Braucht das Auto beim Rennen neue Reifen, fährt der Fahrer an die Boxen. In wenigen Sekunden werden alle Reifen gewechselt.

Mit dem Pressluft-Radmutternschlüssel kann man die Radmuttern schnell und leicht lösen.

Rennreifen

Einige der Flaggen, wie sie bei einem Grand-Prix-Rennen benutzt werden:

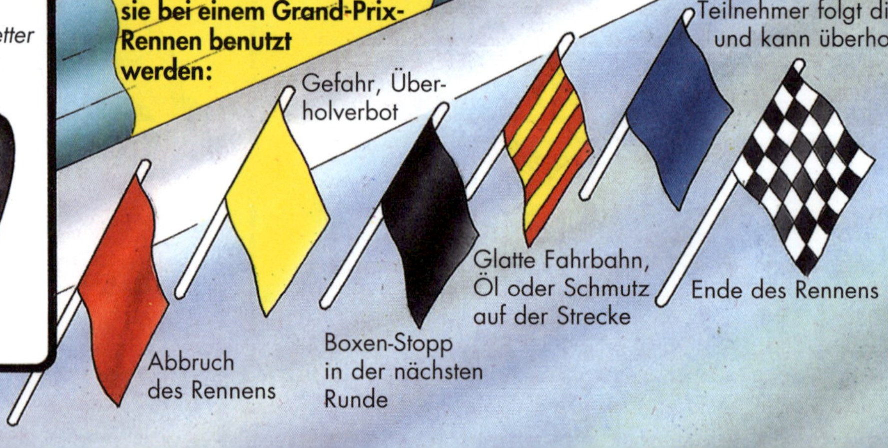

Fahrersitz

Der Sitz ist den Körpermaßen des Fahrers genau angepasst.

Die Motoren sind so stark, dass sie auf 8 km 4,5 Liter Benzin verbrauchen. Der billigste Formel-1-Motor kostet so viel wie sechs Familienautos.

Sicherheit

Der Fahrer trägt zum Schutz seines Gesichts eine feuerfeste Mütze unter dem Helm.

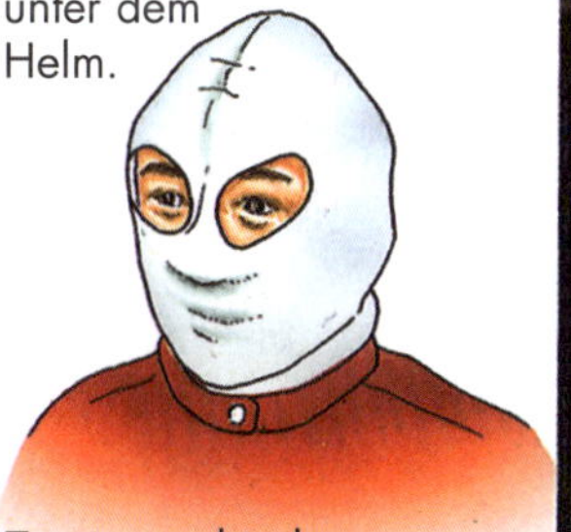

Zwei verschiedene Helmmodelle

Luft drückt auf die vorderen und hinteren Spoiler und hält das Auto am Boden.

Luft presst den Wagen nach unten.

Das Auto ist nur 76 cm hoch. Durch seine besonders lange und tiefe Konstruktion bietet es nur wenig Luftwiderstand.

In den Helm des Fahrers ist ein Funksprechgerät eingebaut, sodass er während des Rennens mit dem Rennteam Kontakt aufnehmen kann.

Die Hinterreifen sind fast 50 cm breit. Sie sind weich und haften gut, sodass das Auto in der Spur bleibt. So können die Fahrer Kurven mit sehr hoher Geschwindigkeit fahren.

Der Wagen kann in wenigen Sekunden von 290 auf 65 km/h abgebremst werden. Die Bremsen werden beim Rennen sehr erhitzt. Deshalb wird durch Leitungen Luft auf die Bremsen geblasen, um sie kühl zu halten.

Motorsportarten

Es gibt verschiedene Arten von Motorsport. Hier werden drei vorgestellt. Die Autos unterscheiden sich voneinander und werden eigens für die jeweilige Sportart konstruiert.

Sprint-Rennen
Hierbei handelt es sich um einen Geschwindigkeitsvergleich zwischen jeweils zwei Wagen. Gemessen wird auf einer geraden Strecke von 400 m oder 800 m.

Das Rennen

Der Fahrer gibt so stark Gas, dass die Hinterräder durchdrehen. Sie erhitzen sich, haften dadurch gut, und der Wagen liegt griffig auf der Straße.

In wenigen Sekunden wird das Auto von 0 auf 160 km/h beschleunigt.

Im Ziel hat das Auto eine Geschwindigkeit von über 300 km/h.

Ein Fallschirm dient zusätzlich zum Bremsen.

Stock-Car-Rennen
Ein solches Rennen wird fast ausschließlich in England mit alten Serienwagen auf einer ovalen Aschenbahn ausgetragen.

Sicherheit

Gurte und Überrollbügel dienen dem Schutz des Fahrers, falls sich das Auto überschlägt.

Dragster-Rennen
Die Hinterreifen, sogenannte Slicks, haben kein Profil und bestehen aus sehr weichem Gummi. Die Vorderreifen sind leicht und dünn, ähnlich wie Fahrradreifen.

Der hohe Spoiler hinten sowie der Frontspoiler sorgen dafür, dass das Auto nicht vom Boden abhebt.

Für Menschen, die das Besondere suchen oder einfach nur Spaß haben wollen, gibt es das Sanddünenflitzen. Gefahren wird mit Buggys, die nur aus einer Gestängekarosserie, breiten Reifen und einem Überrollbügel bestehen. Außerdem müssen sie mit einem roten Wimpel an einer 3 Meter langen Peitschenstange ausgerüstet sein. Falls die Flitzer von einer Sanddüne verschüttet werden, finden die Rettungsmannschaften sie so schneller. Gefahren werden diese Rennen an den Stränden Kaliforniens.

Rallye-Sport
Rallyes werden oft auf verschneiten Bergstraßen, in schwierigem Gelände oder aber in Wüsten ausgetragen.

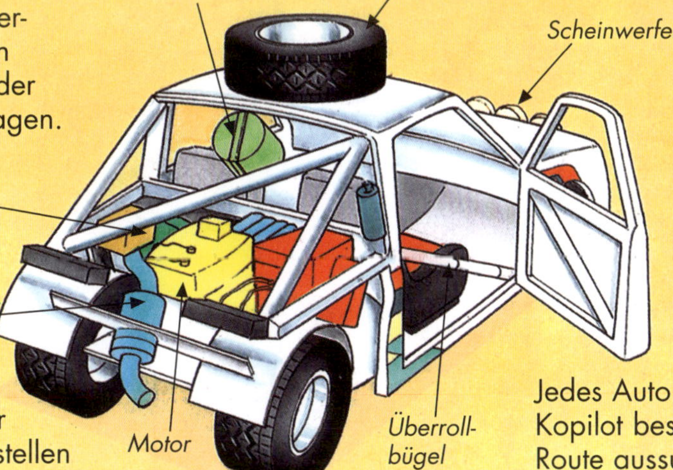

Um keine Strafpunkte zu erzielen, müssen in einer bestimmten Zeit Kontrollstellen angefahren werden.

Jedes Auto ist mit Fahrer und Kopilot besetzt, der die beste Route aussucht und auf die Zeit achtet.

Auf zwei Rädern

Das erste Fahrrad, die sogenannte Laufmaschine, wurde vor über 150 Jahren gebaut. Es hatte keine Pedale. Später brachte man am Vorderrad Pedale an.

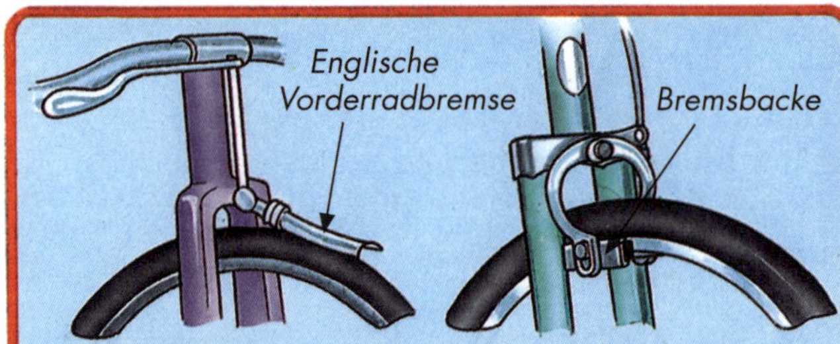

Beim Bremsen werden die Bremsbacken gegen das Rad gepresst, es entsteht Reibung, und das Rad kommt zum Stillstand.

Das Hochrad

Das Hochrad hatte ein sehr großes Vorderrad. Mit einer Umdrehung des Pedals drehte sich auch das Rad einmal ganz herum. So musste man weniger oft in die Pedale treten.

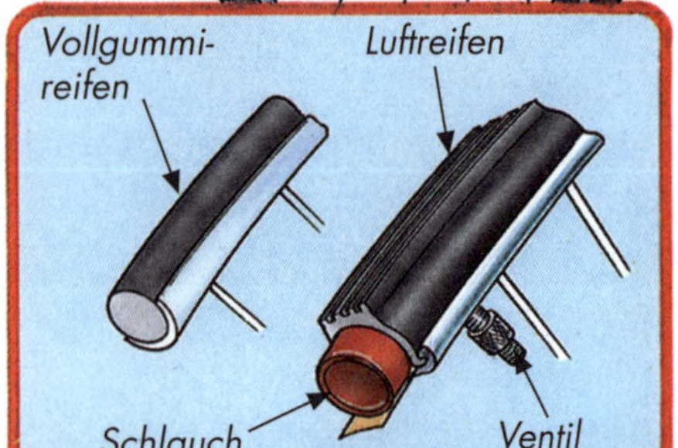

Die ersten Fahrradreifen bestanden aus Vollgummi. Heute verwendet man Luftreifen.

Tritt man in die Pedale, wird die Kette angetrieben, die das Hinterrad in Bewegung setzt.

Motorräder

Das erste Motorrad wurde vor über 120 Jahren gebaut. Es handelte sich um ein Fahrrad, das mit einer Dampfmaschine ausgerüstet war. Heutzutage gibt es die verschiedensten Arten von Motorrädern.

Motorrad-Straßenrennen

Motorräder für Straßenrennen sind die schnellsten. Die Verkleidung macht das Motorrad windschlüpfrig.

Die Pfeile zeigen die Luftströmung beim Fahren. Die Luft streicht über den vorgebeugten Fahrer hinweg.

Seitenwagen-Rennen

In den Kurven lehnt sich der Beifahrer weit aus dem Seitenwagen, um das Fahrzeug im Gleichgewicht zu halten.

Gelände-Rennen

Die dicken Reifen der Motorräder finden auch auf steinigem und schlammigem Boden guten Halt.

Motorrad-Dragster

Diese Spezialmaschinen haben sehr starke Motoren. Fast liegend, bietet der Fahrer wenig Luftwiderstand.

Züge

Die ersten Gleisverbindungen wurden vor über 400 Jahren gelegt. Damals zogen Pferde und Ochsen schwere Lasten über die Schienen, die aus Holz bestanden.

Die ersten Lokomotiven wurden mit Dampf betrieben. Heute verwendet man Diesel- oder Elektromotoren.
Auf diesen Seiten werden die drei Antriebsarten vorgestellt.

Dampflokomotiven

Typ 4-4-0, Amerika

Wie Dampf die Räder antreibt

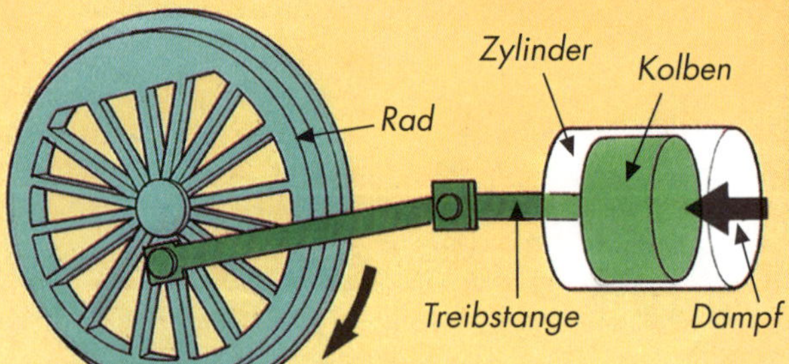

Durch Verbrennen von Kohle oder Holz wird Wasser im Dampfkessel erhitzt. Es entsteht Dampf, der den Kolben im Zylinder und die Räder bewegt.

Elektrische Züge

Züge mit Elektromotoren sind die schnellsten der Welt. Der Strom wird durch Leitungen oberhalb des Zuges oder durch eine Leitung zwischen den Schienen zugeführt.

Der Hikari-Express, Japan

Dieser japanische Zug, sein Spitzname lautet „das Geschoss", erreicht eine Geschwindigkeit von über 210 km/h.

Diesellokomotiven

Intercity 125, England

Dieser Zug hat einen Dieselmotor. Er erzeugt über einen Generator Elektrizität. Sie wird Motoren zugeführt, die wiederum die Räder antreiben und zusätzlich Energie für Heizung und Licht liefern.

Untergrundbahnen

Die Metro, die Pariser Untergrundbahn, ist mit Luftreifen ausgerüstet. Züge mit Gummireifen sind schneller und leiser.

Das Fahrgestell

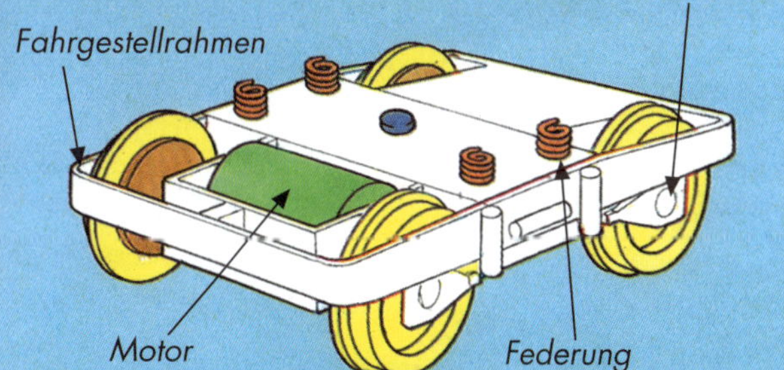

Die Eisenbahnwagen sind auf Fahrgestelle montiert, wie es in der Abbildung zu sehen ist. Sie sind so gebaut, dass ein Zug um Kurven fahren kann.

Moderne Züge

Schnellzüge ermöglichen eine rasche Verbindung von Stadt zu Stadt. Dieser französische TGV (Train à Grande Vitesse, also Schnellzug) erreicht eine mittlere Geschwindigkeit von 260 km/h. Der Geschwindigkeitsrekord des TGV liegt bei einer Geschwindigkeit von 515 km/h.

Vorne und hinten am Zug befindet sich jeweils eine Lokomotive, die den Zug antreibt.

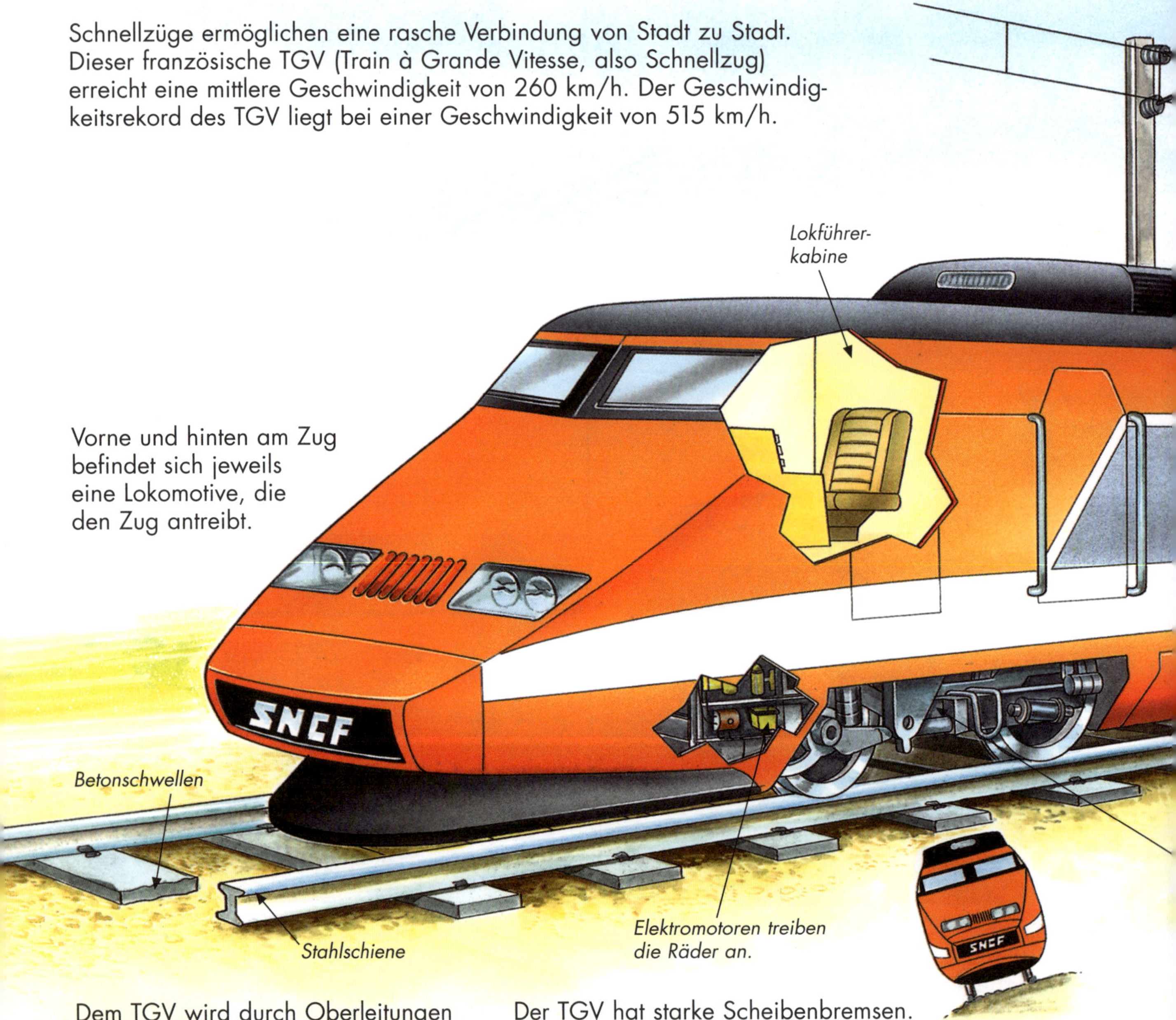

Dem TGV wird durch Oberleitungen Strom zugeführt. Der elektrische Strom wird in die Motoren weitergeleitet, die die Räder antreiben.

Der TGV hat starke Scheibenbremsen. Aus der Höchstgeschwindigkeit kann der Zug innerhalb von 3 km anhalten.

Der Intercity-Express (ICE)

Zwei starke Lokomotiven treiben diesen Hochgeschwindigkeitszug der Deutschen Bahn an. Er kann eine Geschwindigkeit zwischen 200 und 320 km/h erreichen. Die Lokomotiven sind stromlinienförmig und bieten der Luft weniger Widerstand.

Signale

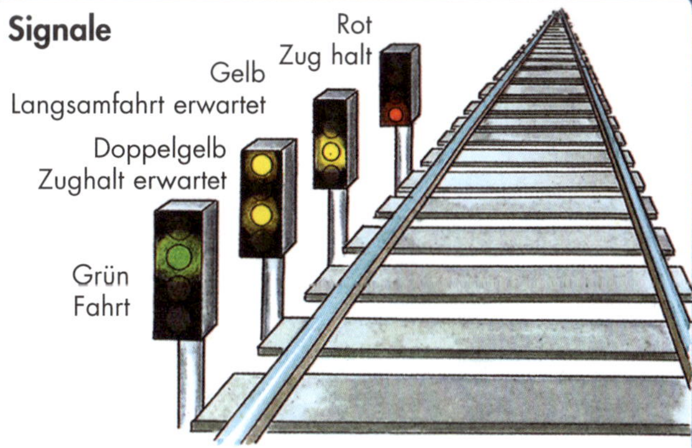

Die meisten Eisenbahnstrecken auf der Welt weisen in regelmäßigen Abständen Signale auf, an denen der Lokführer ersehen kann, wie schnell er fahren darf oder ob er anhalten muss. Hier siehst du einige Lichtsignale.

Wissenswertes

Wilhelm Maybach, der Chefkonstrukteur bei Daimler, entwickelte das erste moderne Automobil, einen 35-PS-Rennwagen.

Ferdinand Porsche ist der Vater des Volkswagens. Im Jahr 1946 ging der „Käfer" in Serie.

Das erste Automobil der Welt, von Gottlieb Daimler gebaut, steht im Deutschen Museum in München.

Mercedes wurde am 23. Juni 1092 als Markenzeichen eingetragen. Benannt ist er nach Mercedes Jellinek, deren Vater von Automobilen besessen war.

Der Scheibenwischer ist eine Erfindung der Amerikanerin Mary Anderson. Sie beobachtete, dass Autofahrer immer wieder aussteigen mussten, um die Windschutzscheibe von Regen oder Schnee zu befreien. Das brachte sie auf die Idee, ein automatisches Wischerblatt zu konstruieren.

1983 wurde ein Rekord in sparsamem Benzinverbrauch aufgestellt. Ein speziell konstruiertes Motorrad verbrauchte nur 1 Liter auf 74 Kilometer.

Die erste Harley-Davidson lief 1904 vom Band.

Ein unternehmungslustiger Brite fuhr drei Wochen lang mit einem Motormäher durch England und legte dabei 4882 Kilometer zurück.

Ein Go-Kart kann bis zu 100 km/h schnell fahren.

Feuerwehrautos (Löschfahrzeuge) sind mit Leitern, Sauerstoffflaschen, Scheinwerfern, Brecheisen und vielem anderen für die Brandbekämpfung ausgerüstet.

Die erste deutsche Lokomotive war die „Adler". Sie befuhr die Strecke zwischen Nürnberg und Fürth.

Der Orientexpress ist einer der berühmtesten Züge. Seit 1883 kann man damit von Paris nach Istanbul reisen.

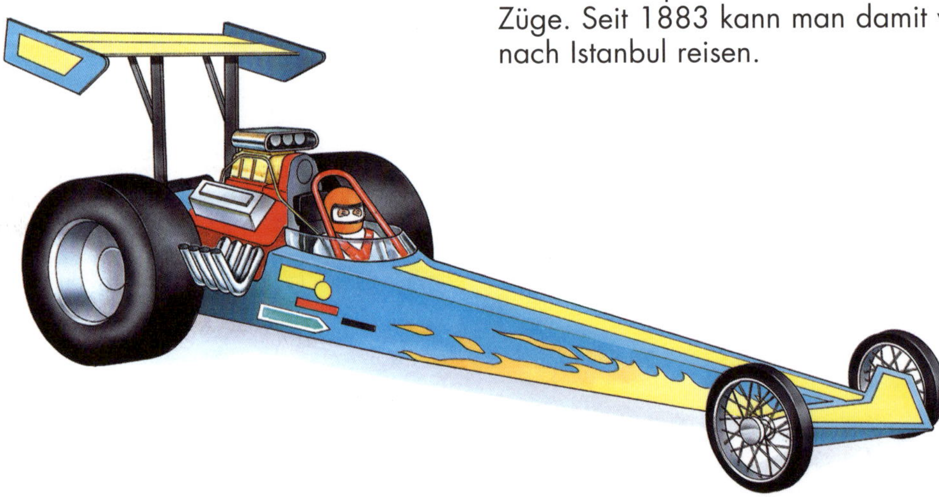

Wasserfahrzeuge

Warum können Schiffe schwimmen?
Wie werden sie angetrieben? Wozu dienen
die verschiedenen Schiffstypen?
Auf diese und mehr Fragen findest du
Antworten.

Von Schiffen und Booten

In diesem Teil erfährst du etwas über verschiedene Schiffe und Boote. Es wird gezeigt, warum sie schwimmen können, wie sie angetrieben werden und wozu sie dienen.

Ein Luftkissenfahrzeug gleitet auf einem Luftpolster über das Wasser.

Frachtschiffe wie dieses befördern Güter von einem Hafen zum anderen.

Schiffe und wozu man sie verwendet

Kreuzfahrtschiffe sind für längere Ferienreisen gebaut.

Auf Kriegsschiffen starten und landen Flugzeuge.

Fähren transportieren Menschen und Fahrzeuge.

Seerettungsfahrzeuge sind so ausgerüstet, dass Menschen gerettet werden können.

Vom Schwimmen und Sinken

Große Holz- oder Stahlboote sind schwer. Beim Schwimmen im Wasser verdrängen sie die Wassermenge, die dem Gewicht des Schiffes entspricht.

Die Auftriebskraft hält das Boot auf dem Wasser. Ein schweres Boot muss hohe Seitenflächen haben, damit möglichst viel Wasser verdrängt werden kann.

Der Rumpf eines Schiffes aus Metall ist hohl und wiegt deshalb weniger als ein massives Metallstück derselben Größe.

Die Auftriebskraft des Wassers reicht aus, um ein Schiff über Wasser zu halten.

Knetmasse-Boot

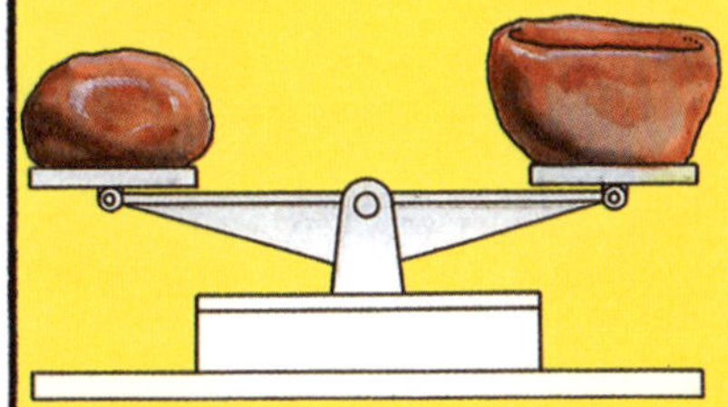

Nimm zwei gleich schwere Klumpen Knete. Rolle den einen zu einem Ball und knete aus dem anderen ein Boot.

Lege beides ins Wasser. Obwohl beide gleich schwer sind, schwimmt nur das Boot, da es größeren Auftrieb erhält.

Volle Kraft voraus!

Mit Paddel, Staken oder Riemen kann man rudern.

Seit Jahrtausenden verwendet man Segel, um die Windkraft zu nutzen.

Heute haben viele Schiffe Dieselmotoren oder Motoren, die über Dampfturbinen laufen.

Bei vielen modernen Unterseebooten werden die Dampfturbinen mit Kernenergie angetrieben.

Dampfschiffe und Dampfboote

Die ersten Maschinen wurden gegen Ende des 18. Jahrhunderts gebaut und mit Dampf angetrieben. Der Dampf bringt die Schaufelräder an beiden Seiten des Schiffes zum Drehen. Sie greifen in das Wasser und bewegen so das Schiff.

Was ist Dampf?

Vorsicht: Dampf ist sehr heiß. Man kann sich daran verbrennen!

Dampf entsteht beim Kochen von Wasser. Aus einem Kessel mit kochendem Wasser schießt Dampf mit Druck heraus. Diese Kraft nutzt man bei Dampfmaschinen.

Dampfschiffe

1819 überquerte erstmals ein Segelschiff mit Dampfmaschine den Atlantik.

Das erste Dampfschiff, das für die 18-tägige Überfahrt nie Segel setzte, war das 1837 gebaute britische Schiff „Sirius".

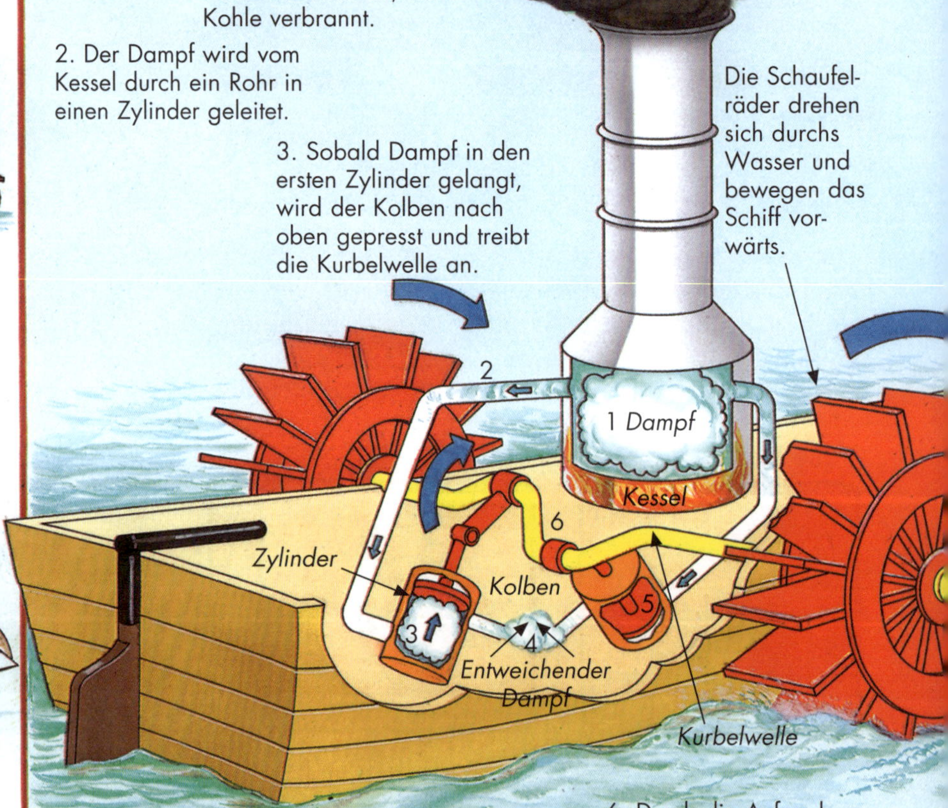

1. Um das Wasser im Kessel zu erhitzen, wird Kohle verbrannt.

2. Der Dampf wird vom Kessel durch ein Rohr in einen Zylinder geleitet.

3. Sobald Dampf in den ersten Zylinder gelangt, wird der Kolben nach oben gepresst und treibt die Kurbelwelle an.

Die Schaufelräder drehen sich durchs Wasser und bewegen das Schiff vorwärts.

4. Durch ein kleines Ventil entweicht Dampf. Der Kolben fällt wieder nach unten.

5. Gleichzeitig wird der zweite Kolben durch den Dampf nach oben gepresst.

6. Durch die Auf-und-ab-Bewegung der Kolben dreht sich die Kurbelwelle. Sie treibt die Schaufelräder an.

Die Schiffsschraube

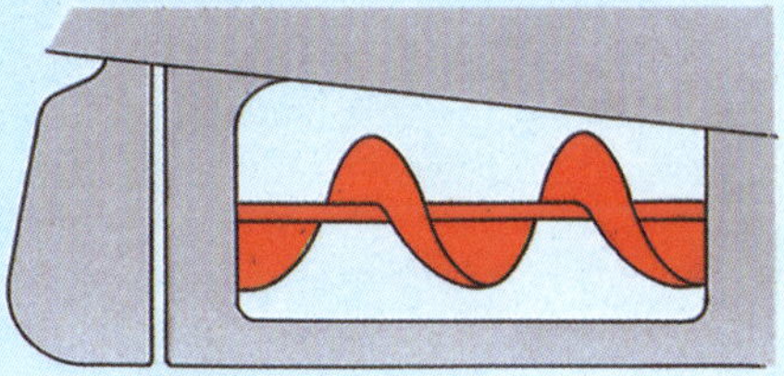
Frühe Form der Schiffsschraube

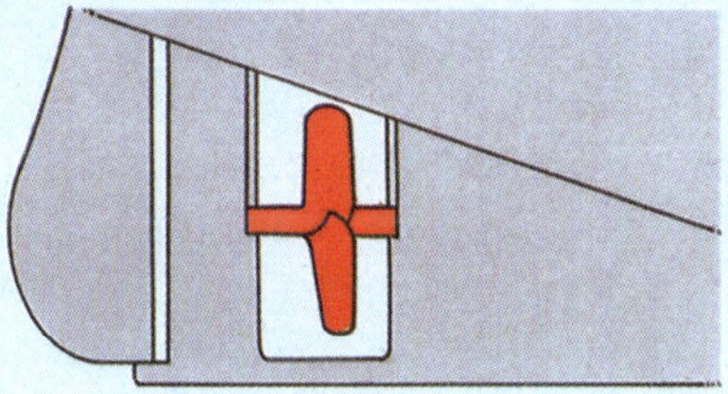
Neuere Form der Schiffsschraube

Um 1840 wurden erstmals Schiffsschrauben gebaut und am Heck der Schiffe (hinten) montiert. Obwohl sie kleiner als Schaufelräder waren, wurden die Schiffe jetzt schneller. Die Schiffsschrauben wurden ebenfalls von Dampfmaschinen über eine Kurbelwelle angetrieben. Der Antrieb funktioniert bei kurzen Schiffsschrauben besser als bei langen.

Wie Schiffsschrauben funktionieren

Eine Schiffsschraube „bohrt" sich durchs Wasser wie ein Korkenzieher durch einen Korken.

Die Flügel der Schraube drehen sich durchs Wasser. Das Wasser wird nach hinten gedrängt und so bewegt sich das Schiff vorwärts.

Dampfturbinen

Wenn der Dampf an den vielen kleinen Flügeln vorbeistreicht, drehen sie sich mit der Turbinenwelle. Und dadurch dreht sich auch die Schraube.

Die „Turbinia" war das erste mit Turbinen betriebene Schiff. Es lief 1897 vom Stapel und hatte drei Turbinen und drei Schrauben.

Passagierschiffe

Früher musste man per Schiff reisen, wollte man nach Übersee. Heute fliegt man meist mit dem Flugzeug. Passagierschiffe nutzt man fast nur für Ferien-Kreuzfahrten. Sie sind wie schwimmende Städte mit Geschäften, Restaurants, Kino und Krankenhaus.

Geschwindigkeitsmessung

Auf See misst man die Geschwindigkeit in Knoten. Die Bezeichnung stammt von früher: Bei der Fahrt rollte sich ein Tau ab, an dem in regelmäßigen Abständen Knoten angebracht waren. Sie wurden innerhalb einer bestimmten Zeitspanne gezählt.

Ein Knoten entspricht einer Geschwindigkeit von einer Seemeile pro Stunde. Eine Seemeile unterscheidet sich von einer Landmeile. Sie beträgt 1,6093 km; eine Seemeile = 1,852 km.

Meldungen über Satellit

Seeleute orientieren sich heute an Satelliten. Sie dienen als „künstliche Himmelskörper", senden Funksignale zur Erde, übertragen die genaue Position und übermitteln Meldungen von Bord des Schiffes per Funk und Telefon an Land.

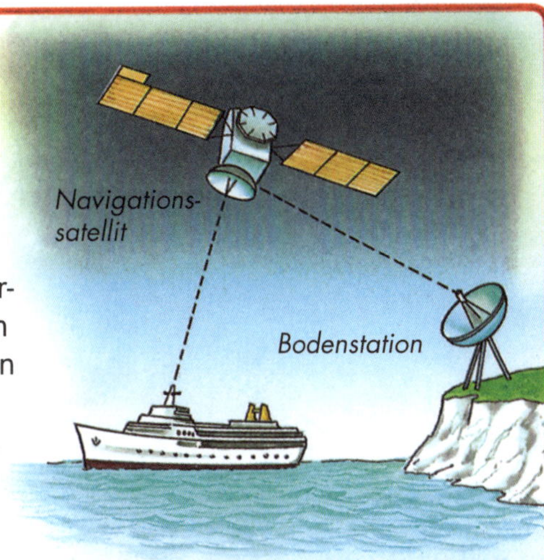

Einfach sagenhaft

Die hier abgebildete „Queen Elizabeth" ist 13 Decks („Stockwerke") hoch und länger als drei Fußballfelder.
Sie besitzt 24 Passagierlifte.
Sie hat 9 Dieselmotoren.
Sie hat 68 213 Bruttoregistertonnen/BRT (67 139 Nettoregistertonnen/NRT). Das ist die Wassermenge, die etwa 10 100 Elefanten verdrängen würden.
Von jeder Kabine aus kann man über Satellit telefonieren.

Boote und ihre Motoren

Viele kleine Boote haben einen Motor am Heck. Man nennt sie Außenborder, weil man den Motor vom Boot abmontieren kann. Größere Boote haben stärkere Dieselmotoren, die fest im Boot montiert sind. Sie heißen Innenborder.

Dieses Motorboot hat zwei Dieselmotoren und zwei Schiffsschrauben.

Der Motor
Man bezeichnet Dieselmotoren als Verbrennungsmotoren, weil im Motor Kraftstoff verbrannt wird. Auf der nächsten Seite erfährst du, wie es funktioniert.

Lotsenboote

Mit diesen Booten werden Lotsen zu großen Schiffen gebracht, um sie durch schwieriges und unbekanntes Fahrwasser zu lenken.

Motorjachten

Hierbei handelt es sich meist um größere Boote mit mehreren Kajüten. Man verwendet sie für „Ferien-Seetörns".

Beiboote

Ein Beiboot, wie hier abgebildet, wird von großen Ozeandampfern mitgeführt, um damit Passagiere vom Schiff an Land zu bringen.

Der Dieselmotor

Der Dieselmotor wurde 1897 von Rudolf Diesel erfunden. Der Motor braucht einen bestimmten Kraftstoff, das Dieselöl. Bootsmotoren haben 2 bis 12 Zylinder. Je mehr Zylinder ein Motor hat, umso leistungsfähiger ist er.

Dieser Motor hat 4 Zylinder. Für den Antrieb sind mehrere Vorgänge nötig. Sie werden an jeweils einem Zylinder gezeigt.

1. Durch das Einlassventil gelangt Luft in den Zylinder: Der Kolben bewegt sich nach unten.

2. Das Einlassventil schließt sich: Der Kolben bewegt sich nach oben und presst die Luft zusammen. Dadurch wird sie erhitzt.

3. Die Einspritzdüse spritzt Kraftstoff in die erhitzte Luft: Das Gemisch entzündet sich und presst den Kolben nach unten.

4. Das Auslassventil öffnet sich: Der Kolben presst die Abgase hinaus.

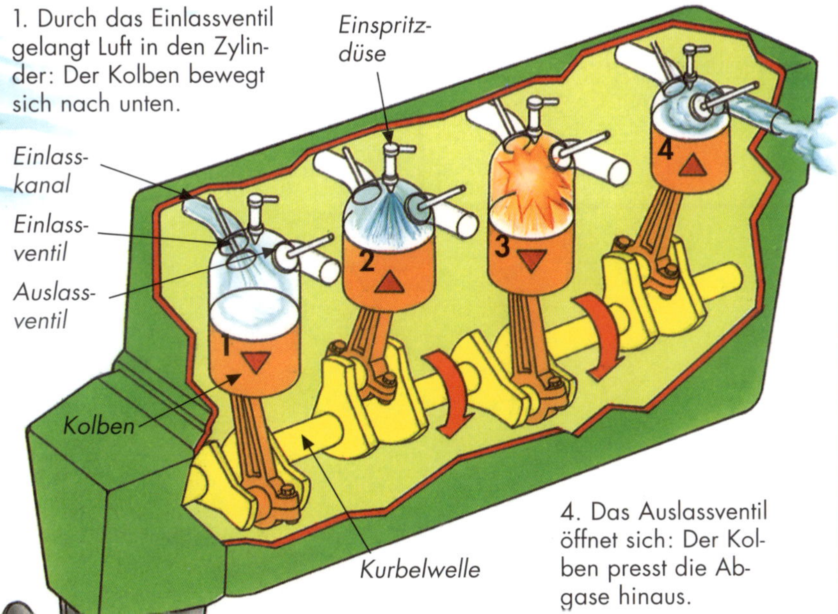

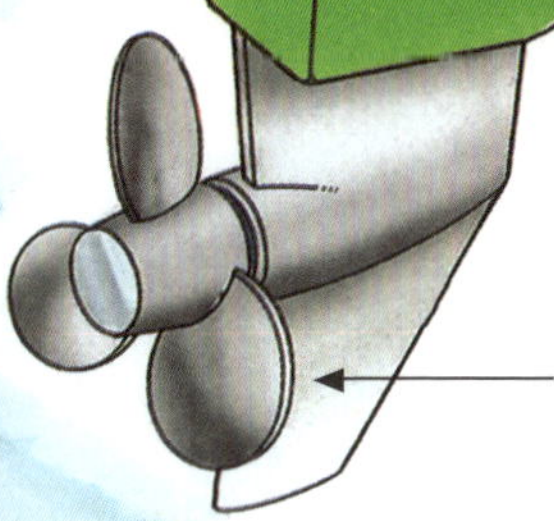

Die Auf-und-ab-Bewegung der Kolben überträgt sich über die Kurbelwelle auf die Schiffsschraube. Die Flügel pressen das Wasser nach hinten und das Boot bewegt sich voran.

Motorboot-Rennen

Solche Motorboote sind für Rennen konstruiert. Die schnellsten haben Düsenantrieb. Ein berühmtes Motorbootrennen ist der Bahama-Motorboot-Grand-Prix. Man benötigte 3 Tage, 8 Stunden und 31 Minuten für diese 5000 km lange Strecke.

Der Motorbootrennsport hat viele Fans. Rennen finden auf dem Meer, auf Flüssen und Seen statt.

Segelschiffe

Seit Jahrtausenden macht man sich den Wind zunutze, der Boote mit Segeln vorwärts bewegt. Die Segel „fangen“ den Wind ein. Die Druck- und Zugwirkung des „eingefangenen“ Windes treibt das Boot voran. Die gesamte Segeleinrichtung heißt Takelage.

Die ersten Segel

Schon vor über 5000 Jahren verwandten die Ägypter viereckige Segel.

Tausende von Jahren benutzten die Araber dreieckige Segel (Lateinsegel).

Kleinere Boote haben nur ein Großsegel und ein kleineres, die Fock.

Das Großsegel ist mit dem Baum und dem Mast verbunden.

Die Fock ist ein Zusatzsegel vorn am Boot. Sie hält das Boot besser auf Kurs.

Steuern

Man steuert das Boot mit der Ruderpinne. Die Ruderpinne ist mit dem Ruderblatt verbunden. Mit ihm kann man die Richtung ändern.

Wird die Ruderpinne nach rechts bewegt, fährt das Boot nach links. Bewegt man sie nach links, dreht das Boot nach rechts.

Mit dem Kielschwert hält man das Boot auf Kurs. Es verhindert, dass das Boot seitlich abdriftet, wenn Wind in die Segel fällt.

Der Katamaran

Bei einem Katamaran handelt es sich um ein Doppelrumpfboot. Ein Trimaran hat einen Hauptrumpf und jeweils rechts und links einen kleineren Rumpf. Beide Bootstypen haben weniger Tiefgang als normale Boote. Sie gleiten leicht über das Wasser und sind sehr schnell.

Kreuzen

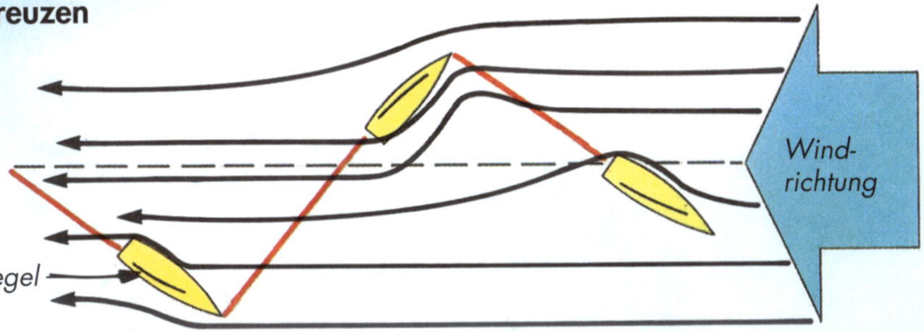

Will der Segler gegen den Wind fahren, muss er einen Zickzackkurs steuern. Das nennt man kreuzen. Nach jedem Kreuzmanöver bläst der Wind schräg von vorne in die Segel und treibt das Boot voran.

Der America's Cup

Beim America's Cup handelt es sich um ein Segeljachtrennen. Es wird alle vier Jahre im Land des jeweils letzten Gewinners ausgetragen.

Siegertrophäe des America's Cup

Segelgeschichte

Chinesisches Segelschiff

Im 9. Jahrhundert bauten die Chinesen Schiffe mit mehreren Masten und aus Bambus geflochtenen Mattensegeln.

Dreimaster

Im 15. Jahrhundert wurden in Europa Dreimastschiffe gebaut. Sie wurden für Forschungsreisen und als Handelschiffe eingesetzt.

Klipper

Um 1820 wurden schnelle Frachtschiffe, sogenannte Klipper, gebaut.

Muskelkraft

In früheren Zeiten benutzte der Mensch nur seine Hände, um ein Boot voranzutreiben. Später baute man lange Riemen (umgangssprachlich: Ruder). Dadurch, dass man Paddel oder Riemen durchs Wasser zieht, wird das Boot vorwärts bewegt.

Renn-Rudermannschaften trainieren meist mehrere Stunden täglich, um ein gut aufeinander eingespieltes und schnelles Team zu werden.

Der Steuermann gibt der Mannschaft Anweisungen und steuert das Boot.

Die Riemen liegen in einer Dolle. Dadurch funktionieren sie wie ein Hebel.

Ruderschiffe

Ägyptisches Schiff

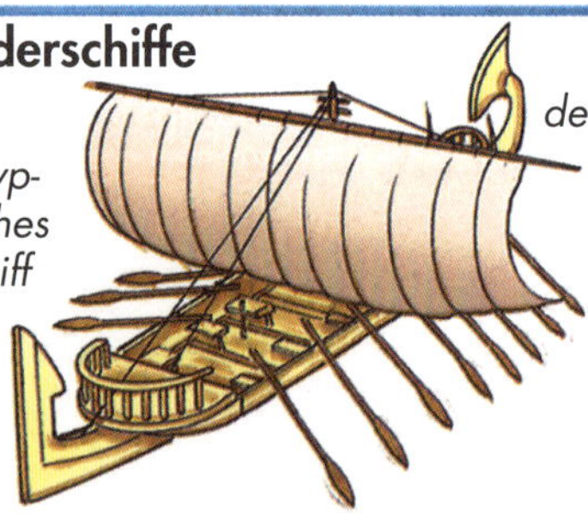

Langschiff der Wikinger

Griechisches Kriegsschiff

Schon vor 5000 Jahren bewegten die Ägypter ein Schiff durch Rudern voran, wenn kein Wind ging oder der Wind ungünstig stand.

Vor über 800 Jahren bauten die Wikinger lange, schmale Schiffe, die Langschiffe. An jeder Seite saßen bis zu 25 Ruderer an den Riemen.

Im alten Griechenland waren Kriegsschiffe mit mehreren Ruderreihen besetzt. Die Sitze waren versetzt übereinander angeordnet.

Immer schneller

Schließlich kam man darauf, dass die Länge der Riemen entscheidend war. Ein Ruderschlag mit einem langen Riemen bewegt das Boot weiter voran als ein Schlag mit einem kurzen Riemen.

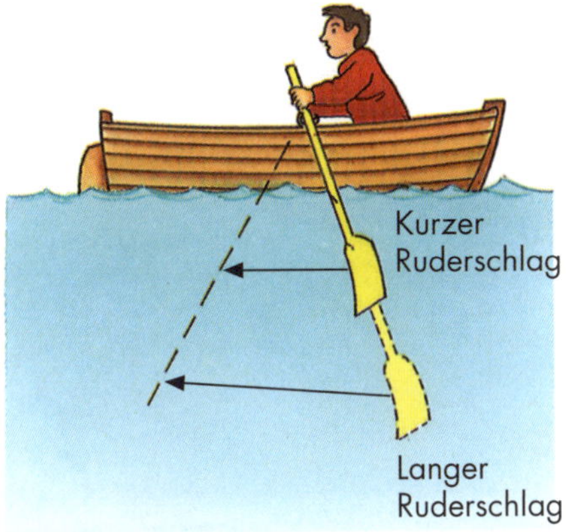

Kanufahren

In manchen Regionen wie in Alaska benutzt man heute noch Kanus zum Fischfang oder Transport. Bei uns werden Kanus im Sport verwendet, zum Beispiel für Wildwasserslalom. Die Teilnehmer müssen auf einem Wildwasserfluss einen Zickzackkurs fahren.

Ungewöhnliche Boote

Gondel

Gondeln verkehren auf den Kanälen der italienischen Stadt Venedig. Der Gondoliere steht hinten in der Gondel und bewegt sie mit einem langen Riemen voran.

Stocherkahn (flach, ohne Kiel)

Die flach gehenden, viereckigen Flussboote bewegt man mit Staken.

Boot aus Schilf

In manchen Ländern, wie in Peru, verwendet man auch heute noch Boote aus Schilf.

Frachtschiffe

Mit Frachtschiffen wird Frachtgut von Hafen zu Hafen befördert. Zu einem Hafen führen Straßen und Schienen, auf denen die Güter von und zum Schiff transportiert werden.

Außerdem gibt es im Hafen große Speicher, in denen die Waren bis zur Verschiffung oder nach dem Löschen gelagert werden können.

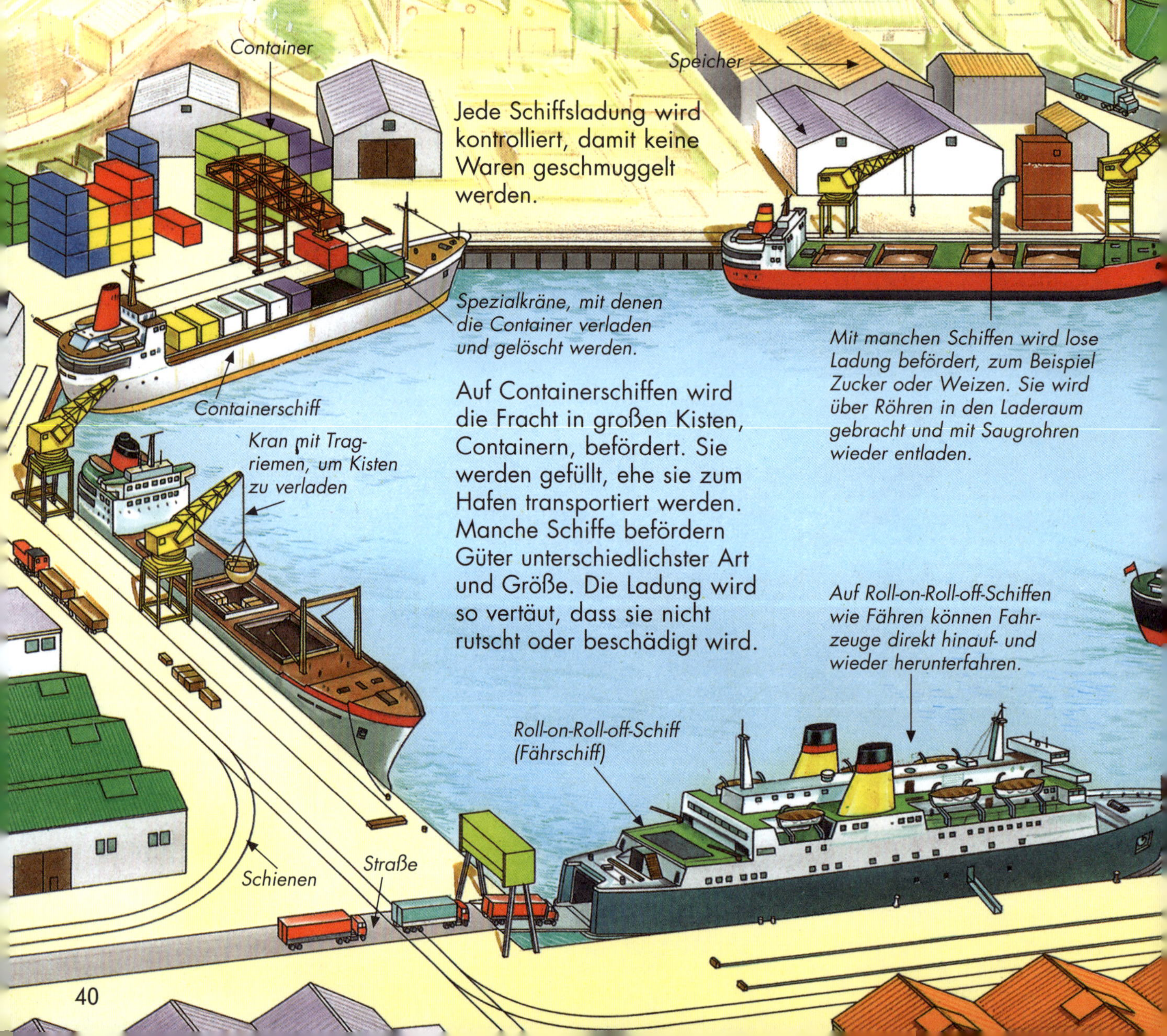

Jede Schiffsladung wird kontrolliert, damit keine Waren geschmuggelt werden.

Auf Containerschiffen wird die Fracht in großen Kisten, Containern, befördert. Sie werden gefüllt, ehe sie zum Hafen transportiert werden. Manche Schiffe befördern Güter unterschiedlichster Art und Größe. Die Ladung wird so vertäut, dass sie nicht rutscht oder beschädigt wird.

Öltanker

Für die Riesentanker, die Öl befördern, sind in den meisten Häfen die Docks, auch Piers genannt, zu klein. Also wird das Öl an den Piers der Häfen gelöscht (= ausgeladen).

Kursänderung

Ein Tanker ist wegen seiner Größe schwer zu manövrieren. Der Kapitän muss mögliche Gefahren erkennen können, lange bevor sie in Sicht sind. Dazu benutzt man computergesteuerte Radarsignale.

Manche Schiffe sind so groß, dass man mit ihnen ohne Hilfe keinen Hafen anlaufen kann. Schlepper ziehen sie in den Hafen zur Pier und wieder hinaus.

Radarsignale

Tanker senden Radarsignale aus. Radarwellen strahlen geradlinig aus, bis sie auf einen Gegenstand treffen.

Aus den zurückgeworfenen Signalen errechnet der Schiffscomputer den Kurs und wie schnell das Schiff fahren muss.

Der japanische Tanker „Shin Aitoku Maru" hat spezielle Metallsegel. Ein Computer berechnet, wie die Segel stehen müssen, um den Wind bestmöglich zu nutzen.

Wassergleiter

Das Luftkissenfahrzeug kann auf einem Luftpolster über Land und über Wasser gleiten. Man bezeichnet es auch als Hovercraft.
Es gibt noch zwei weitere Fahrzeugtypen, die über das Wasser gleiten können, nämlich das Tragflächenboot und das Düsen-Tragflügelboot. Mehr darüber erfährst du auf der folgenden Seite.

Das Luftkissenfahrzeug

Die Luftschrauben drehen sich und setzen das Boot in Bewegung.

Auf Luft gleiten

Um zu sehen, wie ein Luftkissenfahrzeug funktioniert, schneide den Boden aus dem Joghurtbecher aus.
Schneide dann aus der Styroporplatte ein Loch aus, in das der Becher hineinpasst. Bläst du nun in den Becher, schwebt die Platte auf dem entstehenden Luftpolster.

Wie man ein Luftkissenfahrzeug steuert

Die Luftschrauben drehen sich und treiben das Fahrzeug an, und mit den Rudern kann man die Richtung ändern.

Ein Luftkissenfahrzeug fährt auch bei rauer See ruhig, da der „Wulst" um das Boot beweglich ist und so die Druckluft verteilt.

Eine Luftdüse unter jeder Luftschraube saugt Luft in das Luftkissen. Die Luftdüsen und -schrauben werden mit Gas- oder Dampfturbinen betrieben.

Anlegen

Beim Anlegen werden die Motoren und somit die Luftzufuhr in den Schlauch gestoppt. Das Fahrzeug senkt sich ab und bleibt stehen.

Das Tragflügelboot (Tragflächenboot)
hat unter Wasser flügelartig geformte Metallblätter. Gewinnt das Boot an Geschwindigkeit, hebt sich der Rumpf aus dem Wasser.
Die Oberfläche der Schwimmkörper ist glatt. Dadurch fließt das Wasser schnell darüber. Die Tragflächen gleiten nach oben und heben den Bootsrumpf aus dem Wasser.

Manche Tragflügelboote sind mit v-förmigen Tragflügeln ausgerüstet.

Die Tragflügel und Schwimmkörper sind beweglich und können je nach Wellengang verstellt werden.

Das Düsen-Tragflügelboot
Das Düsen-Tragflügelboot, eine abgewandelte Form des normalen Tragflügelbootes, wird von zwei Wasserdüsen angetrieben.

Unterseeboote

U-Boote fahren unter Wasser. Sie haben Dieselmotoren, Elektromotoren oder mit Kernenergie betriebene Turbinen. Kernenergiebetriebene U-Boote wie dieses haben einen „runderen" Rumpf als solche mit Dieselmotoren. Sie können jahrelang ohne erneute Energiezufuhr in Betrieb sein und bis zu zwei Jahre ununterbrochen unter Wasser bleiben.

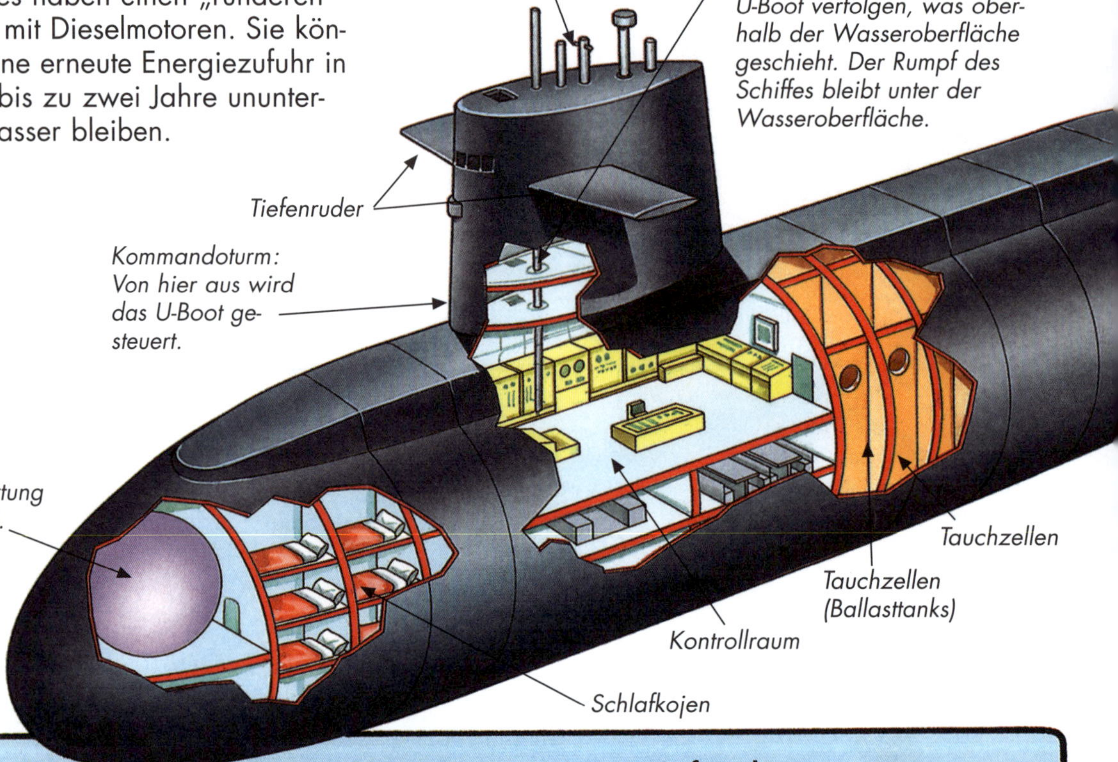

Tauchen

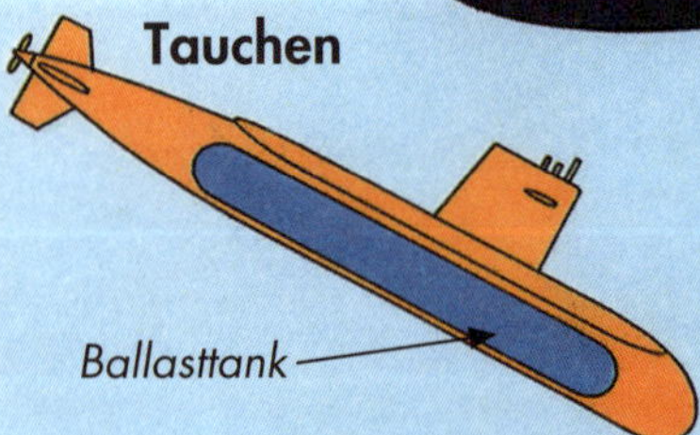

Vor dem Tauchen werden Klappen geöffnet, durch die Wasser in die Tauchzellen läuft, damit das Boot tauchen kann.

Unter Wasser

Mithilfe der gefluteten Tauchzellen und der Tiefenruder kann sich das U-Boot auf eine gewünschte Tiefe einsteuern und dort halten.

Auftauchen

Um aufzutauchen, wird Luft unter großem Druck in die Tauchzellen gepumpt. Das Wasser wird herausgepresst und das Boot taucht auf.

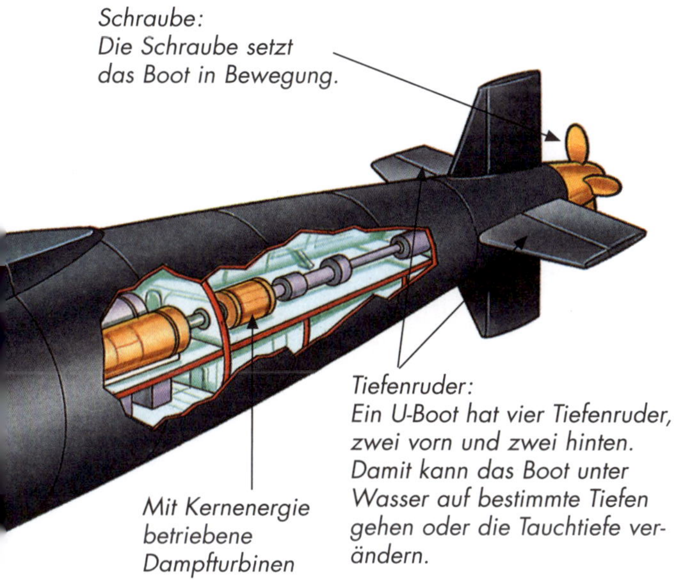

U-Boote haben zwei Wände. Zwischen ihnen befinden sich Tauchzellen, die beim Tauchen mit Wasser geflutet werden.

Das Sonargerät

Mithilfe des Sonargeräts, das Schall misst, kann man die Position anderer Schiffe oder U-Boote herausfinden. Es gibt zwei verschiedene Arten, Sonar einzusetzen.

Sonar aussenden

Das U-Boot sendet Schallwellen aus. Treffen sie auf einen Gegenstand, erklingt ein Summton. Das Echo schallt zurück zum U-Boot.

Sonar empfangen

Mit Sonargeräten werden leiseste Töne aufgefangen und ausgewertet. Das U-Boot fährt fast geräuschlos, sodass es schwer zu entdecken ist.

Das erste U-Boot wurde von einem Amerikaner gegen Ende des 18. Jahrhunderts gebaut. Es war eiförmig und besaß keine Motoren.

Im Jahr 1958 erreichte als erstes Seefahrzeug das amerikanische U-Boot „Nautilus“ den Nordpol. Es fuhr unter dem Eis entlang.

Dieses kleine Tiefseeboot wurde 1953 von Auguste Piccard entwickelt und diente vor allem Forschungszwecken in der Tiefsee.

Seenotkreuzer

Bei schlechtem Wetter kommt es auf See häufiger zu Schiffsunfällen. Seenotkreuzer sind so gebaut, dass sie auch bei Sturm und hohem Seegang auslaufen können. Die Schiffsbesatzung ist geschult, Menschen aus Seenot zu retten.

Schlauchboote

In Küstennähe setzt man zur Rettung Schiffbrüchiger spezielle Schlauchboote ein.

Der Kiel immer unten!

Kentert ein Seenotkreuzer, so richtet er sich in Sekundenschnelle von selbst wieder auf. Ein Seenotkreuzer sinkt nicht, weil sich im Deckaufbau (oben) Luft befindet. Das Gewicht der schweren Motoren unten im Boot zieht den Rumpf zurück ins Wasser. Das Boot richtet sich wieder auf.

Fischerei-Fahrzeuge

Fischerei-Boote, auch Kutter oder Trawler genannt, sind mit sehr großen Netzen, Schleppnetzen, ausgerüstet. Bei dem hier gezeigten Netz handelt es sich um ein Beutelnetz. Es umschließt die Fische, wird mit einem Tau beigeholt und mit einer Winde an Bord gehievt.

Fischkutter mit Beutelnetz

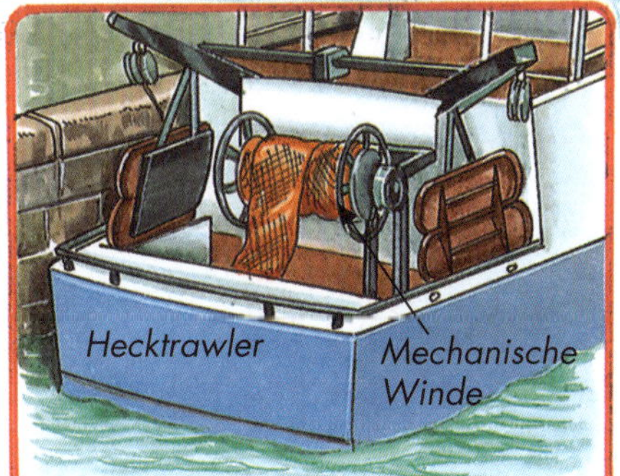

Bei diesen Kuttern wird das Netz mit einer am Heck befindlichen mechanischen Winde an Bord gezogen.

Fisch an Bord
Ist der Fisch an Bord, wird er in Behältern mit Eis oder in großen Kühlräumen aufbewahrt. Schiffe mit Kühlräumen können lange auf See bleiben, ohne dass der Fang verdirbt. Große Fischerei-Schiffe haben eine eigene „Fischfabrik“ an Bord. Siehe dazu die Spalte rechts.

Fischfabrik auf See

Auf Fabrikschiffen kann der Fisch noch auf See gesäubert und zum Verkauf vorbereitet werden.

Die Fische werden über dicke Rohre auf große, viereckige Bleche befördert. Hier werden sie verkaufsfertig gemacht.

Ein Teil der vorbereiteten Fische wird in Fässern gelagert. Der übrige Fang wird tiefgefroren und verpackt.

Wissenswertes

Eisbrecher schieben sich mit einem verstärkten Bug auf die Eisschollen. Das Gewicht des Schiffes bricht einen Kanal durch die Eisdecke. Die größten Eisbrecher werden von Russland eingesetzt.

Der Kompass wurde um 1100 n. Chr. von italienischen und chinesischen Seefahrern benutzt. Sie entdeckten, dass eine frei aufgehängte oder schwimmende magnetische Nadel immer nach Norden zeigt.

Das größte Passagierschiff aller Zeiten ist die „Oasis of the Seas". Sie fasst 5400 Passagiere und hat ein Volumen von 220 000 Bruttoregistertonnen.

Lange vor Christoph Kolumbus erreichten die Wikinger im Jahr 1000 die Küste von Nordamerika.

Der Engländer Mike Golding segelte in 167 Tagen um die Welt.

Berühmte Schiffe

Die „Santa Maria" war das Flaggschiff von Christoph Kolumbus, als er auf seiner Entdeckungsreise im Jahr 1492 in der Karibik landete.

Mit der „Mayflower" segelten im Jahr 1620 100 Puritaner von England nach Nordamerika, wo sie die erste europäische Kolonie gründeten.

Die Kon-Tiki war ein Floß aus Balsaholz, mit dem der Norweger Thor Heyerdal 1947 von Peru zu den Polynesischen Inseln segelte.

Das größte Segelschiff war die „France". Sie war 127,7 Meter lang.

Schiffsunglücke

1912 stieß die „Titanic" mit einem Eisberg zusammen und sank. 1500 Menschen starben.

1945 wurde die „Wilhelm Gustloff" torpediert. Mehr als 7000 Menschen ertranken.

1994 sank das Fährschiff „Esotonia" wegen einer defekten Bugklappe. Rund 900 Menschen ertranken.

1967 verursachte der Öltanker „Torrey Canyon" im Ärmelkanal die erste große Ölpest.

1989 verursache der Öltanker „Exxon Valdez" eine riesige Umweltkatastrophe. 40 000 Tonnen Öl liefen aus.

1999 strandete der Öltanker „Erika" vor der bretonischen Küste. Dabei liefen 25 000 Tonnen Öl aus und verseuchten die Küste.

2002 ereignete sich vor der spanischen Atlantikküste die bisher größte Umweltkatastrophe. Die „Prestige" verschmutzte über 2000 Kilometer Strand von Spanien und Frankreich. Dabei liefen insgesamt 77 000 Tonnen Öl aus.

Flugzeuge

Alles über die verschiedenen Luftfahrzeuge,
wie sie fliegen und wie sie angetrieben werden.
Wer unternahm die ersten Flugversuche?
Es wird erklärt, wie Flugzeuge landen und starten und
welche die größten und schnellsten Flugzeuge sind.

Alles über Luftfahrzeuge

Dieser Teil handelt von den verschiedensten Luftfahrzeugen. Es wird erklärt, wie sie fliegen und womit sie angetrieben werden. Zudem wird gezeigt, wie es auf einem Flughafen zugeht und wie Flugzeuge starten und landen. Außerdem kannst du einiges über Raumfahrzeuge erfahren.

Ein Hubschrauber kann in der Luft auf der Stelle stehen.

Doppeldecker

Ballon

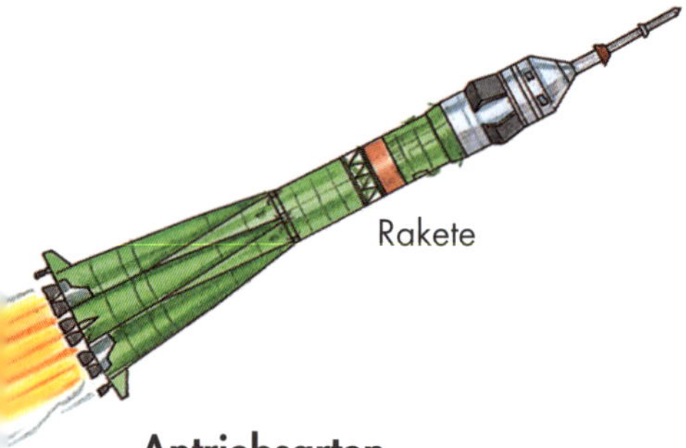

Rakete

Flugzeug

Antriebsarten

Ein Segelflugzeug hält sich nur bei aufsteigenden Luftströmungen in der Luft.

Dank leistungsstarker Turbinentriebwerke werden Flugzeuge über 900 km/h schnell.

Raketenmotoren treiben Raketen mit sehr hoher Geschwindigkeit ins All.

Dieses Flugzeug arbeitet mit Sonnenenergie.

Bestandteile eines Flugzeugs

Die beweglichen Teile an den Tragflächen und am Rumpfende eines Flugzeugs sind die Quer-, Höhen- und Seitenruder sowie die Lande- und Bremsklappen. Mit ihnen wird das Flugzeug in eine bestimmte Richtung gesteuert. Die Landeklappen und Bremsklappen werden beim Starten und Landen benötigt.

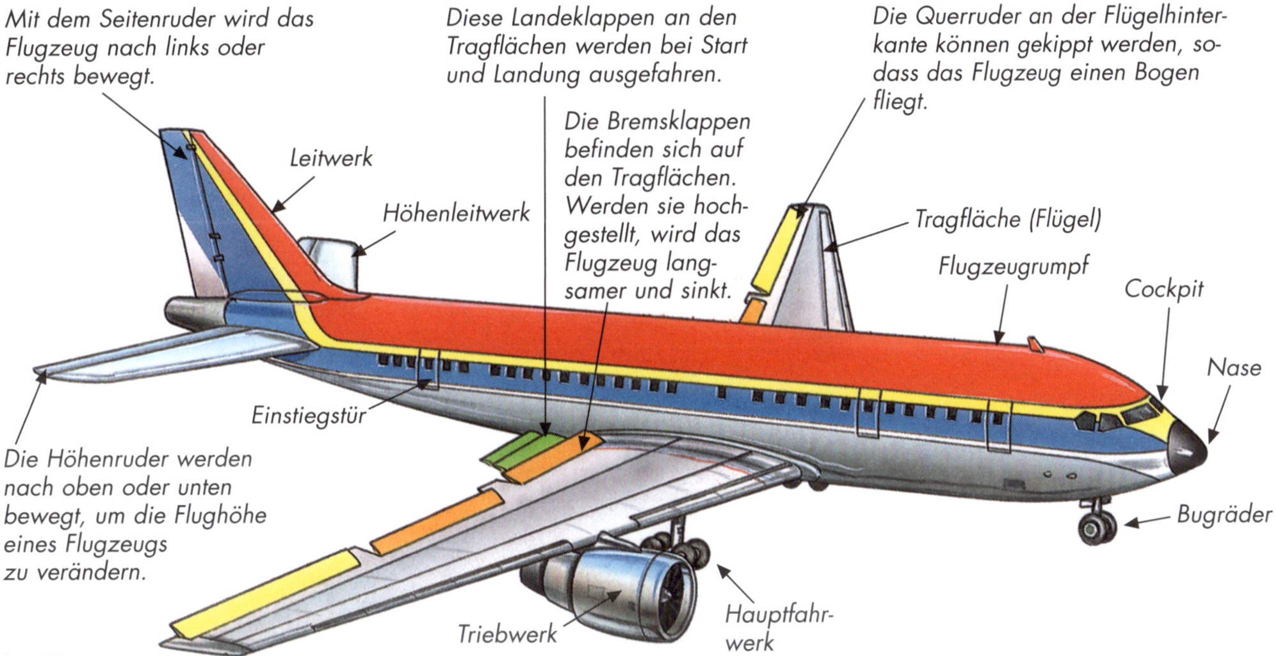

Im Einsatz

Heutzutage reisen viele Menschen mit dem Flugzeug.

Drachenfliegen ist ein beliebter Sport.

Luftschiffe werden manchmal zu Werbezwecken genutzt.

Satelliten im All dienen als Wettersatelliten oder auch als Fernsehsatelliten.

So fliegt ein Flugzeug

Wie hebt ein Flugzeug vom Boden ab? Dazu muss man etwas über Luft wissen. Wir werden ständig von Luft umströmt. Sie bildet Widerstand und hat ein bestimmtes Gewicht. Das spürt man, wenn einem Wind ins Gesicht bläst. Ein Flugzeug bleibt in der Luft, weil Luft an den Tragflächen entlangstreicht.

Die Tragfläche

Die Tragflächen sind oben gewölbt und unten flach. So strömt Luft schneller über die Oberfläche. Der höhere Druck von unten treibt die Flügel aufwärts.

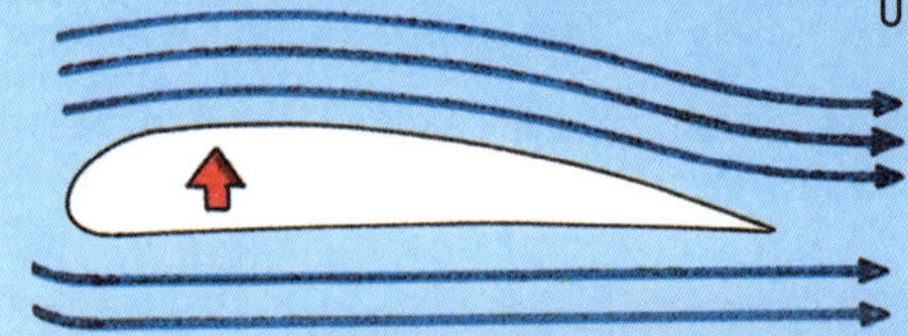

Flügel-Versuch

Halte einen dünnen Papierstreifen an die Lippen und blase kräftig ganz knapp über die Oberfläche. Der Streifen steigt, weil oben ein Sog und unten Überdruck entsteht.

Luftwiderstand
Die Kraft, die während des Fluges gegen das Flugzeug wirksam wird, nennt man Luftwiderstand.

Kräfte beim Fliegen
Vier Kräfte werden wirksam, nämlich Auftrieb, Eigengewicht, Schubkraft und Luftwiderstand.

Auftrieb
Luft strömt über die Oberfläche der Tragflächen und drückt von unten, sodass das Flugzeug nach oben bewegt wird.

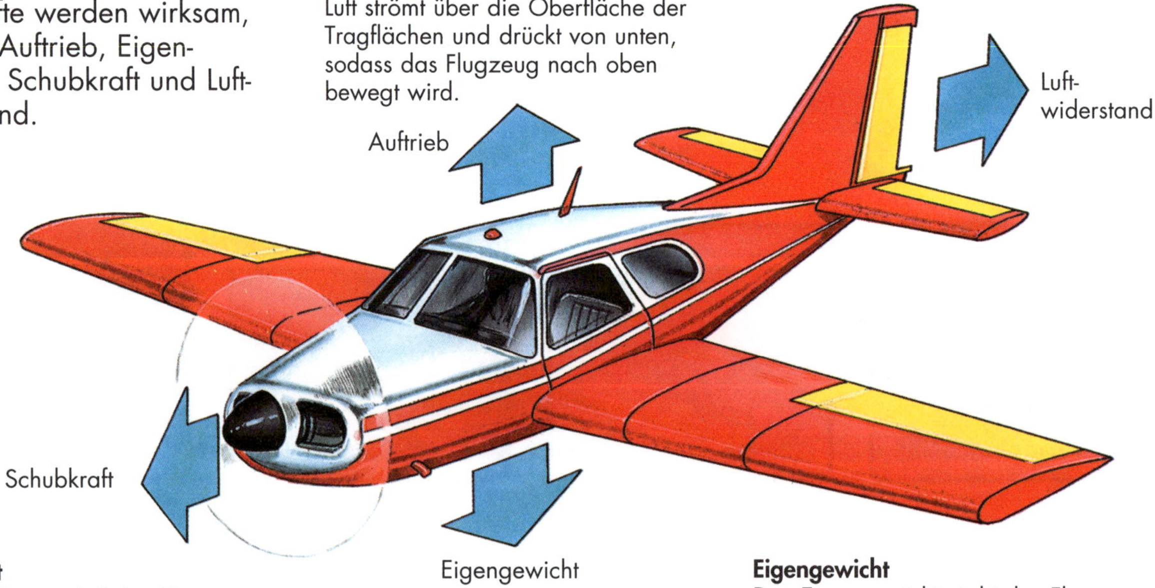

Schubkraft
Der Propeller „zieht" das Flugzeug vorwärts. Diese Kraft nennt man Schubkraft.

Eigengewicht
Das Eigengewicht zieht das Flugzeug nach unten und wirkt dem Auftrieb entgegen.

Wie Flugzeuge gesteuert werden

Ein Flugzeug muss Kurven nach rechts und links fliegen sowie auf- und absteigen können. Es hat Klappen, die Höhen- und Steuerruder, am Tragflächenleitwerk. Dazu bedient der Pilot bestimmte Steuervorrichtungen.

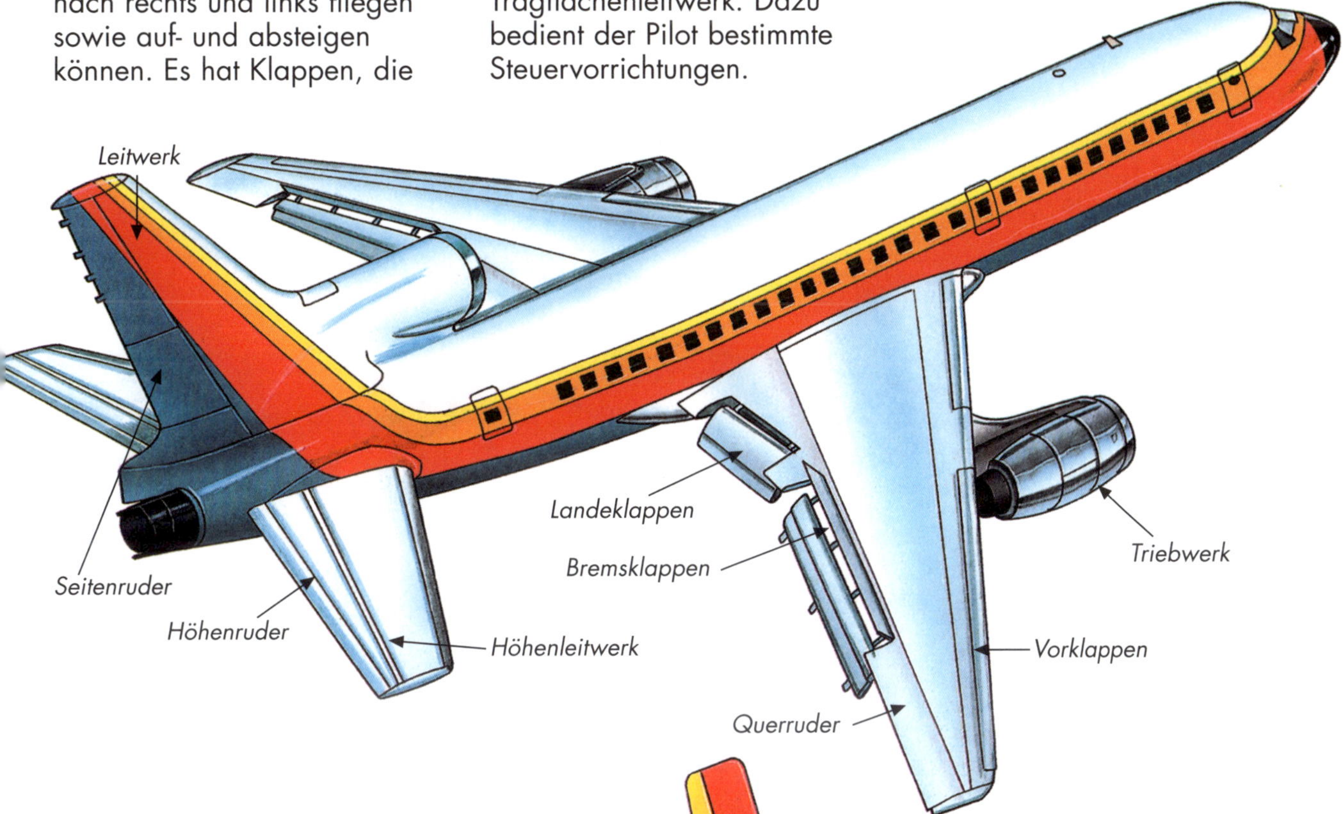

Höhensteuerung

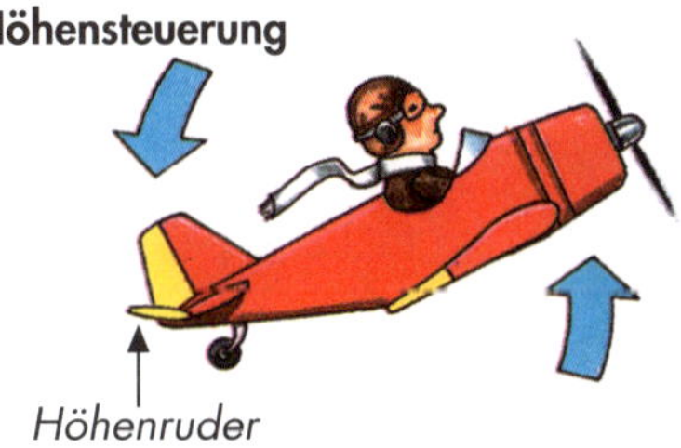

Werden die Höhenruder des Höhenleitwerks nach oben bewegt, steigt das Flugzeug; werden sie nach unten bewegt, sinkt es.

Seitensteuerung

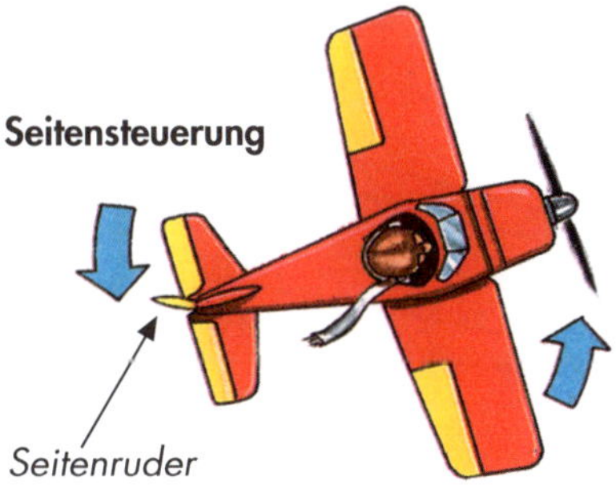

Das Seitenruder dient zum Wenden des Flugzeugs nach rechts oder links. Es wird zusammen mit dem Querruder bedient.

„Rollen"

Werden die Querruder der Tragflächen nach oben und unten bewegt, fliegt das Flugzeug in Drehbewegungen um die Längsachse Kurven.

Verkehrsflugzeuge

Mit großen Flugzeugen wie der Boeing 747 werden bis zu 500 Personen befördert. Dieser Jumbojet erreicht eine Geschwindigkeit von fast 1000 km/h, eine Höhe von 15 000 m und kann ohne nachzutanken ungefähr 10 400 km zurücklegen.

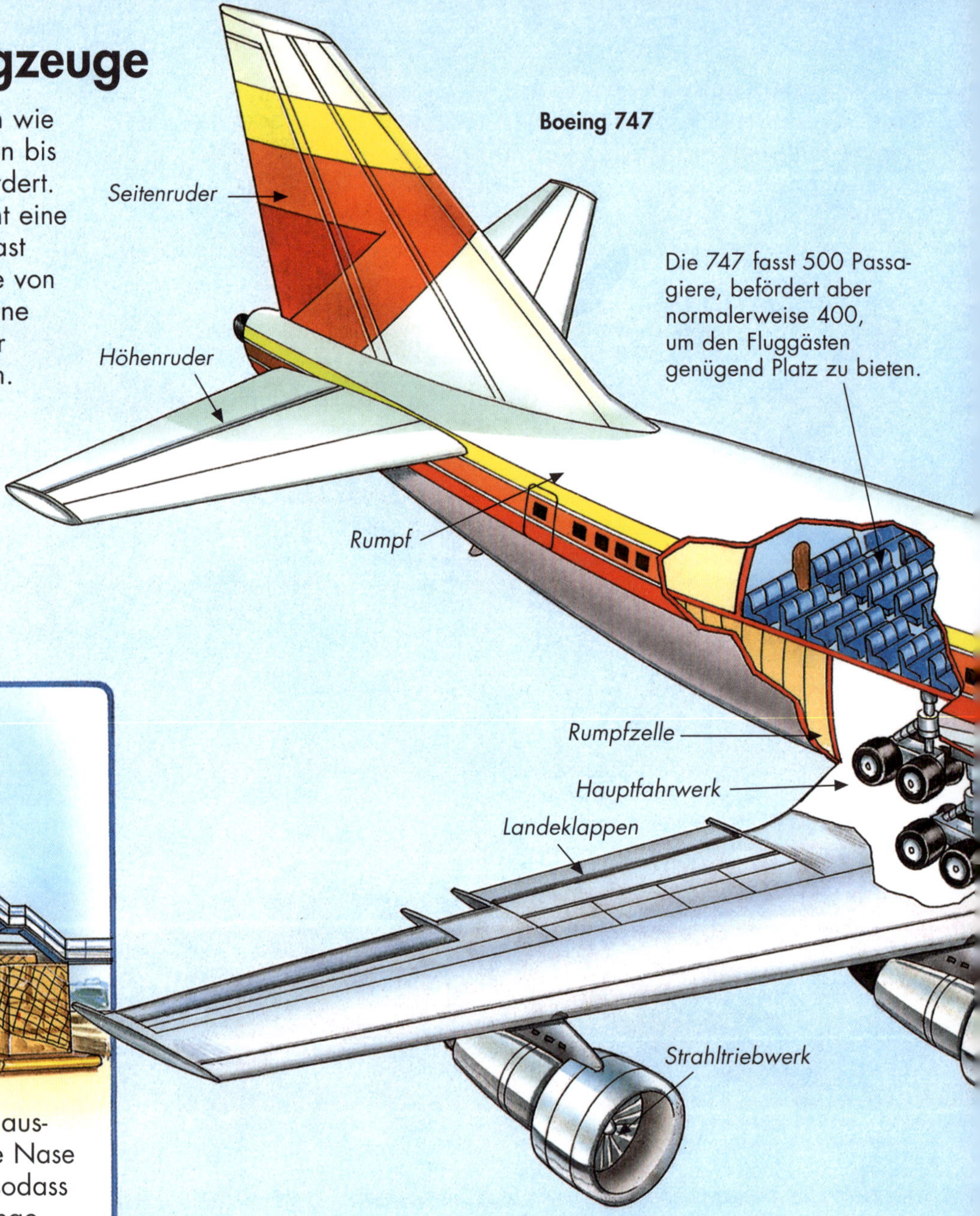

Einzelteile
Eine Boeing 747 besteht aus über 4,5 Million Einzelteilen.

Cargo 747

Diese 747 befördert ausschließlich Güter. Die Nase wird hochgeklappt, sodass vorn große Fracht eingeladen werden kann. Die Cargo 747 kann bis zu 130 Tonnen laden.

Die Boeing 747 hat eine Spannweite von ungefähr 60 m, ist über 70 m lang und fast 20 m hoch. Sie ist ein Großraumflugzeug. In einer Sitzreihe sind 10 Sitzplätze. Mitsamt Passagieren und Fracht wiegt die Boeing 747 ungefähr 400 Tonnen.

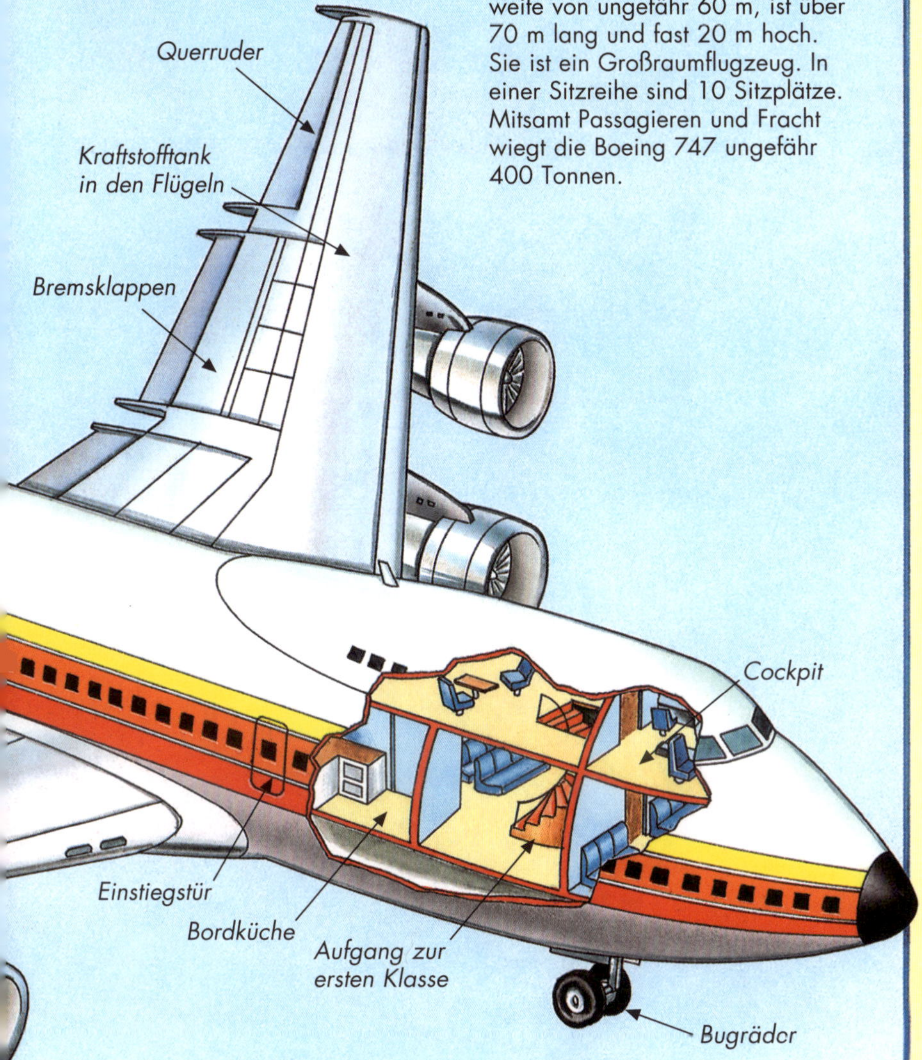

Triebwerke und Kraftstoff
Die Boeing 747 hat vier Triebwerke, jeweils zwei unterhalb jeder Tragfläche. Die Triebwerke benötigen besonderen Kraftstoff, der sich in Tanks in den Tragflächen befindet.

Reifen
Flugzeugreifen sind mit einem besonderen Gas, dem Stickstoff, gefüllt. Beim Landen werden die Bremsen und Reifen sehr heiß. Wären die Reifen mit Luft gefüllt, würden sie platzen.

Flügelformen
Flugzeuge haben unterschiedlich geformte Flügel. Die Form ist für die Geschwindigkeit eines Flugzeugs entscheidend.

Pfeilflügel

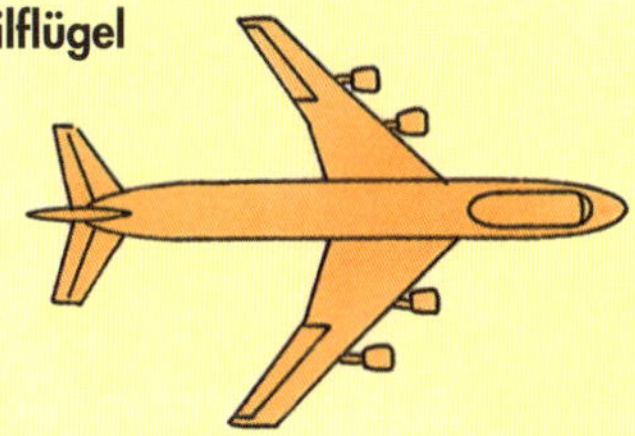

Die meisten Passagierflugzeuge haben Pfeilflügel. Sie ermöglichen eine höhere Geschwindigkeit.

Gerade Flügel

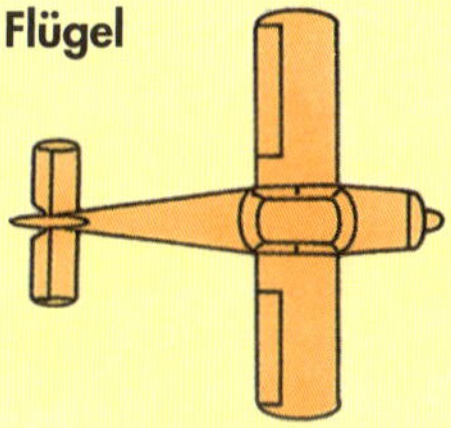

Kleine, leichte Flugzeuge haben gerade, dicke Flügel. Sie fliegen langsamer und nur kürzere Strecken.

Segelflugzeuge gleiten auf bis zu 25 Meter langen geraden Flügeln auf einer Thermik (Warmluft).

Sogenannte Doppeldecker hatten zur Stabilisierung zwei gerade Flügel übereinander.

Triebwerke

Alle modernen Passagierflugzeuge haben Turbinentriebwerke. Die ersten Flugzeuge hatten wie Autos Kolbenmotore, liefen mit Benzin und der Motor trieb einen Propeller an, der das Flugzeug durch die Luft voranbewegte. Ein Turbinentriebwerk saugt vorn Luft an und stößt hinten Abgase aus.

Der Düsen-Luftballon

Blase einen Luftballon auf und halte ihn am Mundstück zu. Die Luft will nach allen Seiten entweichen. Beim Loslassen strömt die Luft aus, der Ballon saust davon.

Das Turbinenwerk

Ein Turbinentriebwerk verbrennt Kerosin. Die heißen Gase treiben die Turbinen unter hohem Druck an, werden durch die Schubdüse ausgestoßen und bewegen so das Flugzeug voran.

Das erste Düsenflugzeug

Die Heinkel HE 178 wurde 1939 von Ernst Heinkel gebaut. Sie war das erste Flugzeug mit Düsentriebwerk.

Kompressor

Der Kompressor besteht aus vielen Flügelblättern. Sie drehen sich sehr schnell, saugen so Luft an und versorgen das Triebwerk mit verdichteter Luft.

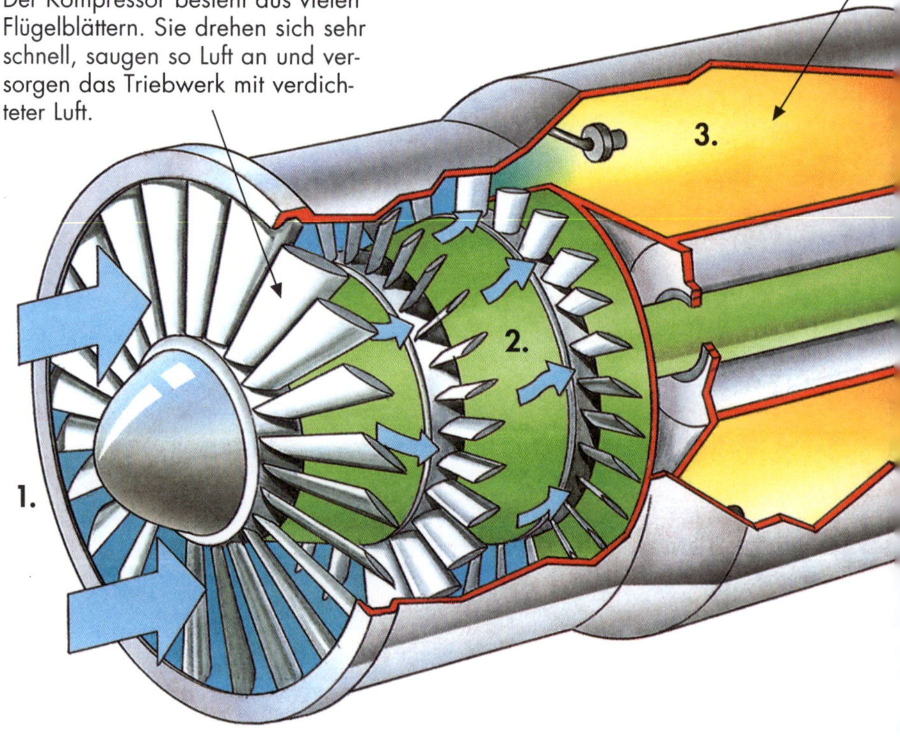

1. Wird das Triebwerk angeschaltet, drehen sich die Flügelblätter sehr schnell und saugen Luft in das Triebwerk.

2. Die heiße, verdichtete Luft strömt in die Brennkammer.

Brennkammer
In diese Luft wird Kerosin eingespritzt und entzündet sich: Heiße Gase und hoher Druck entstehen.

Turbine
Der hohe Druck bringt die Turbinen zum Drehen. Die Turbine treibt den Kompressor an, der weiter Luft ansaugt und das Triebwerk am Laufen hält.

Schubdüse
Durch die Schubdüse werden die Abgase ausgestoßen.

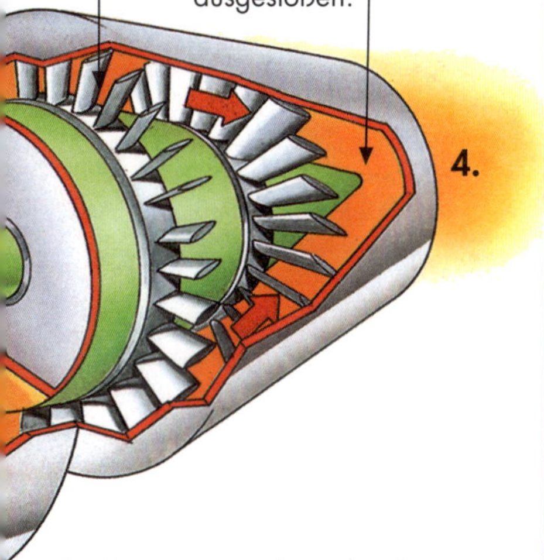

3. Kerosin wird in die Brennkammer gespritzt und bildet mit der Luft ein Gemisch. Das Gemisch wird entzündet, explodiert und bildet heiße Gase und hohen Druck.

4. Der hohe Druck treibt eine Turbinenwelle an, die Gase treten durch die Schubdüse aus.

Verschiedene Triebwerke

In den Abbildungen unten siehst du 4 verschiedene Triebwerksarten, die jeweils unterschiedliche Flugzeugtypen antreiben.

Turbostrahltriebwerk

Das Turbostrahltriebwerk verursacht sehr viel Lärm, weil die Abgase unter sehr hohem Druck aus der Schubdüse ausgestoßen werden.

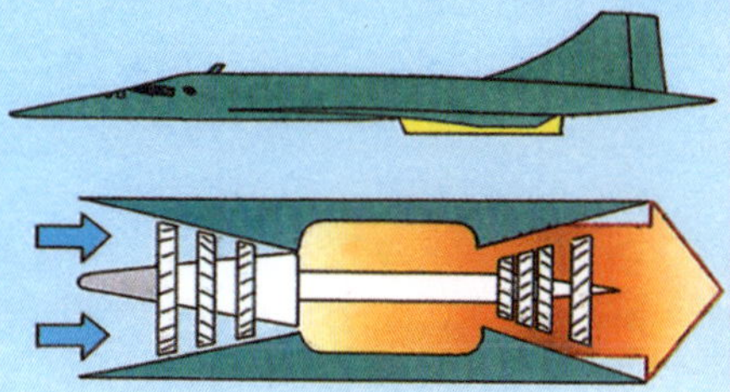

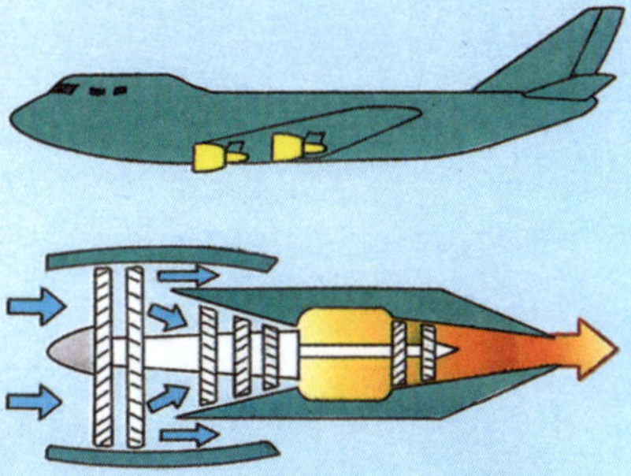

Fantriebwerk

Jumbojets haben Fantriebwerke. Sie sind leiser und verbrauchen weniger Kraftstoff als Turbostrahltriebwerke. Ein Fantriebwerk hat zwei Kompressoren, wobei der vordere zugleich als Propeller dient.

Turbopropellertriebwerk

Es bringt die Propeller zum Drehen, die wiederum das Flugzeug antreiben.
Nur langsamere Flugzeuge werden so ausgerüstet.

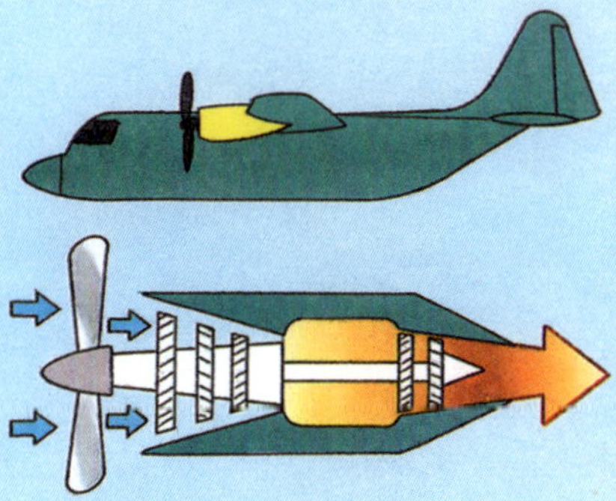

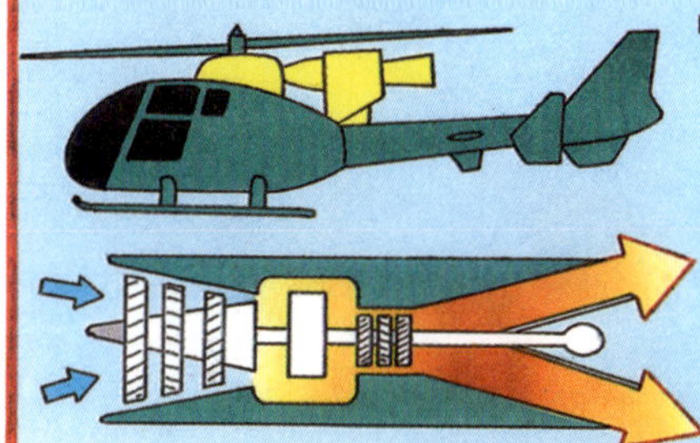

Gasturbinentriebwerk

Hubschrauber haben meist Gasturbinen, die sowohl die Rotoren als auch die Heckrotoren antreiben.

Auf dem Flughafen

Viele internationale Flughäfen sind so groß wie eine Kleinstadt. Tausende von Menschen arbeiten dort in Läden, Restaurants, als Gepäckträger, Reinigungspersonal, Ingenieure und Zollbeamte.

Kontrollturm
Vom Kontrollturm aus werden die Start- und Landebahnen überblickt. Fluglotsen dirigieren Flugzeuge beim Starten, Landen und auf dem Vorfeld.

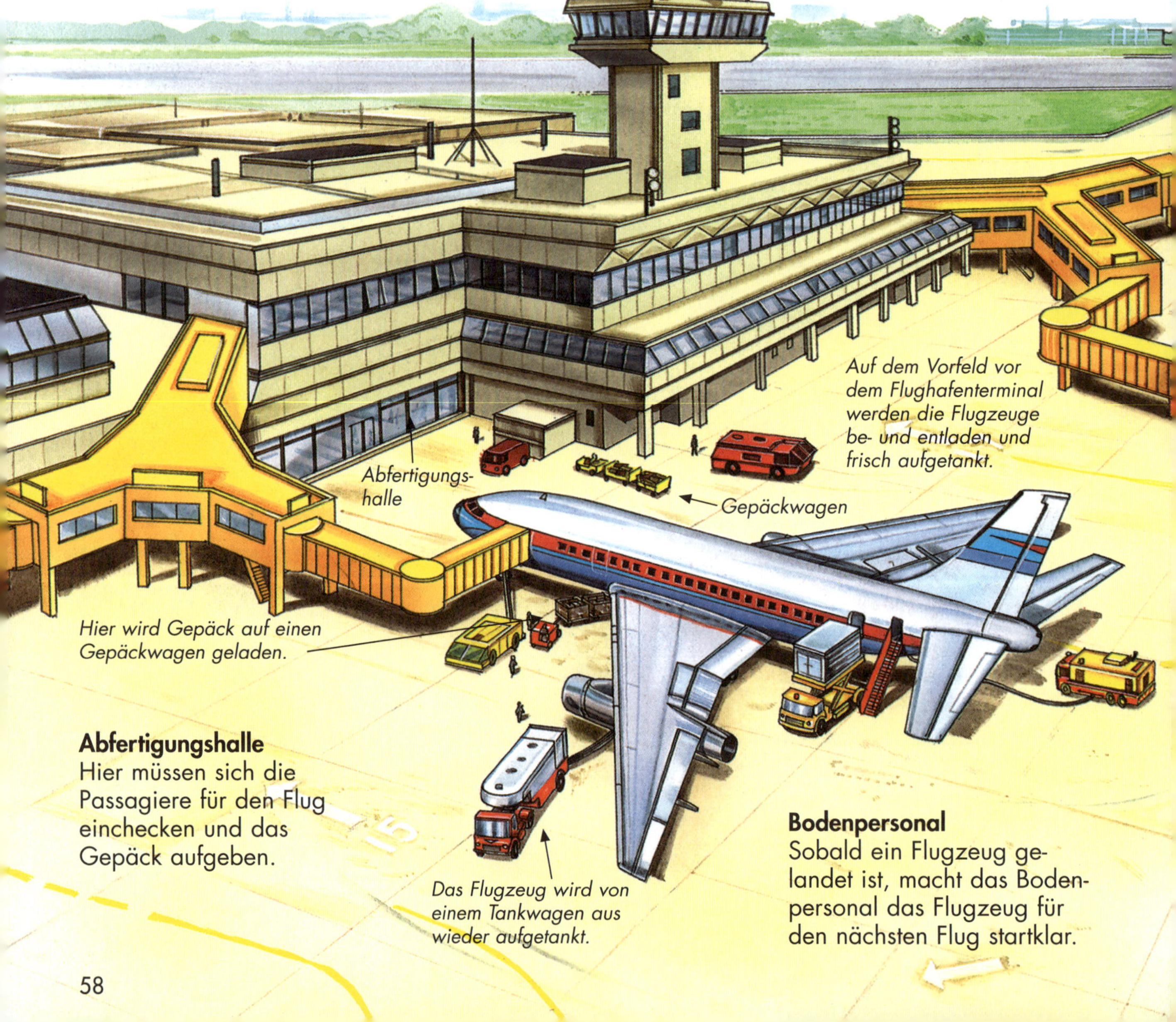

Abfertigungshalle
Hier müssen sich die Passagiere für den Flug einchecken und das Gepäck aufgeben.

Bodenpersonal
Sobald ein Flugzeug gelandet ist, macht das Bodenpersonal das Flugzeug für den nächsten Flug startklar.

Landen
Vor der Landung kündigen die Piloten über Funk ihr Eintreffen an. Sie erhalten vom Fluglotsen Landeerlaubnis.

Start
Vor dem Start gibt der Pilot zum Kontrollturm (Tower) den Flugplan durch.

Die Rollbahnen sind gut sichtbar mit Linien markiert. Sie zeigen dem Piloten genau an, wohin er das Flugzeug manövrieren muss, während er zur Startbahn rollt.

Der Flugplan
Der Flugplan enthält den Zielort des Flugzeugs und genaue Angaben über Flughöhe und -geschwindigkeit.

Warteschleifen

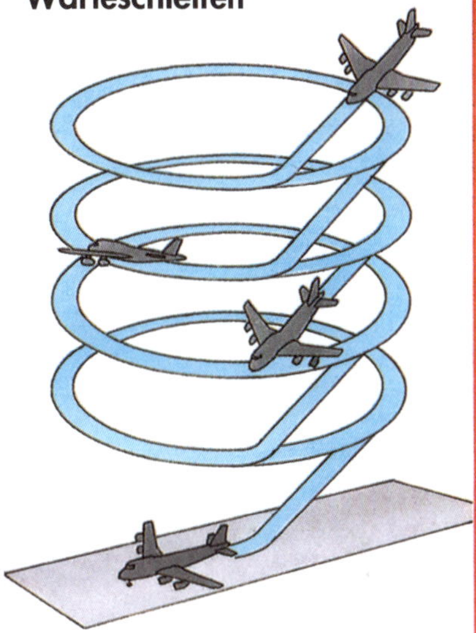

Treffen mehrere Flugzeuge zugleich zur Landung ein, müssen sie Warteschleifen ziehen. Dabei fliegen sie in einem Abstand von ungefähr 300 m übereinander.

Start- und Landebahn

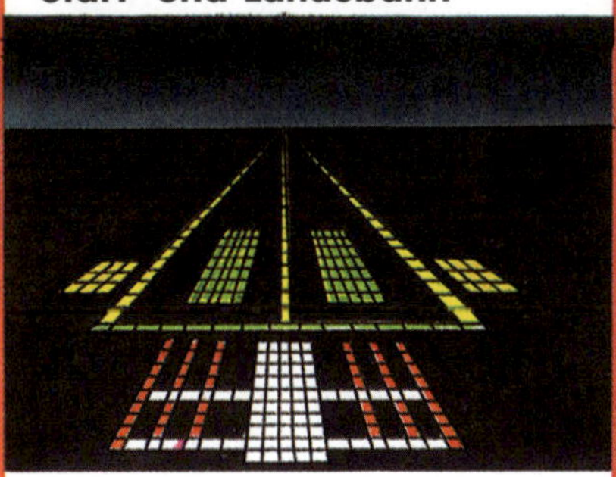

Bei Nacht dienen helle Lichter und weiße Markierungslinien den Piloten zur Orientierung.

Hubschrauber

Hubschrauber können senkrecht auf einer kleinen Fläche starten und landen. Sie können in der Luft stehen, vorwärts, rückwärts und seitwärts fliegen. Die Rotorblätter eines Hubschraubers sind flügelförmig wie die Tragflächen eines Flugzeugs. Schnelles Drehen der Rotorblätter hebt den Hubschrauber vom Boden ab.

In der Luft

Stehend

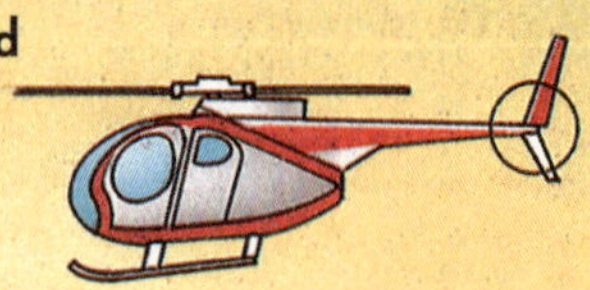

Ein Hubschrauber bleibt in der Luft stehen, wenn sich die Rotorblätter sehr schnell drehen und nicht geneigt sind.

Vorwärts

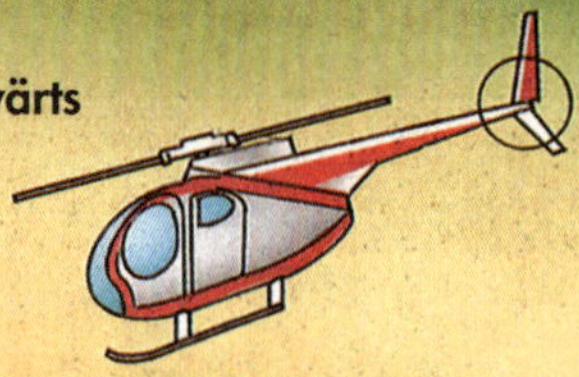

Der Pilot senkt die Rotorblätter nach vorn. Die Luft wird nach hinten gepresst, der Hubschrauber fliegt vorwärts.

Rückwärts

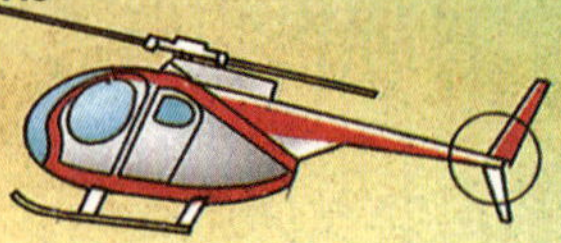

Um rückwärts zu fliegen, senkt der Pilot die Rotorblätter nach hinten. Luft wird nach hinten angesaugt und nach vorn gepresst.

Senkrechtstarter

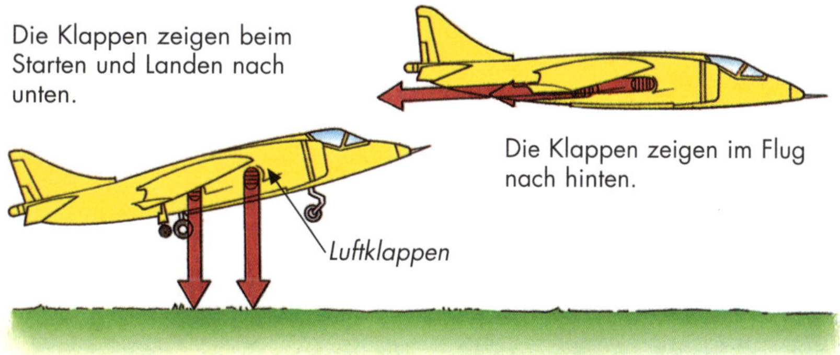

Die Harrier kann ebenfalls senkrecht starten und landen. Das Triebwerk presst die Abgase durch Luftklappen hinaus. Beim Start zeigen die Klappen nach unten. Der nach unten ausgestoßene Schub liefert dem Flugzeug die nötige Hubkraft. Dann werden die Klappen gedreht. Dadurch werden die Abgase nach hinten ausgestoßen.

Hubschrauber im Einsatz

Mit Hubschraubern werden Menschen aus Seenot gerettet. An starken Stahlseilen werden Rettungskörbe zu Wasser gelassen.

Unkrautvernichtungsmittel werden bei großen Anbauflächen vom Hubschrauber aus gespritzt.

Dieser Hubschrauber transportiert ein schweres Bauteil zu einer Baustelle, die anders nicht zu erreichen wäre.

Per Hubschrauber werden Arbeiter auf die Bohrinseln gebracht. Bohrinseln haben Landeplätze für Hubschrauber.

Luftfahrzeuge

Die hier gezeigten Luftfahrzeuge unterscheiden sich von Flugzeugen: Sie sind leichter als Luft, haben keine Flügel, sondern werden mit Gas oder heißer Luft gefüllt, um sie flugfähig zu machen.

Der erste Ballon

Die ersten „Fahrgäste" waren eine Ente, ein Hahn und ein Schaf.

Die Brüder Montgolfier bauten 1783 den ersten Heißluftballon. Sie experimentierten zunächst mit rauchgefüllten Stoffbeuteln, die sie aufsteigen ließen.

Heißluftballons

Die ersten Luftfahrzeuge waren Ballons. Sie wurden mit heißer Luft gefüllt. Später verwandte man Gas, das leichter ist als Luft.

So fährt ein Heißluftballon

Mit einem Gasbrenner wird heiße Luft in den Ballon geblasen. Heiße Luft ist leichter als kühle Luft, also steigt der Ballon auf.

Um den Ballon in der Luft zu halten, wird die Luft im Ballon mit dem Gasbrenner bei Bedarf nachgeheizt. Ein Ballon lässt sich nicht steuern. Er fährt mit der Windrichtung.

Zum Landen lässt man die Luft im Ballon abkühlen. Er wird schwerer und sinkt allmählich. Nach der Landung lässt der Ballonfahrer die restliche Luft entweichen.

Luftschiffe

Die ersten Luftschiffe waren ballonförmig und hatten Dampfmaschinen. Sie trieben einen Propeller an, der das Luftschiff voranbewegte. Es wurde mit Wasserstoff gefüllt.

Der Zeppelin

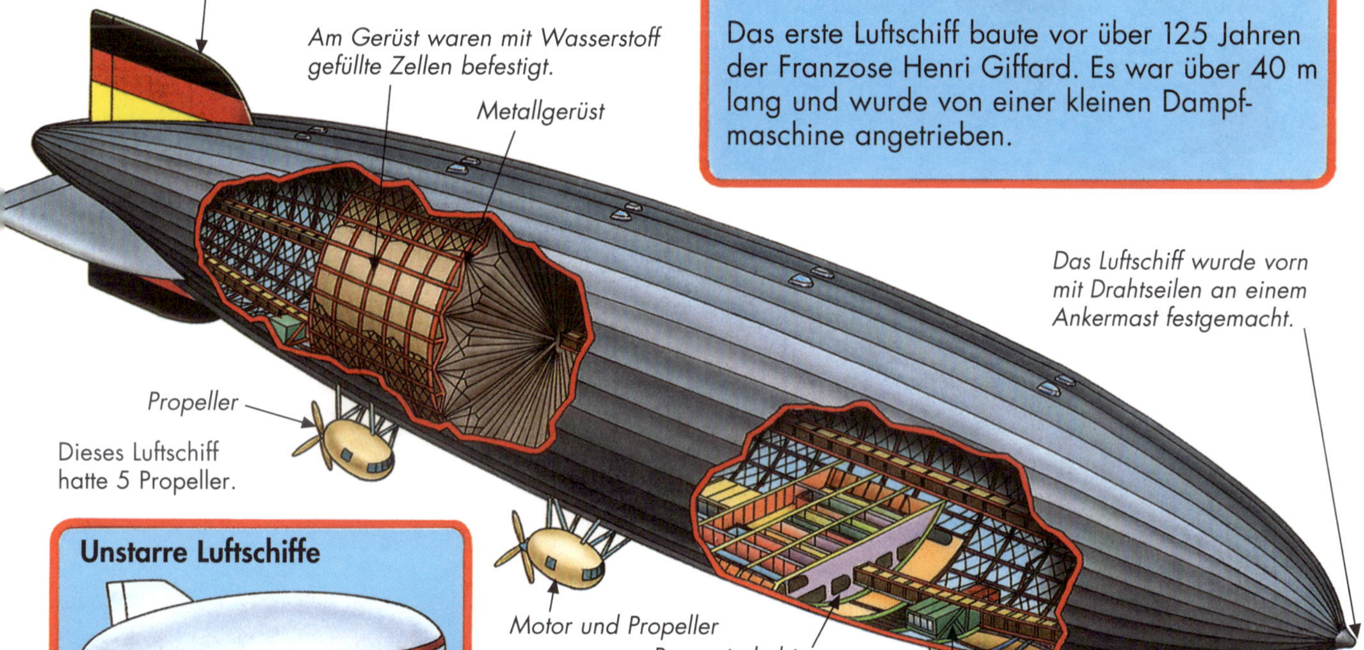

Dieses Luftschiff hatte 5 Propeller.

Die äußere Hülle bestand aus Stoff.

Das erste Luftschiff

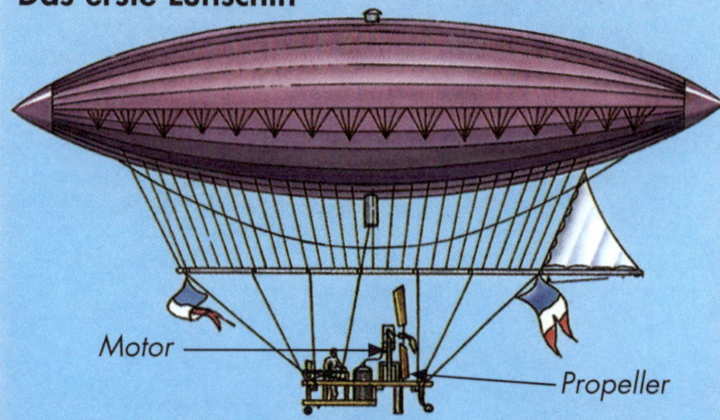

Das erste Luftschiff baute vor über 125 Jahren der Franzose Henri Giffard. Es war über 40 m lang und wurde von einer kleinen Dampfmaschine angetrieben.

Unstarre Luftschiffe

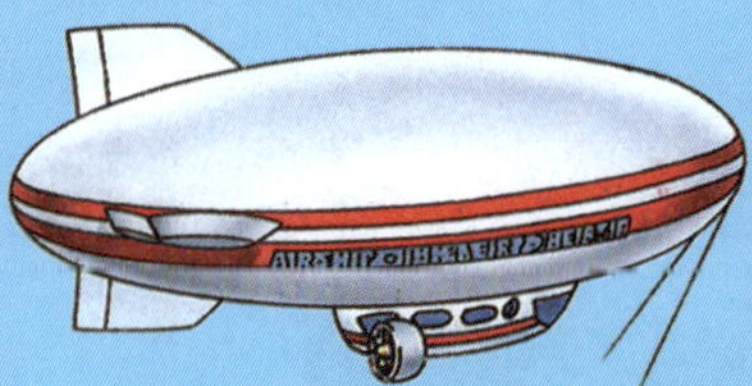

Unstarre Luftschiffe dienen heutzutage noch als Trägerfahrzeuge für Kameras bei besonderen Ereignissen und zu Werbezwecken.

Starr-Luftschiffe

Der Deutsche Graf Ferdinand von Zeppelin war einer der bedeutendsten Erbauer von Luftschiffen. Sie waren 200 m lang, mit Wasserstoff gefüllt und hatten Metallgerüste.

Windkraft

Diese Fluggeräte haben keine Motoren. Bei den ersten Flugversuchen befestigte man Flügel an den Armen und sprang von einem steilen Hügel. Dann baute man „Hängegleiter", mit denen man aber nur kurze Strecken fliegen konnte. Moderne Segelflugzeuge bleiben bei günstigen Luftströmungen Stunden in der Luft.

Erster Gleitflug

Der Deutsche Otto Lilienthal flog im Jahr 1891 als Erster 25 Meter weit mit seinem Hängegleiter.

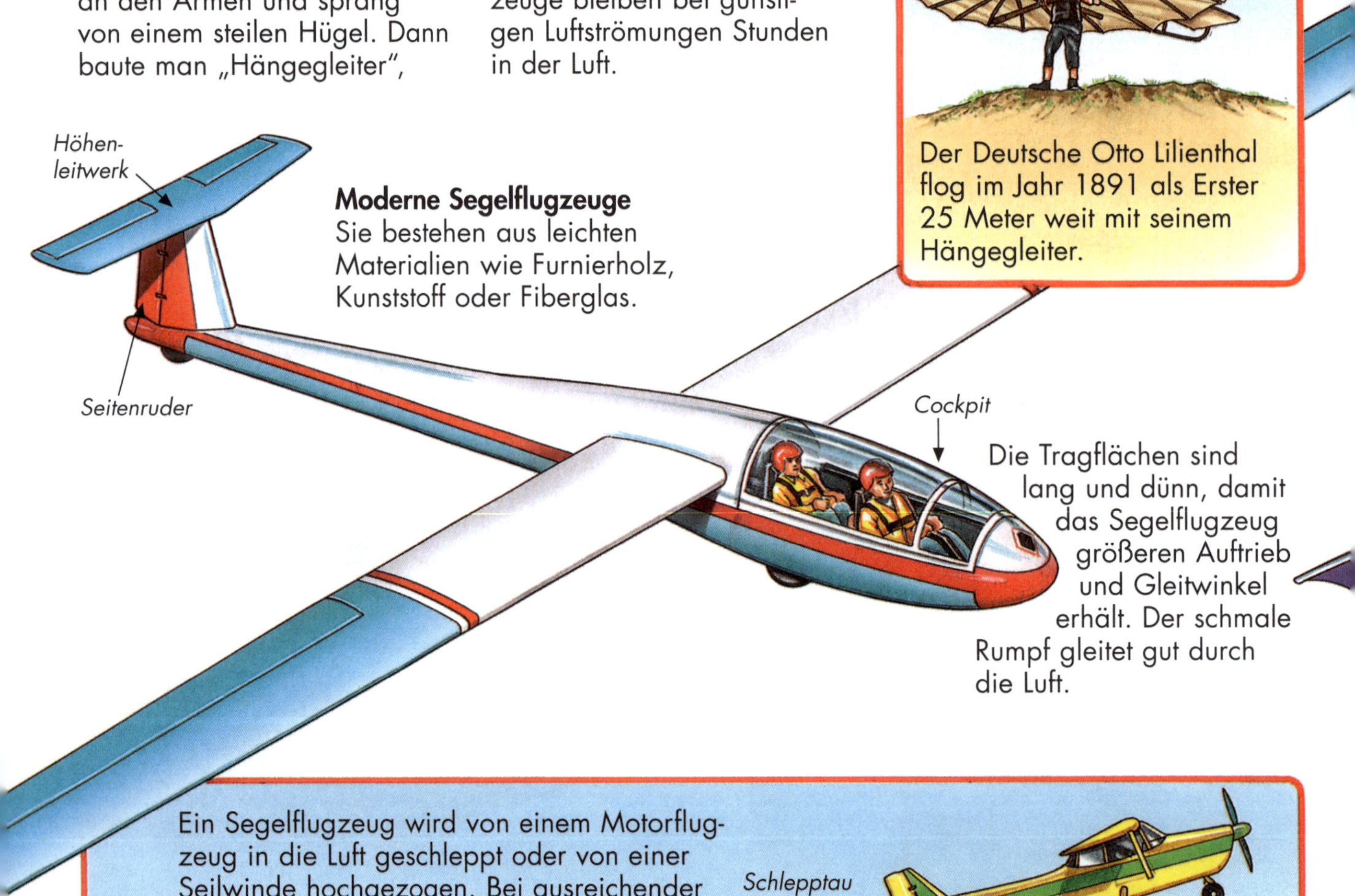

Moderne Segelflugzeuge
Sie bestehen aus leichten Materialien wie Furnierholz, Kunststoff oder Fiberglas.

Die Tragflächen sind lang und dünn, damit das Segelflugzeug größeren Auftrieb und Gleitwinkel erhält. Der schmale Rumpf gleitet gut durch die Luft.

Ein Segelflugzeug wird von einem Motorflugzeug in die Luft geschleppt oder von einer Seilwinde hochgezogen. Bei ausreichender Höhe wird das Schlepptau ausgeklinkt.

Segelfliegen

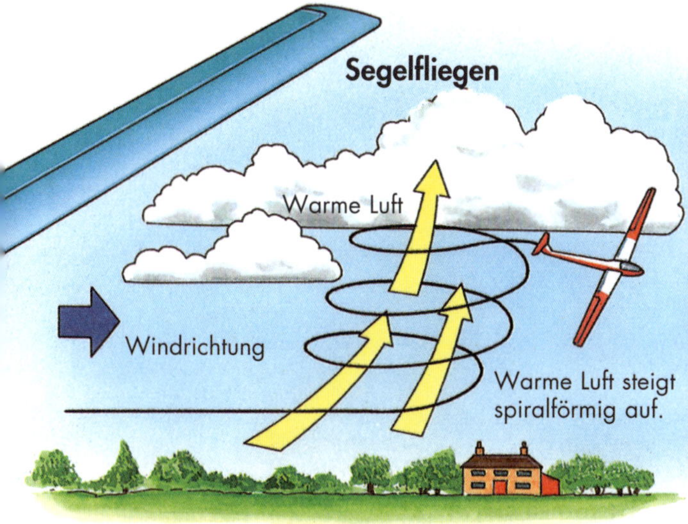

Um in der Luft zu bleiben, muss der Pilot warme, aufsteigende Luftströmungen finden. Das Aufsteigen warmer Luftströmungen heißt Thermik.

Drachen

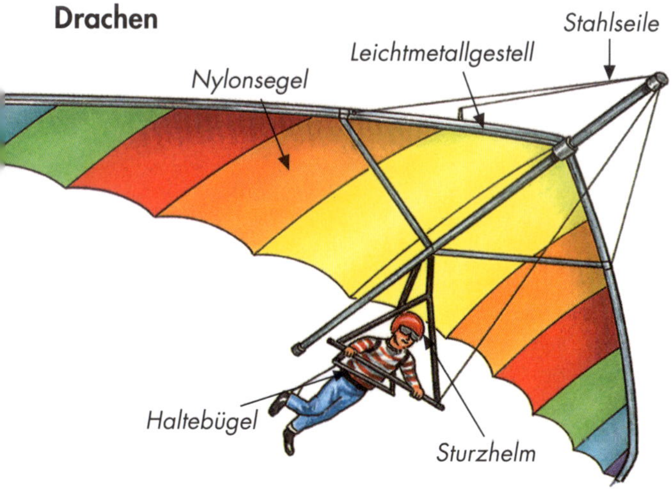

Ein Drachen funktioniert wie ein großer Papier- oder Stoffdrachen. Er besteht aus einem Nylonsegel und einem Leichtmetallgestell.
Der Drachenflieger hängt unter dem Gestell an einem Haltebügel und steuert den Drachen durch Verlagerung seines Körpergewichts.

Fallschirme

Fallschirmspringen ist ein beliebter Sport. Ein Fallschirm sinkt mit etwa 40 km/h zur Erde und kann vom Fallschirmspringer gesteuert werden.

Absprung

Der Fallschirmspringer springt aus einem Flugzeug. Der Verpackungssack ist auf seinem Rücken. Das Ziehen der Leine öffnet den Fallschirm.

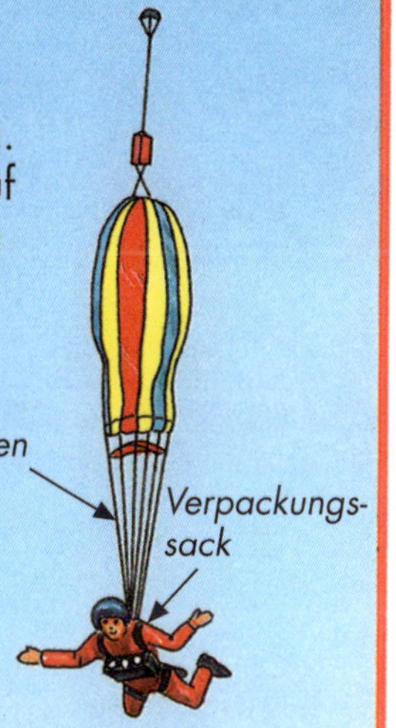

Nach wenigen Sekunden ist der Fallschirm ganz geöffnet. Zum Steuern zieht der Fallschirmspringer an bestimmten Steuerleinen.

Der Springer dreht den Schirm in den Wind, um vor der Landung „zu bremsen".

Erste Flugversuche

Auf dieser Seite erfährst du etwas über die ersten Flugzeuge und wie sie angetrieben wurden. Auf der nächsten Seite sind einige der berühmtesten Flüge gezeigt. Vor über 100 Jahren sind Menschen zum ersten Mal mit motorgetriebenen Flugzeugen geflogen.

Erste Flugzeuge

Die Brüder Wilbur und Orville Wright starteten erstmals 1903 mit ihrem selbst gebauten Flugzeug. Der erste Motorflug der Welt gelang Gustav Weißkopf im Jahr 1901.

Die Flyer der Gebrüder Wright hatte keine Pilotenkabine. Der Pilot steuerte das Flugzeug liegend auf dem unteren Flügel.

Anders als die Wright-Brüder starben viele der ersten Flugpioniere bei ihren Flugversuchen. Sie konnten ihre Flugmaschinen nicht kontrolliert steuern.

Wasserflugzeuge

Ein Wasserflugzeug startet und landet auf dem Wasser. Das Erste flog 1910 der Franzose Henri Fabre. Im Jahr darauf flog der Amerikaner Glenn Curtiss ein Flugzeug, das ein Schwimmgestell und Räder hatte. Heute werden überall Wasserflugzeuge verwendet.

Berühmte Flüge

Erste Wasserüberquerung

Blériot flog in seinem selbst gebauten Eindecker, der Blériot 11.

Einer der wagemutigsten Flüge war der des Franzosen Luis Blériot. Er überquerte im Jahre 1909 als Erster den Ärmelkanal.

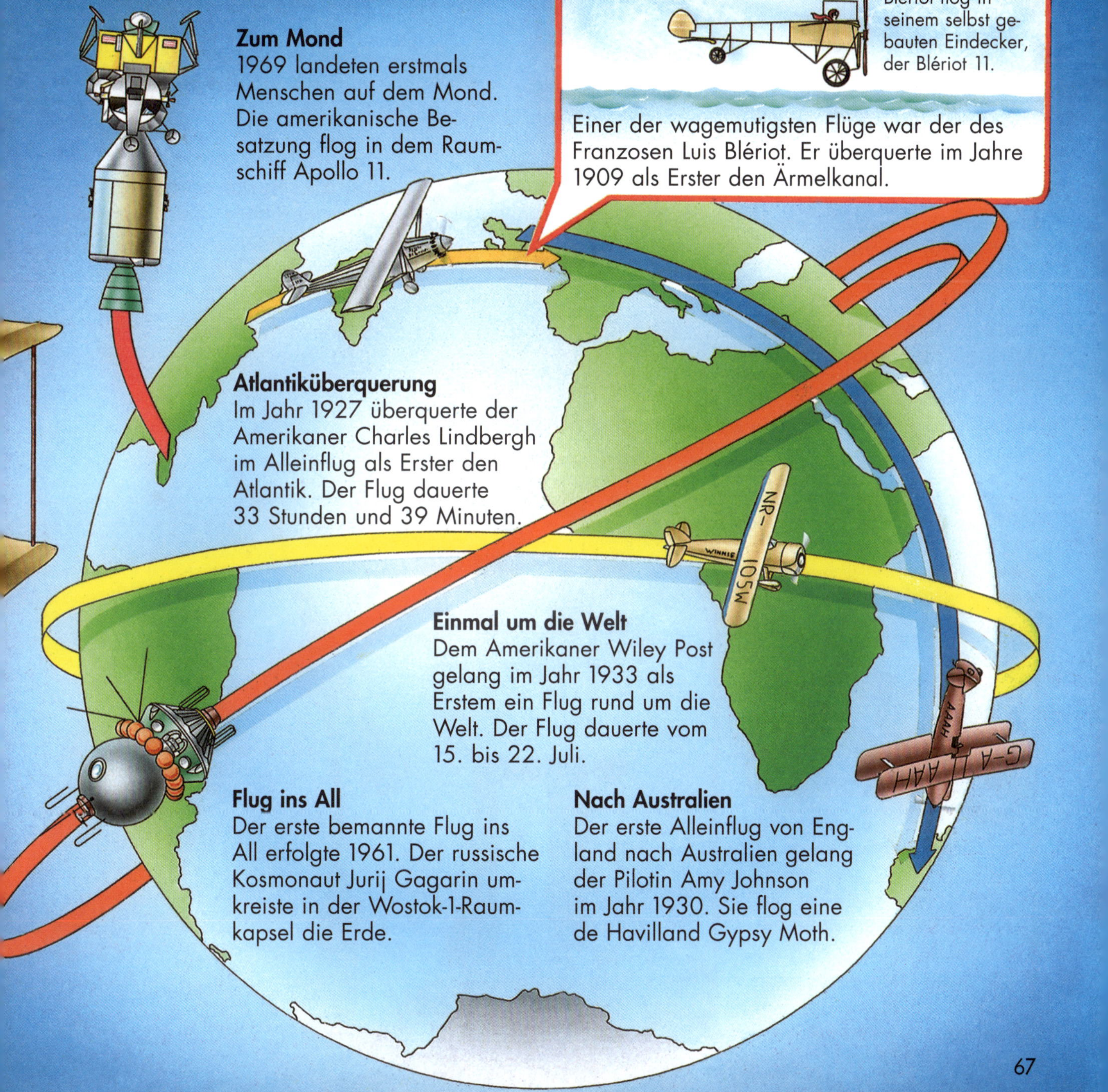

Zum Mond
1969 landeten erstmals Menschen auf dem Mond. Die amerikanische Besatzung flog in dem Raumschiff Apollo 11.

Atlantiküberquerung
Im Jahr 1927 überquerte der Amerikaner Charles Lindbergh im Alleinflug als Erster den Atlantik. Der Flug dauerte 33 Stunden und 39 Minuten.

Einmal um die Welt
Dem Amerikaner Wiley Post gelang im Jahr 1933 als Erstem ein Flug rund um die Welt. Der Flug dauerte vom 15. bis 22. Juli.

Flug ins All
Der erste bemannte Flug ins All erfolgte 1961. Der russische Kosmonaut Jurij Gagarin umkreiste in der Wostok-1-Raumkapsel die Erde.

Nach Australien
Der erste Alleinflug von England nach Australien gelang der Pilotin Amy Johnson im Jahr 1930. Sie flog eine de Havilland Gypsy Moth.

Raumfahrt

Wo beginnt das All?

Die Erde ist umgeben von einer Luftschicht, der Atmosphäre. Weiter oben wird sie immer dünner, bis sie schließlich aufhört. Dort ist das All.

Durchs All fliegen

Ein normales Flugzeug kann nicht ins All fliegen, da das Triebwerk zum Verbrennen des Treibstoffs Luft braucht. Raketen führen Treibstoff und flüssigen Sauerstoff in Tanks mit.

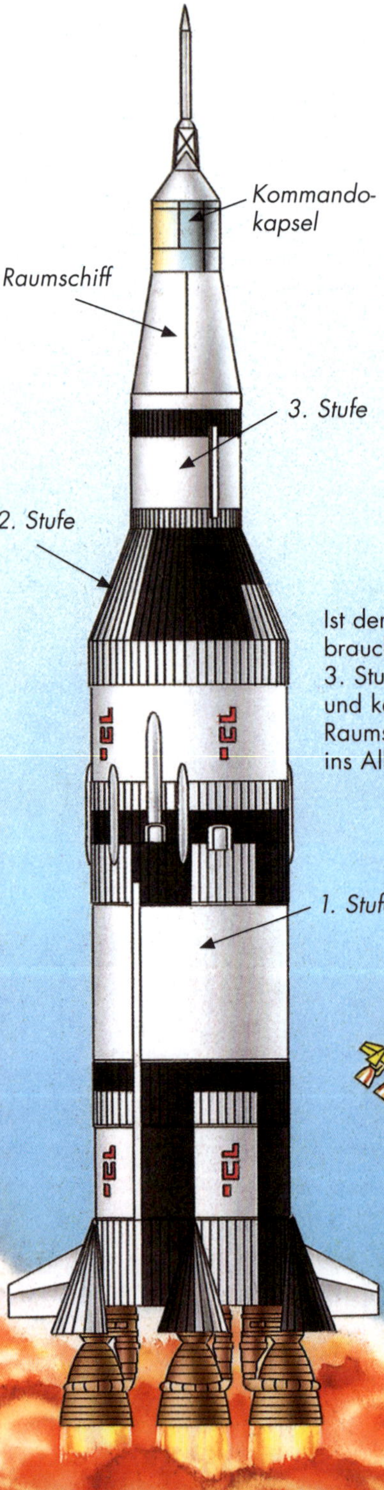

Mehrstufenrakete

Zur Beschleunigung für den Flug ins All benötigen Raketen unvorstellbare Mengen Treibstoff. Raketen bestehen meist aus drei Stufen, in deren Treibstofftanks nacheinander der Treibstoff verbrennt. Danach lösen sich die Stufen von der Rakete, die so immer leichter wird.

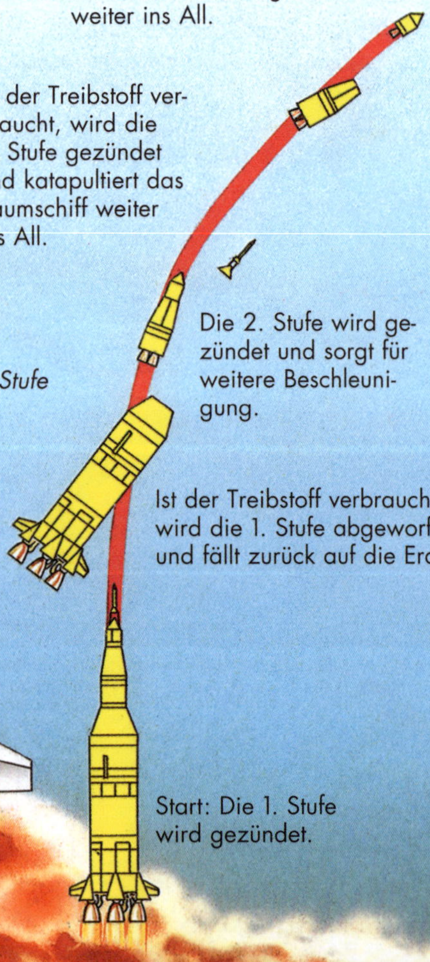

Die 3. Stufe löst sich. Das Raumschiff fliegt weiter ins All.

Ist der Treibstoff verbraucht, wird die 3. Stufe gezündet und katapultiert das Raumschiff weiter ins All.

Die 2. Stufe wird gezündet und sorgt für weitere Beschleunigung.

Ist der Treibstoff verbraucht, wird die 1. Stufe abgeworfen und fällt zurück auf die Erde.

Start: Die 1. Stufe wird gezündet.

Raketentriebwerke

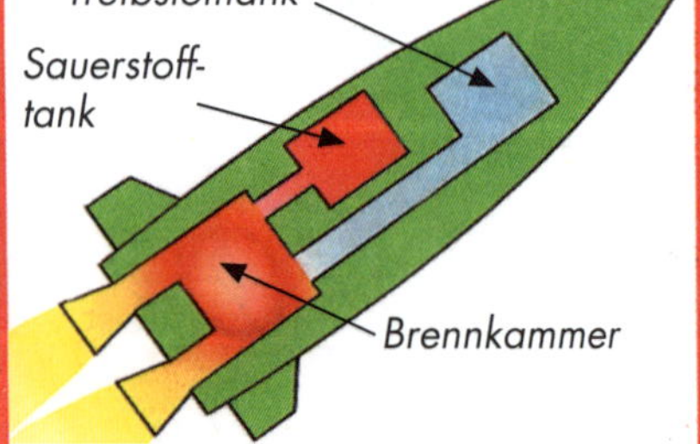

Der Brennkammer wird Treibstoff und Sauerstoff zugeführt. Es entsteht ein Gemisch, das entzündet wird und heiße Gase bildet, die durch die Düse ausströmen und die Rakete antreiben.

Satelliten

Satelliten sind unbemannte Raumschiffe, die auf Umlaufbahnen die Erde umkreisen. Sie werden von Raketen ins All geschossen.

Nachrichtensatellit

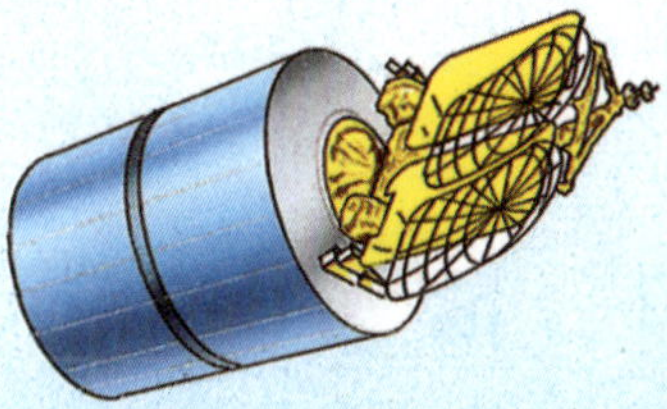

Satelliten wie dieser ermöglichen ein weltweites Telefonnetz und Satellitenfernsehen.

Wettersatellit

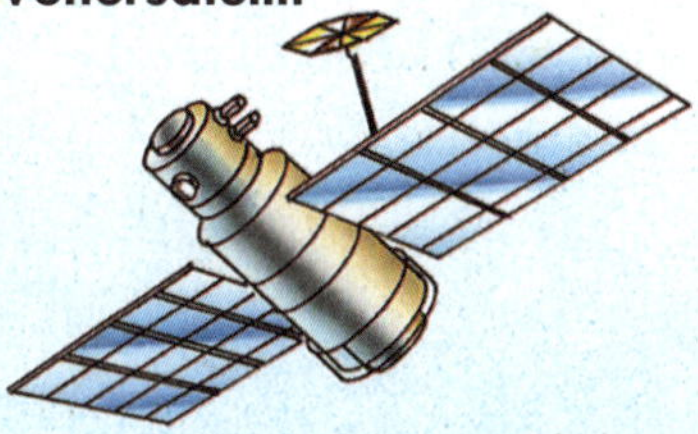

Wettersatelliten beobachten das Wetter für Wettervorhersagen.

Spaceshuttle

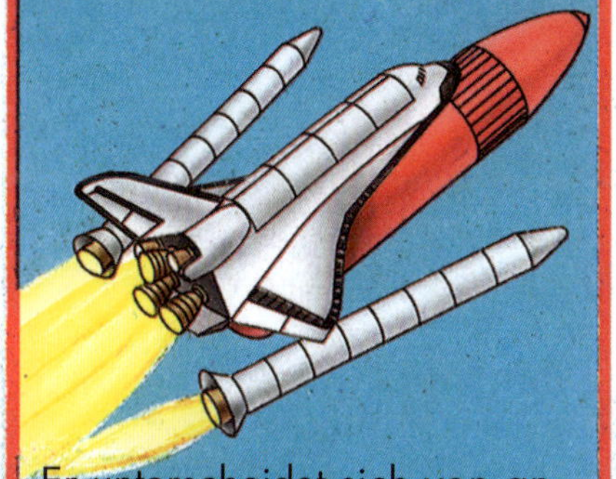

Er unterscheidet sich von anderen Raumschiffen dadurch, dass er wieder verwendet wird. Bei der Rückkehr zur Erde landet er wie ein Flugzeug.

Ins All

Überall auf der Erde herrscht eine Kraft, die Schwerkraft, durch die Dinge zur Erde gezogen werden. Wirft man einen Ball in die Luft, so fällt er wegen der Schwerkraft zurück auf die Erde.

Die Überwindung der Schwerkraft ist der schwierigste Teil der Raumfahrt. Deshalb muss eine Rakete sehr schnell fliegen, um ins All zu gelangen und einen Satelliten auf eine Umlaufbahn zu bringen.

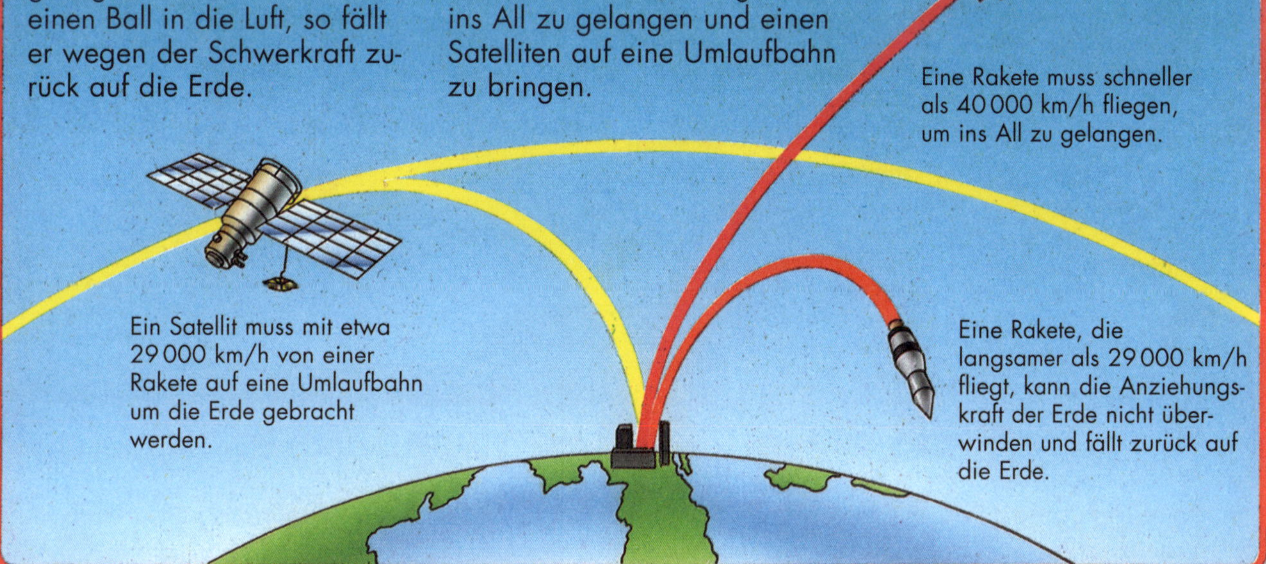

Eine Rakete muss schneller als 40 000 km/h fliegen, um ins All zu gelangen.

Ein Satellit muss mit etwa 29 000 km/h von einer Rakete auf eine Umlaufbahn um die Erde gebracht werden.

Eine Rakete, die langsamer als 29 000 km/h fliegt, kann die Anziehungskraft der Erde nicht überwinden und fällt zurück auf die Erde.

Große und schnelle Flugzeuge

Die größten Flugzeuge

Lockheed C-5A Galaxy, USA

Sie ist das größte Militär-Transportflugzeug der Welt. Sie kann 270 Soldaten, 2 Panzer und weiteres Gerät befördern.

Mil Mi-12, Russland

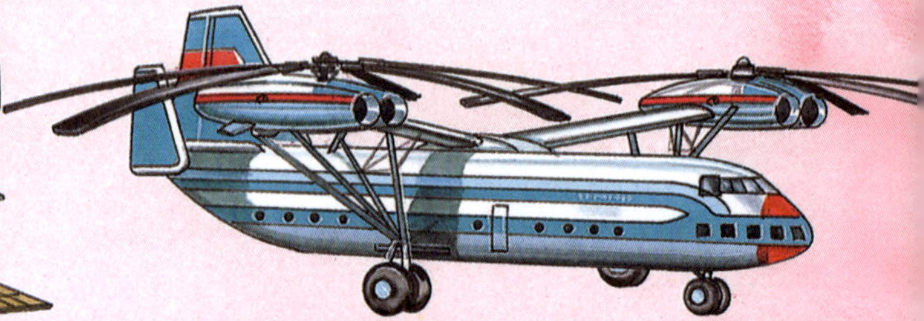

Dies ist der größte Hubschrauber der Welt. Er hat vier Motoren und wiegt ungefähr 100 Tonnen.

Zeppelin LZ 129, Deutschland

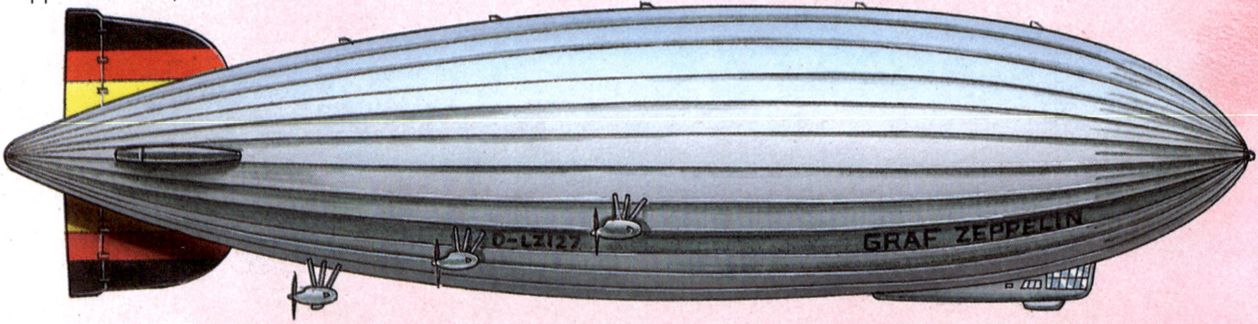

Dies war das größte Starr-Luftschiff, das je gebaut wurde. Es war fast 250 m lang; 3½-mal so lang wie ein Jumbojet.

Die schnellsten Flugzeuge

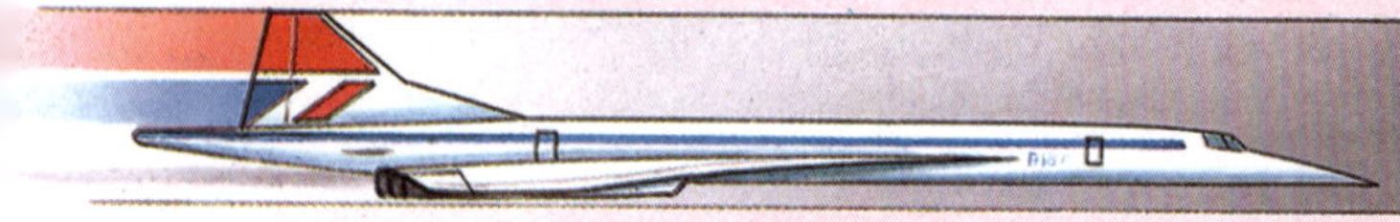

Die „Concorde" war mit 2300 km/h das schnellste Verkehrsflugzeug. Die Strecke Paris–New York flog die Maschine in nur etwa 3,5 Stunden. Nach einem Absturz 2003 wurde die „Concorde" außer Betrieb gestellt.

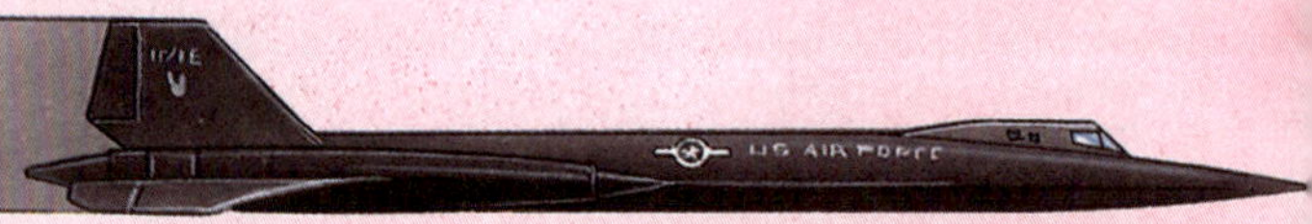

Das derzeit schnellste Flugzeug ist die „SR-71", auch „Blackbird" (engl.: schwarzer Vogel) genannt, mit einer Geschwindigkeit von bis zu 3530 km/h.

Luftsportarten

Auf den meisten Luftsportschauen kann man spektakuläre Kunstflugdarbietungen und Flugkunststücke bestaunen.

Kunstflug

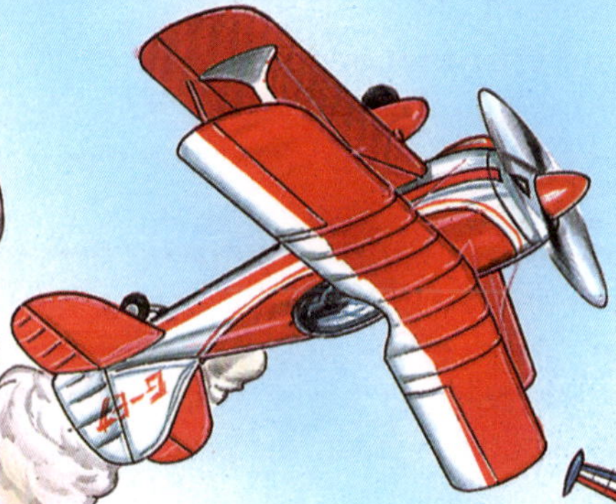

Die Piloten tragen starke Gurte, damit sie nicht aus dem Sitz geschleudert werden.

Himmelsstürmer

1934 überquerte Geoffry Tyson, ein berühmter Himmelsstürmer, auf dem Kopf fliegend den Ärmelkanal.

Der Kunstflug entwickelte sich nach dem Ersten Weltkrieg. Die Piloten zeigten wagemutige Flugkunststücke. Man nannte sie „Himmelsstürmer".

Geschwindigkeit

An einem Geschwindigkeits-Wettbewerb nehmen acht Flugzeuge teil und absolvieren einen markierten Kurs. Gemessen wird vom Start bis zur Landung.

Formationsflug

Manche Fliegerstaffeln zeigen auf Luftschauen in ganz Europa ihre Formationsflüge. Die Flugzeuge fliegen dicht nebeneinander und kreuzen mit hoher Geschwindigkeit die Flugbahn ihrer Mitflieger, wobei die Maschinen farbigen Rauch ausströmen.

Wissenswertes

Am 14. November 1910 startete zum ersten Mal in der Geschichte der Luftfahrt ein Flugzeug vom Deck eines Schiffes.

1932 überquerte Amelia Earhart als erste Frau allein in einem Flugzeug den Atlantik.

Im Jahr 1947 durchbricht ein Flugzeug zum ersten Mal die Schallmauer.

1997 hob das halbstarre Luftschiff, der Zeppelin NT (neue Technik), zum Jungfernflug ab. Es wird für Touristenrundflüge, zu Werbezwecken und bei Großveranstaltungen zur Überwachung eingesetzt.

1999 gelingt die erste Nonstop-Umrundung der Erde in einem Heißluftballon.

Bei einem Flug von London nach Hongkong verbrennt ein Jumbo-Jet 180 000 Liter Kerosin. Mit dieser Menge könnte ein PKW 3500-mal betank werden und damit eine Strecke von mehr als 1,5 Millionen Kilometer zurücklegen.

Das größte Verkehrsflugzeug der Welt
Der Airbus A380 ist der größte Passagierjet mit vier Triebwerken und zwei durchgängigen Passagierdecks. Er bietet Platz für 525 Passagiere. Seine Tanks fassen insgesamt 324 540 Liter Kerosin.

Der Airbus A380

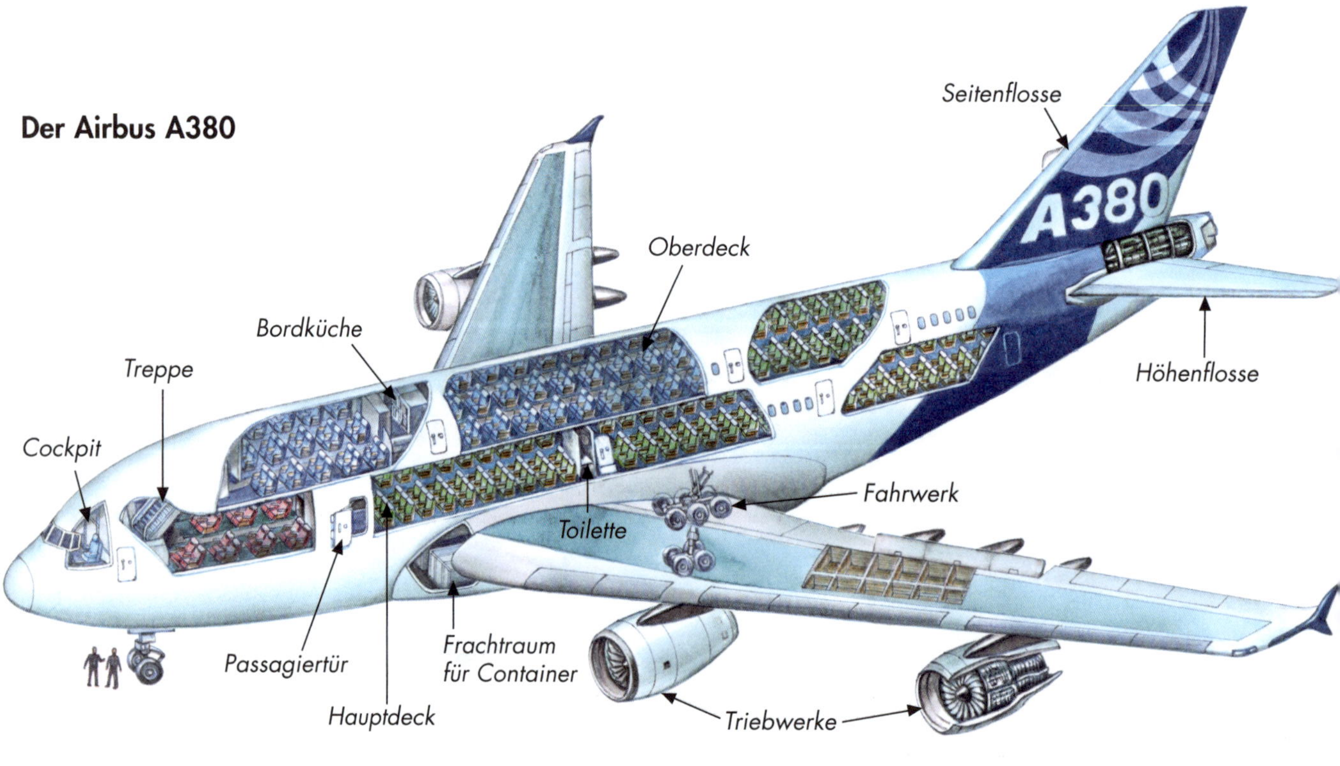

Unsere Erde

Warum schneit es im Winter? Warum gibt es Tag und Nacht? Welche Klimagebiete gibt es auf der Erde? Wie sind die Gebirge entstanden? Die Antworten auf diese und mehr Fragen findest du in diesem Kapitel.

Wie es auf der Erde aussieht

Die Erde ist eine große Kugel aus Gestein, die sich im Weltraum bewegt. Sie ist einer von 9 Planeten, die sich um die Sonne drehen. Die Planeten und die Sonne bilden zusammen unser Sonnensystem. Unsere Sonne ist nur einer von vielen Millionen Sternen im Weltraum.

Weißt du eigentlich …

… dass die Erde nicht vollkommen rund ist? Um die Mitte ist sie etwas dicker, dafür an den Enden etwas flacher. Die gedachte Linie um die Mitte der Erde nennt man „Äquator“. Die Enden heißen „Nordpol“ und „Südpol“.

… dass der Äquator die Erde in zwei Hälften teilt? Die obere Hälfte nennt man „nördliche Halbkugel“, die untere Hälfte „südliche Halbkugel“.

… dass nur etwas mehr als ein Viertel der Erdoberfläche aus Land besteht? Es befindet sich zum größten Teil auf der nördlichen Halbkugel. Das gesamte Land ist in sechs Erdteile oder Kontinente gegliedert.

Fast drei Viertel der Erdoberfläche sind mit Wasser bedeckt. Alle Weltmeere (oder Ozeane) stehen miteinander in Verbindung.

Fast ein Achtel aller Landgebiete der Erde sind Wüsten. Dort können nur ganz wenige Tiere und Pflanzen leben.

Die Erde dreht sich wie ein Kreisel ständig um ihre eigene Achse. Diese Achse ist eine gedachte Linie zwischen den beiden Polen.

Der Mond ist eine felsige Kugel, die sich um die Erde dreht. Er ist 384 000 Kilometer von der Erde entfernt. Das ist ungefähr 25-mal so weit wie von uns nach Australien. Andere Planeten haben auch Monde.

Je weiter man sich vom Äquator entfernt, desto kälter wird es. Die kältesten Stellen der Erde liegen am Nordpol und am Südpol. Sie sind immer von Eis bedeckt.

Der Erdumfang beträgt ungefähr 40 000 Kilometer. Auf der Autobahn müsste man einen halben Monat ohne Pause fahren, um diese Strecke zurückzulegen.

In Äquatornähe ist es ständig heiß und es gibt viel Urwald. Manche Bäume werden dort so groß wie ein Hochhaus mit 20 Stockwerken.

Fast ein Fünftel der Landgebiete auf der Erde sind Gebirge. In den Bergen leben weniger Menschen, denn viele Gebirge sind zu steil, um dort Häuser zu bauen und Felder zu bestellen.

Die Erde wiegt etwa 6 Trilliarden Tonnen (6 mit 21 Nullen!).

Die heißesten Gebiete der Erde sind die Tropen. Sie liegen zu beiden Seiten des Äquators.

Wie es im Inneren der Erde aussieht

Die oberste Bodenschicht besteht aus ganz fein zermahlenem Gestein und abgestorbenen Pflanzenresten.

Darunter liegen Schichten von Gestein.

In Felsschichten findet man manchmal unterirdische Bäche und Flüsse.

So ist die Erde aufgebaut

Auf dem Bild wurde ein Stück aus der Erdkugel herausgeschnitten. So kannst du erkennen, wie es im Inneren aussieht.
Die Erde ist von einer harten Kruste bedeckt, die 5 bis 60 Kilometer dick ist.
Die Entfernung von der Erdkruste bis zum Erdmittelpunkt beträgt etwa 6300 Kilometer. Unter der Erdkruste liegt eine Schicht aus heißem, geschmolzenem Gestein. Diese Schicht, der Erdmantel, ist ständig in Bewegung.
Das Erdinnere nennt man „Erdkern". Der äußere Kern besteht aus heißen, flüssigen Metallen, vor allem aus Eisen und Nickel.

Der innere Kern ist wahrscheinlich festes Metall. Im Erdinneren kann es bis zu 4000 Grad heiß sein.

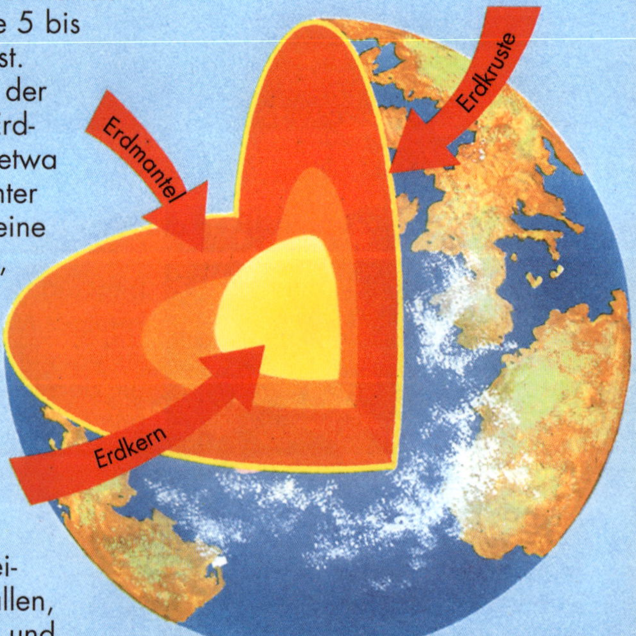

Im Kalkstein gibt es häufig Höhlen, denn er wird vom Wasser leicht ausgewaschen. Das Wasser verursacht im Boden Risse und Löcher. Diese werden immer größer, bis schließlich eine Höhle daraus entsteht.

Ölbohrturm
Kohlebergwerk
Diamantenmine
Durch wachsende Baumwurzeln und Gänge von Tieren wird das Gestein brüchig.
Maulwürfe
Ameisenhügel
Dachse
einigen Gebieten der
Vüste Sahara gibt es
nterirdische Bäche. Darin
ann man sogar Fische
ngen.
Wenn man in tiefere Schichten vordringt, stößt man auf unterschiedliche Gesteinsarten. Einige enthalten Metalle, andere wertvolle Steine, zum Beispiel Diamanten.
Stalaktiten
Es kann Jahrhunderte dauern, bis solche seltsamen Zapfen entstehen. Sie sind aus Kalk, der mit dem Wasser von der Höhlendecke tropft.
talagmiten
Tief im Gestein findet man manchmal auch Erdöl. Es ist aus Überresten toter Tiere und Pflanzen entstanden.
Tief in der Erde stößt man manchmal auf Kohle. Sie ist aus Bäumen entstanden, die vor Millionen von Jahren gewachsen sind. Diese Wälder wurden später überschwemmt und von Schlamm und Sand zusammengepresst.

Warum gibt es Berge und Täler?

Einige Gegenden sind flach, andere hügelig oder gebirgig. Die Erdoberfläche verändert sich immer noch – aber so langsam, dass du das kaum miterleben kannst. Das heiße, flüssige Gestein des Erdmantels ist ständig in Bewegung. Das erzeugt Unebenheiten an der Erdoberfläche. In Millionen von Jahren sind daraus die Gebirge entstanden.

Manchmal bricht flüssiges Gestein aus dem Erdmantel durch die Kruste. Es kühlt ab, wird hart und hinterlässt einen kegelförmigen Berg. Das ist ein Vulkan. Wenn er ausbricht, strömt aus dem Vulkanschlot heiße Lava aus.

Gletscher sind Eisströme, die sich ganz langsam vorwärts bewegen. Sie nehmen dabei Felsbrocken, Erde und Geröll mit. Vor etwa einer Million Jahren, in der letzten Eiszeit, gab es viele Gletscher. Die meisten sind inzwischen geschmolzen. Sie haben tief eingeschnittene Täler hinterlassen.

Kegelförmige Berge sind meistens erloschene Vulkane. Diese brechen nicht mehr aus.

Jüngere Berge sind häufig steil und haben spitze, hohe Gipfel.

Die Wellen schleudern Sand und Geröll gegen die Felsen. Dadurch entstehen eigenartige Küstenformen.

Ein Tafelgebirge ist durch einen Riss in der Erdkruste entstanden.

An einem Einschnitt im Gebirge kannst du manchmal die verschiedenen Gesteinsschichten erkennen.

Genauso wie die Gebirge von unten aufgewölbt wurden, wird das Land auch von oben geformt. Es wird ganz allmählich von Flüssen, Gletschern, Regen, Wind, Eis und durch die Einwirkung der Sonne abgetragen. Einige Gesteinsarten sind weicher als andere und werden daher schneller abgeschliffen.

Am Horizont trifft der Himmel scheinbar mit dem Land (oder Meer) zusammen. Weiter kann man nicht sehen, weil die Erde gekrümmt ist.

Manchmal wird die Erdoberfläche durch Bewegungen des Gesteins im Erdmantel erschüttert. Das nennt man „Erdbeben".

Die meisten Menschen leben in Tälern, in Ebenen oder in flachen Hochlandgebieten, den sogenannten Plateaus.

Manche Berge sind durch die Naturgewalten ganz seltsam geformt worden.

Alte Gebirge sind stärker abgetragen und daher meist flacher und sanfter.

Faltengebirge sind dadurch entstanden, dass die Erdkruste aufgewölbt und zusammengedrückt wurde.

Wenn ein Fluss seinen Lauf durch hartes Gestein bahnt, entsteht eine Schlucht.

Woher kommt das Wasser?

Die Wassermenge auf der Erde verändert sich nicht, denn das Wasser bewegt sich in einem Kreislauf. Die Kästchen 1 bis 4 geben an, wie er abläuft.

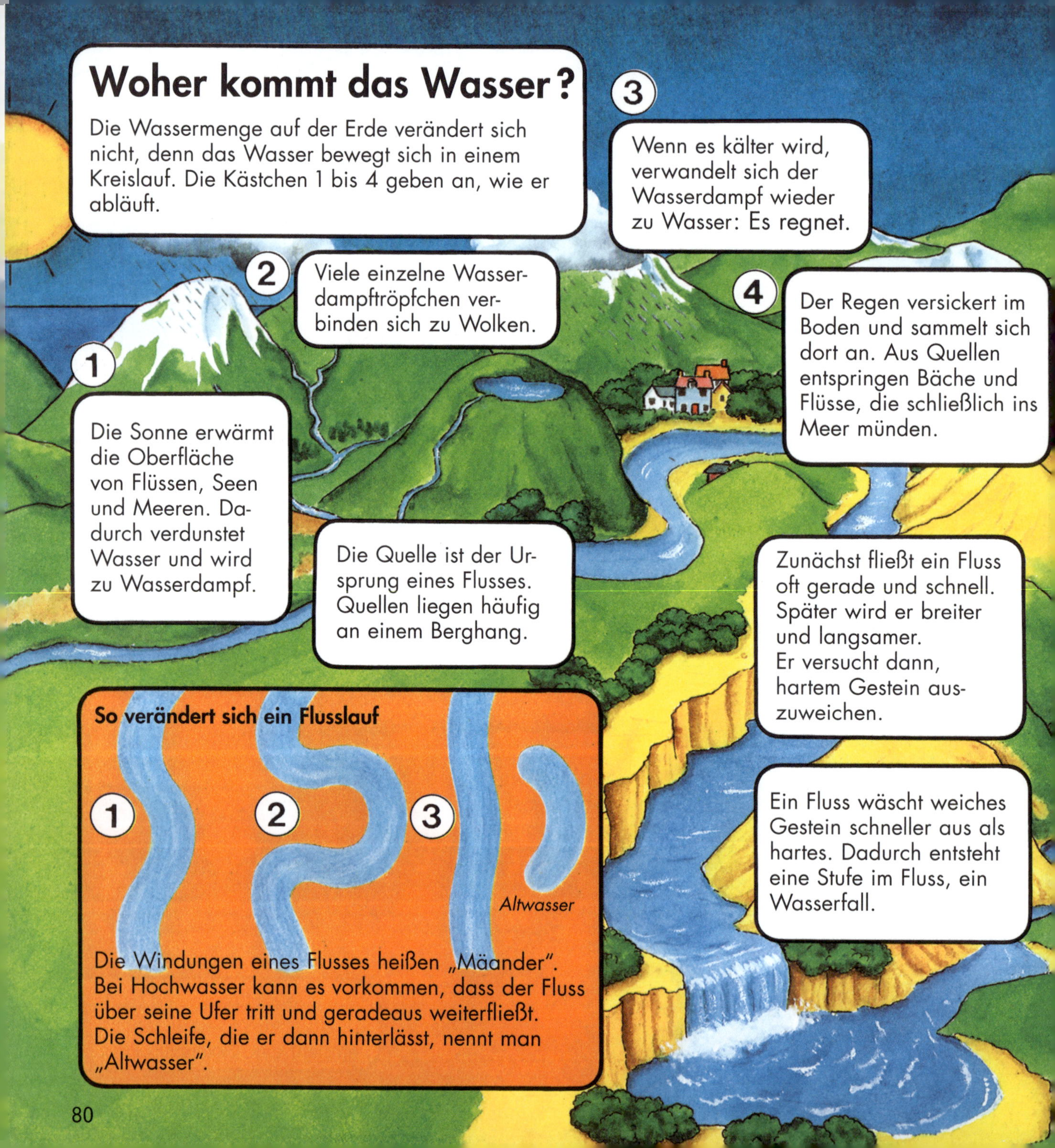

1 Die Sonne erwärmt die Oberfläche von Flüssen, Seen und Meeren. Dadurch verdunstet Wasser und wird zu Wasserdampf.

2 Viele einzelne Wasserdampftröpfchen verbinden sich zu Wolken.

3 Wenn es kälter wird, verwandelt sich der Wasserdampf wieder zu Wasser: Es regnet.

4 Der Regen versickert im Boden und sammelt sich dort an. Aus Quellen entspringen Bäche und Flüsse, die schließlich ins Meer münden.

Die Quelle ist der Ursprung eines Flusses. Quellen liegen häufig an einem Berghang.

Zunächst fließt ein Fluss oft gerade und schnell. Später wird er breiter und langsamer.
Er versucht dann, hartem Gestein auszuweichen.

Ein Fluss wäscht weiches Gestein schneller aus als hartes. Dadurch entsteht eine Stufe im Fluss, ein Wasserfall.

So verändert sich ein Flusslauf

Die Windungen eines Flusses heißen „Mäander". Bei Hochwasser kann es vorkommen, dass der Fluss über seine Ufer tritt und geradeaus weiterfließt. Die Schleife, die er dann hinterlässt, nennt man „Altwasser".

Flüsse durchschneiden die Landschaft und schwemmen Geröll und Erde ins Meer. Nach Jahrhunderten hinterlassen sie breite Täler und steile Schluchten.

Die Stelle, an der ein Fluss ins Meer fließt, ist die Mündung.

Nebenflüsse lassen den Fluss immer mehr anschwellen.

Manchmal lässt ein Fluss große Mengen Schlamm und Geröll in der Mündung zurück. Dann bildet sich dort ein Delta.

Mit dem „Gleithang" ragt ein Berg in den Fluss hinein.

Seen sind mit Wasser gefüllte Vertiefungen im Land.

Einige flache Seen trocknen bei zu wenig Regen aus.

Manchmal wird Wasser durch heißes Gestein in der Erdkruste erhitzt und schießt als „Geysir" (heiße Quelle) nach oben.

Die höchsten Wasserfälle der Erde sind die Angel-Fälle in Venezuela. Das Wasser fällt dort fast einen Kilometer tief. Das größte Hochhaus der Welt mit 110 Stockwerken ist nur etwa halb so hoch.

Wie es im Meer aussieht

Etwa drei Viertel der Erdoberfläche sind von Meeren und Ozeanen bedeckt. Dort leben die verschiedenartigsten Tiere und Pflanzen. Darüber hinaus gibt es im Meer viele wertvolle Rohstoffe und Mineralien, vor allem Salz. Die Mineralien werden durch die Flüsse aus dem Boden herausgewaschen und ins Meer gespült.

Tsunamis sind riesige Flutwellen. Sie entstehen durch Seebeben (Erdbeben am Meeresboden).

Fliegender Fisch

Seeschlange

Qualle

Die meisten Wassertiere und Wasserpflanzen leben nahe der Oberfläche. Das Wasser wird dort von der Sonne erwärmt. Am Meeresgrund ist es dagegen kalt und dunkel.

Wenn du eine Flaschenpost ins Meer wirfst, wird sie von der Strömung vielleicht an die Küste eines anderen Erdteils getrieben. Meeresströmungen bewegen sich in riesigen Kreisen zwischen warmen und kalten Gebieten hin und her. Sie entstehen durch den Wind und die Drehung der Erde.

Korallen sind kleine, geleeartige Tiere, die in warmen, flachen Meeren leben. Jede Koralle schützt ihren Körper durch ein Gehäuse aus Kalk. Wenn das Tier stirbt, bleibt das Kalkgehäuse zurück. Darauf wachsen dann wieder neue Korallen. So bildet sich allmählich ein Korallenriff.

Der Meeresboden ist nicht flach, es gibt dort Berge und Täler wie auf dem Land. Inseln sind die Berge, die aus der Wasseroberfläche herausragen.

Manchmal ragt ein Korallenriff aus der Wasseroberfläche heraus und bildet eine ringförmige Insel: ein „Atoll".

Meere können kalt oder warm sein. Das Wasser im Persischen Golf kann bis zu 35 Grad warm sein. Das Nordpolarmeer ist dagegen teilweise gefroren.

So bewegen sich Wellen

Wellen bewegen sich scheinbar an der Wasseroberfläche. Tatsächlich dreht sich das Wasser aber im Kreis auf und ab. Wenn du einen Gegenstand ins Meer wirfst, bewegt er sich so wie auf diesem Bild.

Der Berg Mauna Kea auf Hawaii misst vom Meeresgrund bis zum Gipfel 10 Kilometer. Damit ist er höher als der höchste „Landberg" der Erde, der Mount Everest.

Fische können im Wasser atmen, weil sie Kiemen haben. Damit filtern sie den Sauerstoff aus dem Wasser, den sie zum Leben brauchen.

Seetang und kleine Schalentiere leben nahe der Küste.

Das salzigste Gewässer der Erde ist das Tote Meer. Man kann sich dort auf der Wasseroberfläche treiben lassen.

Der Marianengraben im Pazifischen Ozean ist die tiefste Stelle im Meer. Wenn du dort eine Stahlkugel fallen ließest, brauchte sie für die über 11 Kilometer bis zum Grund länger als eine Stunde.

An den Küsten der meisten Meere ändert sich der Wasserstand etwa alle sechs Stunden. Steigt das Wasser an, spricht man von „Flut"; fällt das Wasser, spricht man von „Ebbe". Ebbe und Flut nennt man die „Gezeiten". Die Anziehungskraft des Mondes und der Sonne bringt die Wassermassen auf der Erde in Bewegung.

Was in der Luft geschieht

Die Erde ist von einer Luftschicht umgeben, die man „Atmosphäre“ nennt. Die Luft enthält verschiedene Gase. Eines davon ist Sauerstoff, den Tiere und Menschen zum Leben brauchen. Ein anderes Gas ist das Kohlendioxid, das die Pflanzen benötigen. Die Lufthülle schützt uns vor den gefährlichen ultravioletten Strahlen der Sonne.

Die Luft kann man nicht sehen – nur die winzigen Staubkörnchen, die herumwirbeln. Man kann Luft aber fühlen, zum Beispiel als Wind.

Luft ist schwer! Unser Körper ist jedoch so eingerichtet, dass wir ihr Gewicht nicht spüren. Am Meer wiegt die Luft, die auf deinen Daumennagel drückt, etwa 1 Kilogramm.

Die Atmosphäre wird in fünf Hauptschichten eingeteilt. Nach oben hin wird sie immer dünner, bis sie schließlich im Weltraum endet.

80 bis 50 Kilometer Höhe
In der Ionosphäre (oder Thermosphäre) ist die Luft sehr dünn und elektrisch geladen.

Die höchsten Wolken, die wir kennen, sind die leuchtenden Nachtwolken. Sie sind erst nach Sonnenuntergang zu sehen.

Meteoriten sind Gesteinsbrocken aus dem Weltraum. Wenn sie in die Atmosphäre geraten, verglühen sie dort.

17 bis 80 Kilometer Höhe
Die nächsten Schichten sind die Stratosphäre und die Mesosphäre. Die meisten Flugzeuge fliegen in dieser Höhe, weil die Luft dort ruhiger ist.

Wolken bestehen aus winzigen Wassertröpfchen oder Eiskristallen. In unterschiedlicher Höhe findet man verschiedene Wolkenarten.

0 bis 17 Kilometer Höhe
Die unterste Schicht heißt „Troposphäre“. Sie ist die schmalste Schicht, enthält aber 90 Prozent der Luft. Hier spielt sich der größte Teil des Wettergeschehens ab.

Die äußerste Schicht der Atmosphäre ist die Exosphäre. Sie geht in den luftleeren Weltraum über.

Im Verhältnis zur Größe der Erde ist die Lufthülle so dünn wie eine Apfelschale.

Diese Lichterscheinung nennt man „Polarlicht“. Man kann es ab und zu in Polarnähe sehen.

Von der Ionosphäre werden die Radiowellen in verschiedene Teile der Erde zurückgestrahlt.

Einige Vogelarten können in Höhen bis zu 8 Kilometer fliegen.

Auf hohen Bergen ist die Luft sehr dünn. Deshalb nehmen Bergsteiger Sauerstoffgeräte dorthin mit.

Warum funkeln die Sterne?

Sterne scheinen zu funkeln, weil ihr Licht auf dem Weg durch die Luft unterschiedlich stark gebrochen wird. Es leuchtet aus verschiedenen Richtungen, je nachdem ob es durch warme oder kalte Luftschichten kommt. Das sieht dann wie Funkeln aus.

Warum verändert sich die Farbe des Himmels?

Im Sonnenlicht sind alle Farben des Regenbogens enthalten. Die Farbe des Himmels hängt von der Stellung der Sonne ab: Wenn sie hoch steht, erscheint der Himmel blau. Steht die Sonne tief, kann er rot, orange oder violett aussehen.

Warum gibt es Tag und Nacht?

Tag und Nacht entstehen durch die Sonne. Sie ist eine Kugel aus glühenden Gasen, die Licht und Hitze abstrahlt. Die Sonne ist immer da, aber du kannst sie nicht immer sehen, weil sich die Erde dreht. In dem Teil der Erde, der von der Sonne abgewandt ist, herrscht Nacht.

Die Erde braucht 24 Stunden, um sich einmal um die eigene Achse zu drehen. Ungefähr die Hälfte dieser Zeit ist der Teil der Erde, in dem du lebst, der Sonne zugewandt: Dann ist es Tag. Tagsüber sieht es so aus, als bewegte sich die Sonne am Himmel. Tatsächlich ist es aber die Erde, die sich um die Sonne dreht.

Warum die Uhrzeit nicht überall gleich ist

Die Uhrzeit ist nicht überall auf der Welt gleich. Wenn bei dir Mittag ist, ist es auf der gegenüberliegenden Seite der Erde Mitternacht. Die Welt ist in 24 Zeitzonen eingeteilt. Wenn es in der einen Zeitzone 13 Uhr ist, ist es in der nächsten Zone weiter östlich 14 Uhr und in der nächsten Zone nach Westen 12 Uhr. Wenn du Zeitzonen durchquerst, musst du deine Uhr entsprechend verstellen. Reist man Richtung Osten, muss man die Uhr vorstellen, in Richtung Westen muss man sie zurückstellen. An einer bestimmten Stelle der Erde, an der Datumsgrenze, ändert sich auch das Datum.

Am eindrücklichsten wird uns der Zeitunterschied der verschiedenen Zeitzonen an Silvester vor Augen geführt. Wenn in Australien die Menschen das neue Jahr schon mit einem riesigen Feuerwerk begrüßen, ist es bei uns erst Nachmittag. Auch Flugreisende, die zum Beispiel den Atlantik überqueren, fliegen durch verschiedene Zeitzonen. Das verursacht bei vielen Menschen einen sogenannten „Jetlag", das heißt sie leiden unter der Zeitverschiebung.

Warum gibt es Schatten?

Die Strahlen des Sonnenlichts können Gegenständen nicht ausweichen. Deshalb gibt es Schatten hinter allen Dingen, die im Weg stehen.

Morgens und abends steht die Sonne tief und wirft lange Schatten. Mittags, wenn die Sonne am höchsten steht, sind die Schatten sehr kurz.

Sonnen in der Nacht

In klaren Nächten kannst du den Mond und die Sterne sehen. Sterne sind ebenfalls Sonnen. Da sie aber sehr weit von uns entfernt sind, sehen sie viel kleiner aus als unsere Sonne. Tagsüber sind sie nicht zu sehen, weil die Sonne sie überstrahlt.

Der Mond ist eine felsige Kugel, die die Erde umkreist. Er leuchtet nicht selbst. Du kannst ihn nur sehen, weil ihn die Sonne bescheint und das Sonnenlicht von seiner Oberfläche zurückgeworfen wird.

Der Mond verändert seine Form nur scheinbar. In Wirklichkeit wird immer nur ein bestimmter Teil des Mondes von der Sonne angestrahlt. Wenn der Mond in der Stellung steht wie auf dem Bild links, siehst du ihn wie hier oben.

Warum sind nicht alle Tage gleich lang?

Im Sommer ist es nicht nur wärmer, sondern es ist auch länger hell. Der Teil der Erde, der der Sonne zugewandt ist, bekommt dann nämlich länger Sonnenlicht. Je näher man den Polen kommt, desto größer wird der Unterschied in der Tageslänge zwischen Sommer und Winter.

Auf der großen Erdkugel rechts unten hat die Südhalbkugel Sommer. Die roten Linien zeigen die Länge des Tages, die weißen Linien die Länge der Nacht. Die gestrichelten Linien gelten für den Teil der Erde, den du nicht sehen kannst.

In Gegenden, die nahe am Polarkreis liegen, ist es im Winter fast 24 Stunden lang dunkel.

Im Sommer herrscht dort dagegen fast 24 Stunden lang Tageslicht.

Am Äquator sind Tag und Nacht immer je 12 Stunden lang.

Sonnenfinsternis

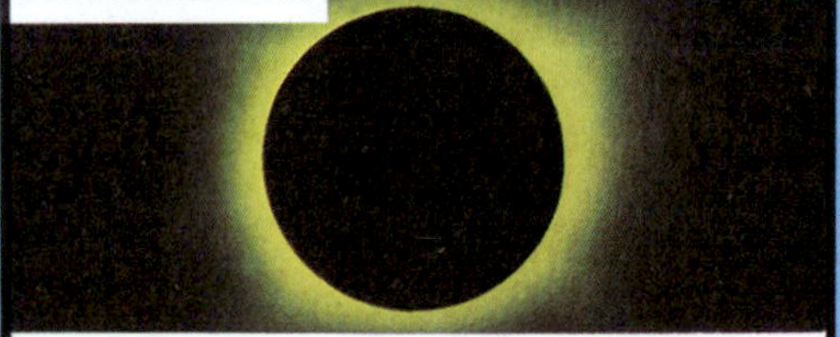

Manchmal sieht es so aus, als stünde der Mond genau vor der Sonne. Da uns Mond und Sonne am Himmel etwa gleich groß erscheinen, verdeckt der Mond die Sonne. Für kurze Zeit wird es dann dunkel.

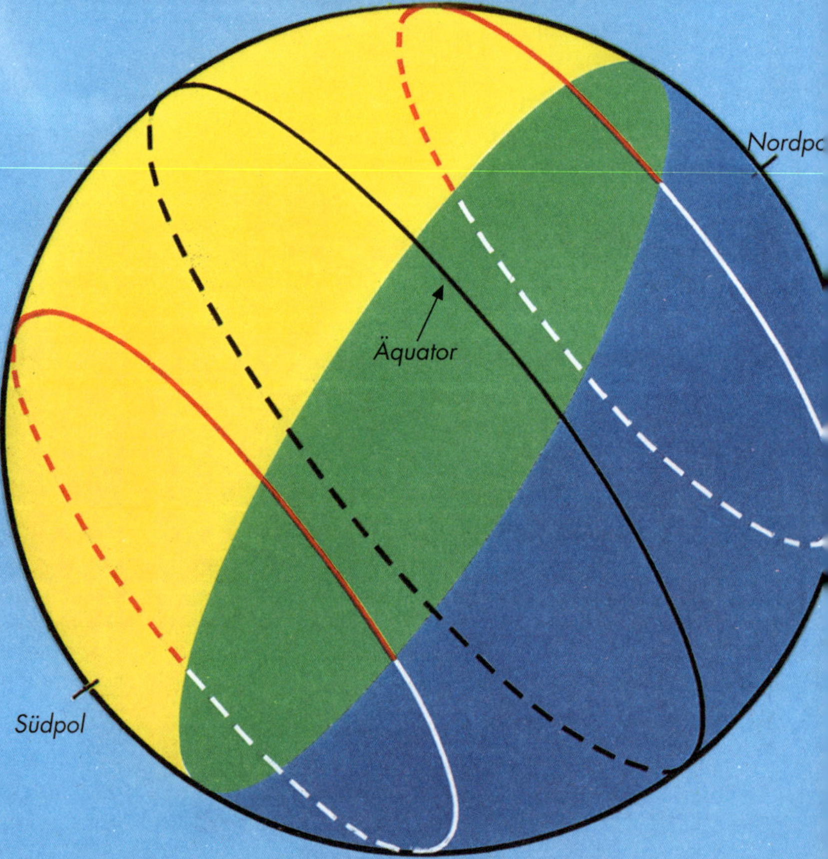

Klimagebiete auf der Erde

Unter Klima versteht man das Wetter, das für eine bestimmte Gegend typisch ist. Es hängt hauptsächlich davon ab, wie weit diese vom Äquator entfernt ist. Außerdem wird das Klima vom Wind, von Meeresströmungen, von der Höhenlage und der Nähe zum Meer beeinflusst.

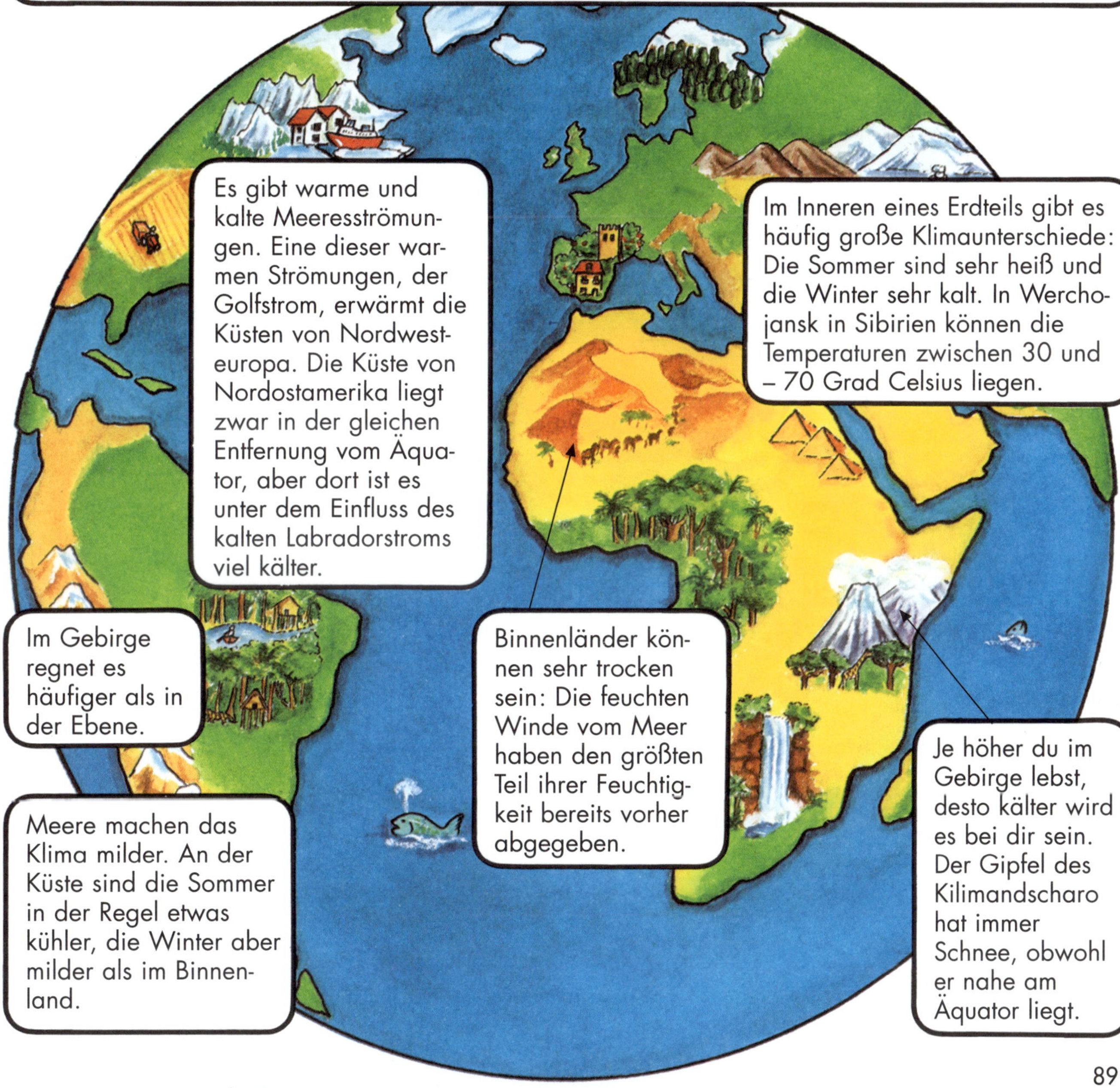

Es gibt warme und kalte Meeresströmungen. Eine dieser warmen Strömungen, der Golfstrom, erwärmt die Küsten von Nordwesteuropa. Die Küste von Nordostamerika liegt zwar in der gleichen Entfernung vom Äquator, aber dort ist es unter dem Einfluss des kalten Labradorstroms viel kälter.

Im Inneren eines Erdteils gibt es häufig große Klimaunterschiede: Die Sommer sind sehr heiß und die Winter sehr kalt. In Werchojansk in Sibirien können die Temperaturen zwischen 30 und – 70 Grad Celsius liegen.

Im Gebirge regnet es häufiger als in der Ebene.

Binnenländer können sehr trocken sein: Die feuchten Winde vom Meer haben den größten Teil ihrer Feuchtigkeit bereits vorher abgegeben.

Je höher du im Gebirge lebst, desto kälter wird es bei dir sein. Der Gipfel des Kilimandscharo hat immer Schnee, obwohl er nahe am Äquator liegt.

Meere machen das Klima milder. An der Küste sind die Sommer in der Regel etwas kühler, die Winter aber milder als im Binnenland.

Warum ist das Wetter so?

Wetter ist das Zusammenwirken von Luft, Sonne und Wasser. Wenn sich die Luft bewegt, entsteht Wind. Die Sonne spendet uns Wärme. Wasser erzeugt Wolken, Regen, Schnee und Eis.

Woher kommt der Wind?
Da warme Luft leichter ist als kalte, steigt die warme Luft auf. Nun nimmt kalte Luft den Raum ein, in dem vorher warme Luft war. So gibt es immer Luftströmungen zwischen warmen und kalten Gebieten. Das ist der Wind. Winde verändern ihre Richtung, weil sich die Erde dreht.

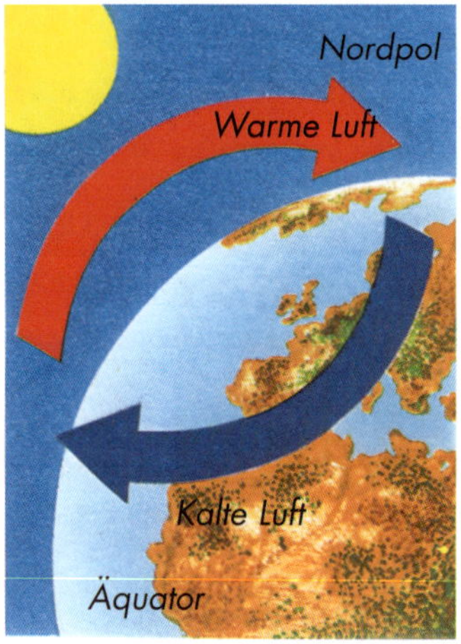

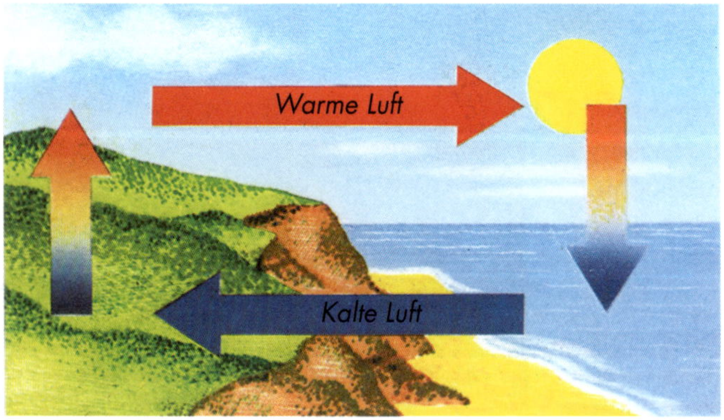

Das Land erwärmt sich schneller als das Wasser und kühlt sich auch schneller ab. Tagsüber weht kühler Wind vom Meer zum Land, nachts weht warmer Wind vom Land zum Meer.

Was Wolken über das Wetter verraten
Warme Luft kann mehr Feuchtigkeit aufnehmen als kalte Luft. Wenn die warme Luft aufsteigt, kühlt sie sich ab. Dabei verwandelt sich ein Teil der Feuchtigkeit in Wassertropfen oder Eiskristalle (wenn es sehr kalt ist). Daraus bilden sich Wolken.

Cirrus- oder Federwolken sind sehr hoch schwebende Wolken aus Eiskristallen: Sie zeigen warmes Wetter an.

Cirrocumulus- oder Schäfchenwolken zeigen Regen an.

Altocumuluswolken bestehen aus kleinen Wolkenballen.

Cirrostratuswolken können einen Halo (einen weißlichen Ring oder „Hof") um Sonne oder Mond verursachen. Der Halo entsteht, wenn das Licht durch die Eiskristalle der Wolken gebrochen wird.

Flache Cumulus- oder Haufenwolken zeigen einen warmer sonnigen Tag an.

Cumulonimbus ist eine riesige Gewitterwolke.

Nimbostratuswolken bilden eine tief hängende graue Wolkenschicht: Es wird bald regnen oder schneien.

Stratus- oder Schichtwolken liegen oft als dicke Wolkendecke („Hochnebel") in Bodennähe.

Warum es regnet

Wenn es kälter wird, verwandelt sich Wasserdampf zu Wassertröpfchen. Sie bilden immer größere Tropfen. Schließlich werden die Wassertropfen so schwer, dass die Wolke sie nicht mehr halten kann: Es regnet.

Je mehr Wassertropfen eine Wolke enthält, desto dunkler und schwerer wird sie.

Im Gebirge regnet es häufiger, denn die Wolken müssen dort aufsteigen. Dabei kühlen sie sich ab und es regnet.

Wenn die Sonne durch den Regen scheint, entsteht oft ein Regenbogen. Normalerweise kann man die Farben des Sonnenlichts nicht sehen. Wenn aber die Regentropfen das Licht brechen, kannst du jede Farbe einzeln erkennen: Rot, Orange, Gelb, Grün, Hellblau, Dunkelblau, Violett.

Ein Regenbogen sieht wie ein Torbogen aus. Von hoch oben könntest du ihn als vollständigen Kreis sehen.

Eis und Schnee

Wenn es friert, verwandelt sich das Wasser in den Wolken in Eisnadeln. Sie werden größer und bilden Kristalle. Diese verbinden sich wiederum zu Schneeflocken.

Wenn die Temperatur in Bodennähe über dem Gefrierpunkt (0 Grad) liegt, schmilz der Schnee und fällt als Regen oder Schneeregen.

Tau und Reif

Nachts kühlt sich die Luft ab und ein Teil der Feuchtigkeit setzt sich als Tau ab. Bei großer Kälte wird daraus Raureif.

Kleine Geschichte unserer Erde

Unsere Erde ist vor ungefähr 4 ½ Milliarden Jahren entstanden. Allerdings haben sich das Klima und die Landschaft von heute erst allmählich herausgebildet. Immer wieder haben sich neue Tier- und Pflanzenarten entwickelt. Andere sind ausgestorben, weil sie sich neuen Lebensbedingungen nicht anpassen konnten. Diesen Vorgang nennt man „Evolution".

Die Erde ist wahrscheinlich aus einer riesigen Wolke aus Staub und Gasen entstanden. Allmählich wurde daraus eine Kugel aus flüssigem Gestein.

Dann kühlte sich die Oberfläche ab. Es bildete sich eine harte Kruste. Heißes, flüssiges Gestein brach an vielen Stellen durch die Kruste. Es erkaltete und wurde ebenfalls hart.

Vor 280 Millionen Jahren

Erste Insekten und Reptilien

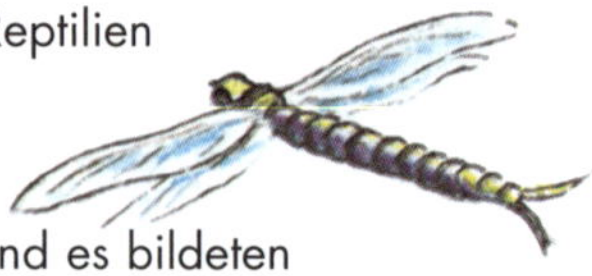

Die Erde wurde trockener und es bildeten sich Wüsten. Die Reptilien entwickelten sich. Ihre dicke, schuppige Haut schützte sie vor der Hitze an Land.

Die Erde war bedeckt mit dampfenden Sümpfen. Diese wurden später unter Sandschichten begraben. Nach Jahrmillionen wurde aus den Sumpfwäldern Kohle.

Vor 225 Millionen Jahren

Damals war die gesamte Landmasse der Erde noch ein einziger Erdteil: „Pangäa".

Das war das Zeitalter der Dinosaurier.

Pterodactylos, ein Flugsaurier

Vor 190 Millionen Jahren

Pangäa begann sich zu teilen.

Archaeopteryx, der Urvogel

Vor 135 Millionen Jahren

Die ersten Säugetiere waren Tiere mit Fell. Sie säugten ihre Jungen mit Milch.

Vor 70 Millionen Jahren

Die Dinosaurier starben aus. Säugetiere, Bäume und andere Pflanzen ve mehrten sich.

Vor 3½ bis 4 Milliarden Jahren

Als die Erde abkühlte, bildeten sich Dampf- und Gaswolken. Ihre Feuchtigkeit wandelte sich in Wasser um. Ungeheure Regengüsse überfluteten die Erde. Dadurch entstanden die ersten Meere.

Vor 2½ Milliarden Jahren

Die ersten Lebewesen entwickelten sich im Meer. Sie waren ganz einfach gebaut und noch winzig klein. Allmählich entstanden daraus Pflanzen.

Die Berge begannen Gestalt anzunehmen.

Vor 570 Millionen Jahren

Während die Pflanzen wuchsen, erzeugten sie Sauerstoff. Dadurch konnten sich Tiere entwickeln. Die ersten Tiere waren sehr klein und lebten im Wasser.

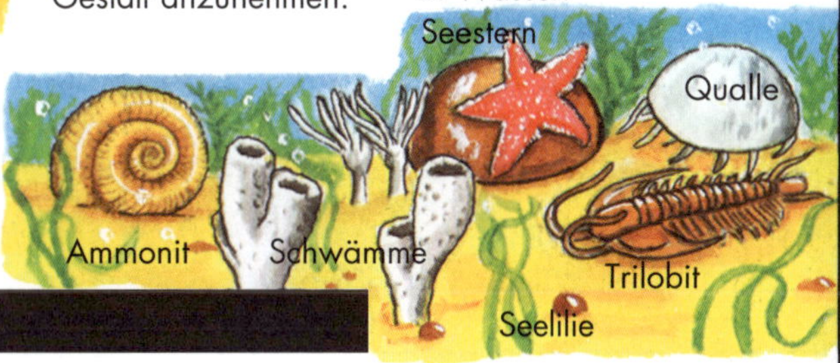

Vor 500 Millionen Jahren

Farne wuchsen in den Sümpfen. Auf dem trockenen Festland gab es immer noch keine Pflanzen und Tiere.

Vor 400 Millionen Jahren

Die Fische entwickelten sich. Sie waren die ersten Tiere mit einem Rückgrat.

Die ersten Amphibien: Tiere, die im Wasser und an Land leben konnten.

Vor 300 Millionen Jahren

Vor 40 Millionen Jahren

Vor 2 Millionen Jahren

In den Eiszeiten wurde das Klima sehr viel kälter. Nur Tiere mit Fell konnten in dieser Kälte überleben.

Vor 1 Million Jahren

Die ersten Menschen lebten in Höhlen. Sie lernten, Werkzeuge aus Stein herzustellen und das Feuer als Wärmespender und zum Kochen zu benutzen.

In 5 Milliarden Jahren

Wissenschaftler nehmen an, dass die Erde in etwa 5 Milliarden Jahren nicht mehr bestehen wird. Die riesig vergrößerte Sonne wird die Erde verschlucken.

Wichtige Begriffe

Hier folgt eine kurze Zusammenstellung wichtiger Begriffe über die Erde.

Anziehungskraft

Die Anziehungskraft der Sonne hält die Planeten auf ihren Umlaufbahnen. Die Anziehungskraft der Erde lässt den Mond um die Erde kreisen. Die Schwerkraft ist eine besondere Anziehungskraft, durch die Dinge zur Erde gezogen werden. Die Schwerkraft verhindert zum Beispiel auch, dass wir in der Luft herumschweben.

Atmosphäre

Die Atmosphäre ist eine dünne Gasschicht, die einen Planeten umgibt. Die Erdatmosphäre enthält Gase, die Pflanzen, Tiere und Menschen zum Leben brauchen. Keiner der anderen Planeten in unserem Sonnensystem hat eine Atmosphäre, in der wir leben könnten.

Breiten- und Längengrade

Breiten- und Längengrade sind gedachte Linien, mit denen die Erdkugel unterteilt wird. Die Linien der Breitengrade verlaufen waagerecht rund um die Erde, wie der Äquator. Die Längengrade verlaufen senkrecht vom Nordpol zum Südpol.

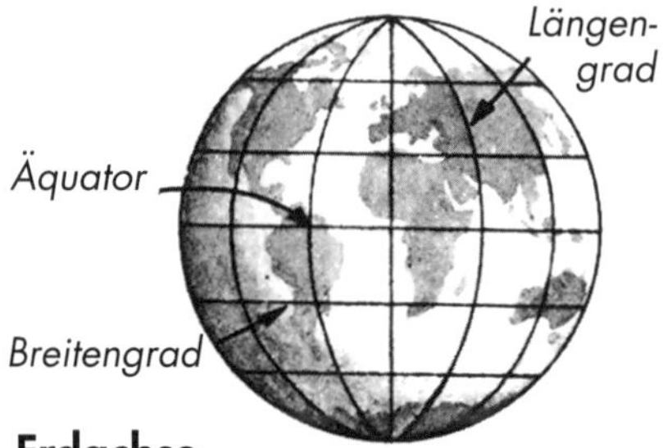

Erdachse

Die Erdachse ist eine gedachte Linie vom Nordpol zum Südpol. Sie verläuft durch den Erdmittelpunkt.

Erdkruste, Erdmantel, Erdkern

Die dünne Erdoberfläche aus hartem Gestein ist die Erdkruste. Die darunter liegende heiße Gesteinsschicht ist der Erdmantel. Teilweise ist dieses Gestein flüssig und in ständiger Bewegung. Dadurch entstehen Gebirge, Vulkane und Erdbeben. Das Erdinnere ist der Erdkern.

Gezeiten

Die Gezeiten zeigen sich in Ebbe und Flut, das heißt im Ansteigen und Abfallen des Meeresspiegels. Sie werden durch die Schwerkraft des Mondes und der Sonne hervorgerufen. Der höchste Wasserstand tritt bei Neumond auf: Dann wirken die Kräfte von Mond und Sonne gleichzeitig in dieselbe Richtung.

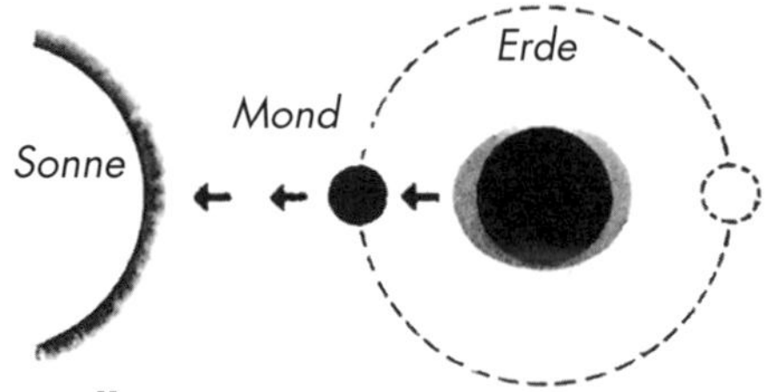

Vulkane

Vulkane sind Berge oder Hügel mit einem „Loch" in der Mitte, dem Krater. Der Schlot unter diesem Krater kann bis in den Erdmantel hineinreichen. Wenn der Vulkan ausbricht, fließt glühend heiße Lava aus dem Krater und Aschewolken steigen auf.

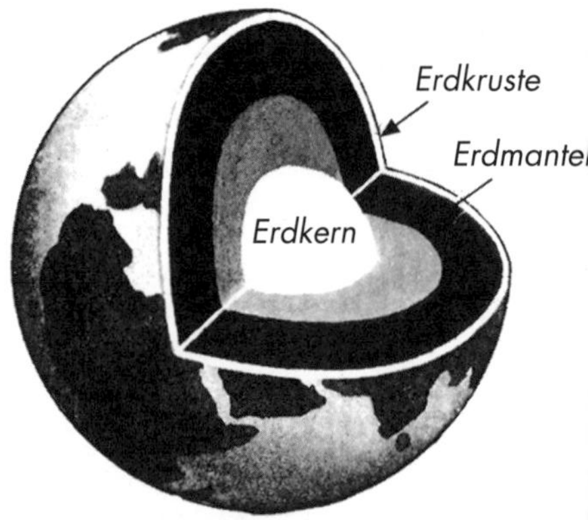

Was in der Natur geschieht

Wie entstehen Blitz und Donner?
Warum gibt es verschiedene Jahreszeiten?
Wie sieht es in einem Vulkan aus?
In diesem Kapitel erhältst du Antworten
auf deine Fragen über die Natur.

Regen und Regenbogen

Jeden Tag steigen aus Flüssen und Seen Millionen von kleinen Wassertropfen in die Luft auf.

Wenn viele Wassertröpfchen zusammen am Himmel schweben, bilden sie eine Wolke.

Stoßen die kleinen Tropfen zusammen, verbinden sie sich zu größeren Tropfen.

Wenn diese Wassertropfen schwer genug sind, fallen sie als Regen wieder auf die Erde.

Auf dem Land versickert der Regen im Erdboden, in der Stadt fließt er in die Kanalisation.

Wenn der Regen in Flüsse und Seen zurückkommt, können wieder Wassertropfen aufsteigen und Wolken bilden.

Ein Regenbogen ohne Regen

Wie ein Regenbogen entsteht, verstehst du am besten, wenn du selbst einen hervorrufst. Stelle ein Glas Wasser bei Sonnenschein auf ein Blatt weißes Papier ans Fenster: Du wirst einen bunten Lichtstreifen auf dem Papier sehen.

Was geschieht im Regentropfen?

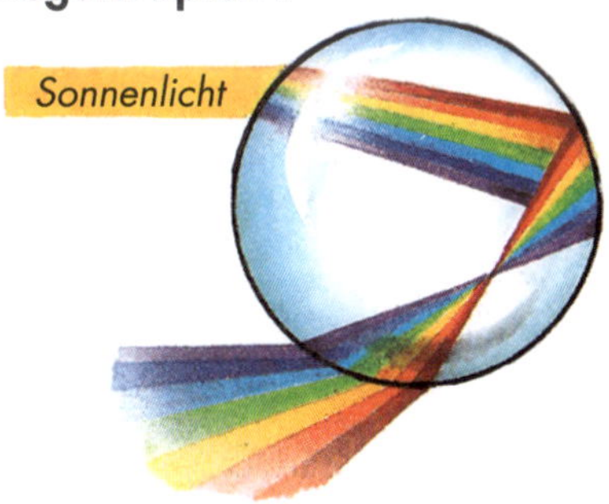

Bei den Regentropfen ist es genauso wie beim Wasser im Glas: Das Sonnenlicht wird im Wassertropfen in sieben Farben zerlegt.

Ein Regenbogen entsteht

Ein Regenbogen erscheint, wenn die Regentropfen das weiße Sonnenlicht brechen und in einzelne Farben zerlegen. Weil jede Farbe in einem anderen Winkel gebrochen wird, siehst du sie nebeneinander.

Damit du einen Regenbogen sehen kannst, musst du immer so stehen, dass du die Sonne im Rücken hast.

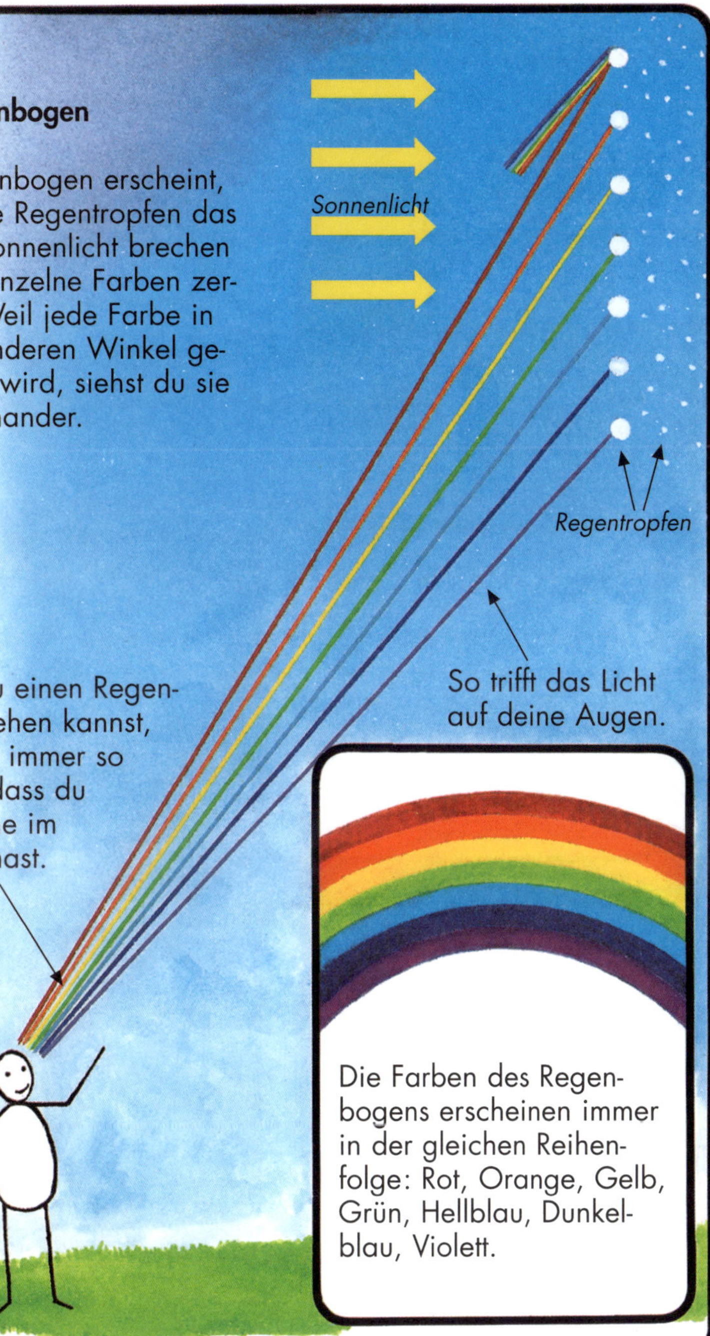

Die Farben des Regenbogens erscheinen immer in der gleichen Reihenfolge: Rot, Orange, Gelb, Grün, Hellblau, Dunkelblau, Violett.

Blitz und Donner

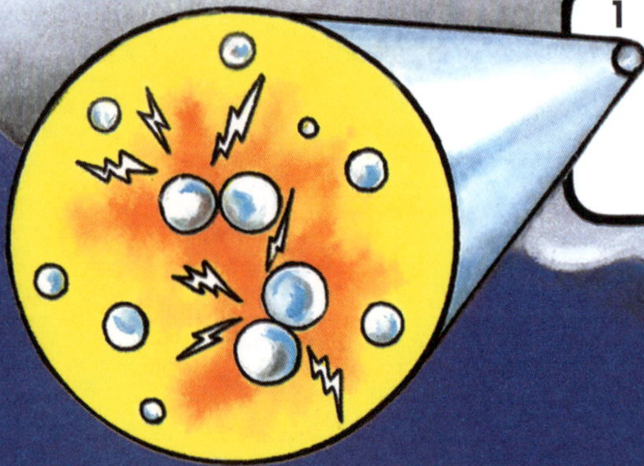

1 Im Kreis siehst du, was während eines Gewitters in einer Wolke vorgeht: Viele kleine Wassertropfen stoßen zusammen und reiben sich aneinander. Das erzeugt elektrischen Strom in der Wolke.

2

Der elektrische Strom springt als Funke von Wolke zu Wolke und schließlich zur Erde: Das nennen wir Blitz.

3

Überrascht dich ein Gewitter im Freien, meide einzeln stehende Bäume! Am besten kauerst du dich in eine Bodenvertiefung. Blitzschlag ist lebensgefährlich!

4

Blitze schlagen oft in hohe Bäume oder Häuser ein, die auf feuchtem Grund stehen. Elektrischer Strom wird durch Feuchtigkeit besser geleitet als durch Luft.

5

Der abgeleitete Blitz ist ein „verästelter Linienblitz“. Ein Blitz, der von einer Wolke zur anderen springt und sie von unten erhellt, ist ein „Flächenblitz“.

Wie entsteht der Donner?

Ein Blitz ist sehr heiß. Schießt er durch die Luft, erhitzt er sie rundum.

Die heiße Luft dehnt sich aus und stößt ganz schnell die übrige Luft um den Blitz weg.

Durch diese raschen und heftigen Bewegungen der Luft entsteht ein lautes Geräusch: der Donner.

Warum siehst du den Blitz, bevor du es donnern hörst?

Blitz und Donner entstehen gleichzeitig, aber das Licht bewegt sich schneller durch die Luft als der Schall.

Du kannst ausrechnen, wie weit ein Gewitter von dir entfernt ist. Zähle die Sekunden zwischen Blitz und Donner.

Teile die Anzahl der Sekunden durch drei. Diese Zahl gibt an, wie viel Kilometer das Gewitter entfernt ist.

Die Jahreszeiten

Warum ist es auf der Erde heiß oder kalt?

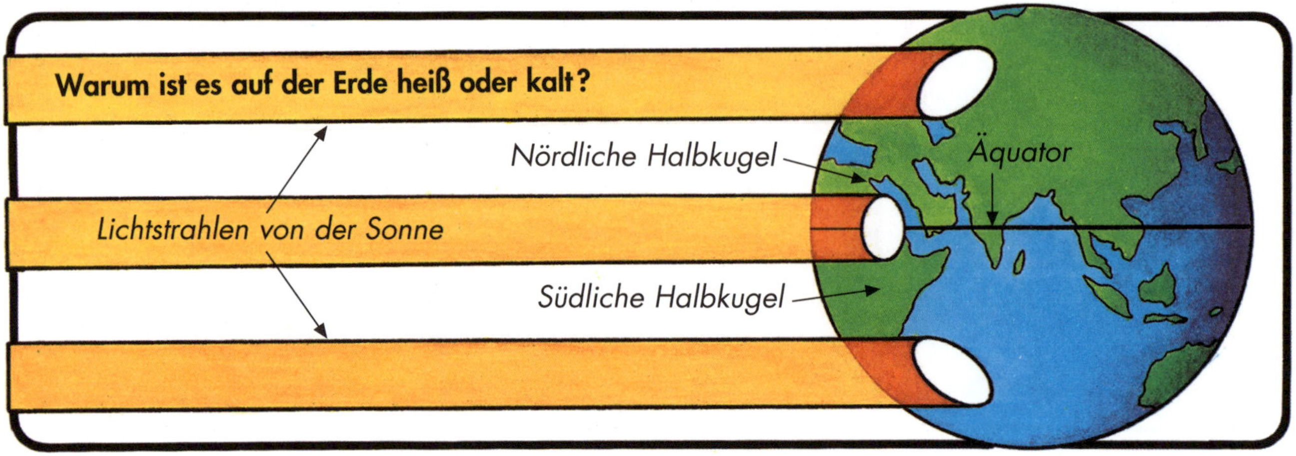

Der Äquator ist eine gedachte Linie rund um die Erdmitte. In Äquatornähe ist es meist ziemlich heiß. Je näher man den Polen kommt, umso kälter wird es. Dort verteilen sich die wärmenden Sonnenstrahlen über eine größere Fläche und die Pole sind von der Sonne weiter entfernt.

Warum ist es im Sommer länger hell?

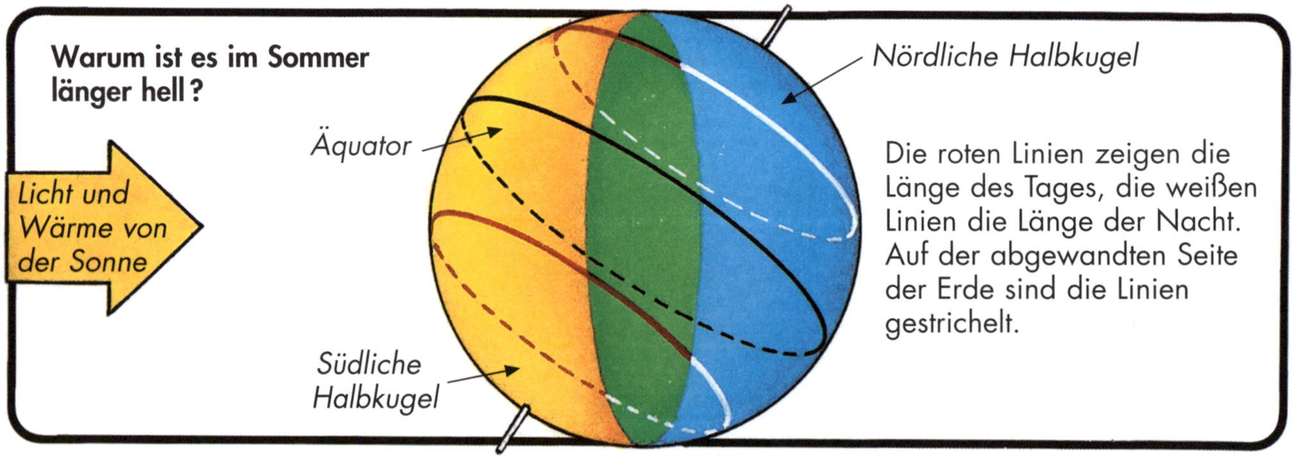

Die roten Linien zeigen die Länge des Tages, die weißen Linien die Länge der Nacht. Auf der abgewandten Seite der Erde sind die Linien gestrichelt.

Im Laufe eines Jahres dreht sich die Erde einmal um die Sonne. Da die Erdachse etwas schräg zur Umlaufbahn steht, kommt einmal die nördliche und einmal die südliche Erdhalbkugel der Sonne näher. Auf der Seite, die der Sonne näher liegt, ist dann Sommer.

Warum gibt es verschiedene Jahreszeiten?

Verschiedene Jahreszeiten gibt es, weil die eine Erdhalbkugel im Laufe des Jahres der Sonne näher ist als die andere. Jede Jahreszeit dauert etwa drei Monate. Dabei verändern sich das Wetter und die Temperaturen und die Tage werden länger oder kürzer.

1 Winter

Im Winter verteilen sich die Sonnenstrahlen über eine größere Fläche der Erdhalbkugel. Deswegen ist es dann kälter.

2 Frühling

Bis zum Frühling ist die Erdhalbkugel der Sonne etwas näher gekommen. Dadurch wird es wärmer und ist länger hell.

3 Sommer

Im Sommer kann es sehr warm werden, denn jetzt ist unsere Erdhälfte der Sonne am nächsten. Der 22. Juni ist der längste Tag des Jahres.

4 Herbst

Im Herbst hat sich der Stand der Erdhalbkugel wiederum verändert. Es wird kälter und wieder früher dunkel.

Vulkane

1

Die Erde besteht aus drei Schichten. Die äußere Schicht, die Erdkruste, ist dünn und brüchig. Der Erdmantel darunter besteht aus geschmolzenem Gestein. Der Erdkern kann nach Meinung der Wissenschaftler teils aus flüssigem, teils aus festem Metall bestehen.

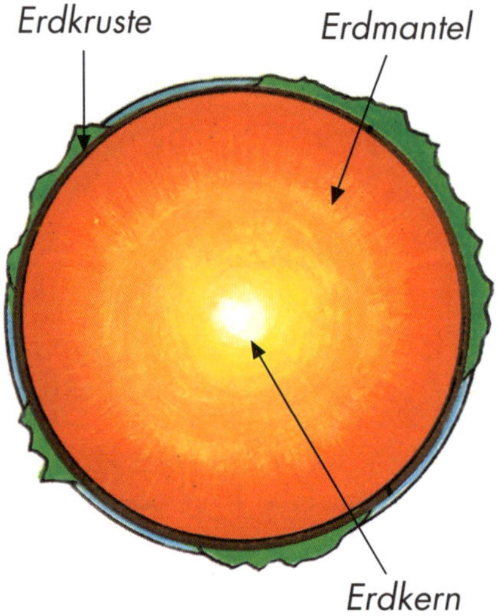

2

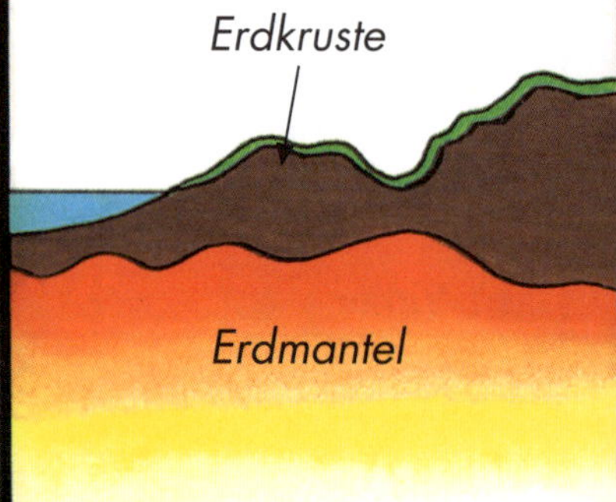

Im Vergleich zur übrigen Erde ist die Erdkruste sehr dünn. Sie ist zwischen 8 und 64 Kilometer stark.

3

Der Mantel unter der Kruste besteht aus heißem, flüssigem Gestein. Es ist ständig in Bewegung.

4

Dieses flüssige Gestein nennt man „Magma". Durch seine Hitze kann es darüber liegende Gesteinsschichten schmelzen.

5

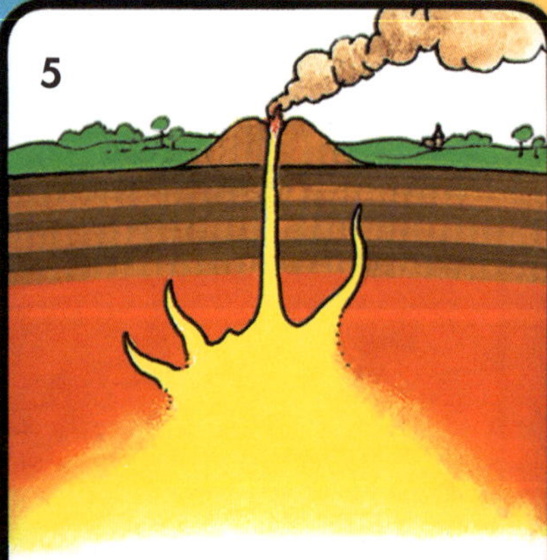

Manchmal bricht Magma durch einen dünnen, brüchigen Teil der Kruste hervor. So entsteht ein Vulkan.

6

Einige Vulkane ruhen Hunderte von Jahren. Aber eines Tages schießt wieder Magma aus dem Krater: Der Vulkan bricht aus.

7

Wenn Magma aufsteigt, kühlt es ab. Die austretende Gesteinsmasse nennt man „Lava“. Sie fließt an den Hängen des Vulkans herab und wird steinhart.

8

Ein Teil der Lava ist voller Gasbläschen. Daraus entsteht poröser Bimsstein, der auf dem Wasser schwimmen kann.

9

Vulkanausbrüche kann man oft über Hunderte von Kilometern hören. Als 1883 der Krakatau in Indonesien ausbrach, hörte man das noch 4700 Kilometer weiter in Australien.

10

Das heiße Magma reißt ein Loch in die Erdkruste. Das ist der Krater.

11

Bei jedem Ausbruch lagert sich Lava in Schichten am Kraterrand ab. So entsteht die Kegelform des Vulkans.

Leben am Erdboden

Wenn du unter Steinen, in Blüten und im Gras genau nachschaust, kannst du viele Tiere entdecken, die nahe an der Erdoberfläche leben.

Würmer fressen verrottende Pflanzen, verdauen sie und scheiden die Überreste wieder aus. Das verbessert den Boden und fördert den Pflanzenwuchs.

Dies ist ein Schnitt durch den Erdboden, knapp unter der Oberfläche.

Regenwürmer ziehen manchmal Blätter in den Boden und fressen sie dort.

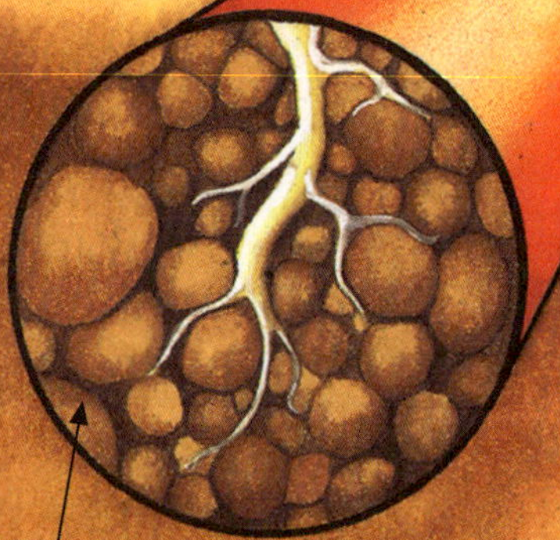

Erde besteht aus vielen kleinen Teilchen: aus verwittertem Gestein und verrotteten Pflanzen. Ein guter Boden braucht Luft zwischen den einzelnen Teilchen, damit sich die Pflanzenwurzeln ausbreiten können.

Tiere, die im Verborgenen leben

Lege ein Brett auf den Rasen. Lass es einige Wochen dort liegen und hebe es dann hoch.

Vermutlich wirst du da Würmer und andere kleine Tiere finden, die an kühlen, dunklen Orten leben.

Nackt- und Schnirkelschnecken mögen junge Pflanzen. Du findest sie am leichtesten nach einem Regen, wenn es kühl und feucht ist.

Holzläuse leben auf abgefallenen Ästen und Zweigen, da sie vermoderndes Holz fressen.

Pilze tragen ihre Samen, die Sporen, im Hut. Im Boden breiten sie ein Geflecht weißer Wurzelfäden aus.

Die Wurzeln einiger Bäume haben Ausläufer, die wieder aus dem Boden herauswachsen. Daraus entstehen neue Bäume.

Maulwürfe leben unter der Erde und graben lange Gänge. Die ausgegrabene Erde werfen sie zu Maulwurfshaufen auf.

Ameisen

Diese Ameise ist etwa 10-mal so groß wie in Wirklichkeit.

Ameisen leben in großen Völkern unter der Erde. Sie bauen oft große Ameisenhaufen aus Reisigteilchen und Tannennadeln über ihrem Nest. Dorthin bringen sie ihre Eier, damit diese von der Sonne erwärmt werden.

Wie Pflanzen wachsen

Wie Pflanzen sich entwickeln, siehst du hier am Beispiel des Hahnenfußes. Alle Blüten bringen Samen hervor, aus denen neue Pflanzen entstehen. Dazu müssen sie mit Pollen (Blütenstaub) anderer Blüten der gleichen Pflanzenart bestäubt werden. Insekten und der Wind übertragen Pollen.
Der Hahnenfußsamen steckt in der Frucht. Die Frucht ist nicht größer als ein Stecknadelkopf.

Wie Samen sich verbreiten

Manche Früchte weht der Wind davon.

Andere Früchte verfangen sich in Tierfellen.

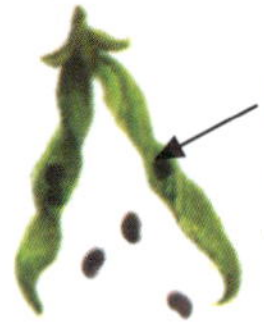
Einige Früchte platzen auf und verlieren den Samen.

Vögel fressen manche Früchte und scheiden die Samen wieder aus.

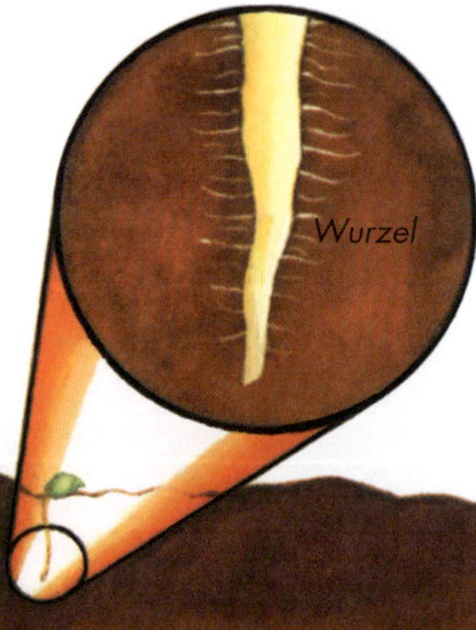

Damit eine neue Pflanze entsteht, braucht ein Samen Wasser. Regen lässt ihn aufquellen. Der Samen beginnt zu keimen.

Aus dem Samen tritt eine kleine Wurzel mit feinen Härchen hervor, die in den Boden wächst.

So siehst du eine Pflanze wachsen

Rolle ein Blatt Löschpapier zusammen und stecke es in ein Marmeladeglas, sodass es an der Wand anliegt. Schiebe eine Bohne ein Stück weit zwischen Glaswand und Papier. Fülle das Glas zu einem Drittel mit Wasser. Betrachte nach ein bis zwei Tagen die Wurzeln mit einem Vergrößerungsglas. Bohnen wachsen schnell, deshalb wird bald ein Trieb aus dem Glas herauswachsen.

Raupen und Schnecken fressen gern an frischen Trieben. Aber auch schlechtes Wetter kann junge Pflanzen schädigen.

Die Wurzelhärchen saugen aus dem Boden Wasser und Mineralstoffe. Bald wächst ein Trieb aus dem Samen.

Die Blätter wachsen und fangen das Licht auf, das zum Wachstum nötig ist.

Später wachsen an den Stängeln Blüten, die wieder Samen hervorbringen. Der Kreislauf beginnt von Neuem.

Bäume

Bäume können größer und älter werden als alle anderen Lebewesen auf der Erde.

Die Blätter
Die Blätter ernähren den Baum: Sie brauchen Tageslicht, um aus Wasser und einem Bestandteil der Luft (Kohlendioxid) Nährstoffe zu bilden.

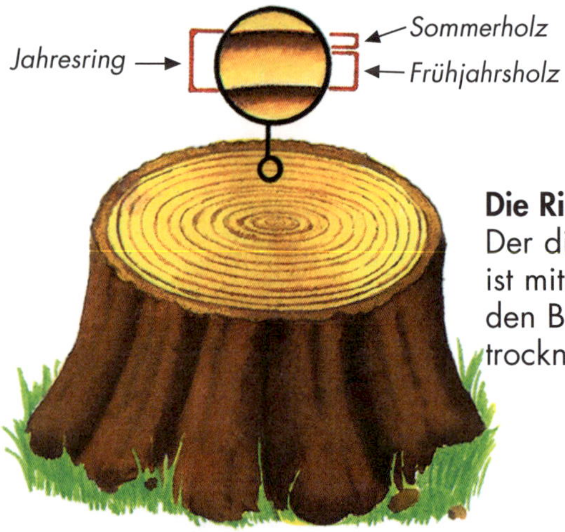

Die Rinde
Der dicke Stamm des Baumes ist mit Rinde umgeben, die den Baum vor dem Austrocknen und vor Frost schützt.

Jahresringe
Wenn ein Baum gefällt wird, sieht man an der Schnittfläche Jahresringe. Die dunklen Schichten sind im Sommer gewachsen, die hellen im Frühjahr. Zähle die dunklen Ringe, dann weißt du ungefähr, wie alt der Baum ist.

Die Wurzeln
Die Wurzeln reichen tief in den Boden. Dadurch hat der Baum einen sicheren Stand. Die Wurzeln saugen auch Wasser aus der Erde, damit der Baum wachsen kann.

Die Blüten
Auch Bäume tragen Blüten. Wenn Blütenstaub vom Wind oder von Insekten auf andere Baumblüten übertragen wird, können sich Samen für neue Bäume entwickeln.

Früchte und Samen
Einige Bäume tragen Früchte, zum Beispiel Äpfel oder Orangen. Ihre Samen stecken in der Frucht. Nüsse dagegen sind große Samen mit harter Schale.

Rinden-Rubbelbilder
Befestige ein dünnes Blatt Papier mit Klebestreifen an einem Baumstamm. Reibe vorsichtig mit einem Wachsstift über das Papier, bis sich das Rindenmuster auf dem Papier abgedrückt hat.

Baumarten kann man anhand ihrer Rinde bestimmen. Die Rubbelbilder von verschiedenen Rindenmustern kannst du in einem Heft sammeln.

Flüsse

Jeder Fluss ist anfangs ein kleiner Bach. Je länger er durch die Landschaft fließt, desto mehr Wasser nimmt er auf und desto größer wird er.

Flusswasser stammt vom Regen und von geschmolzenem Schnee.

Flüsse graben sich tief in die Landschaft ein, besonders wenn sie viel Gefälle haben und schnell fließen.

An großen Flüssen werden Wasserkraftwerke gebaut. Das Wasser wird in einem Staubecken gesammelt. Wenn es abfließt, treibt es Maschinen an, die Strom erzeugen.

Wasserfälle entstehen, wenn Flüsse über Felshänge stürzen. Manchmal graben sie dabei ein tiefes Loch in den Boden.

Flusswasser trägt viel Sand und Geröll mit. Selbst große Steinbrocken werden im Flussbett weitergespült.

So verschmutzen wir das Wasser

Flüsse, die durch Städte fließen, sind oft sehr verschmutzt. Die Menschen werfen viel Abfall hinein und leiten oft gefährliche Abwässer in die Flüsse. Pflanzen und Tiere bekommen dann nicht mehr genügend Sauerstoff zum Leben oder sterben an giftigen Chemikalien.

Von dieser Müllhalde fällt eine Menge Unrat ins Wasser.

Manche Fabriken leiten Abwässer in den Fluss.

Aus einem verunglückten Tankwagen fließt Öl ins Wasser.

Der Regen spült giftige Pflanzenschutzmittel in den Fluss.

Wissenschaftler untersuchen, wie stark das Wasser verschmutzt ist. Neue Gesetze sollen die Gewässer vor Verunreinigung schützen.

Erreicht ein Fluss das Meer, fließt er langsamer und kann Sand und Geröll nicht mehr weitertragen.

In der Mündung lagert sich der Schwemmsand ab. Es entstehen kleine Inseln, die ein Delta bilden.

Einen Kanal erkennt man an seinem geraden Lauf. Er dient der Schifffahrt als Wasserweg, wo kein Fluss vorhanden ist.

Leben im Meer

Drei Viertel der Erdoberfläche sind mit Wasser bedeckt. Tausende von Tierarten leben im Meer.

Delfine sind Säugetiere, keine Fische. Deshalb müssen sie auch an der Wasseroberfläche Luft holen.

Es gibt Millionen winziger Pflanzen und Tierchen im Wasser. Man nennt sie „Plankton". Nut wenige kann man ohne Mikroskop sehen.
Viele Fische ernähren sich von Plankton.

Das ist ein Hai. Haie haben scharfe Zähne und kräftige Kiefer.

Wale sind die größten Tiere unserer Zeit. Sie können bis zu 33 Meter lang und 150 Tonnen schwer werden. Das ist so viel wie 150 Kleinwagen.

Ein Krake hat achte Arme, die viele Saugnäpfchen tragen. Damit fängt er Krebse und Muscheln.

Schwimmen viele Fische zusammen, dann bilden sie einen Schwarm.
Viele Meeresvögel können ins Wasser tauchen und fangen dabei Fische.
Die Kiemen sind hier hinten.
Fische haben Kiemen hinter ihrem Maul. Damit filtern sie den Sauerstoff aus dem Wasser, den sie zum Atmen brauchen.
Seetang wächst meist nahe an der Wasseroberfläche. Denn alle Pflanzen, auch die Wasserpflanzen, benötigen Licht zum Wachsen.
Menschen können nur mit Sauerstoffgeräten längere Zeit unter Wasser bleiben. Taucher tragen deshalb Flaschen mit Sauerstoff auf dem Rücken und atmen ihn durch Schläuche ein.

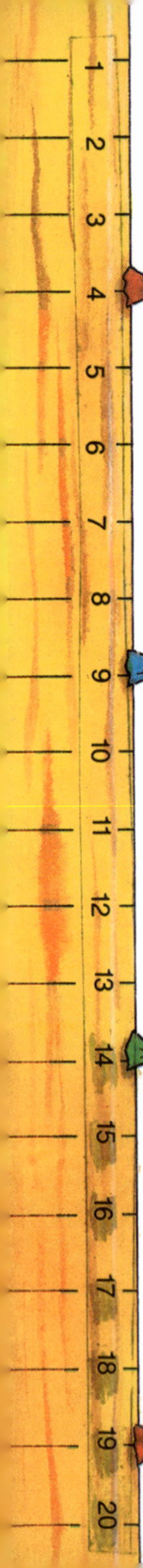

Wie lang – wie weit – wie hoch?

Kannst du genau messen?

Um etwas genau messen zu können, brauchst du ein Lineal, ein Maßband oder einen Meterstab.

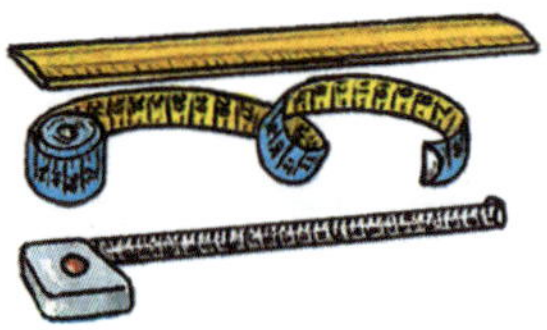

Ein Millimeter (mm) ist sehr kurz, nur halb so lang wie dieser Strich (–). Zehn Millimeter sind ein Zentimeter (cm). Das Lineal links ist in Zentimeter eingeteilt. Hundert Zentimeter sind ein Meter (m).

Um diese Doppelseite läuft ein Drachenschwanz. Seine Schleifen haben immer 5 cm Abstand voneinander. Wie lang ist der Schwanz?

(Lösung auf Seite 116)

Messen mit den Füßen

Ohne Lineal oder Maßband kannst du zwar nicht genau messen, aber du kannst eine Länge oder Entfernung wenigstens ungefähr bestimmen. Benutze dazu deine Füße: Beim Abmessen musst du immer genau die Ferse des einen vor die Spitze des anderen Fußes setzen. Wenn du dann deinen Schuh abmisst, kannst du die Strecke ziemlich genau errechnen.

Messen mit der Hand

Spreitze deine Hand und miss den Abstand zwischen Daumen und kleinem Finger. Nun kannst du mit der Hand Längen abmessen.

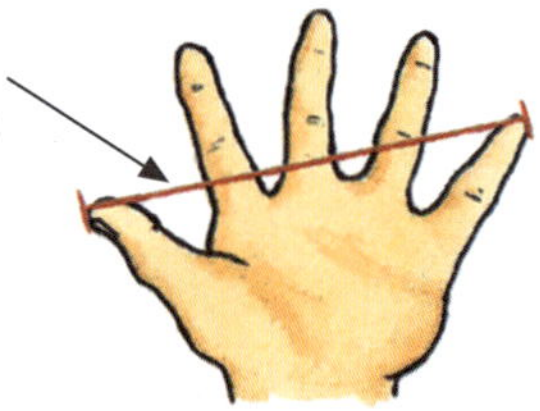

Miss quer über die Hand vom Daumen zum kleinen Finger.

Messen mit dem Arm

Strecke deinen Arm aus und miss die Entfernung von der Nase zur Spitze des Mittelfingers. So lassen sich Stoffe oder Schnur gut abmessen.

Miss von deiner Nase bis zur Spitze des Mittelfingers.

Messen mit einer Schnur

Schwierige Formen kannst du mit einer Schnur messen.

Welcher Weg durch den Park ist der kürzeste?

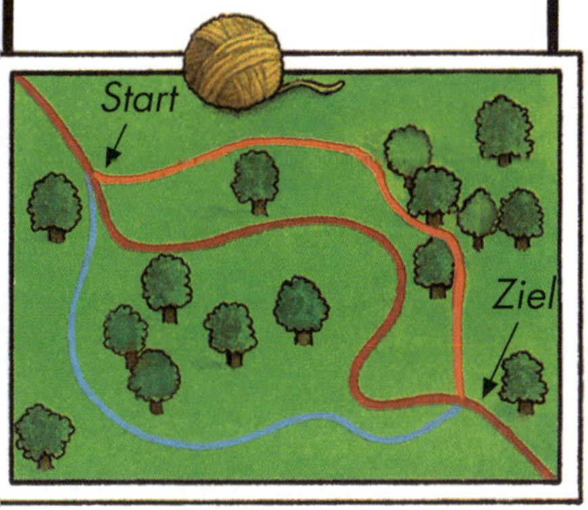

(Lösung auf Seite 116)

Messen mit einem Zweig

Miss am Baumstamm vom Boden aus einen Meter ab und markiere diese Höhe gut sichtbar. Geh dann so weit von dem Baum weg, bis du ihn in voller Größe sehen kannst. Suche dir einen geraden Zweig und halte ihn vor dich.

Halte den Zweig so, dass das untere Ende mit dem Fuß des Baumes abschließt. Markiere den Zweig dann an der Stelle, wo er mit der Einmeter-Marke am Baum eine Linie bildet. Miss ab, wie oft dieses Zweigstück in die Baumhöhe passt. Das Messergebnis sagt dir ungefähr, wie hoch der Baum ist.

Hast du ein gutes Augenmaß?

(Lösung auf Seite 116)

Passt der Drachen in den Karton? Du kannst es mithilfe eines Lineals ausmessen.

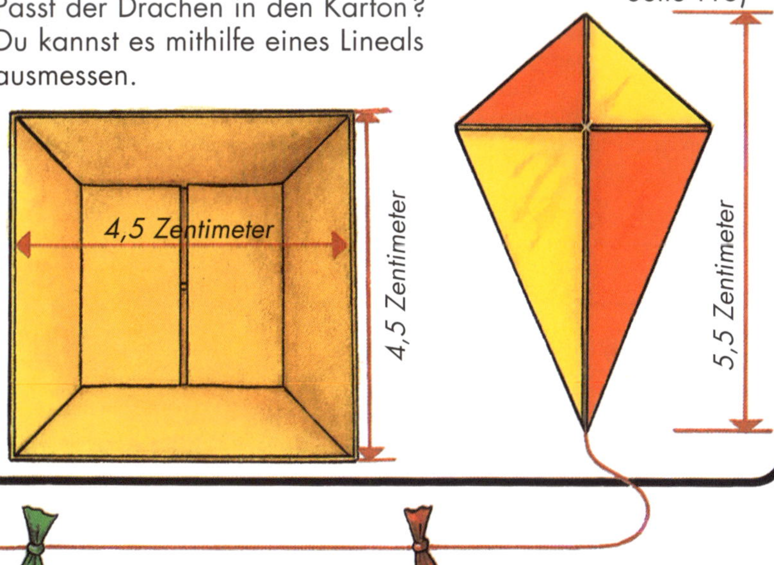

Kleines Natur-Quiz

1. Woraus bestehen Wolken? Aus (1) Luft, (2) Wasser, (3) Luft und Wasser?
2. Was bewegt sich schneller durch die Luft – Licht oder Schall?
3. Warum platzen im Winter manchmal Wasserleitungen?
4. Wie nennt man den innersten Teil der Erde?
5. Wozu bauen Ameisen manchmal Hügel über ihren Nestern?
6. Woraus besteht Sand?
7. Welches sind die größten lebenden Tiere der Erde?
8. Wie viel Arme hat ein Krake?
9. Wozu haben Fische Kiemen?
10. Wie bezeichnet man eine Gruppe von vielen Fischen?
11. Warum müssen Delfine zum Atmen an die Wasseroberfläche kommen?

Lösungen zu den Fragen von Seite 115

Der Drachenschwanz ist einen Meter lang.

Der kürzeste Weg durch den Park ist der hellrot gezeichnete.

Der Drachen passt in den Karton! Und zwar so:

Lösungen zu den Fragen auf dieser Seite

1. (3) Aus Luft und Wasser
2. Das Licht ist schneller.
3. Weil das Wasser in der Leitung gefriert. Dabei dehnt es sich aus und sprengt die Leitung.
4. Erdkern
5. Damit sie ihre Eier zum Wärmen in die Sonne legen können.
6. Aus zermahlenem Gestein und Resten von Muschelschalen.
7. Wale
8. Acht Arme
9. Mit den Kiemen filtern die Fische den Sauerstoff aus dem Wasser.
10. Schwarm
11. Weil sie Säugetiere sind und daher den Sauerstoff nicht direkt aus dem Wasser aufnehmen können.

Weltraum und Raumfahrt

Hört der Himmel irgendwo auf?
Woher kommen Sternschnuppen?
Wie kommen Astronauten zur Erde zurück?
Dieses Kapitel gibt Antworten auf viele Fragen
über das Leben auf der Erde, das Geschehen
auf den Sternen und die Erforschung
des Weltraums.

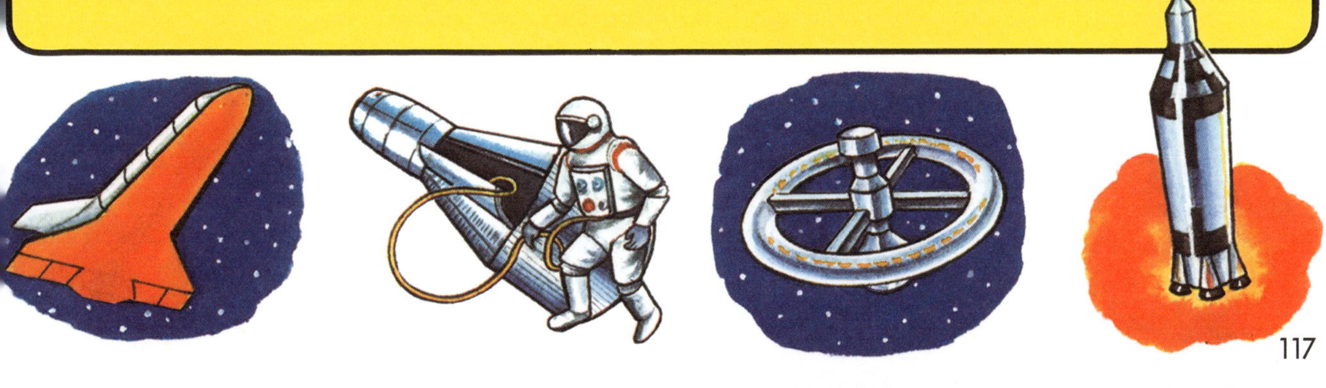

Mit Raketenkraft ins All

Eine Rakete ist ein Fluggerät mit einem besonders starken Antrieb. Nur mit einem solchen Antrieb kann man die Schwerkraft überwinden und ein Raumschiff in den Weltraum bringen.
Das Bild unten zeigt ein Raumschiff mit seiner Trägerrakete.

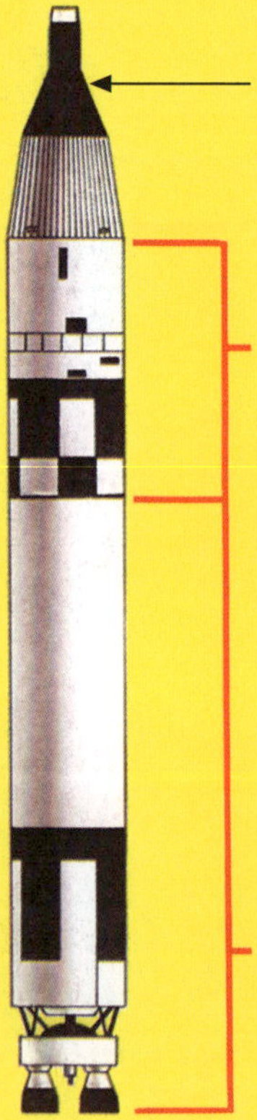

Die Raketenstufen werden nacheinander gezündet. Wenn der Treibstoff einer Stufe verbraucht ist, wird sie abgeworfen und die nächste gezündet.

So funktioniert eine Rakete

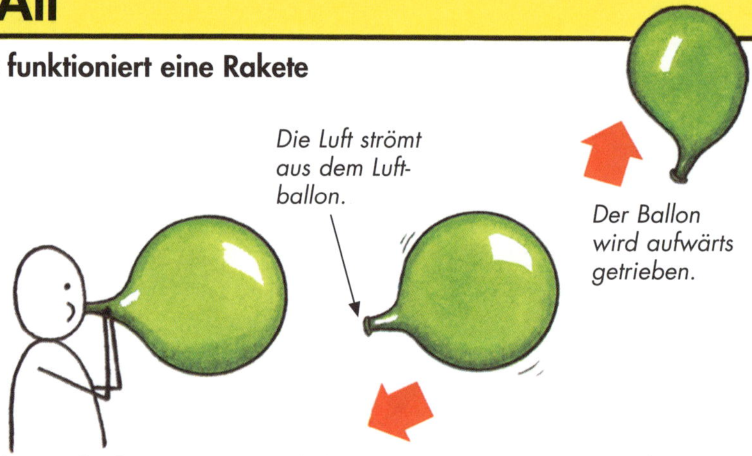

Raketen funktionieren ähnlich wie Luftballons: Wenn du einen Luftballon aufbläst und dann loslässt, schwirrt er durch das Zimmer.

Die ausströmende Luft verursacht einen Rückstoß, der den Luftballon vorantreibt.

Eine Rakete wird von den Gasen angetrieben, die unter hohem Druck aus dem Triebwerk strömen. Die Gase werden beim Verbrennen von Raketentreibstoff erzeugt.

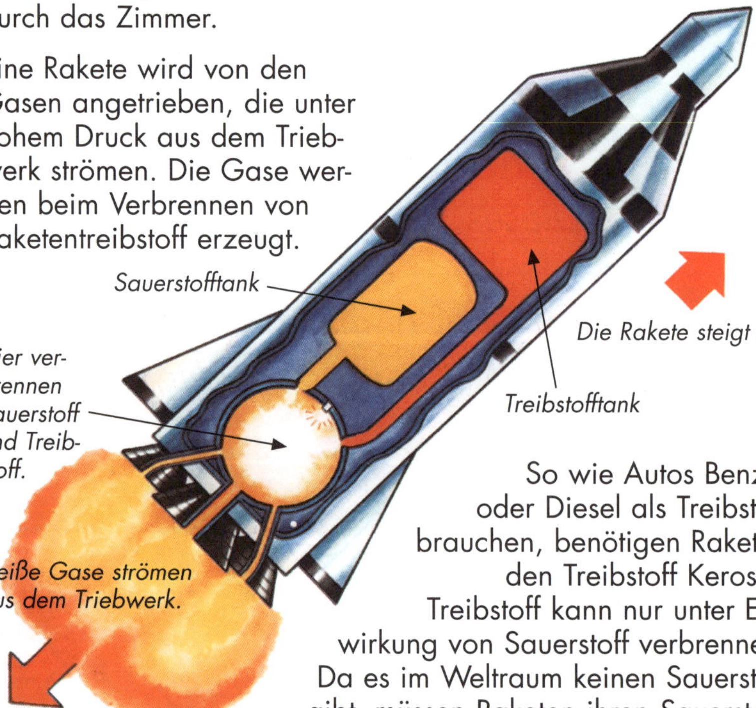

So wie Autos Benzin oder Diesel als Treibstoff brauchen, benötigen Raketen den Treibstoff Kerosin. Treibstoff kann nur unter Einwirkung von Sauerstoff verbrennen. Da es im Weltraum keinen Sauerstoff gibt, müssen Raketen ihren Sauerstoffvorrat in Tanks mitnehmen.

Der Flug ins All

Dieses Bild zeigt den Flugverlauf des Raumschiffs „Gemini 4“ im Jahr 1965. Das Raumschiff wurde auf eine Umlaufbahn um die Erde geschickt. Nach vier Tagen kehrte „Gemini 4“ zur Erde zurück.

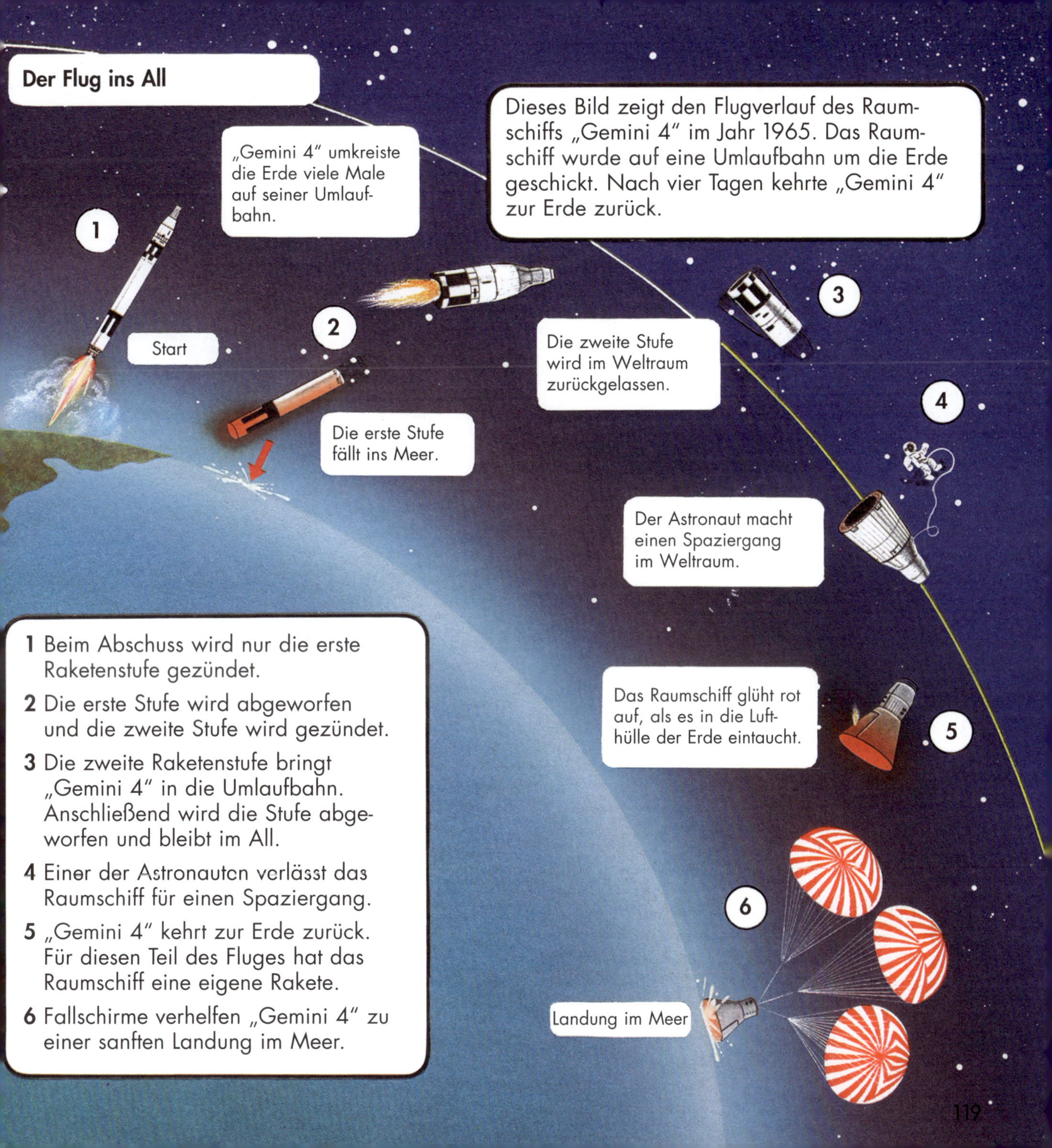

1 Beim Abschuss wird nur die erste Raketenstufe gezündet.

2 Die erste Stufe wird abgeworfen und die zweite Stufe wird gezündet.

3 Die zweite Raketenstufe bringt „Gemini 4“ in die Umlaufbahn. Anschließend wird die Stufe abgeworfen und bleibt im All.

4 Einer der Astronauten verlässt das Raumschiff für einen Spaziergang.

5 „Gemini 4“ kehrt zur Erde zurück. Für diesen Teil des Fluges hat das Raumschiff eine eigene Rakete.

6 Fallschirme verhelfen „Gemini 4“ zu einer sanften Landung im Meer.

Menschen fliegen zum Mond

Einer der aufregendsten Abschnitte in der Raumforschung war die erste Landung eines Menschen auf dem Mond. Sie fand 1969 statt. Diese gewaltige, dreistufige Trägerrakete vom Typ „Saturn V" beförderte die Astronauten im Raumschiff „Apollo 11" zum Mond.

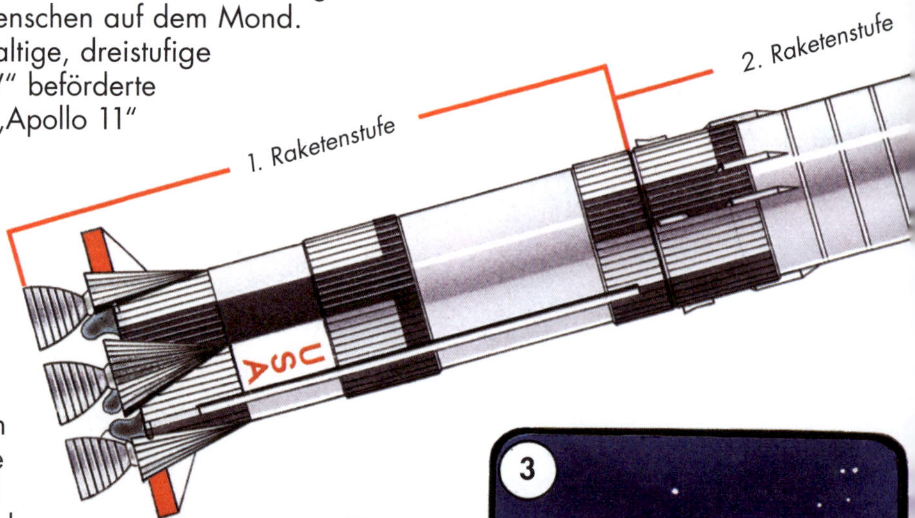

Die Mondfähre

Die Astronauten reisten in der Kommandokapsel „Columbia" des Raumschiffs. Die Kapsel umkreiste den Mond, landete dort aber nicht. Für die Landung auf dem Mond gab es ein eigenes, kleines Raumschiff: die Mondfähre „Eagle". Sie befand sich hinter der Kommandokapsel im Raumschiff.

1

Das Raumschiff „Apollo 11" wurde mit einer riesigen, dreistufigen Rakete gestartet.

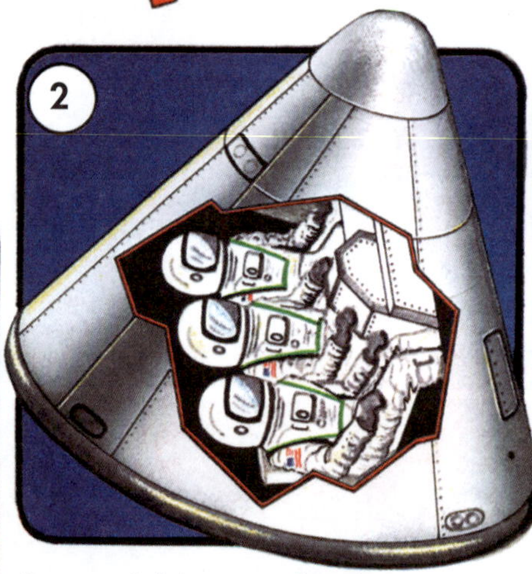

2

Dieses Bild zeigt die drei Astronauten in der winzigen Kommandokapsel. Sie war der einzige Teil, der zur Erde zurückkehrte.

3

Der Erkundungsflug zum Mond dauerte drei Tage. Dafür wurde die Mondfähre verwendet. Die dritte Stufe der Rakete und der Laderaumbehälter für die Mondfähre blieben im All zurück.

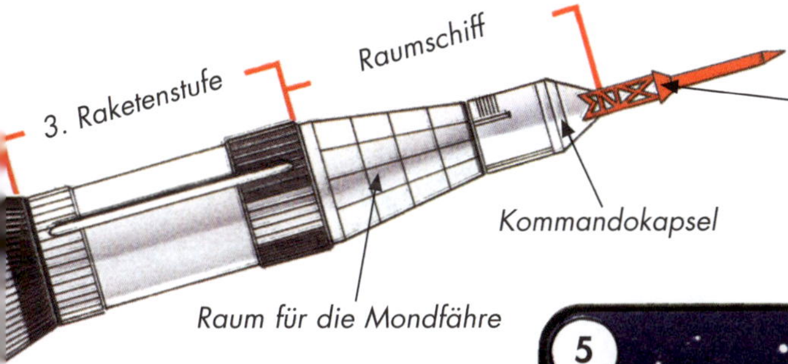

Dieser Rettungsturm bringt die Kommandokapsel in Sicherheit, falls beim Start etwas passieren sollte.

Zwei Astronauten stiegen in die Mondfähre und steuerten sie zum Mond. Auf diesem Bild sieht man die Fähre bei der Landung. Dafür hatte sie eingebaute Bremsraketen.

Nachdem die Astronauten ihre Erkundung auf dem Mond beendet hatten, flogen sie zur Kommandokapsel zurück. Diese war auf ihrer Umlaufbahn geblieben, mit dem dritten Astronauten an Bord.
Der untere Teil der Mondfähre blieb auf dem Mond zurück. Nur der obere Teil wurde gestartet und kehrte zur Kommandokapsel zurück.

Die drei Astronauten flogen in der Kommandokapsel zur Erde zurück. Zum Bremsen wurden Fallschirme benutzt.

Auf dem Mond
Bei der vierten Apollo-Mondlandung nahmen die Astronauten ein „Mondauto" mit, damit sie ein größeres Gebiet erforschen konnten.

Was Astronauten anziehen

Solange die Astronauten an Bord des Raumschiffs sind, tragen sie keinen Raumanzug. Sobald sie jedoch das Raumschiff für einen Erkundungsgang verlassen, müssen sie einen Raumanzug anziehen. Im All gibt es keine Luft. Außerdem herrschen dort für uns unvorstellbare Temperaturen: In der Sonne ist es glühend heiß, im Schatten dagegen eiskalt.

Manchmal müssen Astronauten das Raumschiff verlassen, um außen etwas zu reparieren oder um Versuche durchzuführen.

Sie tragen Raumanzüge mit Sauerstofftanks und sind durch eine lange Leine mit dem Raumschiff verbunden.

Raumanzüge sorgen für den notwendigen Druckausgleich und für eine gleich bleibende Körpertemperatur.

Wie man einen Raumanzug anzieht

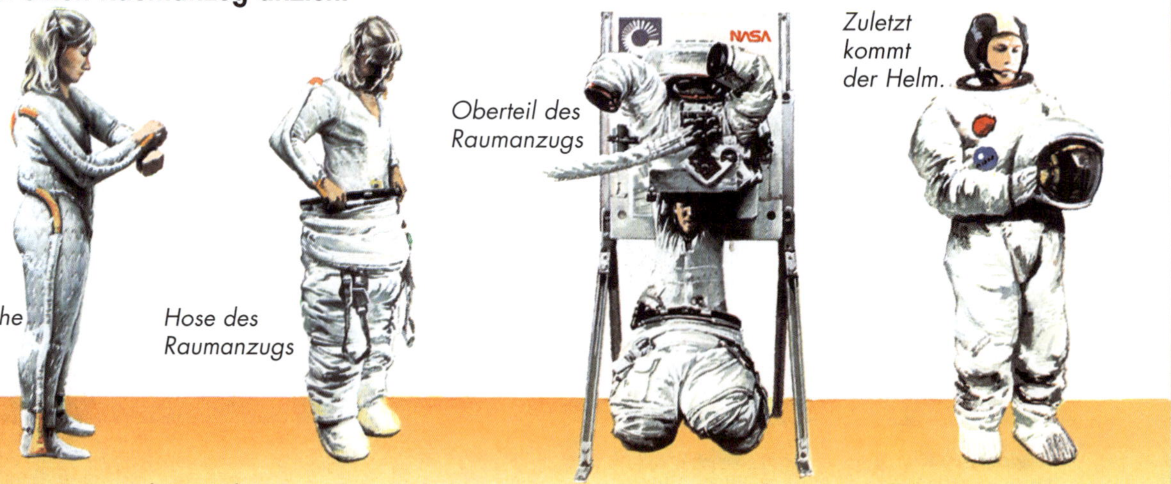

Astronauten tragen besondere Unterwäsche, in die Kunststoffleitungen eingearbeitet sind. Durch diese Leitungen läuft Wasser. Dadurch wird die Körpertemperatur immer auf gleicher Höhe gehalten.

Raumanzüge sind recht unförmig und sie sind umständlich anzuziehen. Zuerst zieht der Astronaut die Hose an, dann steigt er in das Oberteil, das so lange noch aufgehängt ist.

Dies ist ein Raumanzug, wie er von den Astronauten der Raumfähre „Spaceshuttle" getragen wurde.

Dieser äußere Helm wird noch über den kugelförmigen Helm gestülpt. Der vordere Teil ist mit einer dünnen, vergoldeten Schutzschicht bedeckt, die wie eine Sonnenbrille wirkt.

Die Sauerstofftanks und das Spechfunkgerät befinden sich in diesem Rucksack. Der Sauerstoff reicht für sieben Stunden.

Astronauten, die Raumanzüge tragen, müssen über Funk miteinander sprechen. In ihrer Kopfhaube sind Kopfhörer und ein Mikrofon eingebaut. Über die Kopfhaube wird ein durchsichtiger Schutzhelm gezogen und fest mit dem Raumanzug verbunden. Der Helm wird mit Luft gefüllt, damit der Astronaut atmen kann.

Vom Rucksack aus wird das Wasser durch die Kunststoffleitungen der Unterwäsche gepumpt.

Ein Computer im Raumanzug zeigt an, ob alles in Ordnung ist. Der Astronaut kann dadurch erkennen, ob irgendein Teil versagt und wie der Fehler zu beheben ist.

Raumanzüge sind aus sehr widerstandsfähigem Material, damit sie nicht so leicht beschädigt werden.

Astronauten können sogar „auf die Toilette gehen", denn der Raumanzug ist mit einer Art Windel ausgestattet.

Durch diese Leine ist der Astronaut mit dem Raumschiff verbunden. Die Leine ist von einer dünnen Goldschicht umhüllt.

Fahrzeuge für den Weltraum

Raumfähren sind die modernste Art von Raumschiffen. Sie können immer wieder benutzt werden. Man kann damit also mehrmals von der Erde in den Weltraum und wieder zurück fliegen.

Hier sieht man zwei der drei Haupttriebwerke einer Raumfähre. Außerdem hat sie noch kleinere Steuertriebwerke.

Die Raumfähre ist das erste Raumschiff mit Tragflügeln. Sie ermöglichen es ihr, zur Erde zurückzugleiten.

Raumfähren haben einen großen Laderaum für viele Geräte. Er kann geöffnet werden, wenn die Raumfähre ihre Umlaufbahn erreicht hat.

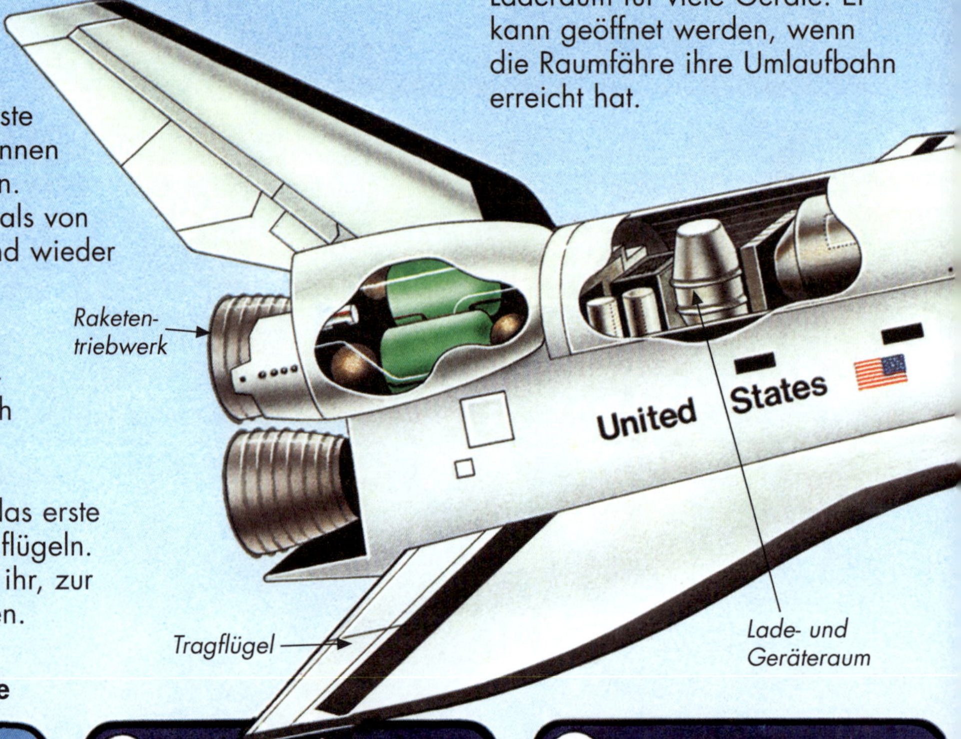

So fliegt eine Raumfähre

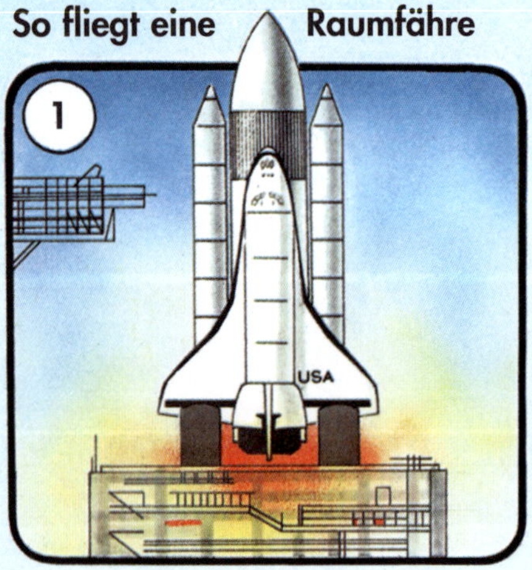

Raumfähren haben ihre eigenen Trägerraketen. Sie brauchen aber noch zwei große Startraketen und einen zusätzlichen Treibstofftank.

Die Startraketen und der Tank werden abgeworfen, sobald der Treibstoff verbraucht ist. Die Startraketen können wieder verwendet werden.

Diese Klappen können geöffnet werden, um die Raumfähre im Weltall kühl zu halten und das Arbeitsfeld für die Messgeräte frei zu machen.

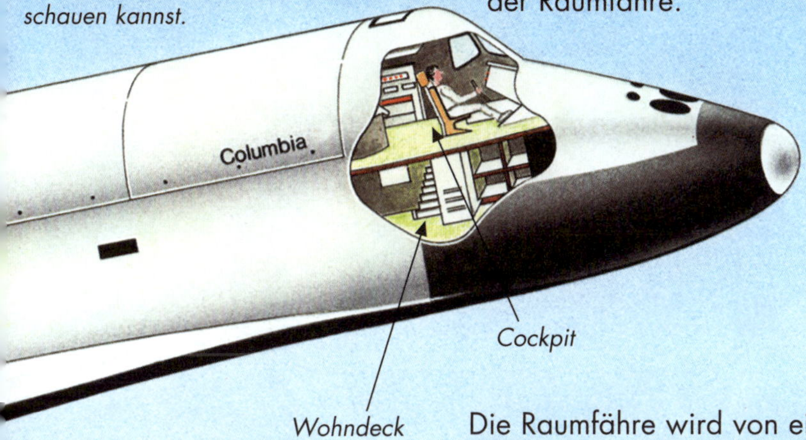

Auf diesem Bild ist die Raumfähre teilweise aufgeschnitten, damit du hineinschauen kannst.

Wohndeck und Cockpit befinden sich im vorderen Teil der Raumfähre.

Die Raumfähre wird durch einen besonderen Belag an den Außenwänden vor Überhitzung geschützt.

Die Raumfähre wird von einem Piloten und einem Kopiloten gesteuert. Überwacht wird sie von fünf Bordcomputern und vielen Menschen in der Kontrollstation auf der Erde.

Die Raumfähre kehrt wie ein Segelflugzeug zur Erde zurück. Sie fliegt mit so hoher Geschwindigkeit, dass sie rot aufglüht.

Für die Rückkehr aus dem All braucht die Raumfähre nur etwa eine Stunde. Sie landet wie ein Flugzeug auf einer langen Landebahn.

Aufgaben der Raumfähren

Mit Raumfähren kann man Satelliten in eine Umlaufbahn bringen und beschädigte Satelliten zur Erde zurückholen.

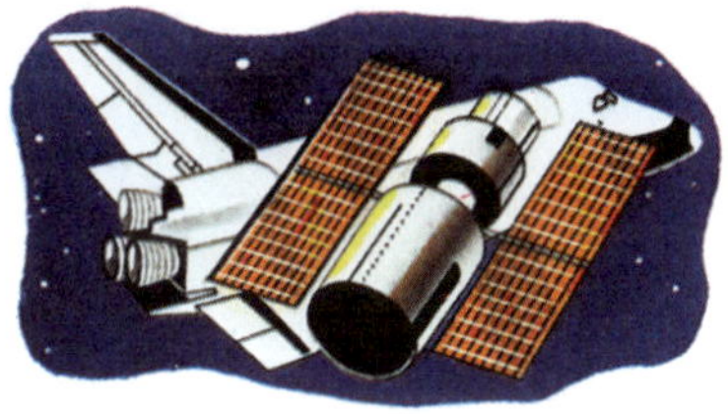

Diese Raumfähre soll ein großes Fernrohr in eine bestimmte Erdumlaufbahn bringen. Mithilfe solcher ferngesteuerter Fernrohre werden Sterne beobachtet.

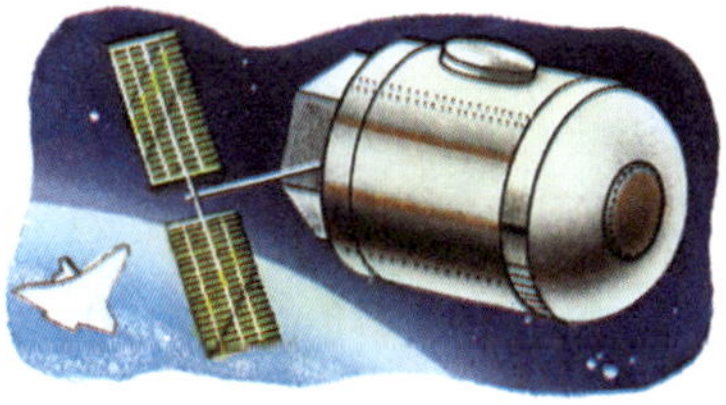

Außerdem sollen Raumfähren Wissenschaftler mit ihren Labors in eine Umlaufbahn bringen und später wieder zur Erde zurückholen.

An Bord eines Raumschiffs

Eines der ungewöhnlichsten Erlebnisse bei einem Aufenthalt im All ist die Schwerelosigkeit. Ohne Schwerkraft gibt es auch kein Oben und Unten. Gegenstände schweben also im Raum, wenn sie nicht befestigt sind.

Die Astronauten schlafen in Schlafsäcken, die an der Wand befestigt sind. Sie würden sonst herumschweben.

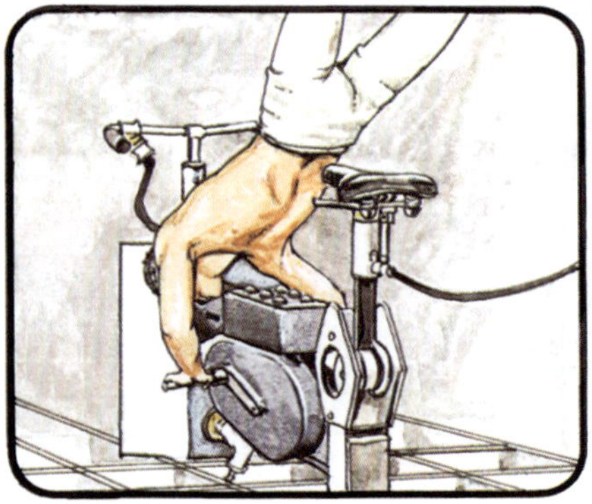

Schwerelosigkeit schwächt die Muskelkraft. Deshalb trainieren die Astronauten an Übungsgeräten, damit sie gesund und in Form bleiben.

Die Instrumente befinden sich alle in der gleichen Richtung und auf gleicher Höhe.

Die Astronauten müssen sich bei jeder Tätigkeit festhalten, sonst würden sie sich in den freien Raum abstoßen.

Die meiste Zeit wird das Raumschiff von der Kontrollstation auf der Erde überwacht. Wenn es jedoch notwendig ist, können auch die Astronauten diese Aufgabe übernehmen.

Sogar Flüssigkeiten schweben im All. Daher kann man dort nicht aus Tassen trinken, sondern muss Getränke mit Trinkhalmen aufsaugen.

Baden ist ein Problem: Damit das Wasser nicht davonschwebt, müssen Astronauten in einem großen Sack duschen.

Die Astronauten bewegen sich in der Schwerelosigkeit vorwärts, indem sie sich von den Wänden abstoßen und an Haltegriffen entlanghangeln.

Forschung im Weltraum

Es gibt heute viele kleine, unbemannte Raumschiffe in Umlaufbahnen nahe der Erde. Diese Raumschiffe nennt man „Satelliten". Sie sind mit Messgeräten ausgestattet und sollen die unterschiedlichsten Untersuchungen durchführen. Dieses Bild zeigt den Beobachtungssatelliten „Landsat".

„Landsat" fotografiert die Erde und sendet die Bilder an die Empfangsgeräte der Bodenstationen. Nach diesen Fotos werden zum Beispiel Landkarten angefertigt. Die Aufnahmen dienen außerdem dazu, bisher unentdeckte Lagerstätten von Bodenschätzen zu finden.

Die Kameras von „Landsat" sind auf die Erde gerichtet.

Satelliten sind mit Sonnenkollektoren ausgestattet. Diese wandeln das Sonnenlicht in elektrische Energie um.

Wettersatelliten

Andere Satelliten beobachten das Wetter. Ihre Aufzeichnungen werden für die Wettervorhersage gebraucht.

Fernsehen über Satelliten

Einige Satelliten dienen dazu, Fernsehsendungen von einem Teil der Erde in einen anderen zu übertragen. Das geschieht mithilfe von Radiowellen.

Die Radiowellen werden zu einem Satelliten im Weltraum gestrahlt. Vom Satelliten werden sie in einen anderen Teil der Erde weitergeleitet.

Auf der Erde werden die Wellen von großen, tellerförmigen Antennen aufgefangen – wie hier auf dem Bild. Auch die Satelliten haben solche Parabolantennen.

Von dort werden die Wellen zu den Antennen der Fernsehgeräte gesendet und im Gerät in Bilder und Töne zurückverwandelt. Diese lange Reise dauert nur wenige Sekunden.

Rund um die Erde

Die Erde dreht sich täglich einmal um die eigene Achse.

Die Fernsehsatelliten bewegen sich genauso schnell wie die Erde. Sie scheinen also immer an der gleichen Stelle über der Erde zu stehen.

Beobachtungssatelliten umkreisen die Erde schneller. Sie sehen die ganze Erde einmal innerhalb weniger Stunden.

Besuch auf den Planeten

Bisher sind Menschen im Weltraum nur bis auf den Mond gekommen. Zur Erforschung von Planeten, die sehr viel weiter entfernt sind, werden unbemannte Raumschiffe, sogenannte Raumsonden, eingesetzt.

Dies ist die Raumsonde „Voyager 2". Sie flog 1979 zum Jupiter, 1981 zum Saturn, 1986 zum Uranus und 1989 zum Neptun. „Voyager 2" war 12 Jahre lang im Sonnensystem unterwegs.

Mit solchen Fernsehkameras wurden Bilder aufgenommen und anschließend als Radiowellen zur Erde gesendet.

Botschaften vom Mars

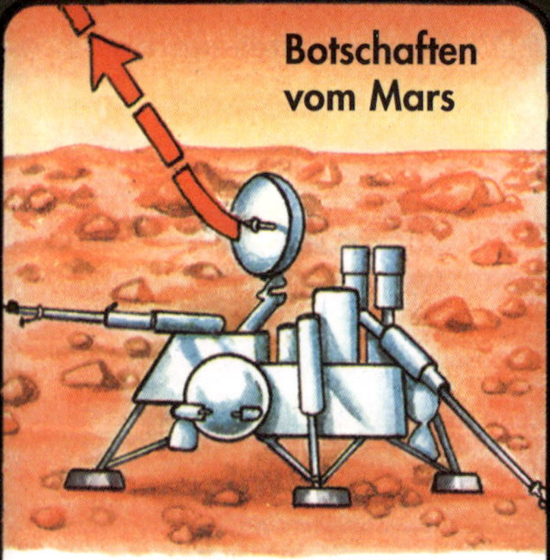

Dieses Bild zeigt die Landesonde „Viking 1" auf dem Mars. Sie sendet Bilder und Informationen zur Erde.

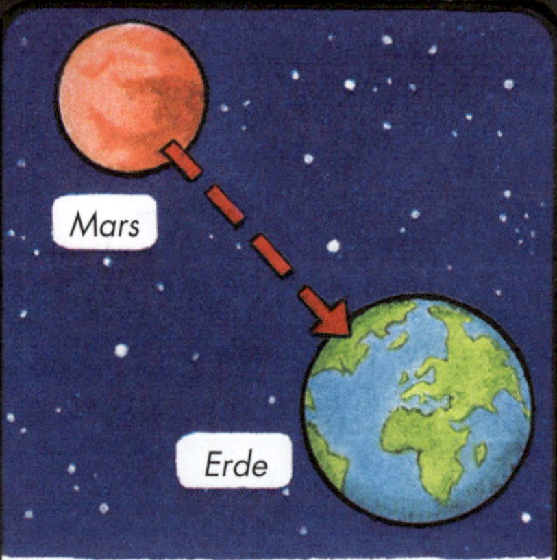

Informationen und Bilder wandern als Radiowellen durch das All. Sie brauchen vom Mars bis zur Erde nur 20 Minuten.

Auf der Erde werden die Radiowellen wieder in Informationen und Bilder umgesetzt und mit Computern ausgewertet.

Verschiedene Raumsonden

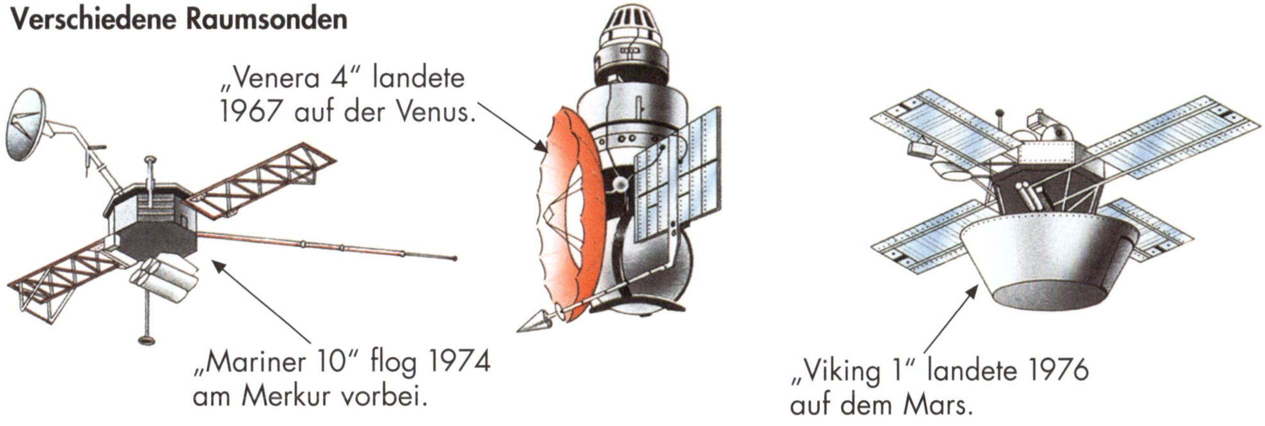

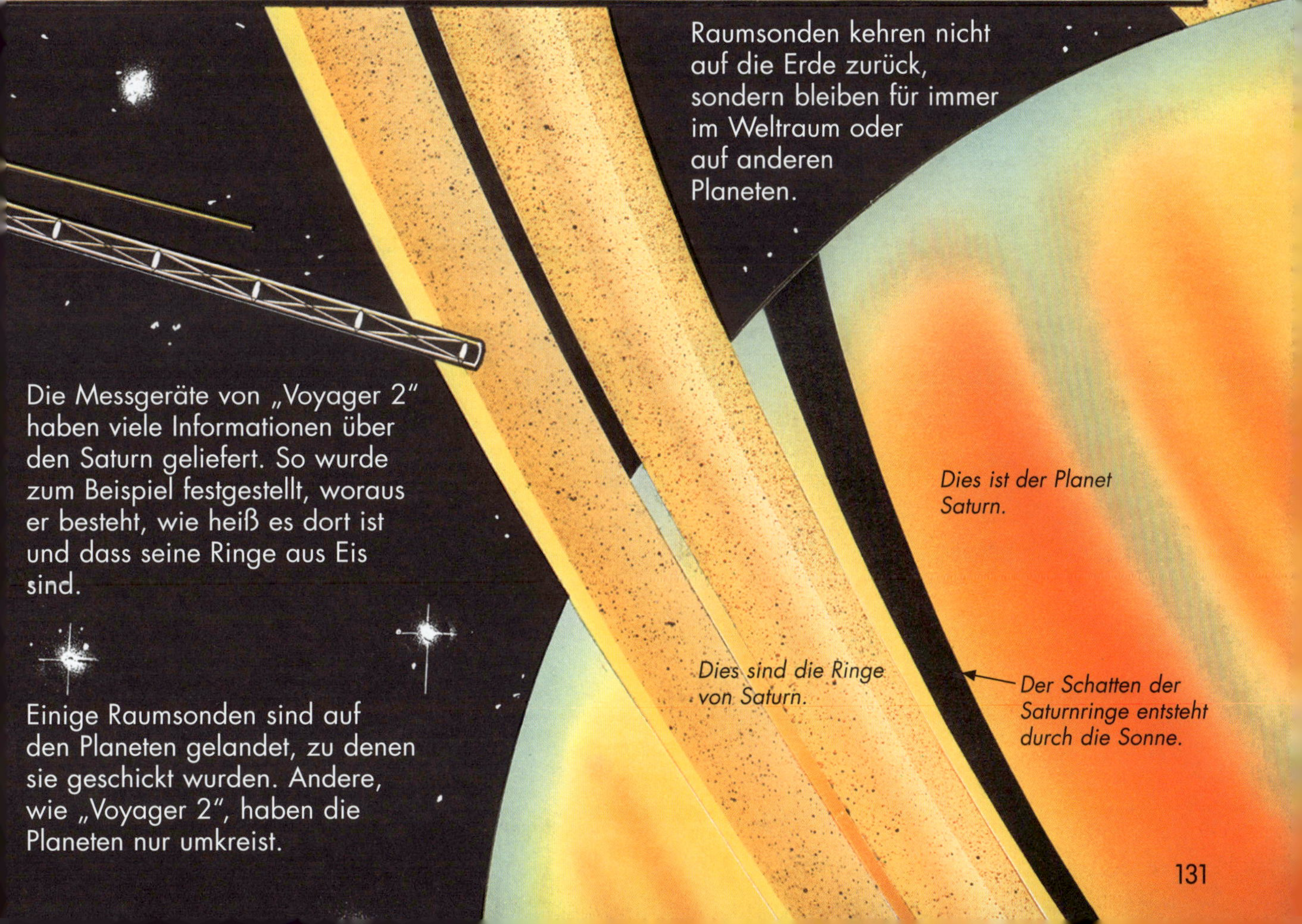

Raumsonden kehren nicht auf die Erde zurück, sondern bleiben für immer im Weltraum oder auf anderen Planeten.

Die Messgeräte von „Voyager 2“ haben viele Informationen über den Saturn geliefert. So wurde zum Beispiel festgestellt, woraus er besteht, wie heiß es dort ist und dass seine Ringe aus Eis sind.

Einige Raumsonden sind auf den Planeten gelandet, zu denen sie geschickt wurden. Andere, wie „Voyager 2“, haben die Planeten nur umkreist.

Die Raumstation

Zu Beginn der Raumflüge konnten Astronauten nur wenige Tage im All bleiben. Heute leben sie über längere Zeit in der Weltraumstation „ISS" („International Space Station"). Die 450 Tonnen schwere Raumstation ISS umkreist die Erde in einer Höhe von knapp 400 Kilometern. Sie ist 108 Meter lang und 74 Meter breit. Auf der ISS werden wissenschaftliche Experimente durchgeführt. Die Astronauten beobachten sich auch selbst, um herauszufinden, wie sich der menschliche Körper im Weltraum verhält. Das ist wichtig für noch längere Weltraumflüge, zum Beispiel zum Mars.

Ferne Zukunft im Weltraum

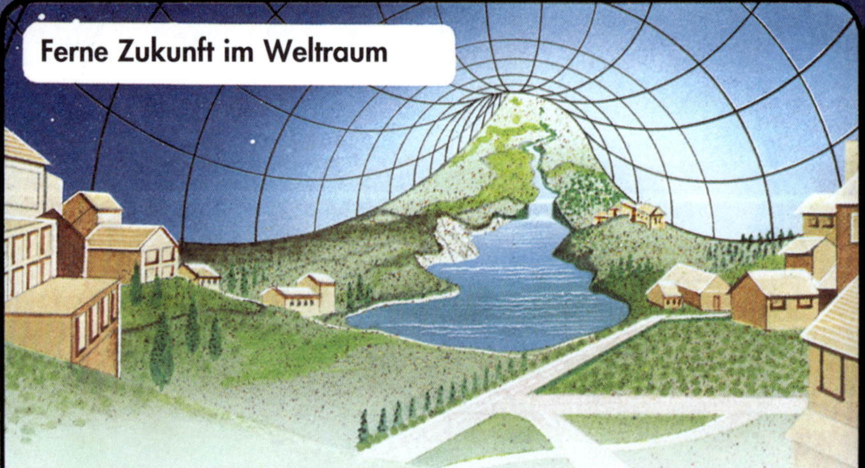

Dieses Bild zeigt, wie es in einer Weltraumstadt aussehen könnte. In diesem ringförmigen Teil würden Menschen wohnen und arbeiten. Große Fenster lassen Sonnenlicht und Wärme herein.

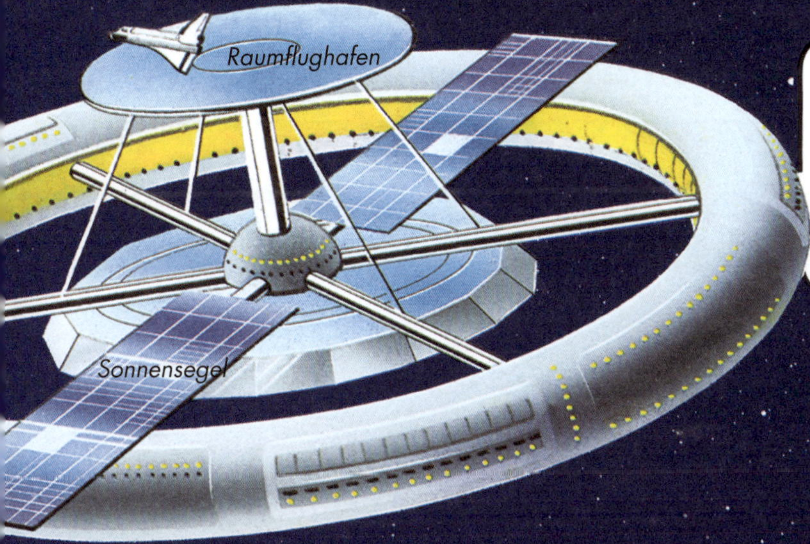

Weltraumstadt
In dieser ringförmigen Röhre könnten Menschen leben. Der mittlere Teil der Weltraumstadt würde ein Industriegebiet und den Raumflughafen aufnehmen.

Leben auf dem Mars

Dieses Bild zeigt, wie eine Stadt auf dem Mars aussehen könnte. Sie liegt unter einer Kuppel, die mit Luft gefüllt ist und geheizt wird. Auf dem Mars ist es nämlich sehr kalt und es gibt nur wenig Luft.

Fantastische Reise zu den Sternen

Dieses Bild zeigt ein Raumschiff der Zukunft. Es hat unser Sonnensystem verlassen und fliegt zu einem anderen Stern. Einige Wissenschaftler nehmen an, dass es noch andere Planeten geben könnte, die der Erde ähnlich sind.

Zurzeit sind Flüge zu Sternen außerhalb unseres Sonnensystems praktisch unmöglich. Dazu sind die Entfernungen zu groß. Es würde länger als ein Menschenleben dauern, um mit einem heutigen Raumschiff dorthin zu gelangen.

Selbst der nächstgelegene Stern ist noch ungeheuer weit entfernt: Wenn die Steinzeitmenschen vor 50 000 Jahren schon mit einem modernen Raumschiff geflogen wären, hätten sie heute erst die Hälfte der Strecke dorthin zurückgelegt.

Vielleicht könnte man die Mannschaft eines solchen Sternenschiffs für den langen Flug einfrieren oder in Tiefschlaf versetzen. Computer und Roboter würden das Sternenschiff überwachen und die Mannschaft bei der Ankunft aufwecken.

Mit dem Sternenschiff durch ein „Weltraumloch"

Viele Schriftsteller und Wissenschaftler haben sich schon Gedanken darüber gemacht, wie man zu weit entfernten Sternen gelangen könnte. Dazu haben sie sich neue Möglichkeiten der Raumfahrt ausgedacht: zum Beispiel ein „Weltraumloch".

Dieser Gedanke ist etwa so zu verstehen: Das Sternenschiff würde an einer Stelle des Alls in das „Weltraumloch" hineinfliegen, käme aber nach wenigen Sekunden an einer ganz anderen Stelle wieder heraus.

Eine fliegende Weltraumstadt

Vielleicht können Menschen eines Tages andere Sterne in riesigen, fliegenden Weltraumstädten besuchen. Der Flug würde viele Generationen dauern.

In Strahlen durch das All

Es gibt auch die Idee, Menschen durch das All zu „strahlen": Sie würden für die Reise in Strahlen aufgelöst und danach wieder zusammengesetzt.

Wichtige Begriffe

Hier findest du kurze Erklärungen zu einigen Begriffen über Weltraum und Raumfahrt.

Mond
Unser Mond ist eine felsige Kugel, die sich um die Erde dreht. Die Anziehungskraft der Erde hält den Mond auf seiner Bahn. Auch einige andere Planeten haben einen oder mehrere Monde.

Planeten
Die Planeten unseres Sonnensystems sind große Kugeln aus Gestein und Gasen. Jeder Planet umkreist die Sonne auf einer eigenen Umlaufbahn. Auch die Erde ist ein solcher Planet.

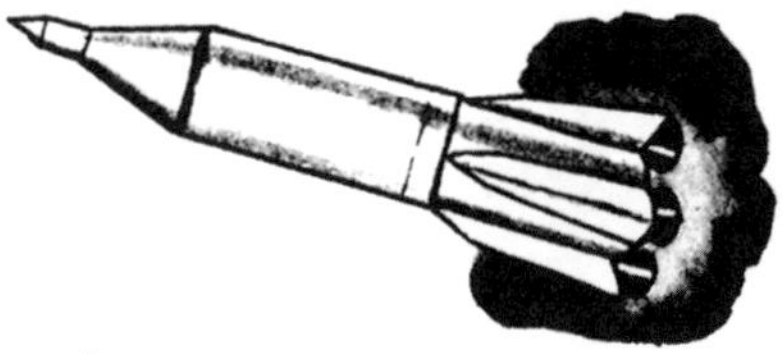

Raketen
Raketen sind Fluggeräte mit einem besonders starken Antrieb. Dieser starke Antrieb ist notwendig, um die Anziehungskraft der Erde zu überwinden. Mit Raketen werden Raumschiffe und Satelliten in den Weltraum geschossen.

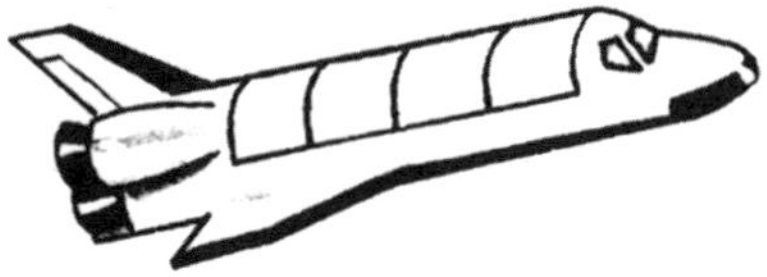

Raumfähren
Eine Raumfähre ist ein Raumschiff, das wieder zur Erde zurückgelangen kann. Dadurch lässt es sich mehrmals benutzen. Die erste Raumfähre, „Spaceshuttle", startete 1981 in den Weltraum.

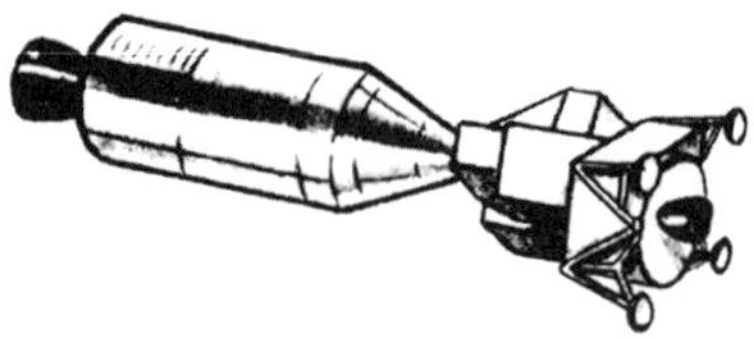

Raumschiffe
Raumschiffe sind Fahrzeuge, die in den Weltraum fliegen. Einige Raumschiffe haben eine Besatzung an Bord; andere, zum Beispiel Satelliten, sind unbemannt.

Raumsonden
Raumsonden sind unbemannte Raumschiffe. Sie sind dazu bestimmt, andere Planeten zu erforschen. Sie sind so ausgerüstet, dass sie Bilder und Informationen aufnehmen und zur Erde übermitteln können.

Sonnenkollektoren
Sonnenkollektoren wandeln das Sonnenlicht in elektrischen Strom um. Damit werden die Geräte und Messinstrumente von Raumschiffen versorgt.

Sonnensystem
Unser Sonnensystem besteht aus der Sonne und den acht Planeten, die die Sonne umkreisen. Im Weltraum gibt es noch eine riesige Zahl von anderen Sonnensystemen oder Galaxien.

Sterne
Sterne sind Kugeln aus glühend heißen Gasen, die aus eigener Kraft leuchten können. Unsere Sonne ist ebenfalls ein Stern.

Sonne, Mond und Sterne

In diesem Kapitel findest du einfache
Erklärungen über unser Sonnensystem,
die Sonne, den Mond und über andere Sterne
und Planeten.

Unser Sonnensystem

Unser Sonnensystem besteht aus der Sonne, den acht Planeten, die die Sonne umkreisen, 49 Monden, die wiederum die Planeten umkreisen, den Zwergplaneten und dem Planetoidengürtel, einem Band von Gesteinstrümmern. Die Sonne ist eine riesige Kugel aus brennenden Gasen. Die Planeten sind viel kleiner und bestehen aus einem Gemisch von Gestein und Gasen oder Flüssigkeiten und Gasen. Alle Monde und Planetoiden sind feste Gesteinskörper.

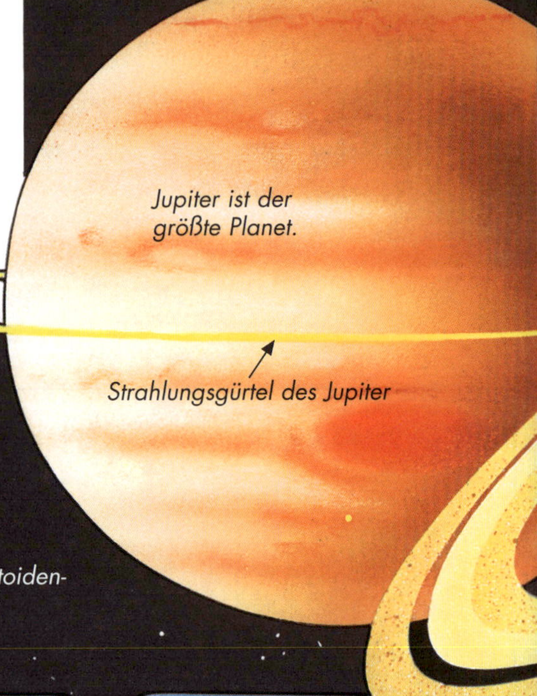

Sonne

Die Planeten Merkur, Venus, Erde und Mars bestehen aus Gestein und Gasen. Die Erde ist der größte von diesen vier Planeten.

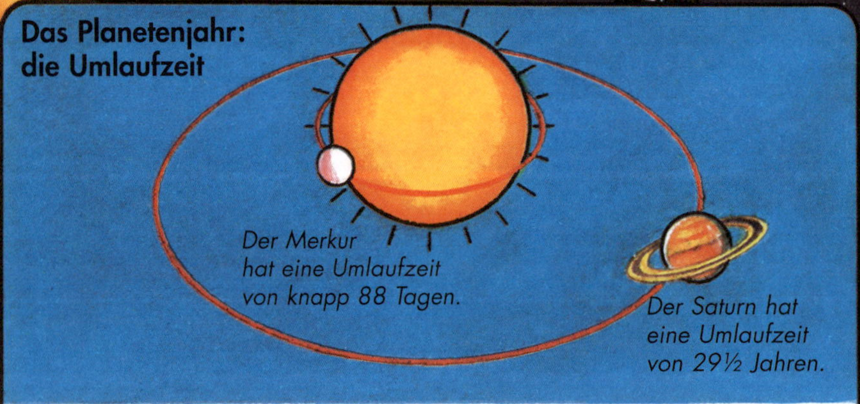

Alle Planeten drehen sich ständig um die Sonne. Die Zeit, die sie dafür brauchen, ist die sogenannte Umlaufzeit. Sie ist von Planet zu Planet unterschiedlich lang. Die Umlaufzeit der Erde beträgt 365 ¼ Tage. Planeten, die der Sonne näher sind, haben kürzere Umlaufzeiten als Planeten, die weiter von der Sonne entfernt sind.

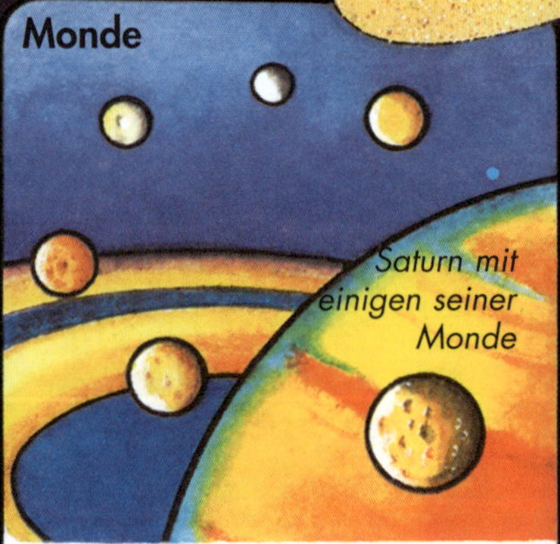

Merkur und Venus sind die einzigen Planeten, die keine Monde haben. Die Erde hat nur einen Mond, Jupiter 16 und Saturn 23 Monde.

Jupiter, Saturn, Uranus und Neptun sind riesige Planeten, viel größer als die Erde. Sie bestehen hauptsächlich aus Gasen und haben keine feste Oberfläche wie die Erde. Pluto ist ein Zwergplanet und besteht aus Eis und Gestein.

Tag und Nacht auf den Planeten

Die Planeten drehen sich auch um ihre eigene Achse, während sie die Sonne umkreisen. Dabei werden verschiedene Gebiete der Oberfläche von der Sonne beschienen. Dadurch gibt es auf allen Planeten Tag und Nacht von unterschiedlicher Dauer.

Wenn man nach dem oberen Bild ein maßstabgetreues Modell unseres Sonnensystems anfertigen wollte, so müssten die Planeten von der Modellsonne folgende Entfernungen haben:

Merkur: 38 m – etwa die halbe Breite eines Fußballfeldes.
Erde: 98 m – fast die ganze Länge eines Fußballfeldes.
Jupiter: 506 m – etwa 5-mal so lang wie ein Fußballfeld.
Pluto: 3835 m – ungefähr 45 Minuten Fußweg.

Die Sonne – unser nächster Stern

Die Sonne ist der wichtigste Stern unseres Sonnensystems. Sie hält die Planeten auf ihren Umlaufbahnen im All. Sie spendet ihnen Licht und Wärme.

Vorsicht:
Schau niemals mit bloßem Auge direkt in die Sonne! Das kann deinen Augen schaden.

Dieses Bild zeigt die Sonne halb durchgeschnitten, damit du in das Innere hineinschauen kannst. Die Sonne ist kein fester Körper wie die Erde, sondern eine riesige Kugel aus glühenden Gasen (Wasserstoff und Helium). Die Gase brennen, und bei dieser Verbrennung wird Wasserstoff in Helium umgewandelt.

Die Sonne ist das heißeste Gebilde im Sonnensystem. Sie erreicht im Inneren die unvorstellbare Hitze von 15 Millionen Grad. Könnte man einen Stecknadelkopf so stark erhitzen, dann würde er jemanden töten, der 150 Kilometer weit entfernt steht.

Ein besonderer Stern?

Eigentlich ist unsere Sonne ein Stern wie viele andere, die du nachts sehen kannst. Sie sieht für uns jedoch anders aus, weil wir ihr näher sind als den anderen Sternen. Von weiter entfernten Planeten sieht die Sonne vielleicht eher wie ein großer heller Stern aus.

Die Oberfläche der Sonne ist viel kälter als ihr Inneres. Die Temperatur beträgt dort etwa 6000 Grad. Das ist 60-mal heißer als siedendes Wasser.

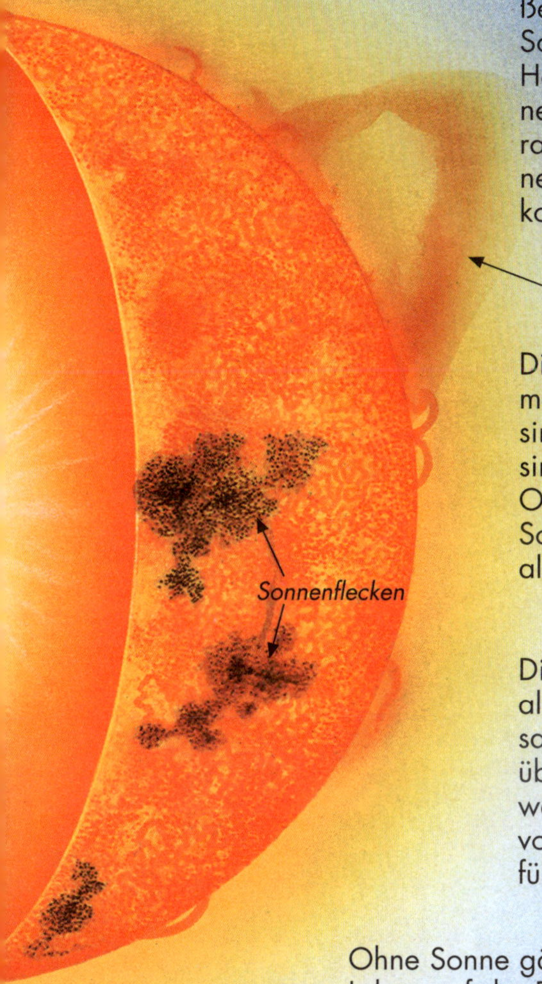

Gewaltige Gasströme schießen immer wieder von der Sonnenoberfläche in die Höhe. Diese Ausbrüche nennt man „Protuberanzen". Die gesamte Sonnenoberfläche brodelt wie kochende Suppe.

Die dunklen Flecken nennt man „Sonnenflecken". Es sind Gasflächen, die kälter sind als der übrige Teil der Oberfläche. Manche dieser Sonnenflecken sind größer als die Erde.

Die Sonne ist viel größer als alle ihre Planeten zusammen. Man bräuchte über eine Million Erden, wenn man eine leere Kugel von der Größe der Sonne füllen wollte.

Ohne Sonne gäbe es kein Leben auf der Erde. Pflanzen, Tiere und Menschen brauchen die Wärme und das Licht der Sonne zum Leben.

Protuberanzen

Diese riesige Protuberanz wurde von Astronauten an Bord von „Skylab" beobachtet. Der Gasausbruch war viel größer als die gesamte Erde.

Wie man die Sonne beobachten kann

Es ist gefährlich, direkt in die Sonne zu schauen. Zur Beobachtung stellt man ein Fernrohr so ein, dass das Abbild der Sonne auf ein Blatt Papier trifft.

Unser Nachbar Mond

Der Mond erscheint uns nachts als der größte und hellste Himmelskörper. Er leuchtet, obwohl er kein eigenes Licht erzeugt. Er wirft nur das Sonnenlicht zurück. Der Mond ist unser nächster Nachbar im All, er ist aber immerhin noch 384 000 Kilometer von uns entfernt. Für eine Reise zum Mond braucht man etwa so lange wie für die zehnmalige Umkreisung der Erde.

Der Mond ist viel kleiner als die Erde: 81 Monde würden so viel wiegen wie die Erde, und man bräuchte 50 Monde, um eine leere Kugel von der Größe der Erde zu füllen.

Der Mann im Mond

Viele Menschen sagen, der Mond habe ein Gesicht. Dieses „Gesicht" besteht aus dunklen Kraterlandschaften.

Die Rückseite des Mondes

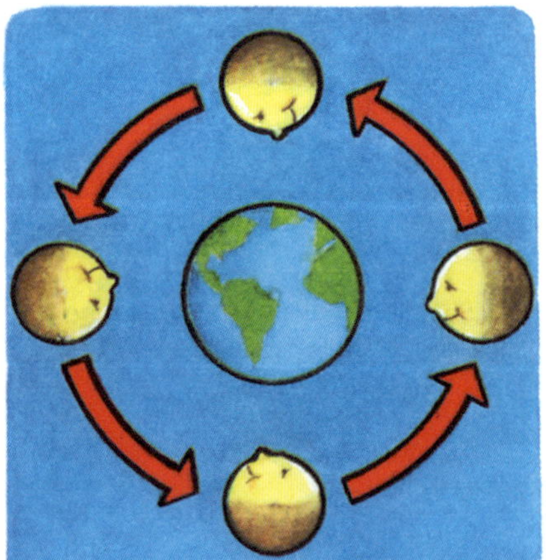

Der Mond umkreist die Erde.

Der Mond braucht 27 ⅓ Tage, um die Erde einmal zu umkreisen. Dabei zeigt er uns aber immer nur eine Hälfte. Bis 1969 hatte niemand die Rückseite des Mondes gesehen. Erst dann umkreiste „Apollo 11" den Mond und sendete Bilder zur Erde.

Warum verändert der Mond seine Gestalt?

Von der Erde aus hat man den Eindruck, als verändere der Mond seine Gestalt. Aus einer dünnen Sichel wächst der Mond zum Halbmond und schließlich zum Vollmond heran. Anschließend schrumpft er wieder, bis er gar nicht mehr zu sehen ist. Dieser Vorgang dauert ungefähr einen Monat. Die verschiedenen Formen des Mondes nennt man „Phasen".

In Wirklichkeit verändert der Mond seine Form nicht. Es sieht nur von der Erde so aus: Wir sehen nämlich verschiedene Teile der beleuchteten Mondhälfte, während der Mond die Erde umkreist. Auf den Bildern unten kannst du den Mond auf seiner Reise um die Erde verfolgen.

Die Mondphasen

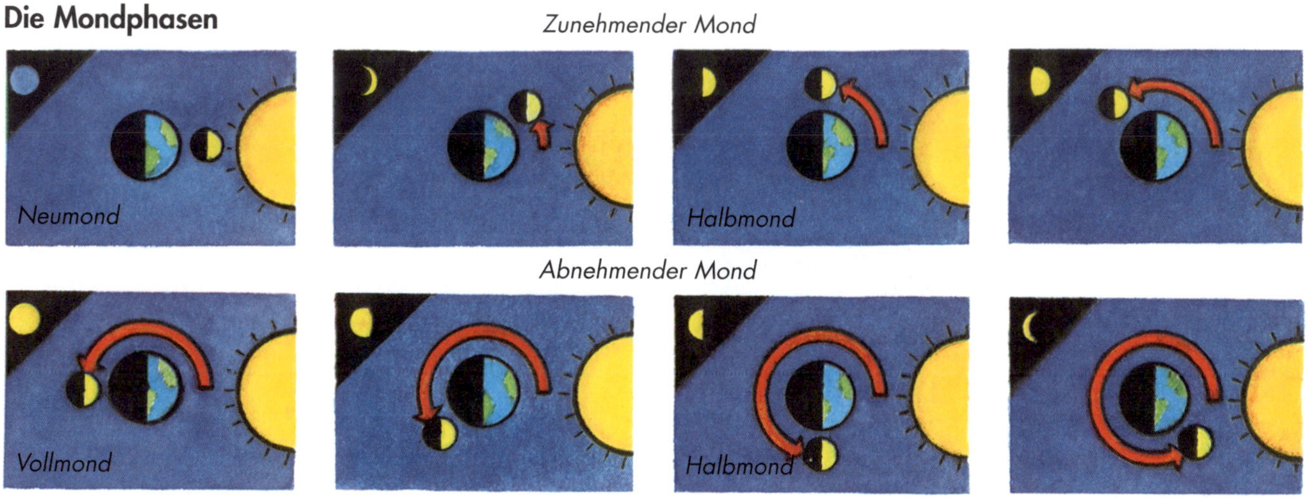

Wenn der Mond genau zwischen Erde und Sonne steht, können wir nichts von seiner beleuchteten Hälfte sehen („Neumond"). Die beleuchtete Hälfte wird sichtbar, wenn sich der Mond auf seiner Umlaufbahn weiterbewegt. Halbmond herrscht, wenn der Mond ein Viertel seiner Bahn zurückgelegt hat. Steht die Erde zwischen Sonne und Mond, so können wir die gesamte erleuchtete Hälfte des Mondes als Vollmond sehen.

Menschen auf dem Mond

Auf dem Mond ist vieles ganz anders als auf der Erde. Wir wissen inzwischen, wie es auf dem Mond aussieht, weil Astronauten dort gewesen sind. Das Bild zeigt eine Mondfähre und einen Astronauten auf dem Mond.

So wie wir den Mond von der Erde aus sehen können, kann man auch die Erde vom Mond aus am Himmel erkennen. Die Erde scheint ihre Form ebenso zu verändern wie der Mond, wenn man ihn von der Erde aus sieht.

Auf dem Mond ist der Himmel immer schwarz, auch tagsüber.

Auf dem Mond gibt es Gebirge, flache und hügelige Gebiete, Schluchten, Krater und erloschene Vulkane. Es ist eine kahle Welt ohne Lebewesen.

Die Astronauten mussten auf dem Mond Raumanzüge tragen und ihre Sauerstoffgeräte benutzen, weil es dort keine Luft gibt.

Mondkrater

Es gibt zahllose große Krater auf dem Mond.

Die Krater können kleine Flecken sein, aber auch riesige Löcher, die größer sind als eine ganze Stadt.

Die Krater sind wahrscheinlich durch Meteorite entstanden, die vor langer Zeit auf dem Mond aufgeschlagen sind.

Die Mondoberfläche besteht aus kahlem, grauem Gestein. Sie ist uneben und von feinem Staub bedeckt. Es ist sehr trocken dort, weil es auf dem Mond kein Wasser gibt.

Tag und Nacht auf dem Mond

Jeder Mondtag und jede Mondnacht ist 14 Erdtage lang. Die Sonne scheint während des ganzen Mondtages. Dadurch wird es auf dem Mond unglaublich heiß. In der Mondnacht ist es dunkel und kalt, viel kälter als Eis.

Die Astronauten wiegen auf dem Mond viel weniger als auf der Erde: Auf der Erde wiegt ein Astronaut in seinem Raumanzug 135 Kilogramm, auf dem Mond aber nur 23 Kilogramm.

Der Grund dafür ist die geringe Schwerkraft auf dem Mond im Vergleich mit der Schwerkraft auf der Erde. Die Schwerkraft ist diejenige Kraft, die Gegenstände zu Boden zieht.

Auf dem Mond gibt es kein Leben, weil es dort keine Luft und kein Wasser gibt. Die Astronauten haben Staub und Gesteinsproben vom Mond mitgebracht, damit Wissenschaftler sie untersuchen können.

Pflanzen können im Mondstaub wachsen, wenn sie Luft und Wasser bekommen.

Der Mond ist ein vollkommen stiller Ort: Man kann keine Geräusche hören, weil es keine Luft gibt, die den Schall weiterträgt.

Die Anziehungskraft des Mondes bewirkt die Gezeiten, das heißt Ebbe und Flut. An allen Meeresküsten der Erde steigt und fällt das Wasser in regelmäßigem Wechsel, etwa alle sechs Stunden.
Die Mondphasen beeinflussen auch manche Menschen.
Bei Vollmond leiden sie unter Schlaflosigkeit oder sie schlafwandeln.

Es gibt weder Wind noch Regen auf dem Mond. Die Fußabdrücke der Astronauten können also niemals fortgeweht oder weggespült werden.

Der Planet Merkur

Der Planet Merkur steht der Sonne am nächsten. Deswegen ist es dort tagsüber sehr heiß. Die Nächte hingegen sind sehr kalt.

Der Merkur ist ein ziemlich kleiner Planet, nur wenig größer als unser Mond. Von einem Raumschiff aus wurde der Merkur fotografiert. Die Bilder zeigten, dass er unserem Mond sehr anlich sieht.
Die Oberfläche des Merkur besteht aus staubigem, steinigem Boden mit vielen Kratern. Es gibt weder Luft noch Wasser auf dem Merkur. Er ist eine ausgetrocknete, öde Welt.

Die Merkurkrater sehen aus wie die Mondkrater.

Dieses Bild zeigt die Bewegung der Sonne, vom Merkur aus gesehen. Im Laufe des Merkurtages scheint die Sonne ihre Größe und Geschwindigkeit zu ändern. Mittags sieht es so aus, als ob sie größer würde, anhielte und sich sogar rückwärts bewegte. Diese seltsame Bewegung hängt mit der Entfernung zwischen Sonne und Merkur zusammen, die sich während des Tages verändert.

Die Venus – der Hitzeplanet

Die Venus ist der heißeste Planet im Sonnensystem. Dort herrschen Temperaturen von 480 Grad. Das ist so heiß, dass ein Gegenstand sofort rot glühend würde. Die Venus ist ständig in Wolken aus giftigem Kohlendioxid-Gas eingehüllt. Diese Wolken kann das Sonnenlicht nicht durchdringen, deshalb ist es auf der Venus immer trübe.

Warum ist es auf der Venus heiß?

Auf der Venus ist es so heiß, weil die schweren Wolken die Sonnenwärme speichern. Die Hitze kann aber von der Oberfläche der Venus nicht wieder entweichen.

Ein ungewöhnlicher Planet

Die Venus dreht sich andersherum als die übrigen Planeten. Sie braucht für eine Drehung um die eigene Achse sehr lang, nämlich 243 Erdtage. Für eine Umkreisung der Sonne braucht sie dagegen nur 225 Tage. Also ist ein Venustag länger als ein Venusjahr.

Für Menschen wäre es unmöglich, die Venus zu besuchen. Sie würden durch die Hitze verbrannt, vom Wind davongeblasen, von der schweren Luft erdrückt und erstickt sowie von den Gaswolken vergiftet werden.

Die Atmosphäre der Venus besteht aus dem Gas Kohlendioxid. Sie ist sechzigmal schwerer als die Luft der Erde. Die Venusoberfläche ist trocken, felsig und sehr heiß. Sie weist tiefe Schluchten sowie erloschene Vulkane auf.

Gibt es Leben auf dem Mars?

Dieses Bild zeigt, wie es auf dem Mars aussieht. Der Mars wird manchmal der „Rote Planet" genannt, weil er aus rotem Gestein besteht. Das Gestein ist vom Rost so rot gefärbt. Sogar der Himmel ist durch den roten Gesteinsstaub leicht rosa.
Die Marsoberfläche ist eine felsige Wüste. Es gibt unzählig viele Felsbrocken, Krater, hohe Berge, tiefe Schluchten und Sanddünen.

Ein Marsjahr dauert fast so lang wie ein Erdjahr. Ein Tag auf dem Mars ist nur eine halbe Stunde länger als ein Erdtag.

Die Mars-Atmosphäre ist sehr dünn und besteht aus dem Gas Kohlendioxid. Der starke Wind wirbelt Staubstürme auf, die den gesamten Planeten überziehen.

Der Mars ist ungefähr halb so groß wie die Erde, aber weiter von der Sonne entfernt als die Erde. Deshalb ist es dort ziemlich kalt: Die Temperaturen liegen im Durchschnitt unter dem Gefrierpunkt.

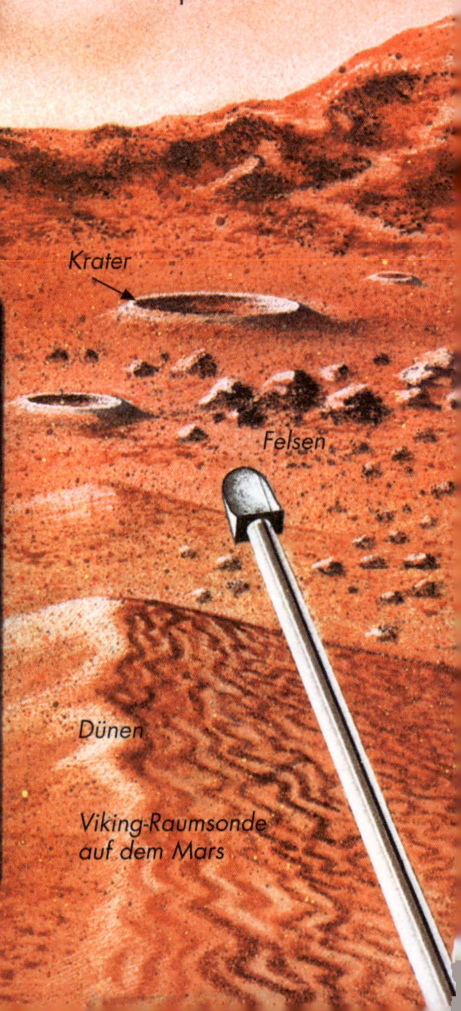

1997 landete nach einer Reise von 7 Monaten die Raumsonde „Pathfinder" auf dem Mars. An Bord war „Sojourner", ein Fahrzeug mit einer Kamera, das Tausende von Bildern von der Marsoberfläche zur Erde schickte. Außerdem konnte „Sojourner" Gesteins- und Bodenproben analysieren und die Ergebnisse zur Erde senden. Seit 2004 befinden sich die Rover „Spirit" und „Opportunity" auf dem Roten Planeten.

Die Monde des Mars

Der Mars hat zwei kleine Monde, Deimos (Schrecken) und Phobos (Furcht). Phobos umkreist den Mars 3-mal am Tag.

Der größte Vulkan im Sonnensystem befindet sich auf dem Mars. Er heißt Olympus Mons und ist 24 Kilometer hoch. Alle Vulkane auf dem Mars sind erloschen.

Der Planetoidengürtel

Zwischen den Bahnen von Mars und Jupiter bewegen sich einige Tausend kleine Himmelskörper um die Sonne. Das sind die Planetoiden (oder „Asteroiden").

Die meisten Planetoiden sind ziemlich klein, nur wenige haben mehr als 30 Kilometer Durchmesser.

Planetoiden haben unregelmäßige Formen.

Die Planetoiden sind vor etwa 4,6 Mrd. Jahren aus Staub, Gesteins- und Metallbrocken entstanden. Übrig gebliebene Brocken stürzten auf die Planeten und schlugen zum Teil tiefe Krater.

Jupiter und Saturn – die Riesenplaneten

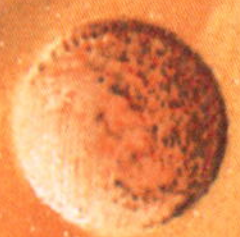

Jupiter und Saturn sind sich sehr ähnlich. Sie bestehen beide aus verschiedenen Gasen. Dieses Bild zeigt die riesengroßen, wirbelnden Gaswolken auf dem Jupiter.

Dies ist Io, einer von Jupiters 16 Monden. Neben der Erde ist Io der einzige Himmelskörper in unserem Sonnensystem, auf dem es noch tätige Vulkane gibt.

Die Gaswolken steigen und fallen wie Wellen. Sie bilden verschiedenfarbige Bänder, weil sie aus unterschiedlichen chemischen Stoffen bestehen.

Die Wolkendecke ist ungefähr 1000 Kilometer dick. Darunter befindet sich flüssiger Wasserstoff, den es in reinem, natürlichem Zustand auf der Erde nicht gibt.

Auf dem Jupiter wehen ständig heftige Winde. Sie jagen die Wolken in wirbelnden Bändern um den Planeten.

Riesige Blitze schießen durch die Wolken.

Obwohl Jupiter und Saturn die größten Planeten sind, drehen sie sich schneller um sich selbst als die anderen Planeten. Sie brauchen beide ungefähr zehn Erdstunden für eine Drehung um die eigene Achse. Jupiter und Saturn sind sehr weit von der Sonne entfernt. Deshalb haben sie eine sehr lange Umlaufzeit: Jupiter fast 12 Erdjahre, Saturn gut 29 ½ Jahre.

Jupiter ist der Riese in unserem Sonnensystem. Man bräuchte 1300 Erden, um eine Kugel von Jupiters Größe zu füllen.

Planeten mit flachen Polen

Jupiter und Saturn sind nicht so rund wie Planeten aus Gestein. Sie sind oben und unten etwas abgeflacht und um die Mitte stärker gewölbt.

Der schwimmende Planet

Saturn besteht aus chemischen Stoffen, die leichter sind als Wasser. Folglich müsste der Saturn schwimmen können, wenn es ein Meer gäbe, das für seinen Umfang groß genug wäre.

Der Große Rote Fleck

Seit mehreren Hundert Jahren weht ein gewaltiger Wirbelsturm auf dem Jupiter. Wegen seiner Größe und Farbe heißt er der „Große Rote Fleck".

Die Ringe des Saturn

Um die Mitte des Planeten Saturn kreisen mehrere Ringe. Sie bestehen nicht aus einer einheitlichen festen Masse, sondern aus vielen Millionen von einzelnen Gesteins- und Eisteilchen. Die Ringe sind dünn und flach, dehnen sich jedoch sehr weit aus. Die Entfernung von einem äußeren Ende der Ringe zum gegenüberliegenden Ende ist fast so groß wie die Entfernung zwischen der Erde und unserem Mond. Jupiter und Uranus haben ebenfalls Ringe, allerdings kleinere als der Saturn.

Uranus und Neptun

Uranus und Neptun sind die am weitesten entfernten Planeten in unserem Sonnensystem. Sie sind dunkle, gefrorene Welten, denn sie sind sehr weit von der Sonne entfernt und bekommen deshalb nur sehr wenig Licht und Wärme.

Uranus und Neptun sind riesige Gasplaneten wie Jupiter und Saturn, nur etwas kleiner. Die chemischen Stoffe, aus denen sie bestehen, lassen sie grünlich blau aussehen.

Dies ist Uranus, der von 9 Ringen umgeben wird. Die Ringe sind kleiner als die des Saturn. Sie bestehen wahrscheinlich auch aus Gesteins- und Eisbrocken.

Seltsame Drehung

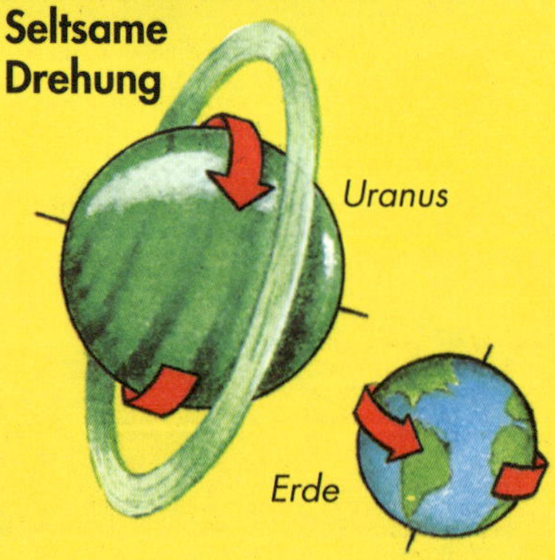

Der Uranus hat eine andere Drehachse als die übrigen Planeten: Er dreht sich liegend wie ein Ball. Die anderen Planeten „stehen" auf ihrer Achse.

Lange Tage

Da der Uranus sich im Liegen dreht, hat er außergewöhnlich lange Tage und Nächte: Sie können 42 Erdjahre lang sein.

Wir wissen nicht viel über diese drei sehr weit entfernten Planeten. Sie sind so weit weg von der Erde, dass sie auch mit besonders leistungsfähigen Teleskopen nur schwer zu sehen sind. Im Jahr 1977 wurden die Ringe um Uranus entdeckt, während die Ringe um Neptun 1989 zum ersten Mal beobachtet wurden.

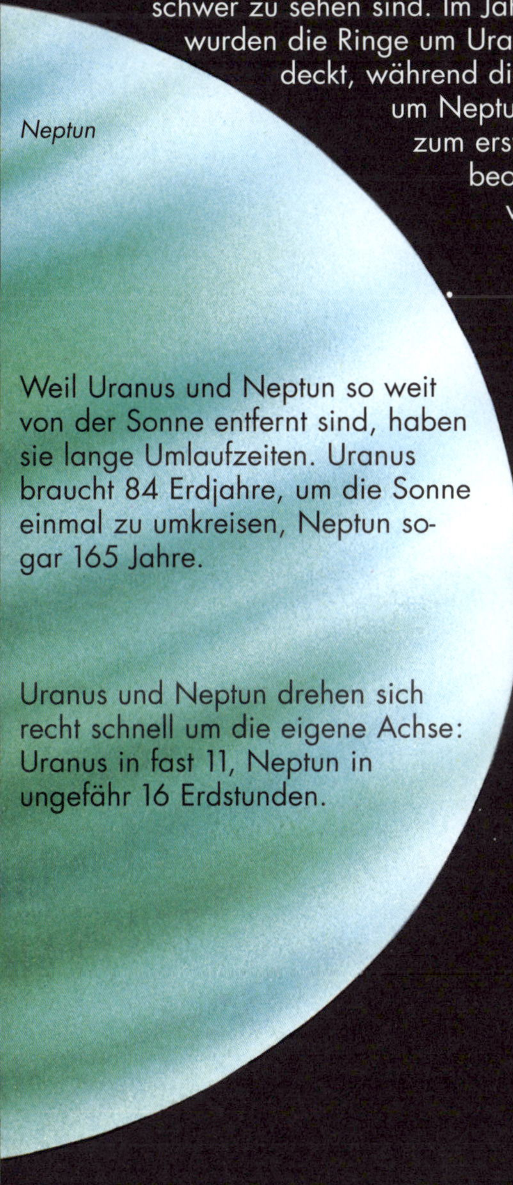

Weil Uranus und Neptun so weit von der Sonne entfernt sind, haben sie lange Umlaufzeiten. Uranus braucht 84 Erdjahre, um die Sonne einmal zu umkreisen, Neptun sogar 165 Jahre.

Uranus und Neptun drehen sich recht schnell um die eigene Achse: Uranus in fast 11, Neptun in ungefähr 16 Erdstunden.

Pluto ist kein Planet mehr!

Im August 2006 entschieden Wissenschaftler, dass Pluto ein „Zwergplanet" ist.

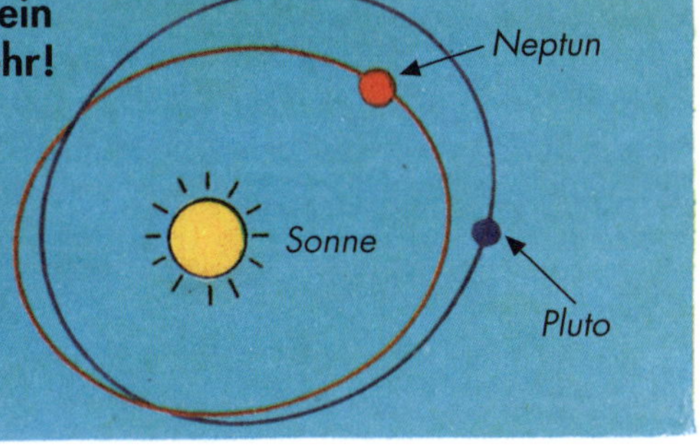

Die meiste Zeit ist Pluto von der Sonne weiter entfernt als die Planeten. Während seiner Umlaufzeit (knapp 248 Erdjahre) verläuft Plutos Bahn jedoch 20 Jahre lang innerhalb der des Neptun. In dieser Zeit ist Neptun also der entfernteste Planet. Das war zuletzt 1979.

Wie der Planet X entdeckt wurde

Bis ungefähr 1915 war Neptun der letzte bekannte Planet unseres Sonnensystems. Der Astronom Percival Lowell fand jedoch heraus, dass es noch einen Planeten hinter Neptun geben müsste. Er nannte ihn „Planet X" und suchte ihn jahrelang ohne Erfolg.

Erst als ein anderer Astronom, Clyde Tombaugh, im Jahr 1930 Sterne fotografierte, bemerkte er auf einem Bild einen „verirrten Stern".
Er stellte schließlich fest, dass er den rätselhaften Planeten X entdeckt hatte.

Kometen und Meteoriten

Kometen sind wandernde Besucher in unserem Sonnensystem. Jährlich nähern sich etwa 20 Kometen der Erde. Ohne Fernrohr kann man jedoch nur wenige erkennen, da die meisten von ihnen nicht so groß und hell sind wie hier auf diesem Bild.

Der Schweif des Kometen. Er kann auch geteilt sein.

Kometen sehen zwar so aus, als seien sie feste Körper. In Wirklichkeit bestehen sie aus Gesteinsbrocken, Gasen und Eis.

Der „Kopf" des Kometen. Man nennt ihn „Kern".

Kometen können sehr groß sein. Im Jahr 1893 erschien ein Komet, dessen Schweif sich von der Sonne bis zum Mars erstreckte.

Trümmer aus dem All

Wenn die Erde auf ihrer Bahn die Staubfelder eines Kometenschweifs durchquert, kann man diese bei Nacht aufglühen sehen. Solche Erscheinungen kennt man als „Meteoritenschwärme" oder „Sternschnuppen".

Meteoriten sind Gesteinstrümmer aus dem All. Taucht ein Meteorit in die Atmosphäre der Erde ein, dann verglüht er durch die starke Reibungshitze. Nur selten erreichen größere Meteoriten die Erde.

Große, helle Kometen kann man oft über längere Zeit beobachten.

Einige Kometen erscheinen regelmäßig: Der wohl bekannteste dieser Kometen ist der Halley'sche Komet, der alle 76 Jahre zu sehen ist. Er wird erst 2062 wieder zu beobachten sein.

So bewegt sich ein Komet im All

Auch Kometen drehen sich um die Sonne, haben aber andere Umlaufbahnen als die Planeten. Viele Kometen kommen vom äußersten Ende des Sonnensystems und umkreisen dann die Sonne.

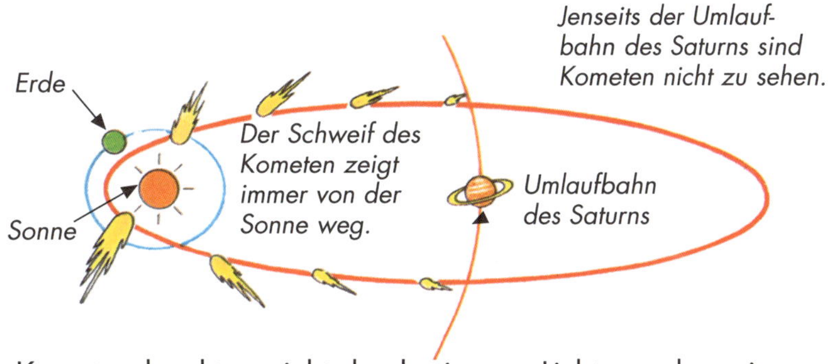

Kometen leuchten nicht durch eigenes Licht, sondern sie werfen das Sonnenlicht zurück. Man kann ihr Leuchten erst sehen, wenn sie der Sonne ungefähr so nahe sind wie der Saturn.

Kleinere Meteoriten werden meist schon etwa 100 Kilometer über der Erde abgebremst und verglühen dann. Nur wenige große erreichen die Erde.

Häufig zerbrechen große Meteoriten beim Aufschlag. Sie schlagen dabei riesige Löcher in den Boden, sogenannte „Meteoritenkrater".

Die meisten Meteoriten sind nur so groß wie Kieselsteine, aber es gibt auch riesige. Ein Meteorit in Afrika wiegt 60 Tonnen – so viel wie 12 Elefanten.

Wie lange lebt ein Stern?

Die Sterne, die du nachts sehen kannst, sind riesige Kugeln aus heißen, glühenden Gasen. Sie sehen kleiner aus als unsere Sonne, weil sie viel weiter entfernt sind.

Sterne unterscheiden sich voneinander in Größe, Farbe, Helligkeit und Temperatur. Unsere Sonne ist ein ganz gewöhnlicher, durchschnittlich großer, gelb leuchtender Stern. Sterne können blau, weiß, gelb, orange oder rot leuchten.

Sterne können einige Milliarden Jahre alt werden. Sie verändern sich aber, wenn sie älter werden.

Unsere Sonne ist etwa in diesem Zustand.

Staub und Gase ziehen sich zusammen und erhitzen sich. Daraus wird allmählich ein heißer Klumpen, der zu glühen beginnt. Das Leben des Sterns hat begonnen.
Die Sonne war zu Anfang ein heißer blauer Stern. Mit der Zeit wuchs sie, kühlte ab, wurde gelb und entwickelte sich zu dem Stern, der uns heute scheint.

Lichtjahre entfernt ...
Die Sterne sind so weit entfernt, dass Wissenschaftler eine neue Art der Entfernungsmessung entwickeln mussten. Die neue Maßeinheit nannten sie „Lichtjahr".

Ein Lichtjahr ist die Entfernung, die das Licht in einem Jahr zurücklegt: fast 10 Billionen Kilometer. Licht bewegt sich immer mit derselben Geschwindigkeit. Es ist so schnell, dass es in einer Sekunde die Erde 7½-mal umkreisen kann.
Außer der Maßeinheit Lichtjahr benutzen Wissenschaftler für kürzere Entfernungen im All die Einheiten Lichtstunden, Lichtminuten und Lichtsekunden.

Den größten Teil ihres Daseins wird die Sonne als gelber Stern verbringen: Sie scheint etwa 10 Milliarden Jahre lang ziemlich gleichmäßig. Allmählich wird sie anschwellen und sich in einen „roten Riesen" verwandeln.

Rote Riesen können über 100-mal größer sein als die Sonne. Sie sind heller, aber kälter als die Sonne. Dieser Zustand bedeutet das nahe Ende eines Sterns.

Sterne wie die Sonne werden zunächst zu roten Riesen. Diese kühlen langsam ab und schrumpfen. Sie können ihre äußeren Schichten abstoßen. Dann bleiben kleine, fast tote Sterne, sogenannte „weiße Zwerge", im All zurück.

Weißer Zwerg

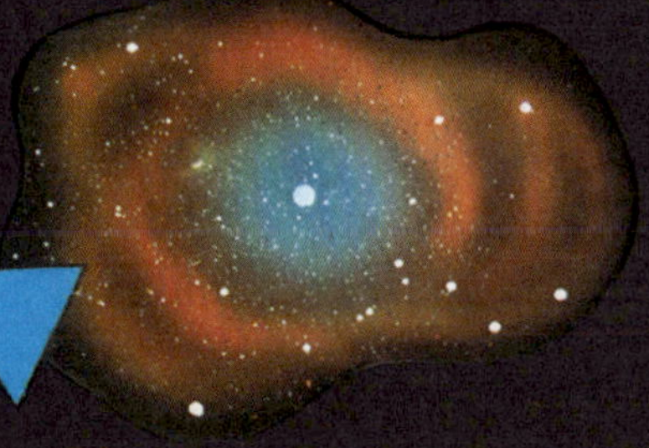

Neutronenstern

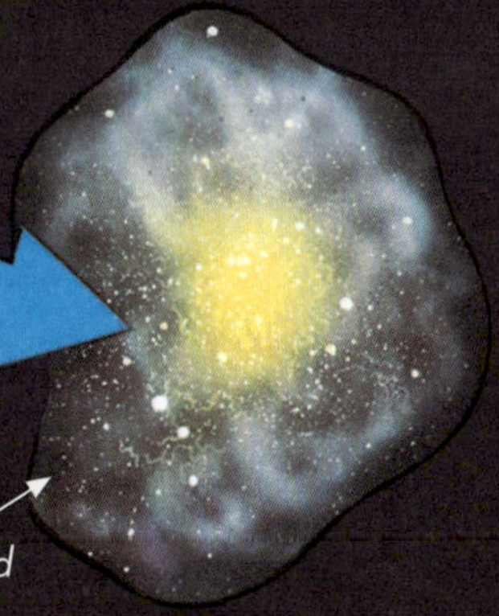

Neutronenstern und Gaswolke

Schwarze Löcher
Wenn riesige Sterne bersten, hinterlassen sie sogenannte „schwarze Löcher". Diese saugen alles auf, was ihnen nahe kommt, sogar Licht.

Auch Sterne, die größer als die Sonne sind, schwellen zu roten Riesen an. Sie blähen sich auf, bis sie in einer gewaltigen Explosion zu einer Supernova werden. Meistens bleibt danach eine Wolke aus Gas und Staub zurück. In ihrer Mitte befindet sich ein kleiner, wirbelnder Neutronenstern.

Ferne Welten

Sterne sind nicht einzeln im All verstreut. Sie finden sich in riesigen Gruppen, die aus Milliarden von Sternen bestehen können. Diese Gruppen nennt man „Galaxien" oder „Milchstraßen".

Unsere Galaxis hat etwa 80 000 Lichtjahre Durchmesser.

In der Mitte einer Galaxie gibt es mehr Sterne als am Rand.

Unsere Milchstraße besteht aus ungefähr 200 Milliarden Sternen.

Die Gestalt der Milchstraße sieht der eines Feuerrades ähnlich. Das Bild oben zeigt, wie die Milchstraße aussähe, wenn man sie im Weltall von oben oder unten betrachten könnte. Das kleine Bild unten zeigt die Milchstraße von der Seite.

Ein galaktisches Jahr

Galaxien drehen sich ganz langsam um sich selbst. Eine vollständige Umdrehung nennt man „galaktisches Jahr". Unsere Milchstraße braucht dafür 225 Millionen Erdjahre.

Andere Galaxien

Unsere Milchstraße ist nur eine unter Millionen anderer Galaxien im All. Sie haben unterschiedliche Formen und Größen und sind sehr weit voneinander entfernt. Die unserer Milchstraße nächstgelegene Galaxie ist ungefähr 2 Millionen Lichtjahre entfernt.

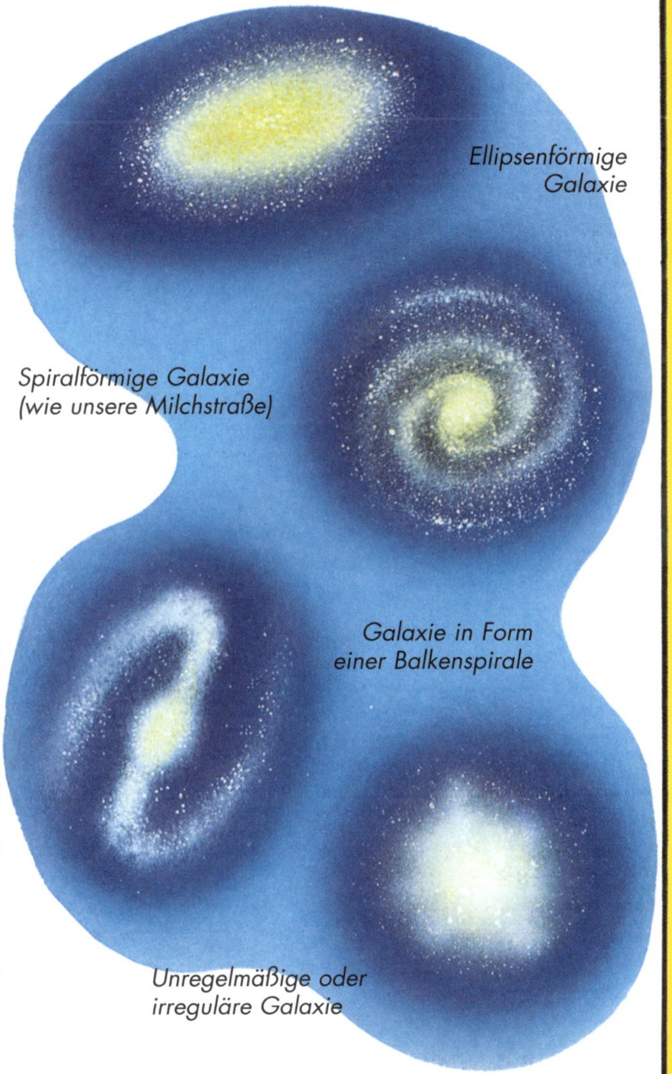

Der Urknall

Die meisten Wissenschaftler glauben, dass das Universum vor rund 15 Milliarden Jahren in einer großen Explosion entstanden ist. Diese Explosion nennen sie den „Urknall". Wir wissen nicht, was vor dem Urknall war.

Als der Urknall geschah, begann alles im Weltraum in verschiedene Richtungen auseinanderzufliegen. Man nimmt an, dass sich die Galaxien aus den Brocken gebildet haben, die ins All geschleudert wurden.

Die Galaxien entfernen sich nach wie vor voneinander. Niemand weiß, ob das immer weitergehen oder irgendwann enden wird.

Wichtige Begriffe

Hier sind die wichtigsten Begriffe über die Sterne und das Weltall zusammengestellt.

Galaxie
Eine Galaxie ist eine Anhäufung von Milliarden von Sternen. Galaxien können unterschiedliche Formen und Größen haben. Es gibt mehrere Millionen Galaxien im Universum.

Kometen
Kometen umkreisen die Sonne in großen, ovalen Umlaufbahnen. Sie werden auch manchmal als „schmutzige Weltraum-Schneebälle" bezeichnet, da sie aus Eis und Gesteinsstaub bestehen.

Lichtjahre
Das Lichtjahr ist die Maßeinheit, in der große Entfernungen im All gemessen werden. Es bezeichnet die Entfernung, die das Licht innerhalb eines Erdjahres zurücklegt: fast 10 Billionen Kilometer.

Meteoriten
Ein Meteorit ist ein Gesteinsbrocken aus dem Weltraum, der sich der Erde oder einem anderen Planeten nähert. Wenn er in die Lufthülle der Erde eintaucht, verglüht er. Die Leuchterscheinung, die dabei zu sehen ist, bezeichnet man als „Meteor".

Milchstraße
Wir sind Teil einer Galaxie, die man „unsere Milchstraße", „unser Sternsystem" oder „unsere Galaxis" nennt.

Monde
Ein Mond ist eine Kugel aus Gestein, die einen Planeten umkreist. Viele Wissenschaftler nehmen an, dass die Ringe um einige der Planeten von einem Mond stammen könnten. Dieser Mond ist entweder explodiert oder hat sich nicht richtig ausbilden können.

Planetoiden
Planetoiden sind planetenähnliche Himmelskörper, die die Sonne umkreisen. Ein Gürtel aus mehreren Tausend Planetoiden befindet sich zwischen den Umlaufbahnen von Mars und Jupiter.

Rotationszeit
Alle Planeten drehen sich ständig um die eigene Achse. Die Zeit, die ein Planet für eine solche Umdrehung braucht, ist die Rotationszeit. Durch das stetige Drehen wird ständig ein anderer Teil der Planetenoberfläche der Sonne zugewandt. So entstehen auf den Planeten Tag und Nacht.

Sonnenflecken
Sonnenflecken sind dunkle Stellen auf der Oberfläche der Sonne. Sie bestehen aus Gas, das kälter ist als die übrige Oberfläche. Dadurch erscheinen diese Flecken im Gegensatz zu den heißeren Flächen dunkel.

Supernova
Eine Supernova ist ein explodierender Stern. Seit dem Jahr 1006 sind in unserer Milchstraße vier Supernovas beobachtet worden. Einige sind so hell, dass wir sie auch in anderen Galaxien erkennen können.

Umlaufzeit
Die Umlaufzeit ist die Zeit, die ein Planet braucht, um die Sonne einmal zu umkreisen. Die Planeten haben unterschiedlich lange Umlaufzeiten.

Universum
Unter dem Universum versteht man das Weltall und alles, was es darin gibt: die Millionen von Galaxien mit ihren Sternen, Planeten und Monden.

Nahrungsmittel

Wie macht man aus Kakaobohnen Schokolade? Wie wird Getreide zu Brot, Müsli oder Cornflakes verarbeitet? Schritt für Schritt werden viele Fragen mit zahlreichen Abbildungen und knappen Texten beantwortet.

Ein kurzer Überblick

Der Mensch muss viele verschiedene Nahrungsmittel zu sich nehmen, um gesund und fit zu bleiben. Hier erfährst du, woher die einzelnen Nahrungsmittel stammen und wie man sie verarbeitet, bevor sie auf deinen Teller kommen.

Hungersnot
In einigen Gebieten der Erde, z.B. der Sahelzone (Afrika), regent es selten. In sehr trockenen Jahren wächst kaum etwas. Die Menschen sind arm und können keine Lebensmittel aus anderen Gebieten kaufen. Oft essen sie das Saatgut, können dann nicht säen und im folgenden Jahr nicht ernten. Dann verhungern die Menschen.

So fing es einmal an ...

Früher brauchte der Mensch viel Zeit, um essbare Samen und Beeren für seine Ernährung zu sammeln.

Außerdem jagte er Tiere. Häufig aber blieb die Jagd erfolglos und der Mensch litt Hunger.

Später begann man Tiere zu zähmen. Der Mensch schützte sie vor Raubtieren und schlachtete sie bei Bedarf.

Außerdem lernte der Mensch, essbare Pflanzen zu züchten, indem er Samen aussäte und das Gemüse erntete, von dem er sich ernährte.

Damit verfügte man über alle nötigen Nahrungsmittel, um sich regelmäßig ernähren zu können.

Handel mit Nahrungsmitteln

Manche Pflanzen gedeihen nur in einem bestimmten Klima. So brauchen Weintrauben sehr viel Sonne, Reis viel Wasser und Wärme.

Viele Nahrungsmittel werden in andere Länder versandt. Deshalb kann man auch in kälteren Regionen Weintrauben oder Reis kaufen.

Nahrungsmittel, die eingeführt werden, nennt man Importe; Nahrungsmittel, die ausgeführt werden, Exporte.

Regentänze

Die Indianer glaubten, dass der Regen von Regengöttern geschickt wurde. Um die Götter freundlich zu stimmen, führte man Regentänze auf und hoffte auf Regen, damit die Pflanzen wuchsen.

So halten Nahrungsmittel länger

Frische Nahrungsmittel verderben leicht. Also werden sie behandelt, damit sie länger halten und genießbar bleiben.

Einlegen

Manche Nahrungsmittel werden in Essig eingelegt.

Einfrieren

Dadurch bleiben Nahrungsmittel lange haltbar.

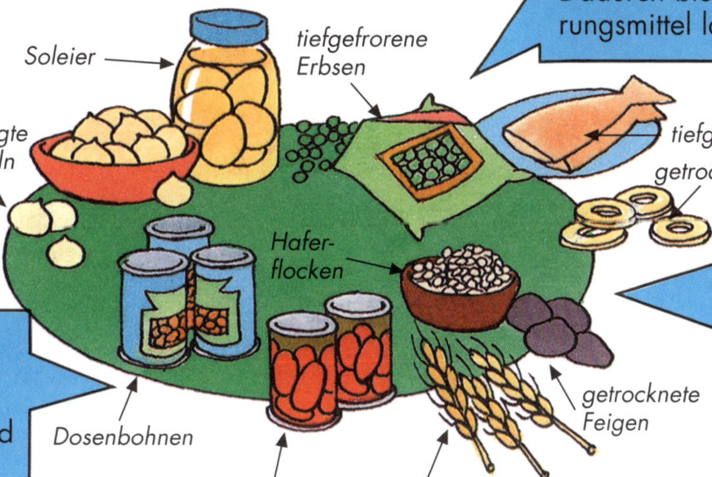

Konserven

Nahrungsmittel werden in Dosen eingelegt, die luftdicht verschlossen und erhitzt werden.

Trocknen

Nahrungsmittel wie Früchte oder Getreide können getrocknet werden.

Brot

Hast du schon einmal darauf geachtet, wie viele verschiedene Brotsorten es gibt? Das Bild rechts zeigt eine kleine Auswahl.
Brot besteht vor allem aus Mehl und Wasser. Farbe und Geschmack des Brotes hängen von der Mehlsorte ab, die der Bäcker verwendet.

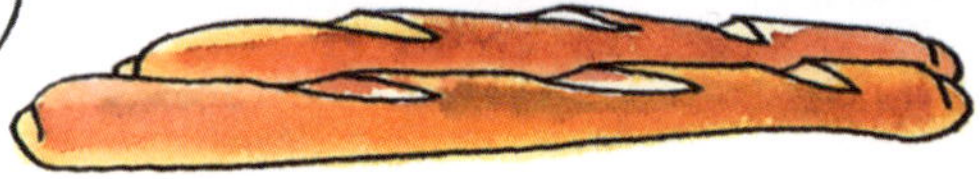

Was ist Mehl?
Mehl wird aus Getreidekörnern gemacht, vorwiegend aus Weizen, Roggen, Hafer oder Hirse. Die Körner werden aus den Ähren gedroschen und zu Mehl vermahlen.

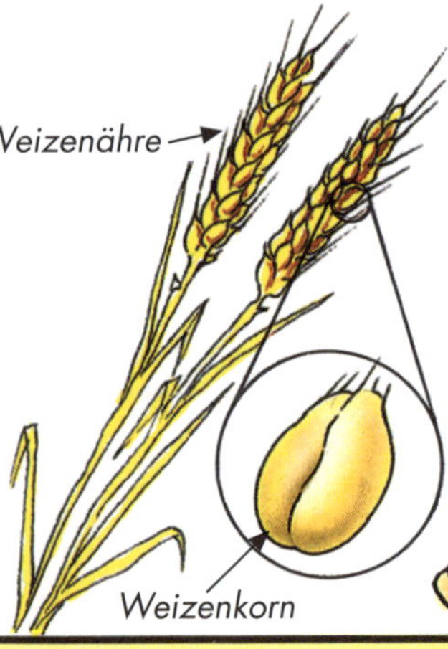

Wie funktioniert eine Bäckerei?

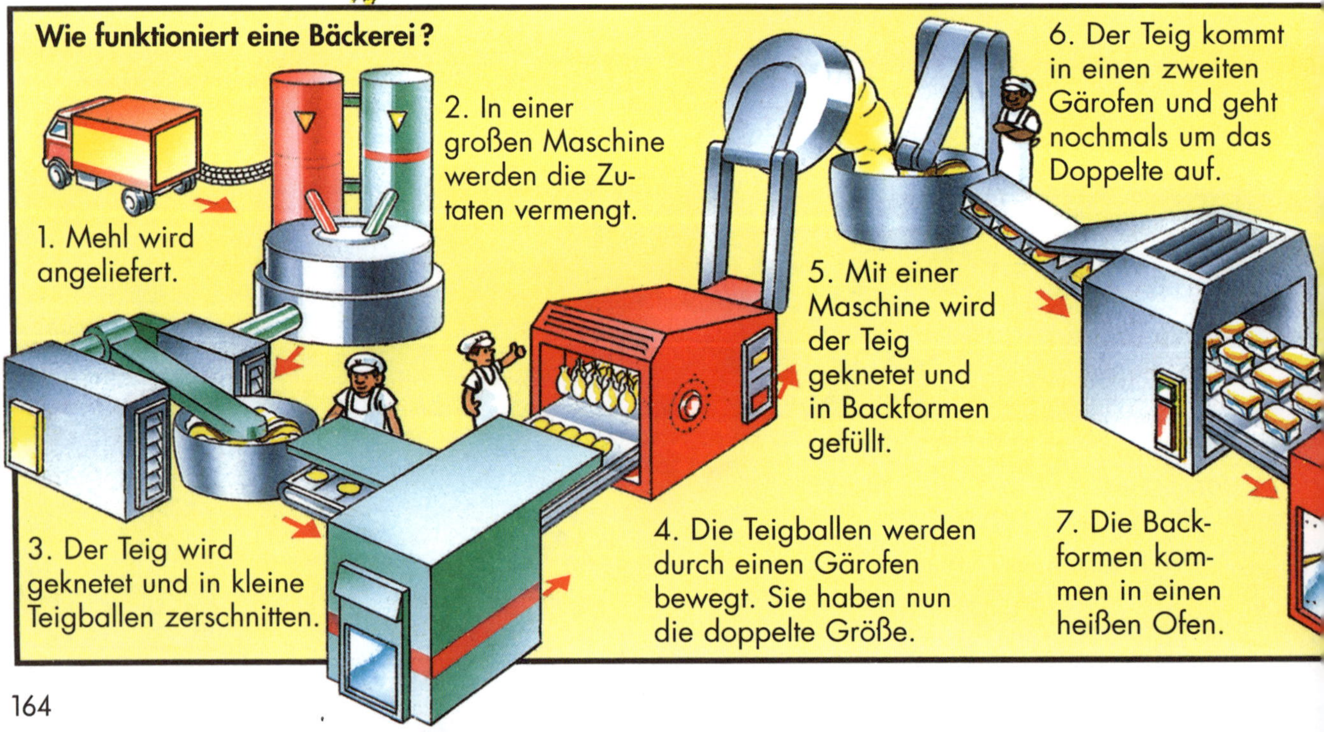

Selbst gebackenes Brot

Selbst gebackenes Brot schmeckt köstlich. Hier ein Rezept:

1. Verrühre Hefe, Zucker und Wasser und lass den Vorteig etwas ruhen.

2. Gib dann alle weiteren Zutaten hinzu und knete sie zu einem Teig.

3. Schlage den Teig kräftig, damit die Luft entweicht. Fülle ihn in die Form.

4. Decke sie mit einem Tuch oder einer Folie zu und stelle sie an einen warmen Ort.

5. Nach einer Stunde backst du den Teig etwa 45 Minuten. Gasherd Stufe 4–5, Elektroherd 200 °C.*

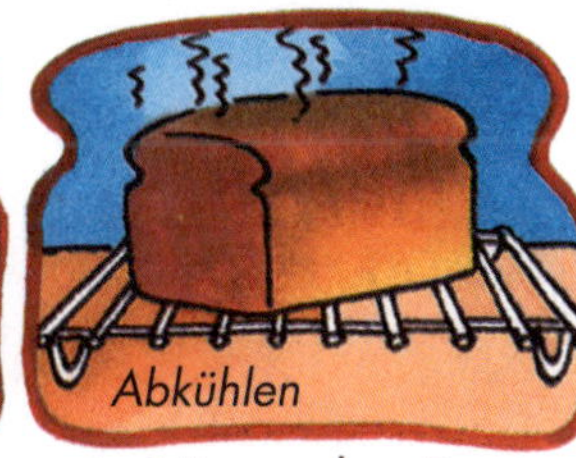

6. Nimm das Brot aus der Form. Klingt es hohl, wenn du gegen den Laib klopfst?

10. Das Brot wird an die Bäckereien geliefert.

9. Ein Teil wird geschnitten und verpackt.

8. Die Brote werden aus den Formen genommen und kühlen auf Blechen ab.

Warum geht der Teig auf?

Wenn du selbst Brot backst, wirst du feststellen, dass das fertige Brot größer ist als der Teig, den du in den Ofen geschoben hast. Das bewirkt die Hefe, denn sie ist ein Treibmittel. Die erwärmte Hefe setzt Gasbläschen, Kohlendioxid, frei. Sie lockern den Teig auf, sodass er aufgeht. In einer Scheibe deines Brotes kannst du viele kleine Löcher erkennen, die das Kohlendioxid verursacht hat.

Brote ohne Hefe

Einige Brotsorten werden ohne Hefe gebacken. Sie bleiben ziemlich flach. Es handelt sich um ungesäuertes Brot. Auf der linken Seite sind solche Brote zu sehen. Welche sind es? (Lösung auf Seite 184.)

**Stich kurz vor Ende der Backzeit mit einer Stricknadel in den Teig. Ist er noch „flüssig", so backe ihn weiter.*

Milch und Eier

Hierzulande trinkt man meistens Kuhmilch. Eine Kuh gibt nach dem ersten Kalben Milch. Wenn man sie regelmäßig melkt, gibt sie bis zu 4000 Liter Milch im Jahr.

Wie Sahne gemacht wird
Milch wird in eine Zentrifuge gefüllt. Durch sehr rasches Drehen wird der Rahm von der Milch getrennt.
Eine Anzeige gibt an, wie „fett" der Rahm ist.

Der Fettgehalt ist auf dem Becher angegeben.

Auf dem Bauernhof

Auf den meisten Bauernhöfen werden die Kühe mit Melkmaschinen gemolken: Die Milch wird abgesaugt und in Kühltanks geleitet.

Täglich wird die Milch von Milchkühlwagen abgeholt und zur Molkerei gefahren.

In der Molkerei
Die Milch wird auf ihre Reinheit untersucht. Dann wird die Milch kurz erhitzt und danach wieder abgekühlt.

Das nennt man pasteurisieren. Dabei werden alle schädlichen Bakterien zerstört, und die Milch bleibt länger frisch.

Die Milch wird maschinell in Tüten oder Flaschen abgefüllt, die dann verladen und in die Geschäfte gebracht werden.

Selbst gemachter Joghurt

Du brauchst:

- 750 ml Vollmilch
- 2 Teelöffel frischen naturbelassenen Joghurt
- 2 – 3 Esslöffel Magermilchpulver
- Klein geschnittene Früchte oder Nüsse

1. Verrühre ein wenig von der Milch mit dem Joghurt.

2. Rühre die restliche Milch und das Milchpulver hinein.

3. Stelle die Schüssel zugedeckt an einen warmen Ort.

4. Gib nach etwa 12 Stunden die Früchte oder Nüsse hinzu.

Lastwagen mit Milchprodukten

Eier

Wir essen im Allgemeinen Hühnereier. Auf dem Eierkarton steht, wie die Hühner gehalten wurden.

- Frei laufende Hühner können sich auf dem Bauernhof frei bewegen und ernähren sich von dem, was sie finden.
- Hühner in Bodenhaltung werden in beheizten Ställen mit Streu auf dem Boden gehalten. Der Bauer versorgt sie mit Spezialfutter.
- Hühner in Legebatterien werden in Käfigen gehalten und mit Spezialfutter gefüttert. Diese Art der Tierhaltung ist Tierquälerei.

So werden Eier verpackt

Täglich werden die Eier von großen Hühnerfarmen an Verpackungsfirmen geliefert. Dort werden die Eier gewogen und durchleuchtet, um sicherzugehen, dass sie nicht angebrütet sind. Dann werden sie in Schachteln verpackt.

Eier-Frischetest

Lege das Ei in eine Schüsel mit Wasser und verfolge, was geschieht.

An einem Ende des Eies befindet sich eine Luftblase. Je älter ein Ei ist, umso größer ist die Luftblase: Das Ei schwimmt oben.

Butter, Käse und Margarine

Butter und Käse sind sogenannte Milchprodukte. Auf diesen Seiten zeigen wir, wie sie hergestellt werden. Außerdem erfährst du, wann erstmals Margarine gemacht wurde.

Die „Erfindung" der Butter

Vor langer Zeit nahm ein Mann auf eine Reise Milch in einem Lederbeutel mit und hängte ihn um den Hals seines Kamels. Der Beutel schwang hin und her. Als der Mann die Milch trinken wollte, hatte sich ein Butterkloß gebildet.

Noch vor etwa 200 Jahren goss man den abgeschöpften Rahm in ein Fass mit einem Rührstock (das Butterfass). Um Butter herzustellen, wurde der Rührstock auf und ab bewegt.

Heute kann man maschinell in einer Stunde etwa 3 Tonnen Butter herstellen.

Käse

Es gibt Tausende verschiedener Käsesorten auf der Welt. Einige sind nach dem Ort benannt, wo sie erstmals zubereitet wurden, zum Beispiel der Edamer oder der Emmentaler Käse.

Wie Käse gemacht wird

Jeder Käse wird anders hergestellt. Hier zeigen wir das Verfahren an fünf verschiedenen Sorten. Um zu erfahren, wie beispielsweise Gouda hergestellt wird, folge dem Buchstaben B.

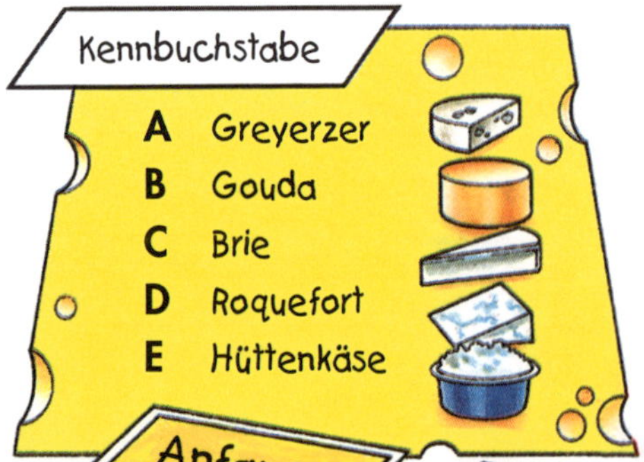

ABCD

1. Frische Milch wird pasteurisiert.

E

1. Magermilch wird pasteurisiert.

ABCDE

2. Die Milch wird in Käseformen gefüllt.

ABDE

3. Bakterien werden zugefügt. Sie lassen die Milch sauer werden.

ABCD

4. Die Milch wird erwärmt, Lab hinzugefügt, und die Milch gerinnt.

Margarine

Vor über 100 Jahren entwickelte Hippolyte Mèges Mouries die Margarine. Abgesehen von einem leicht perlenähnlichen Schimmer, sah sie aus wie Butter.

Heute wird Margarine überwiegend aus Pflanzenöl hergestellt, das mit Wasser oder Magermilch versetzt wird. Bestimmte Zutaten erzielen ein butterähnliches Aussehen.

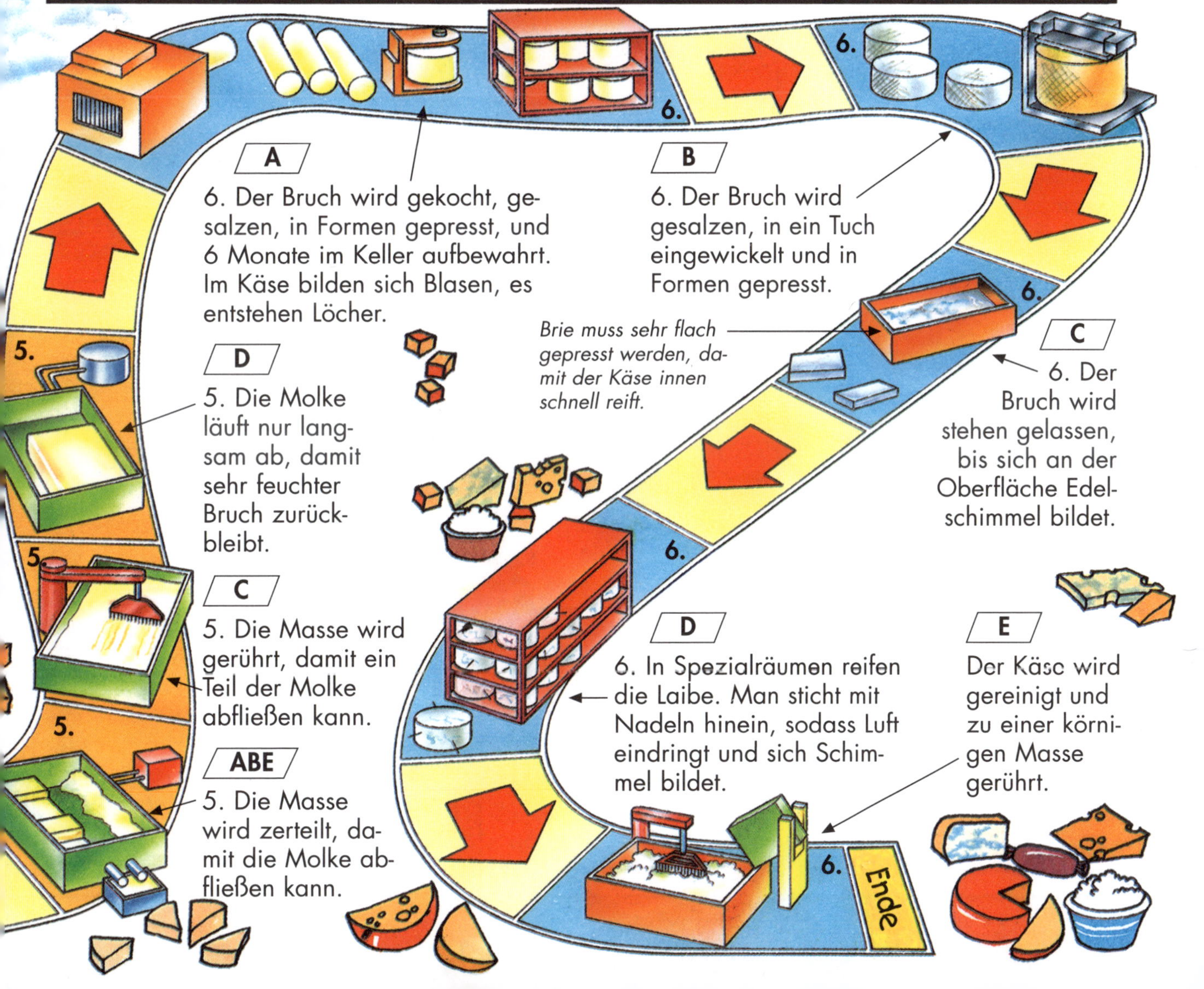

A

6. Der Bruch wird gekocht, gesalzen, in Formen gepresst, und 6 Monate im Keller aufbewahrt. Im Käse bilden sich Blasen, es entstehen Löcher.

B

6. Der Bruch wird gesalzen, in ein Tuch eingewickelt und in Formen gepresst.

Brie muss sehr flach gepresst werden, damit der Käse innen schnell reift.

C

6. Der Bruch wird stehen gelassen, bis sich an der Oberfläche Edelschimmel bildet.

D

5. Die Molke läuft nur langsam ab, damit sehr feuchter Bruch zurückbleibt.

C

5. Die Masse wird gerührt, damit ein Teil der Molke abfließen kann.

ABE

5. Die Masse wird zerteilt, damit die Molke abfließen kann.

D

6. In Spezialräumen reifen die Laibe. Man sticht mit Nadeln hinein, sodass Luft eindringt und sich Schimmel bildet.

E

Der Käse wird gereinigt und zu einer körnigen Masse gerührt.

Obst und Gemüse

Einige der hier gezeigten Früchte und Gemüse wachsen auch bei uns, aber viele stammen aus Gebieten mit einem anderen Klima. Essbar sind entweder die gesamte Pflanze oder Teile der Pflanze, wie etwa die Wurzel oder die Frucht.

Diese Gemüse sind Blätter von Pflanzen, die vor dem Blühen gepflückt werden.

Nüsse
Nüsse sind Früchte oder Samen bestimmter Bäume. Kokosnüsse sind die Früchte einer Palmenart.

Hülsenfrüchte
Bohnen, Erbsen und Linsen sind Hülsenfrüchte, die vor dem Kochen eingeweicht werden müssen.

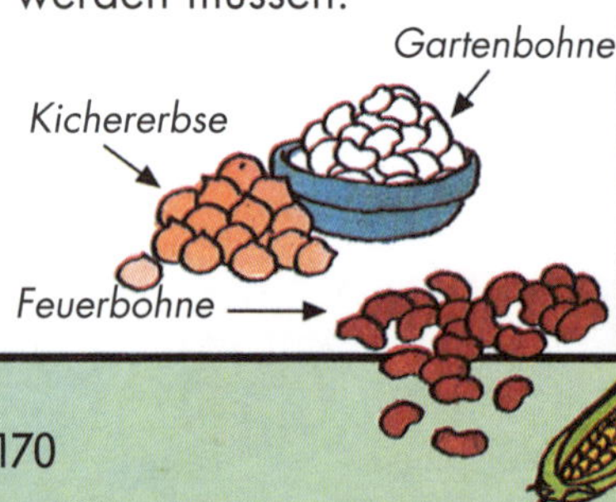

Bei Artischocken sind nur der Blütenboden und der untere Teil der Blütenblätter essbar.

Dies sind die Stiele der Pflanzen.

Dies sind die Zwiebeln der Pflanzen.

Diese Gemüse sind die Blüten der Pflanzen.

Dies sind die Wurzeln oder unter der Erde wachsende Knollen.

Diese Gemüse sind die Früchte der Pflanzen.

Aus Mais werden zum Beispiel Maismehl, Cornflakes und Popcorn hergestellt.

Wie Bananen zu uns kommen
Bananen wachsen in heißen Regionen, wie auf den Westindischen Inseln. In der Mitte des Stammes wächst eine große rote Blüte. Wenn sie verblüht ist, bildet sich eine Staude mit bis zu 100 Bananen.

Knusprige Chips

Dazu braucht man Kartoffeln.

Zunächst werden die Kartoffeln gewaschen und geschält.

Von einer Maschine klein geschnitten, werden sie in Öl gebacken. Dann lässt man sie abtropfen und würzt sie.

Mit einer Maschine werden sie in Tüten abgefüllt.

Die Bananen werden gepflückt, wenn sie noch grün sind.

Auf Frachtschiffen werden sie kühl gelagert, damit sie nicht zu schnell reifen.

Die Stauden werden entladen und in warm-feuchten Lagerhäusern gelagert. Wenn sie fast reif sind, werden sie in Bündel zerlegt.

Dann werden sie zu Märkten und Läden im ganzen Land befördert.

Fisch

Fischtrawler fahren auf See hinaus und fangen die Fische mit großen Schleppnetzen. Die Fische werden sofort ausgenommen und in Kisten mit großen Mengen gehacktem Eis zu den Fischhallen gebracht. Große Trawler sind „Fischfabriken". Dort werden die Fische verkaufsfertig verarbeitet und verpackt.

Fischfang

Hochsee-Fischtrawler fischen im offenen küstenfernen Meer und ziehen ein Schleppnetz über den Meeresboden.
Fische, die näher an der Wasseroberfläche leben, werden mit offenen Sacknetzen gefangen. Ist das Netz voll, wird es an den Tauen, die am oberen Rand des Netzes befestigt sind, an Bord gehievt.

Ein Lachs-Leben

Wenn der Lachs etwa 2 Jahre alt ist, schwimmt er flussabwärts ins Meer. Zum Laichen kehrt der Lachs in seinen Geburtsfluss zurück. Er springt über Hindernisse hinweg flussaufwärts. Der Lachs erkennt seinen Geburtsfluss am Geruch.

Der Lachs überwindet auf seinem Weg viele Hindernisse.

Die meisten Lachse bleiben dann für immer an ihrem Geburtsort, nur sehr wenige verlassen ihn erneut.

Verschiedene Fischarten

Über 25 000 verschiedene Fischarten bevölkern die Meere, Flüsse, Seen und Teiche der Erde. Man unterteilt sie in drei Hauptgruppen: Süßwasserfische, Meerwasserfische und Krusten- oder Schalentiere.

Makrelen und Heringe sind Hochseebewohner.

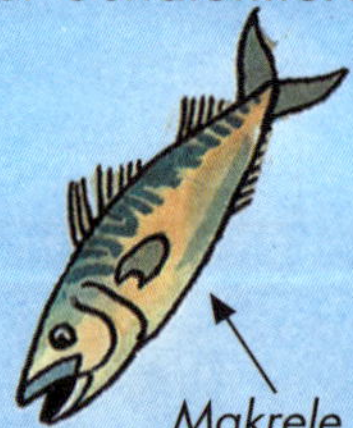

Sie haben entweder flache oder runde Körperformen.

Süßwasserfische wie Forelle, Felchen und Wels leben in Seen und Flüssen.

Krusten- oder Schalentiere wie Krabben, Garnelen oder Muscheln leben meist am Meeresboden.

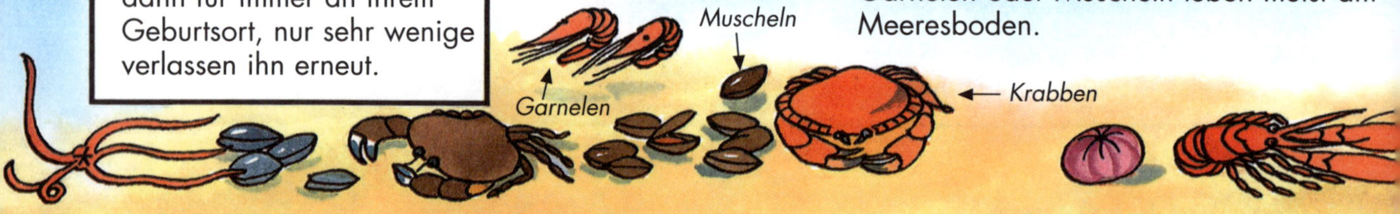

Wie Fisch konserviert werden kann

Wenn Fisch nicht bald nach dem Fang verzehrt wird, muss er verarbeitet werden. Von verdorbenem Fisch kann man eine Fischvergiftung bekommen.

Trocknen
Schon vor Jahrhunderten ließ man Fische an der Luft trocknen.

Räuchern
Der Fisch wird über ein Feuer gehängt. Geräucherter Fisch hält länger.

Tiefgefrieren
Tiefgefroren hält sich Fisch bis zu drei Monaten im Gefrierschrank.

Salzen
Bereits die Ägypter salzten Fisch, um ihn zu konservieren.

Einlegen
Der Fisch wird in Essig und Salz eingelegt, um ihn haltbar zu machen.

So werden Fischstäbchen hergestellt

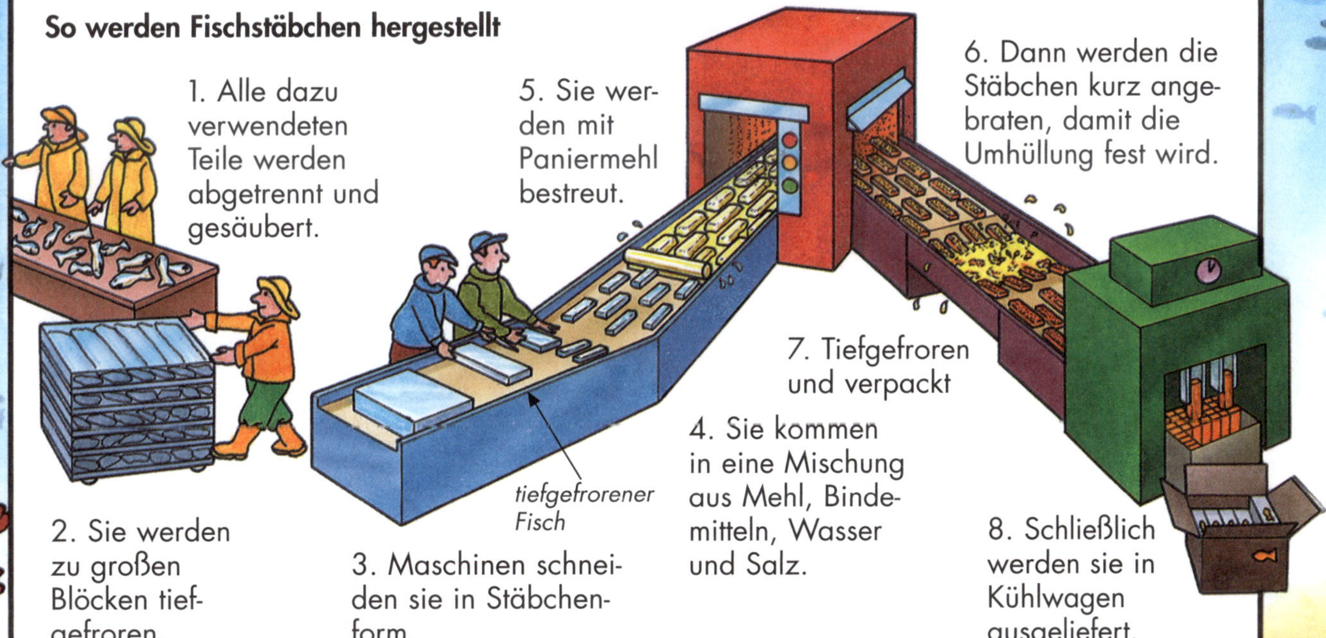

1. Alle dazu verwendeten Teile werden abgetrennt und gesäubert.
2. Sie werden zu großen Blöcken tiefgefroren.
3. Maschinen schneiden sie in Stäbchenform.
4. Sie kommen in eine Mischung aus Mehl, Bindemitteln, Wasser und Salz.
5. Sie werden mit Paniermehl bestreut.
6. Dann werden die Stäbchen kurz angebraten, damit die Umhüllung fest wird.
7. Tiefgefroren und verpackt
8. Schließlich werden sie in Kühlwagen ausgeliefert.

Fleisch

Schon immer haben Menschen Fleisch verzehrt. Man brachte den Großteil des Tages mit der Jagd auf Tiere zu, und auch heute noch gibt es Eingeborenenstämme, die auf Jagd gehen. Das Fleisch, das wir essen, stammt meist von Zuchttieren.

Verschiedene Fleischarten
Man unterscheidet zwischen dunklem und hellem Fleisch. Rind- und Lammfleisch sind dunkles Fleisch; helles Fleisch kommt von Kalb und Schwein, noch helleres von Geflügel.

Rinder werden geschlachtet, wenn sie zwischen einem und zwei Jahren alt sind.

Schweine werden geschlachtet, wenn sie ca. 100 kg wiegen.

Lämmer werden meist geschlachtet, wenn sie etwa ein Jahr alt sind.

Fleisch – vom Bauernhof bis auf den Teller
Hier kannst du die einzelnen Stationen verfolgen – von der Aufzucht bis zum Verzehr.

Bauer
Kühe und Schafe fressen vor allem Gras. Im Winter werden sie zusätzlich mit Heu und Spezialfutter gefüttert. Schweine sind „Allesfresser", aber auch sie bekommen zusätzlich ein Spezialfutter.

Viehmarkt
Der Bauer bringt lebendes Vieh zum Viehmarkt. Rinder werden einzeln verkauft, Schweine und Schafe werden gewogen und zu mehreren angeboten.

Schlachthaus
Die Tiere werden geschlachtet und bis zum Verkauf im Schlachthaus gelagert. Der kleinere Teil wird direkt an Metzger, der andere an Fleischgroßmärkte verkauft.

Das Garen von Fleisch
Vor dem Verzehr muss Fleisch gekocht, gebraten oder geschmort werden, damit es weich und zart wird.

Auf dem Grillrost kann man ein großes Stück Fleisch im Backofen braten.

Beim Grillen im Haus verwendet man meist kleine, zarte Fleischstücke wie etwa Schnitzel.

Fleischscheiben brät man in einer flachen Bratpfanne mit Fett.

Beim Garen im Wok (chinesischer Topf) werden Fleisch- und Gemüsestreifen gebraten.

Beim Grillen im Freien werden aufgespießte Fleischstücke über einem offenen Feuer gegrillt.

Durch Kochen wird vor allem nicht sehr zartes Fleisch weich. Es wird klein geschnitten und so lange mit Flüssigkeit im Topf gegart, bis es durch ist.

Beim Schmoren wird Fleisch kurz angebraten, ehe man Flüssigkeit zugibt. Dann kommt der geschlossene Topf in den Backofen.

Fleischgroßmärkte
Sie kaufen das Fleisch in großen Mengen zu günstigen Preisen ein und verkaufen es dann an die Metzger weiter. Oft kaufen die Metzger ganze Tiere.

Metzger
Die Metzger zerlegen das Fleisch, um es in kleineren Stücken zu verkaufen, und stellen außerdem aus dem Fleisch verschiedene Wurstwaren aller Art her.

Vegetarier
Einige Menschen essen kein Fleisch und keinen Fisch. Die einen lehnen es ab, dass Tiere geschlachtet werden, andere empören sich über die quälerische Massentierhaltung, und manche haben religiöse Gründe: Hindus essen kein Rindfleisch, Juden kein Schweinefleisch.

Vegetarier essen Gemüse und Getreideprodukte.

Zucker und Schokolade

Sowohl Zucker als auch Kakao gewinnt man aus bestimmten Pflanzen. Auf diesen Seiten erfährst du, wie die Pflanzen verarbeitet werden.

Zucker

Zucker wird aus Zuckerrohr oder Zuckerrüben gewonnen. Hier kannst du verfolgen, wie daraus brauner Zucker entsteht.

Zuckerrohr

1. Die Zuckerrohre werden geschnitten und zur Zuckermühle gefahren.

2. Sie werden zerfasert und mit Walzenpressen zermahlen, sodass der Saft ausfließt.

3. Der Saft wird mit Kalk gekocht. Schließlich erhält man Sirup und kleine Zuckerkristalle.

Zuckerrübe

Zuckerrüben gedeihen auch in kälteren Regionen.

1. Sind die Blätter entfernt, werden die Zuckerrüben zur Fabrik gefahren.

2. Dort werden sie gewaschen, geschnitten und in Wasser gegeben.

3. Der Zucker tritt aus, vermischt sich mit Wasser und wird gekocht. Dann verfährt man wie beim Zuckerrohr.

4. Eine Zentrifuge trennt die braunen Kristalle vom Sirup.

5. Zuckerkristalle werden in andere Länder verschifft und dort zu Zucker verarbeitet.

So entsteht weißer Zucker

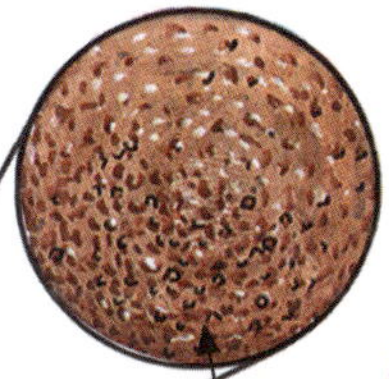

In einer Raffinerie werden braune Zuckerkristalle in weiße verwandelt.

1. Die Kristalle werden in einen Tiegel gefüllt und mit getrockneter Melasse (Sirup) bedeckt.

2. Die Melasse wird in warmem Sirup geschmolzen und in einer Zentrifuge von den Kristallen getrennt.

3. Die Kristalle werden in Wasser gewaschen. So entfernt man alle braunen Teile und der Zucker wird weiß.

4. Der restliche Sirup wird in einem geschlossenen Behälter gekocht und kristallisiert. Wieder entsteht Zucker. Er wird getrocknet.

5. Der Zucker wird in Tüten gefüllt.

Schokolade

Schokolade wird aus Früchten des Kakaobaums gewonnen.

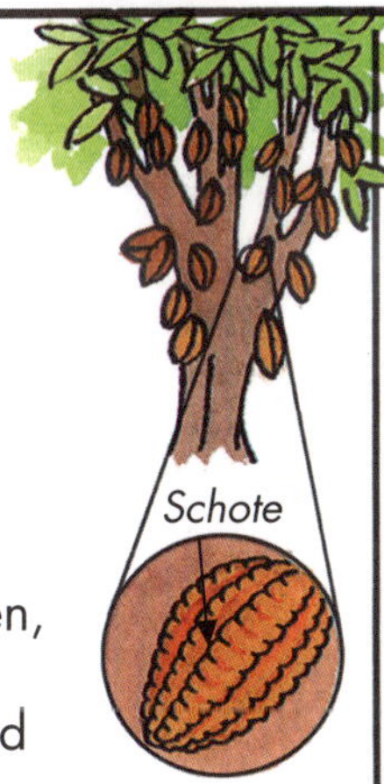

Kakaobohnen wachsen in großen Schoten, die gepflückt werden, sobald sie reif sind.

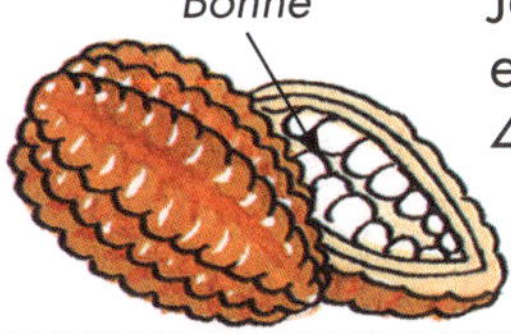

Jede Schote enthält etwa 40 Bohnen.

Die Bohnen werden zur Gärung etwa 6 Tage lang unter feuchten Bananenblättern gelagert.

Danach werden sie an der Sonne getrocknet, in Säcke gefüllt und verschifft.

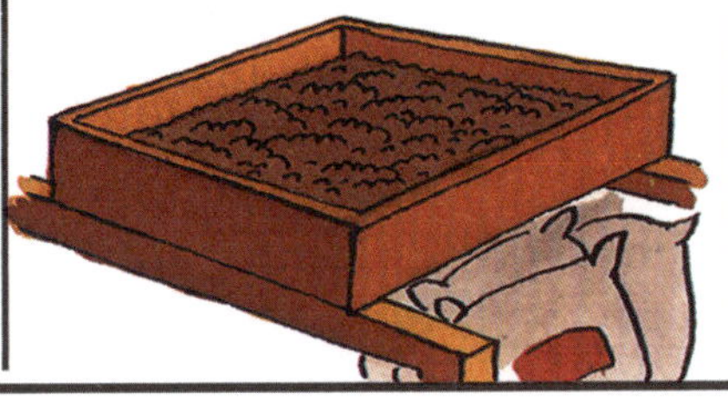

Dort werden die Bohnen gewaschen und geröstet. Das Innere wird herausgenommen und bildet die Kakaomasse.

Die Kakaobutter wird mit einer Walze herausgepresst.

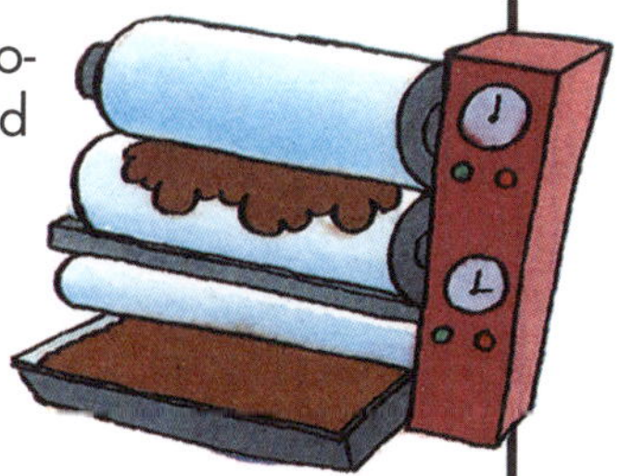

Kakaopulver, Kakaobutter und Zucker werden zu Schokolade verarbeitet und in Formen gegossen.

Müsli und Cornflakes

Viele essen zum Frühstück Müsli oder Cornflakes. Sie werden aus verschiedenen Getreidesorten hergestellt, wie Hafer, Weizen oder Mais. Hier siehst du, wie Cornflakes gemacht werden.

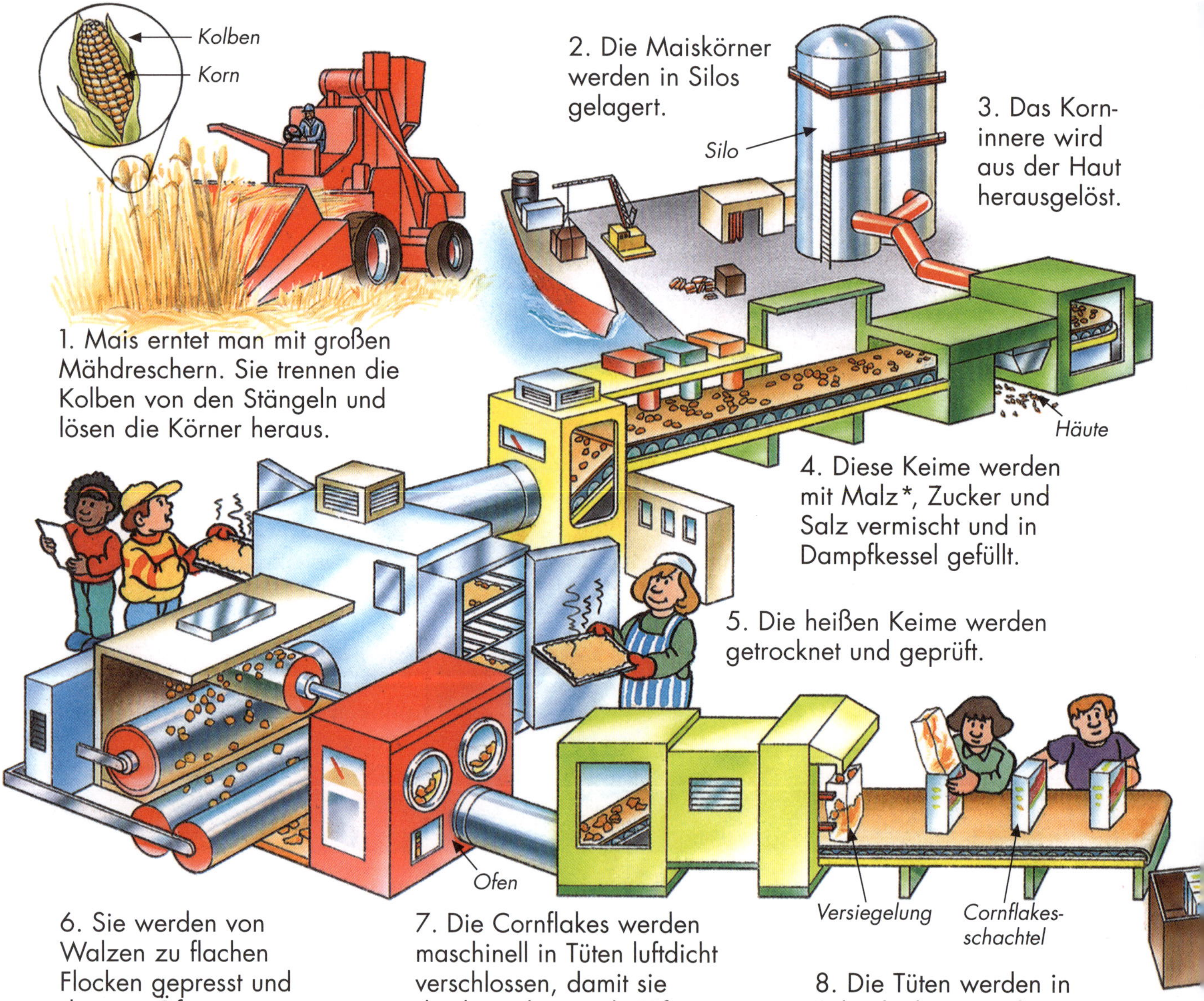

1. Mais erntet man mit großen Mähdreschern. Sie trennen die Kolben von den Stängeln und lösen die Körner heraus.

2. Die Maiskörner werden in Silos gelagert.

3. Das Korninnere wird aus der Haut herausgelöst.

4. Diese Keime werden mit Malz*, Zucker und Salz vermischt und in Dampfkessel gefüllt.

5. Die heißen Keime werden getrocknet und geprüft.

6. Sie werden von Walzen zu flachen Flocken gepresst und dann in Öfen geröstet.

7. Die Cornflakes werden maschinell in Tüten luftdicht verschlossen, damit sie durch eindringende Luft nicht weich werden.

8. Die Tüten werden in Schachteln verpackt. Diese werden an Geschäfte geliefert.

* Malz gewinnt man aus gekeimtem und geröstetem Getreide, meist Gerste.

Nudeln

Nudeln werden aus Grieß hergestellt. Grieß wiederum gewinnt man vor allem aus Weizen, der grob gemahlen und gesiebt wird. Hier kannst du sehen, wie Spaghetti gemacht werden.

1. Grieß und Wasser werden in eine Mischmaschine gefüllt.

2. Dann wird die Masse durch kleine Löcher gepresst, sodass lange, nasse Spaghettistränge entstehen.

3. Die Spaghetti lässt man nun zum Trocknen hängen.

4. Sind die Spaghetti trocken und hart, werden sie geschnitten und verpackt.

Andere Nudelsorten
Mit der Presse lassen sich Nudeln in allen Größen und Formen herstellen.

Hörnchennudeln
Die Presse wird mit einer Schablone ausgerüstet, die größere Löcher hat. In der Mitte befindet sich jeweils eine Spitze, sodass die Hörnchennudeln innen hohl werden.

Spaghetti in der Dose
Ein Teil der Spaghetti geht an Fabriken. Dort werden sie gekocht, zerkleinert und mit Tomatensoße in Dosen gefüllt.

Reis

90 Prozent des gesamten Reisanbaus erfolgt in China und Südasien, wo Reis zugleich Hauptnahrungsmittel ist. Der Rest stammt aus den USA. In China und Südasien wird der Reis noch immer von Hand gesetzt und verarbeitet, in den USA nimmt man dazu Maschinen.

1. Säcke mit ungeschälten Reiskörnern werden zum Keimen in Wasser gestellt.

2. Der Reis wird auf bewässerte Flächen ausgesät und wächst einen Monat.

3. Ein weiterer Acker wird bewässert. Mit Ochsen werden Furchen gezogen.

4. Die kleinen Pflanzen werden in die Furchen gesetzt.

5. Wenn die Pflanzen größer sind, wird das Reisfeld mit Wasserrädern nachgewässert.

6. Die Pflanzen werden gespritzt, um Insekten fernzuhalten.

7. Die Felder werden entwässert. Die Reisarbeiter schneiden die Reispflanzen mit Sicheln ab.

8. Der Reis wird gebündelt und zum Trocknen aufgestellt.

9. Der Reis wird von Hand gedroschen, um die Körner herauszulösen.

10. Die Körner werden gründlich gesiebt und gereinigt. Dann wird der Reis in Säcke gefüllt.

Der erste Reis in Amerika
1694 war ein Schiff aus Madagaskar mit Reis und Gewürzen an Bord auf dem Weg nach Amerika. Sturm kam auf und das Schiff musste im Hafen der Stadt Charleston Schutz suchen. Der Kapitän schenkte den Leuten zum Dank ein paar Säcke Reis. Sie säten und pflanzten den Reis an, und bald wurde in ganz Südkarolina Reis angebaut.

Verschiedene Sorten Reis
Es gibt drei Hauptsorten Reis:

- Ungeschälter Reis – schmeckt gut zu sehr würzigen Gerichten.
- Geschälter Reis – eignet sich für stark gewürzte und süße Gerichte.
- Polierter Reis – eignet sich gut für Milchreis.

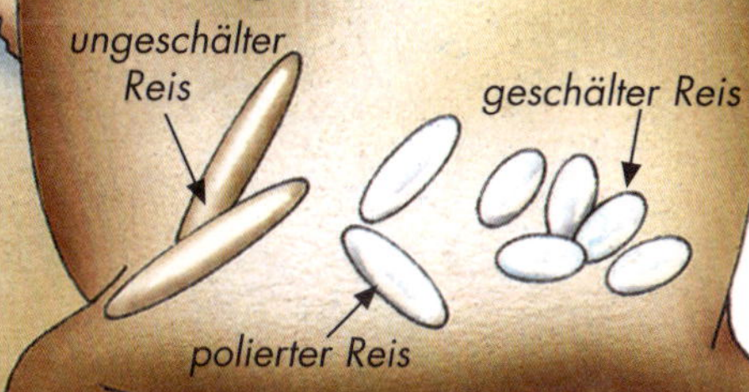

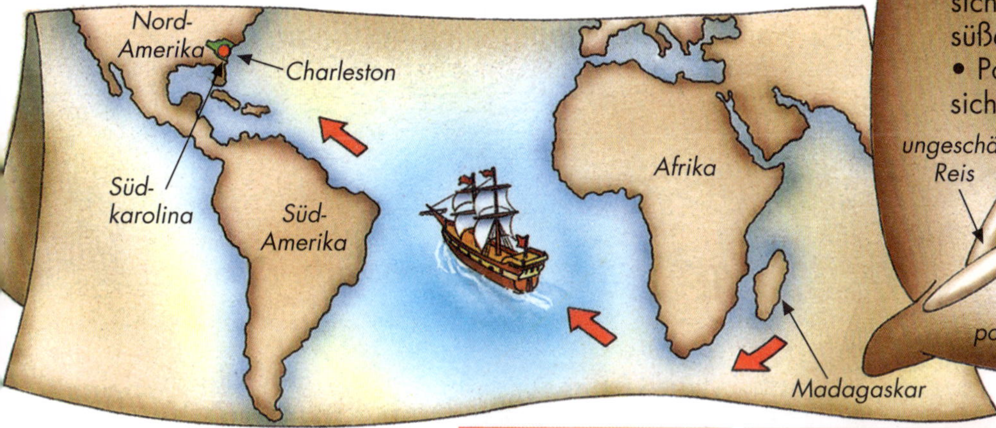

Reisauflauf
Dies ist ein Rezept für einen leckeren Reisauflauf. Du brauchst:

1. Stelle den Gasherd auf Stufe 1–2.*
2. Erhitze Reis und Milch in einem Topf.
3. Lass das Ganze 10 Minuten köcheln.

4. Masse abkühlen lassen, Eier schaumig schlagen.
5. Zutaten verrühren und in eine gefettete Form geben.
6. Mit Semmelmehl bestreuen. ½ Stunde backen.

*Elektroherd: 150 °C

Getränke

Hier kannst du verfolgen, wie Getränke mit Kohlensäure hergestellt werden. Außerdem erfährst du, wo Kaffee und Tee angebaut werden.

Getränke mit Kohlensäure

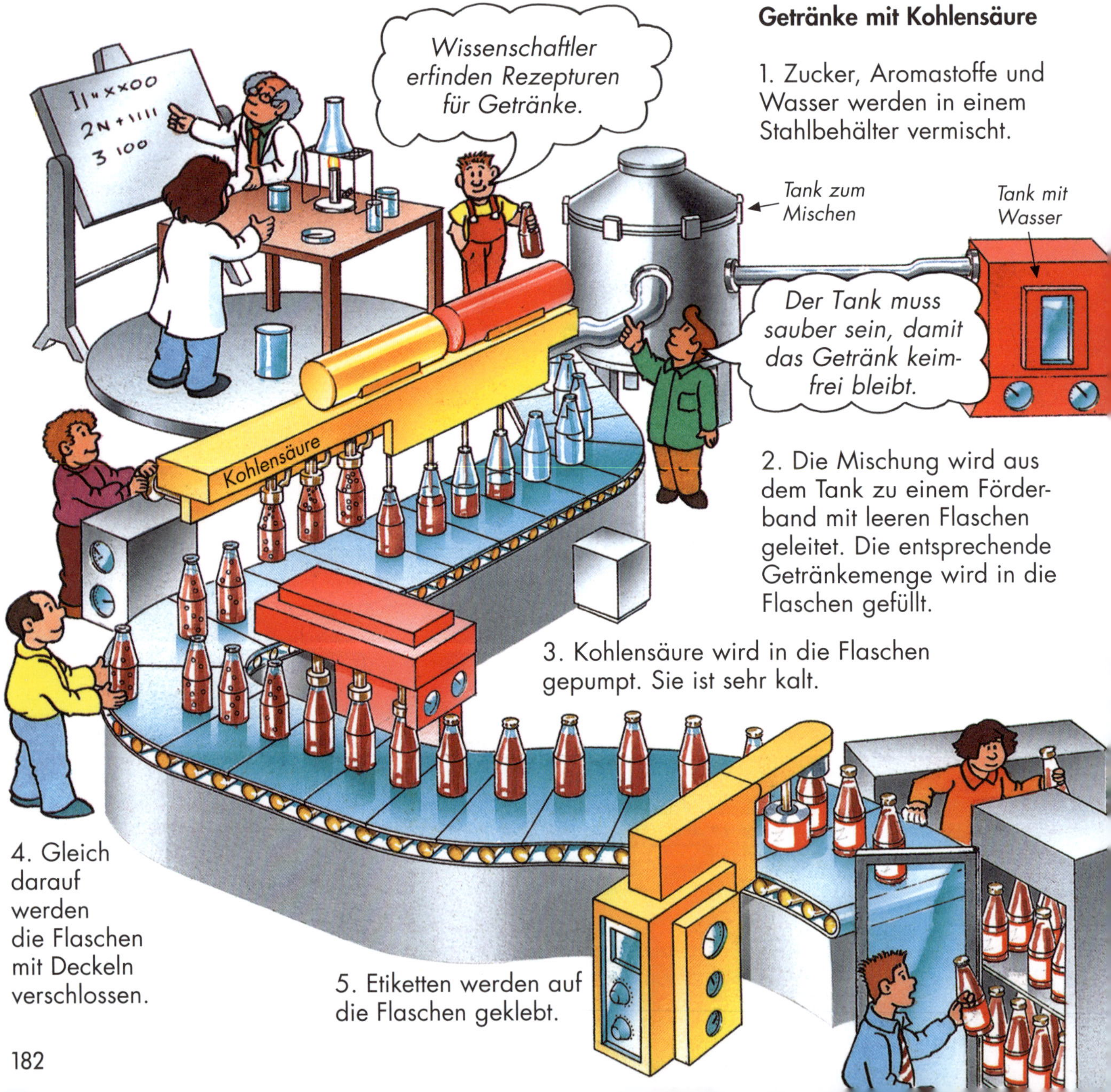

1. Zucker, Aromastoffe und Wasser werden in einem Stahlbehälter vermischt.

2. Die Mischung wird aus dem Tank zu einem Förderband mit leeren Flaschen geleitet. Die entsprechende Getränkemenge wird in die Flaschen gefüllt.

3. Kohlensäure wird in die Flaschen gepumpt. Sie ist sehr kalt.

4. Gleich darauf werden die Flaschen mit Deckeln verschlossen.

5. Etiketten werden auf die Flaschen geklebt.

Kaffee

Die Früchte des Kaffeebaums sind zunächst dunkelgrün. Dann färben sie sich gelb. Bei dunkelroter Färbung sind sie reif. Man nennt sie Kaffee-kirschen.

Kaffeekirschen werden am Baum gelassen, bis sie von allein herunterfallen. Sie werden gesammelt und durch Sieben von Blättern und Zweigen gesäubert.

Die Kaffeekirschen werden gewaschen und getrocknet. In einer Schälmaschine werden sie von der Haut befreit, und das sind dann die eigentlichen Kaffeebohnen.

Die Kaffeebohnen werden verschifft. Dann werden die Bohnen geröstet. Sie werden ungemahlen oder gemahlen verkauft oder zu Kaffeepulver verarbeitet.

Wo wird Kaffee angebaut?
Der Kaffeebaum braucht sehr warmes Klima. Es darf weder zu heiß noch zu kalt sein.

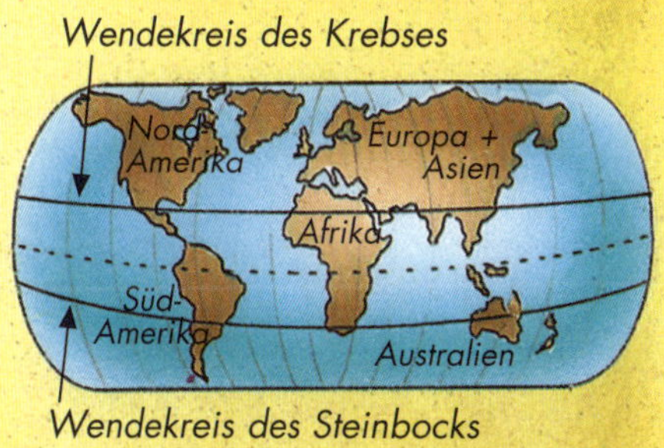

In den Tropen wird wegen des Klimas der meiste Kaffee angebaut.

Tee
Tee wächst an Sträuchern. Hauptanbaugebiete sind China und Indien. Früher wurde Tee mit besonders schnellen Segelschiffen, sogenannten Klippern, in die verschiedenen Länder befördert.

Wissenswertes und Rekorde

Brot
Die größte Brezel, die je gebacken wurde, ist etwa 10 m lang, 6 m breit und 508 kg schwer.

Lösung zu Seite 165: Pitta, Chapaty und Naan. Es sind Fladenbrote.

Milch, Käse und Butter
Der Rekord im Kuhmelken mit der Hand liegt bei 455 l Milch in 12 Stunden.

Die fünf größten Butterproduzenten sind:

Indien	1 166 000 Tonnen / Jahr
Russland	660 000 Tonnen / Jahr
USA	617 000 Tonnen / Jahr
Deutschland	455 000 Tonnen / Jahr
Frankreich	437 000 Tonnen / Jahr

Der schwerste Emmentaler wiegt 602 kg und wurde aus rund 7000 l Milch hergestellt.

Obst und Gemüse
Aus 1 g getrocknetem Chili-Pfeffer kann man rund 30 kg scharf gewürzte Soße herstellen.
Die älteste Methode, Nahrungsmittel haltbar zu machen, ist das Trocknen. Man hat getrocknete Früchte in den Gräbern der Pharaonen (Könige im alten Ägypten) gefunden.
In Belgien wurde im Jahr 2008 ein Riesenkürbis mit einem Gewicht von über 610 Kilogramm gezüchtet.

Fisch
Jährlich werden über 100 Millionen Tonnen Fisch gefangen. Den Rekord mit etwa 12 Millionen Tonnen hält Japan.
Von der größten Paella – ein spanisches Gericht aus Fisch und Reis – wurden 100 000 Menschen satt.

Fleisch
Auf dem längsten Hähnchenspieß (157 m) brieten 1500 Brathähnchen.
Vor über 50 Jahren stellte ein Mann namens Boyer zum ersten Mal „Fleischersatz" aus Sojabohnen her. Dieses Erzeugnis sieht ähnlich wie Fleisch aus und schmeckt auch ähnlich.

Zucker und Schokolade
Weltweit werden jährlich über 100 Millionen Tonnen Zucker verbraucht.
Das größte Schokoladengebäude ist 10 m hoch, 5 m breit und hat 70 cm dicke Wände. Es stellt das Olympiacenter in Barcelona für die Olympischen Spiele 1992 dar.

Müsli und Cornflakes
Der Schweizer Arzt Maximilian Bircher-Benner stellte um 1900 zum ersten Mal Müsli zusammen.
Auch Cornflakes gab es bereits im letzten Jahrhundert. Sie wurden von einem Mann namens Kellog hergestellt.

Getränke
Den höchsten Verbrauch an Kaffee hat Finnland: rund 13 kg pro Person in einem Jahr. Die Japaner trinken am wenigsten Kaffee, nämlich nur etwa 1,6 kg pro Person jährlich.
England führt zehnmal so viel Tee ein wie die Bundesrepublik; dort trinkt ein Erwachsener pro Tag fünf Tassen Tee.

Alltägliche Gegenstände

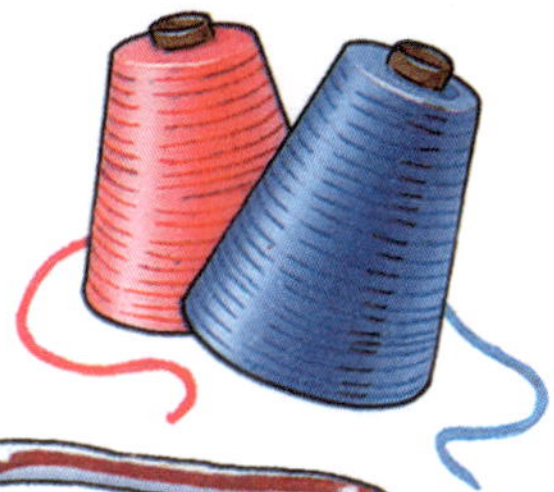

Für viele stecken hinter all den Dingen
des täglichen Lebens viele Rätsel.
Wie stellt man Glas, Leder, Papier oder Seife her?
Wer sich für Dinge, die man täglich braucht,
interessiert, findet hier Antworten
auf seine Fragen.

Ein kurzer Überblick

Viele in der Natur vorkommende Stoffe verwendet man, um Gebrauchsgegenstände anzufertigen. Man kann sich zum Beispiel Pflanzen, Gestein, Öl und Gas zunutze machen. Heute werden Gebrauchsgegenstände meist in Fabriken hergestellt.

Aus Bäumen werden unter anderem so nützliche Dinge wie Papier und Bleistifte hergestellt.

Aus Erdöl, das zum Teil unter den Meeren lagert, erzeugt man zum Beispiel Kunststoff.

Tierhäute dienen zur Herstellung von Leder; Schafe liefern die Wolle für Pullover.

Ton wird aus bestimmten Erdschichten abgebaut und zu Tellern und Krügen verarbeitet.

Sand braucht man zur Glasherstellung.

Metalle kommen ebenfalls in der Natur vor und werden weiterverarbeitet.

Öle und auch Baumwolle gewinnt man aus bestimmten Pflanzen.

Färbemittel

Färbemittel geben Gegenständen eine andere Farbe.

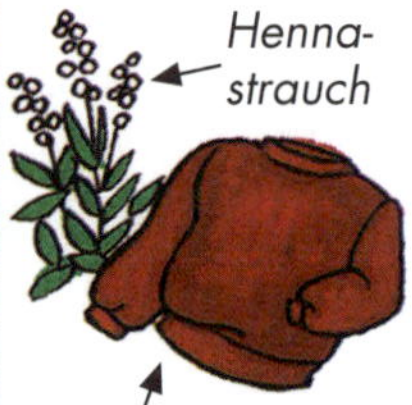

Färbemittel aus Pflanzen gab es bereits vor über 5000 Jahren.

Heute stellt man Färbemittel chemisch her.

Chemische Stoffe
Die gesamte Natur besteht aus chemischen Stoffen – Land, Wasser, Luft, Häuser, Gestein, Öl und auch unser Körper.

Aus Erdöl, Gestein und Pflanzen werden für die Anfertigung von Gegenständen bestimmte chemische Stoffe gelöst.

Arzneimittel, Kunststoffe, Farbe und Klebstoff werden chemisch gefertigt.

Dämpfe von einer Chemiefabrik

Diese chemischen Stoffe werden in Fabriken hergestellt. Die dabei frei werdenden Dämpfe sind gesundheitsschädlich.

Wenn die Energie ausgeht ...
Maschinen und Autos werden mit Energie angetrieben. Sie wird aus Erdgas, Erdöl und Kohle gewonnen.

Wie sähe unser Leben aus, wenn es kein Benzin gäbe?

Könnten wir uns sämtliche Energie aus Wasser, Wind und Sonne zunutze machen, so hätten wir weitaus mehr Energie, als wir benötigen.

Windturbinen verwandeln Wind in Strom.

Die Wissenschaft geht davon aus, dass in etwa 100 Jahren das Ölvorkommen erschöpft ist.

Wiederverwertung
Dosen, Flaschen und Papier können gesammelt und wiederverwertet werden. Man nennt dies auch Recycling. Dadurch sparen wir Energie und Chemikalien und schützen unsere Umwelt.

Glas wird in einem Glascontainer gesammelt.

Schuhe aus Leder

Schuhe können aus den verschiedensten Materialien hergestellt werden, wie etwa Leder, Kunststoff oder Stoff. Leder eignet sich jedoch am besten, weil man darin nicht so schwitzt. Leder fertigt man aus der Haut von Tieren, zum Beispiel von Rind, Kalb, Ziege oder Schaf. In Lederfabriken werden die Tierhäute behandelt und haltbar gemacht.

So wird Leder gemacht

1. Die Tierhaut wird in einem sich drehenden Fass in Wasser geweicht und mit verschiedenen Chemikalien behandelt: So lassen sich die Haare leicht abschaben.

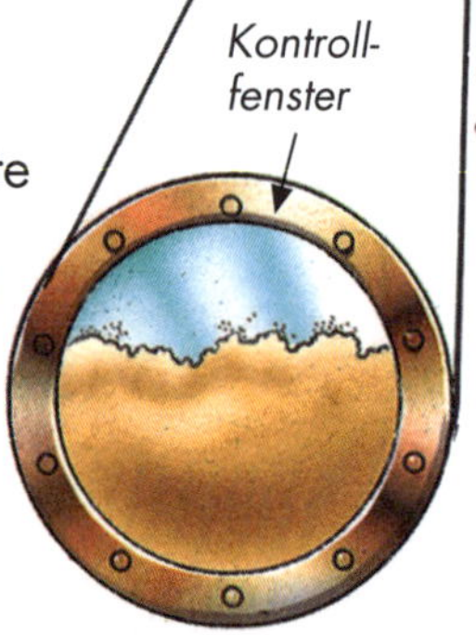

2. Die Häute werden in Säuren und Beizen gelegt.

3. Die Häute bleiben mehrere Tage in den rotierenden Gerbfässern mit Chromsulfat. Die Häute haben dann eine bläulich grünliche Färbung.

4. Das Leder wird mit Färbemitteln und Fetten behandelt. Die Fette machen das Leder weich.

5. Das Leder wird an Glas aufgeklebt und kommt zum Trocknen in einen geheizten Tunnel.

6. Das Leder wird eingesprüht und poliert. Man kann es zusätzlich verzieren. Danach wird es zu Schuhen verarbeitet.

Schuhherstellung
Schuhe werden über Leisten gefertigt. Auf der Zeichnung kannst du die einzelnen Teile eines Schuhs erkennen.

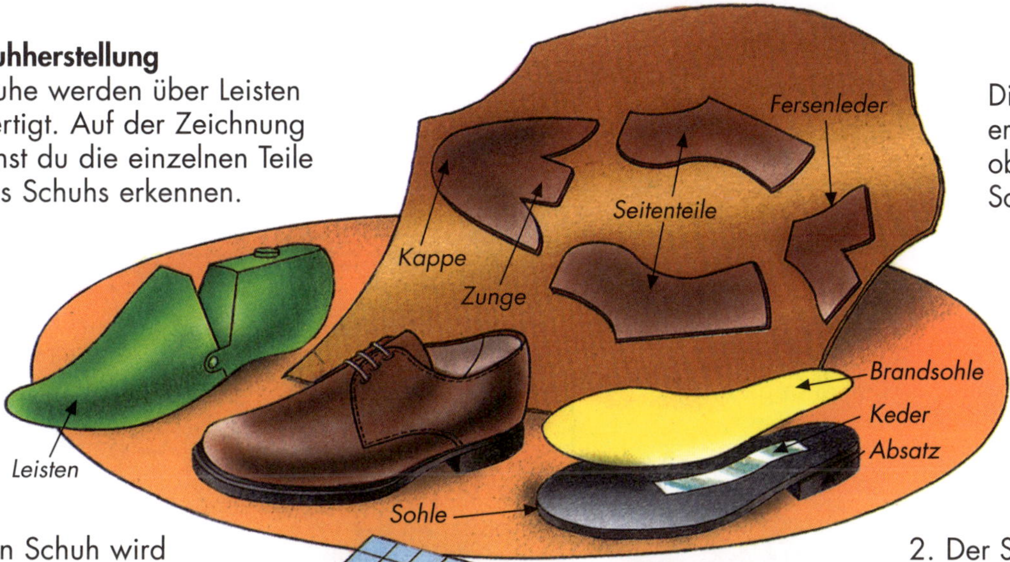

Diese vier Teile ergeben den oberen Teil, den Schaft.

Diese vier Teile ergeben den unteren Teil, die Sohle.

1. Ein Schuh wird entworfen. Dann fertigt man ein Muster für die einzelnen Teile.

2. Der Schaft wird auf Leder aufgezeichnet und anschließend mit einer Maschine ausgeschnitten.

3. Die einzelnen Schaftteile werden zusammengenäht.

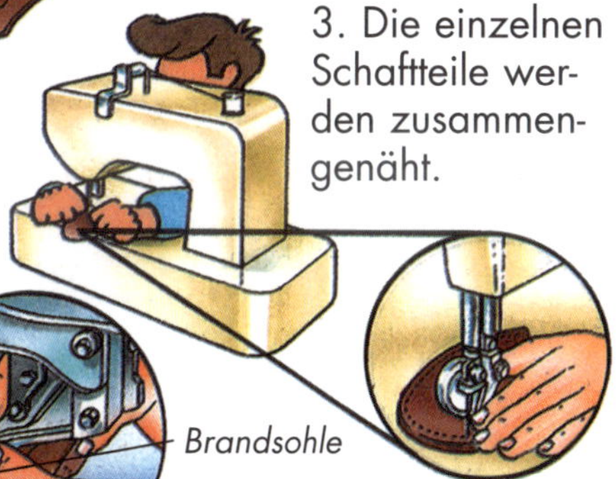

4. Man nagelt die Brandsohle auf den Leisten, zieht das Oberleder darüber und klebt dessen Enden auf die Brandsohle. Darauf wird ein Keder befestigt zur Verstärkung der Sohle.

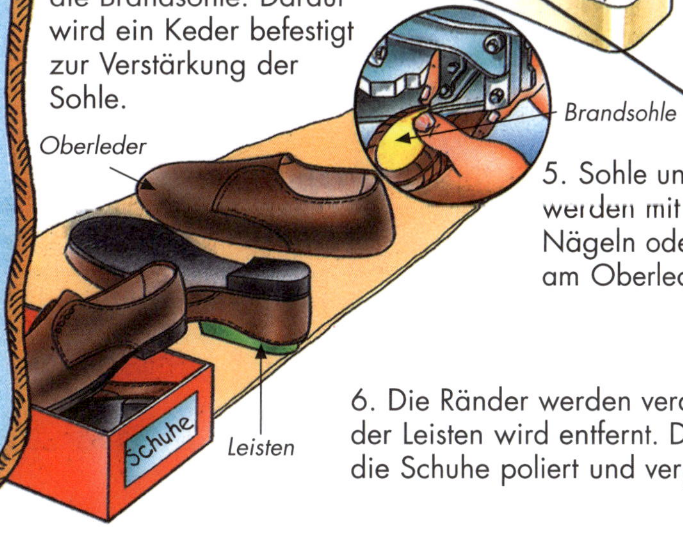

5. Sohle und Absatz werden mit Garn, Nägeln oder Klebstoff am Oberleder befestigt.

6. Die Ränder werden verarbeitet, der Leisten wird entfernt. Dann werden die Schuhe poliert und verpackt.

Gummistiefel
Das Oberteil wird aus Gummi oder Kunststoff hergestellt. Es gibt keine Nähte, durch die Wasser dringen kann.

Echtes Gummi wird aus Kautschuk gewonnen; heute stellt man synthetisches Gummi her.

Tonwaren

Ton kann auf sehr verschiedene Art geformt werden. Damit Ton härtet und wasserdicht wird, muss er in einem Brennofen bei hohen Temperaturen gebrannt werden. Hier siehst du, wie Krüge maschinell hergestellt werden.

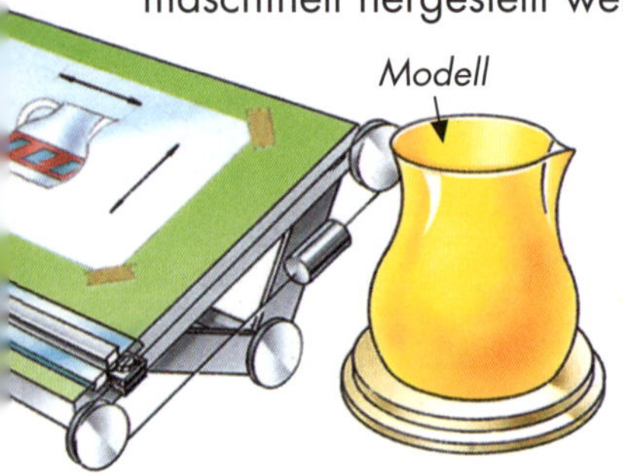

1. Ein Krug wird entworfen; davon wird ein Modell ohne Henkel angefertigt.

2. Das Modell wird in Gips eingegossen. Sobald der Gips hart ist, schneidet man ihn in der Mitte durch und nimmt das Modell heraus. So erhält man die Form des Kruges.

Die Tonmühle
Ton wird aus Erde gewonnen.
In einer Tonmühle wird die Luft aus dem Ton herausgedrückt, denn Ton zerplatzt im Brennofen, wenn er Luftblasen enthält.

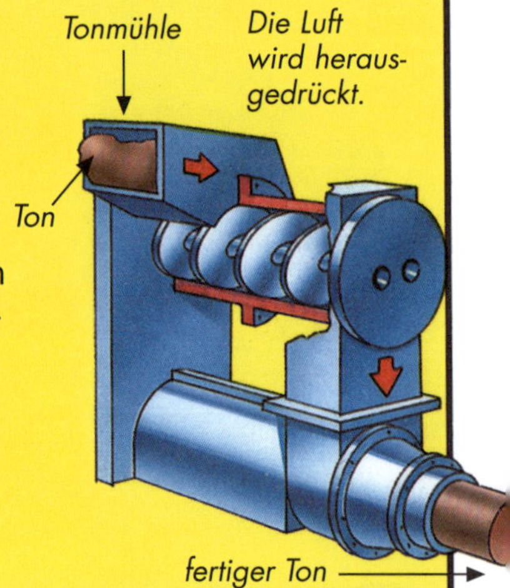

3. Flüssiger Ton wird in die Form gegossen. Ein Teil der Feuchtigkeit wird vom Gips aufgesogen. So bleibt eine Schicht Ton an den Innenwänden haften. Der Rest des Tons wird ausgeschüttet.

4. Man öffnet die Formen, nimmt die Krüge heraus, formt aus feuchtem Ton Henkel, befestigt sie und trocknet die Krüge.

5. Die Krüge werden im Brennofen gebrannt: Sie werden fest.

6. Die Krüge werden mit Glasur besprüht und erneut gebrannt.

7. Die Krüge werden mit Spezialfarbe bemalt und nochmals gebrannt: Die Verzierungen werden wasserfest.

So kannst du töpfern

Die Töpferscheibe

Wenn du selbst töpfern willst, kannst du eine sich drehende Töpferscheibe verwenden und mit den Händen verschiedene Formen fertigen.

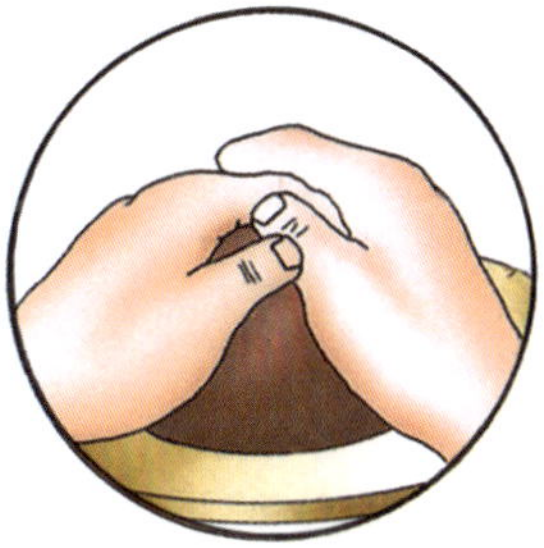

Auf die Töpferscheibe kommt ein Klumpen Ton.

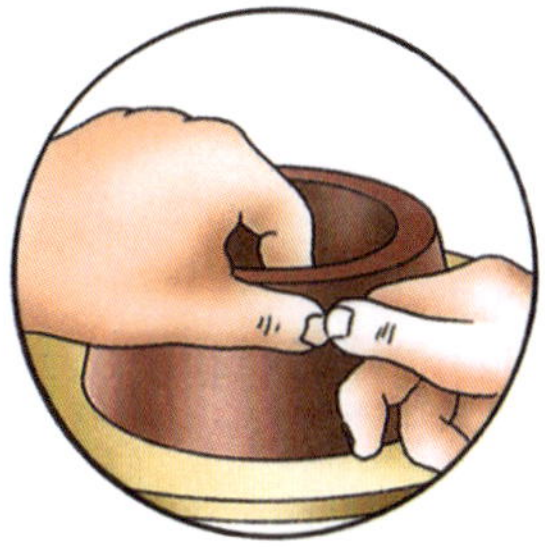

Mit den Fingern die Wände hochziehen.

Den Hals des Gefäßes formen.

Töpfern mit Tonplatten

Du kannst viereckige Gefäße formen, indem du eckige Tonplatten zuschneidest und diese mit frischem Ton miteinander verbindest.

Die Tonplatten zuschneiden

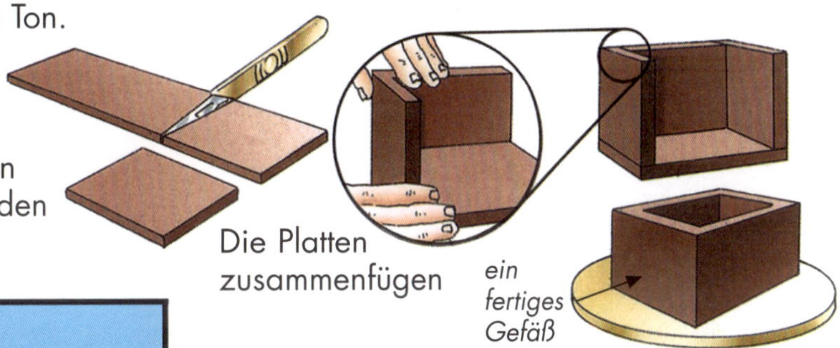

Die Platten zusammenfügen

Teller

Flache Teller und Platten kann man auf einer Töpferscheibe, in Gussformen oder, wie auf dem Bild, mit einer runden Metallscheibe herstellen. Man gibt flach gedrückten Ton auf ein sich drehendes Modell und erhält die Tellerform.

Die Scheibe wird unten auf den Ton gedrückt und formt den Tellerboden.

„Finger-Gefäße"

Solche Gefäße kannst du aus Ton oder Plastilin nur mit den Fingern formen.

Rolle mit den Händen einen Klumpen aus Ton und drücke ein Loch in die Mitte.

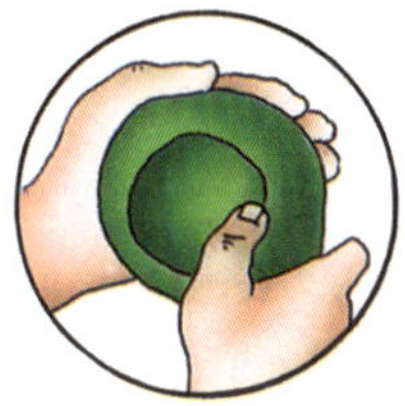

Drehe das Gefäß in der Hand und ziehe die Gefäßwände nach oben.

Fahre damit so lange fort, bis das Gefäß die gewünschte Form hat.

Pullover aus Wolle

Pullover werden aus Wolle, Synthetikfasern oder einer Mischung aus Wolle und Synthetik hergestellt. Pullover aus Wolle wärmen am besten. Schafwolle muss jedoch behandelt werden, bevor daraus Kleidung gefertigt wird.

Merinowolle

Die verschiedenen Schafrassen liefern unterschiedliche Wolle. Die feinste Wolle ist die Merinowolle: Sie stammt vom Merinoschaf.

Merinoschafe hält man in Australien, Spanien, Südafrika und Amerika.

1. Scheren
Einmal im Jahr werden die Schafe geschoren. Heute verwendet man elektrische Scheren dazu. Die Schur ist nicht schmerzhaft.

2. Waschen
Schafwolle ist schmutzig und wird in Wollwaschanlagen gewaschen.

3. Entkräuseln
Danach wird sie in einer Maschine entwirrt. Man nennt diesen Vorgang entkräuseln. Schließlich bildet die Wolle lange Stränge, sogenannte Kammzüge.

4. Spinnen
In der Spinnmaschine werden die einzelnen Wollfasern miteinander versponnen. Man erhält Garn (Spinngarn), das auf Spulen aufgewickelt wird.

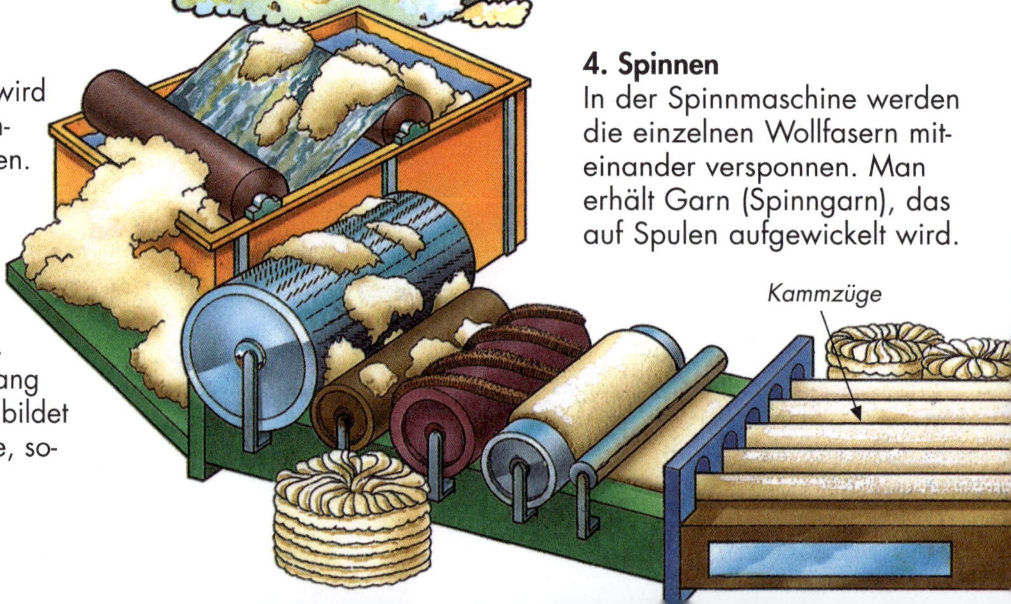

Tuch aus Wolle

Decken und Mäntel werden ebenfalls aus Wolle gefertigt. Sie werden jedoch nicht gestrickt, sondern das Garn wird auf einem Webstuhl verwoben.

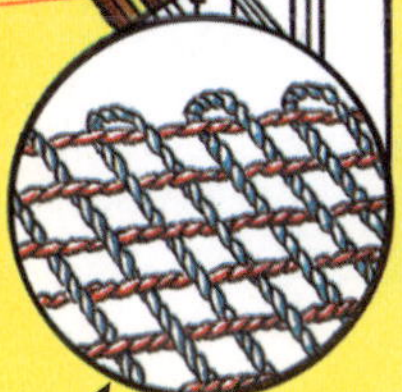

Im Webrahmen verlaufen die Kettfäden (Längsfäden) senkrecht. Der Schussfaden (Webfaden) wird auf das Schiffchen gewickelt und unter und über den Kettfäden hin und her geführt.

Wolle von anderen Tieren

Die Wolle von Kamelen ist besonders hochwertig. Sie wird auch zu Mantelstoff verarbeitet.

Aus der Wolle des in Südamerika beheimateten Lamas stellt man Bekleidung und Decken her.

Angorakaninchen haben feines, seidiges Fell. Daraus macht man weiche Kleidungsstücke.

5. Färben

Zum Färben wird das aufgespulte Garn in Färbemittel getaucht. Wenn es trocken ist, kann man das Garn verarbeiten.

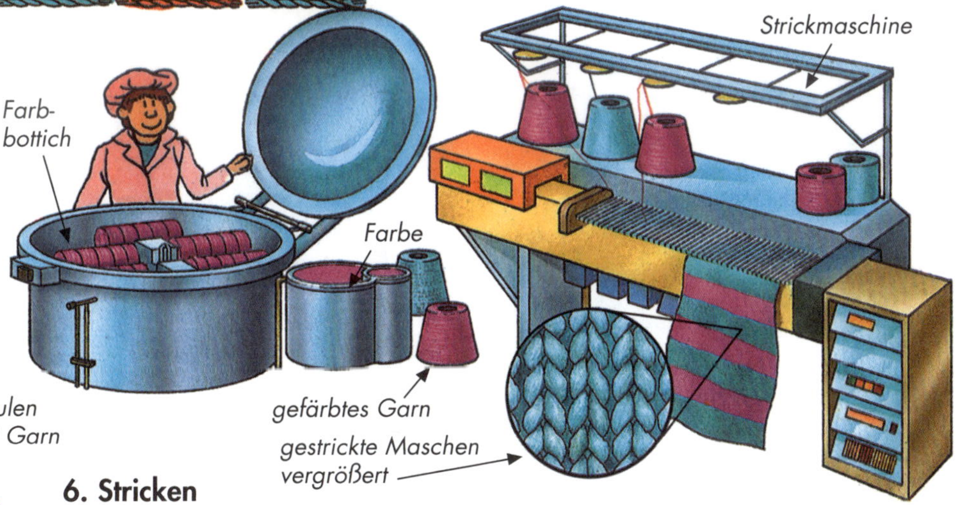

6. Stricken

Die Teile eines Pullovers werden auf einer Strickmaschine gefertigt, mit der sich auch komplizierte Muster stricken lassen. Dann näht man die Teile mit der Nähmaschine zusammen. Der Pullover wird gebügelt und verpackt.

Baumwollgarne

Baumwollpflanzen gedeihen vor allem in sehr heißem Klima wie in Indien, China und Ägypten, aber auch in gemäßigten Zonen wie in Amerika.

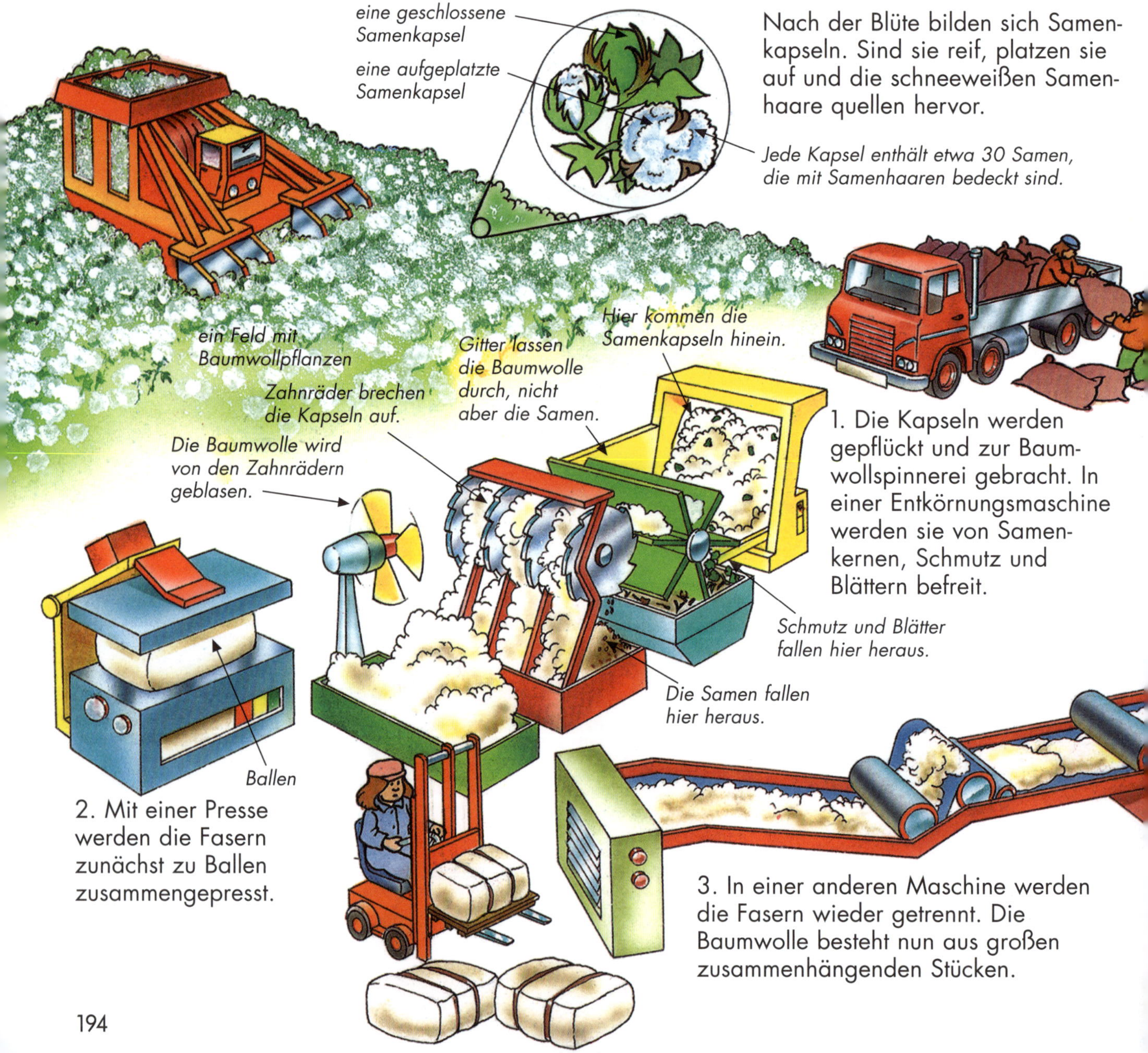

Nach der Blüte bilden sich Samenkapseln. Sind sie reif, platzen sie auf und die schneeweißen Samenhaare quellen hervor.

1. Die Kapseln werden gepflückt und zur Baumwollspinnerei gebracht. In einer Entkörnungsmaschine werden sie von Samenkernen, Schmutz und Blättern befreit.

2. Mit einer Presse werden die Fasern zunächst zu Ballen zusammengepresst.

3. In einer anderen Maschine werden die Fasern wieder getrennt. Die Baumwolle besteht nun aus großen zusammenhängenden Stücken.

Seidenherstellung
Seide ist ein sehr feines Material. Sie stammt von der Raupe des Seidenspinners.

Bevor sich die Seidenraupe in einen Schmetterling verwandelt, spinnt sie sich in einen Kokon (Hülle) aus einer feinen, glänzenden Faser ein. Sie liefert die Seide.

Von den Kokons wird der Seidenfaden abgehaspelt. Dann werden mehrere Fäden zusammengedreht und zu Stoff gewebt.

4. Die Stücke werden getrennt und zu langen Strängen verkämmt. Mehrere Stränge werden in einer Maschine zusammengedreht und zu kleineren Strängen „auseinander gezogen".

6. Mit einer Feinspinnmaschine wird die Baumwolle zu dünnem Garn versponnen. Mehrere zusammengedrehte Fäden ergeben festes Nähgarn.

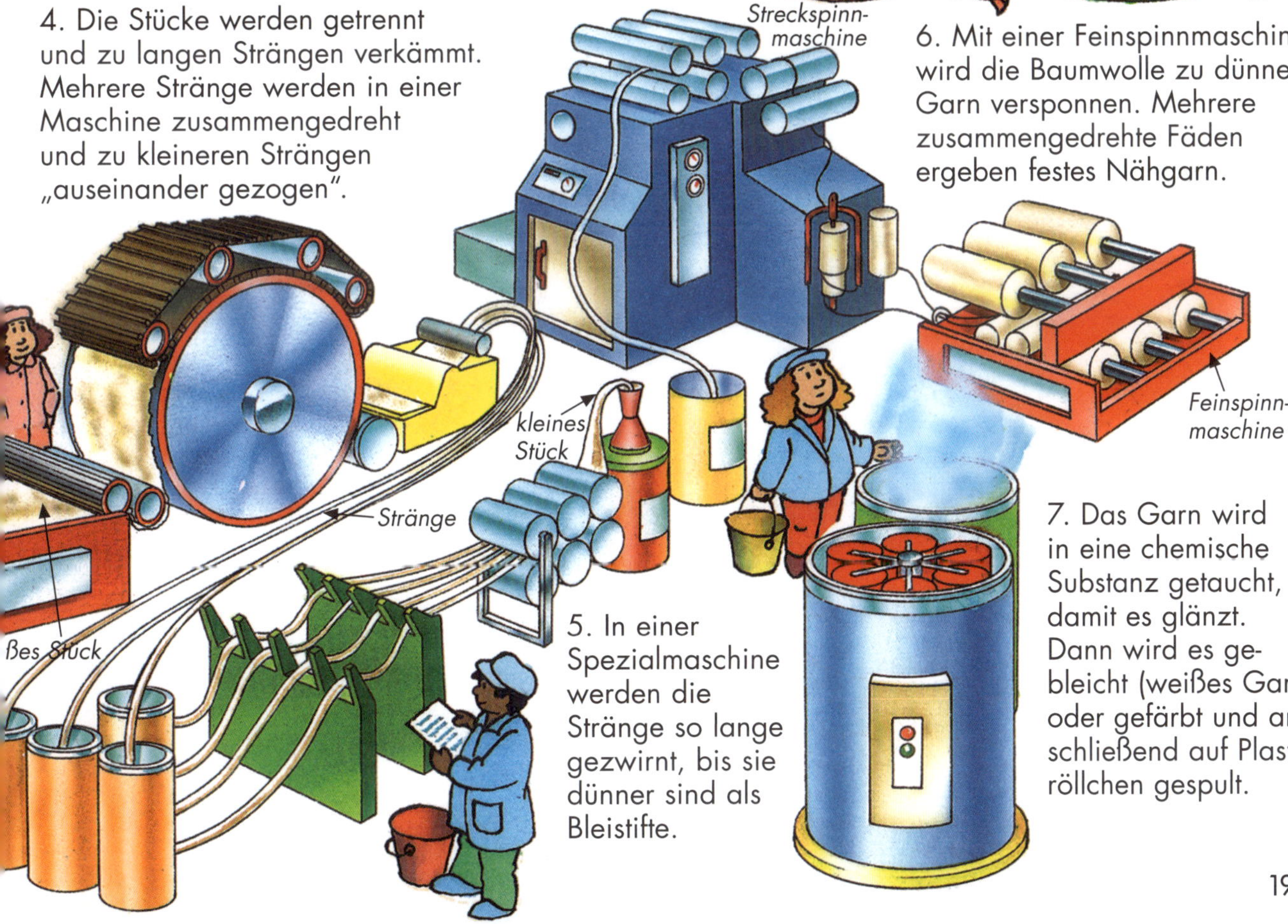

5. In einer Spezialmaschine werden die Stränge so lange gezwirnt, bis sie dünner sind als Bleistifte.

7. Das Garn wird in eine chemische Substanz getaucht, damit es glänzt. Dann wird es gebleicht (weißes Garn) oder gefärbt und anschließend auf Plastikröllchen gespult.

Papier

Der Hauptbestandteil von Papier ist Holz, das in erster Linie aus den Wäldern Skandinaviens und Amerikas stammt. Schnell wachsende Gummibäume aus Südamerika, Spanien und Portugal finden ebenfalls Verwendung.

1. Die Bäume werden gefällt und die Rinde wird entfernt. Die Stämme werden mit Maschinen in etwa 2 cm lange Schnitzel zerkleinert.

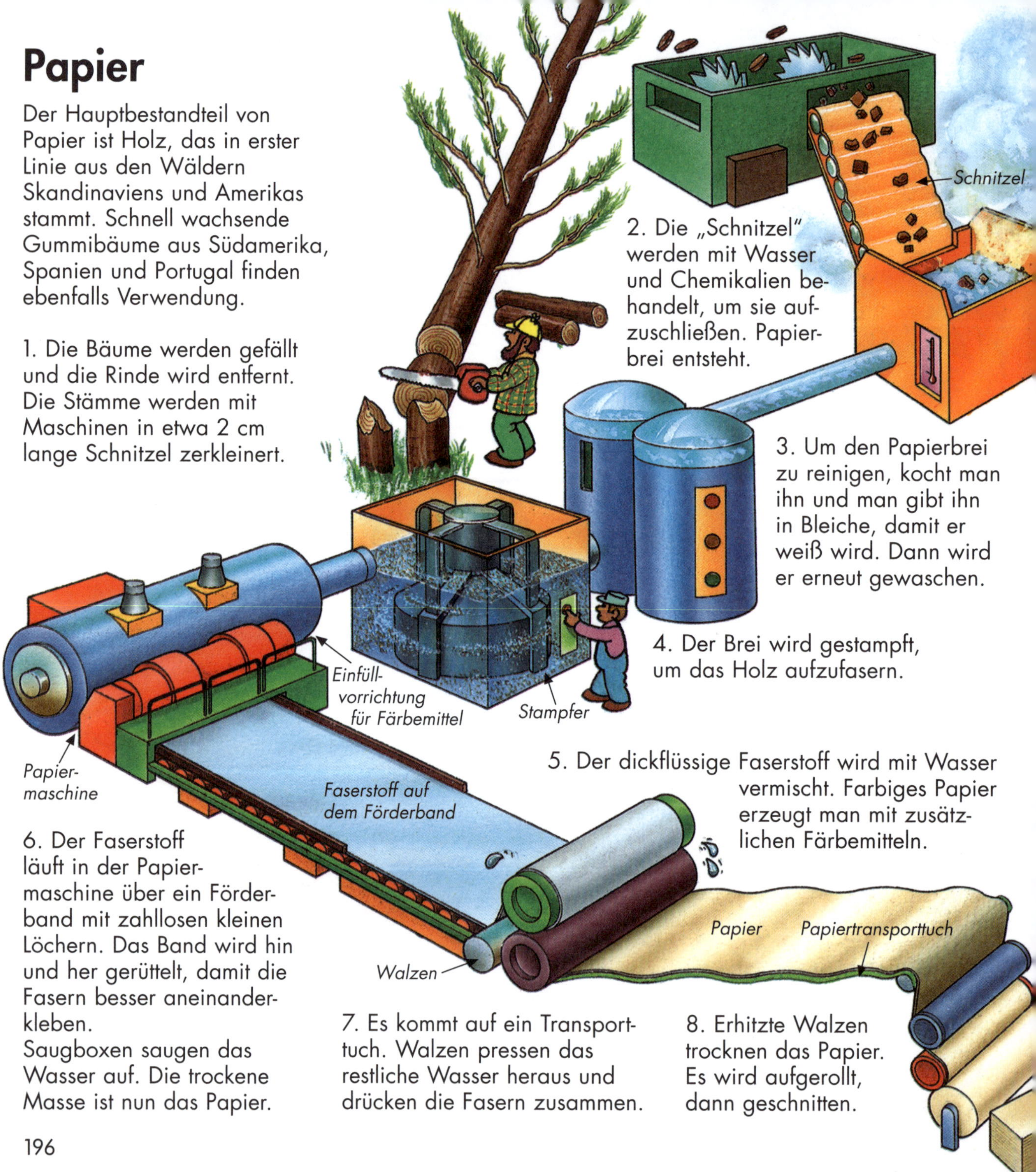

2. Die „Schnitzel" werden mit Wasser und Chemikalien behandelt, um sie aufzuschließen. Papierbrei entsteht.

3. Um den Papierbrei zu reinigen, kocht man ihn und man gibt ihn in Bleiche, damit er weiß wird. Dann wird er erneut gewaschen.

4. Der Brei wird gestampft, um das Holz aufzufasern.

5. Der dickflüssige Faserstoff wird mit Wasser vermischt. Farbiges Papier erzeugt man mit zusätzlichen Färbemitteln.

6. Der Faserstoff läuft in der Papiermaschine über ein Förderband mit zahllosen kleinen Löchern. Das Band wird hin und her gerüttelt, damit die Fasern besser aneinanderkleben.
Saugboxen saugen das Wasser auf. Die trockene Masse ist nun das Papier.

7. Es kommt auf ein Transporttuch. Walzen pressen das restliche Wasser heraus und drücken die Fasern zusammen.

8. Erhitzte Walzen trocknen das Papier. Es wird aufgerollt, dann geschnitten.

Papierfasern unter der Lupe

Holz besteht aus vielen Fasern. Indem man es kocht und Chemikalien zusetzt, wird es in winzige Teilchen zerfasert. Fügt man nun Wasser hinzu und presst es wieder heraus, kleben diese Teilchen aneinander. Man erhält Papier.

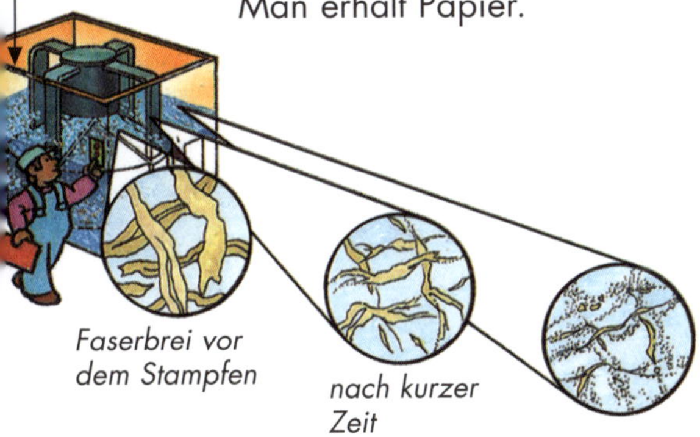

Zerreiße ein Blatt Papier: Die winzigen „Fransen" an den Rändern sind die Fasern.

Wiederverwertung von Altpapier

Löst man Altpapier in heißem Wasser auf, verwandelt es sich wieder in Papierbrei. Daraus kann man neues Papier oder Pappe herstellen. Die Wiederverwertung erfordert weniger Energie, weniger Chemikalien und weniger Holz. Der Anteil an wieder aufbereitetem Papier ist in den letzten Jahren stark angestiegen.

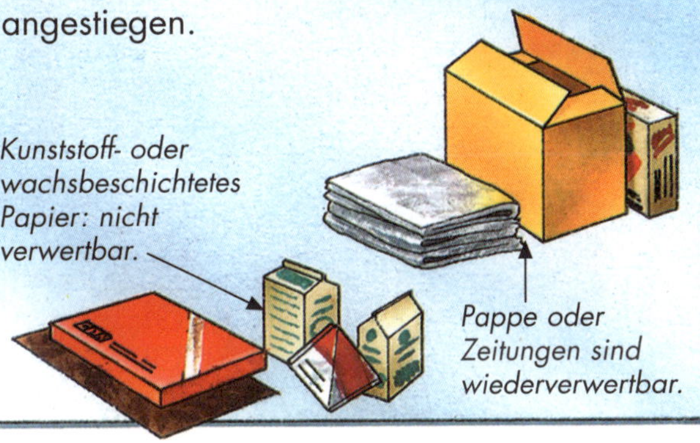

So macht man Geldscheine

Für Geldscheine braucht man besonders reißfestes Papier. Man nennt es Sicherheitspapier. Außerdem haben Banknoten ein Wasserzeichen und einen Metallfaden. Darum ist Papiergeld nur schwer zu fälschen.

Ein Künstler hat einen neuen Schein entworfen. Die Vorlage wird in Stahl eingraviert. Nach diesem Muster stellt man Druckplatten her.

Das Wasserzeichen

Es wird mit einer Maschine eingepresst, solange das Papier noch feucht ist. Dabei wird das Papier an manchen Stellen dicker bzw. dünner.

Drucken

Druckwalzen pressen die eingefärbten Platten auf Papier. So erhält man Blätter mit Banknoten. Man kann in einer Stunde 9000 Banknoten in acht verschiedenen Farben herstellen. Die Scheine werden ausgeschnitten und gebündelt.

Flaschen aus Glas

Flaschen, Gläser und viele andere Gebrauchsgegenstände sind aus Glas. Wird Glas stark erhitzt, wird es weich und kann beliebig geformt werden. Vor etwa 2000 Jahren erfand man das Glasblasen, sodass man hohle Gefäße herstellen konnte. Heute wird Glas meist maschinell gefertigt.

So wird Glas hergestellt

Für Flaschen verwendet man Natronkalkglas. Dazu wird Quarzsand, Soda, Kalkstein und Glasbruch (zermahlenes Glas) vermischt.

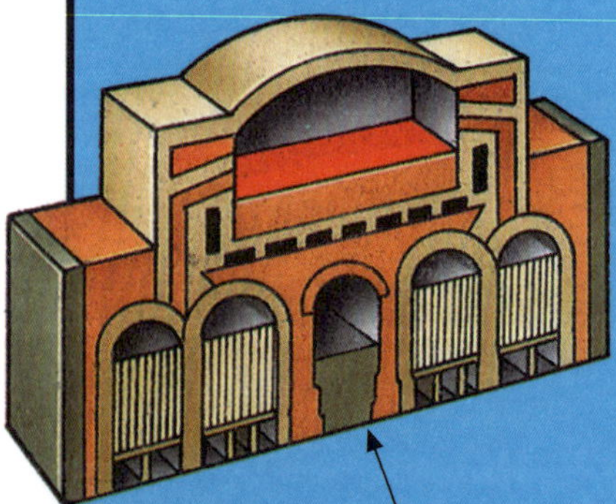

Moderne Schmelzöfen fassen über 2000 Tonnen Glas.

Diese Mischung wird in einem Schmelzofen auf etwa 1500 °C erhitzt. Sie schmilzt und bildet eine rot glühende flüssige Masse.

1. Heißes, flüssiges Glas, der Glasposten, wird aus dem Ofen genommen und in eine Flaschengussform gefüllt.

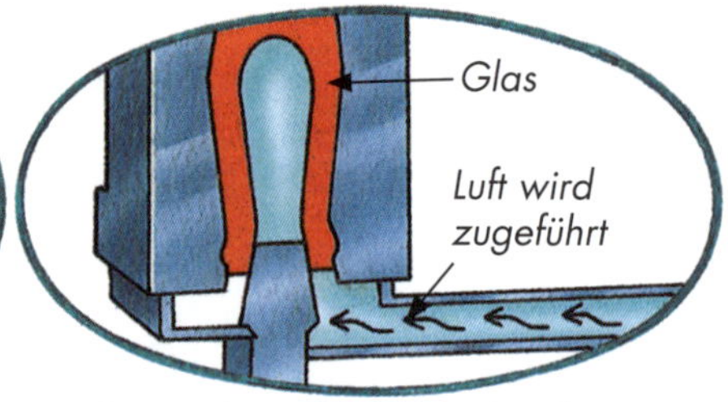

2. In das Glas wird Luft geblasen. Dann wird die Flasche aus der Gussform genommen und umgedreht.

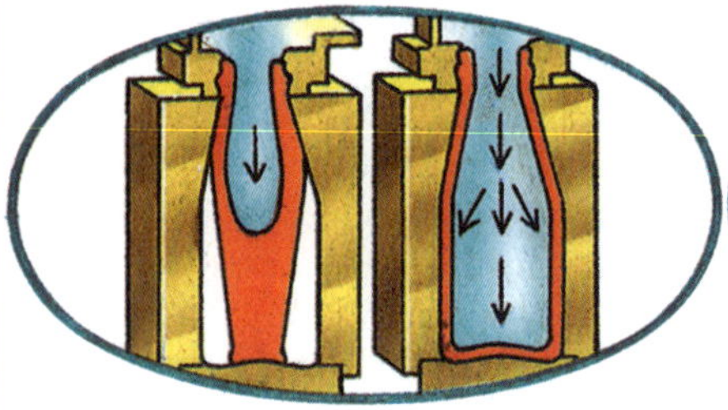

3. Die Flasche kommt in eine zweite Gussform. Es wird erneut Luft hineingeblasen.

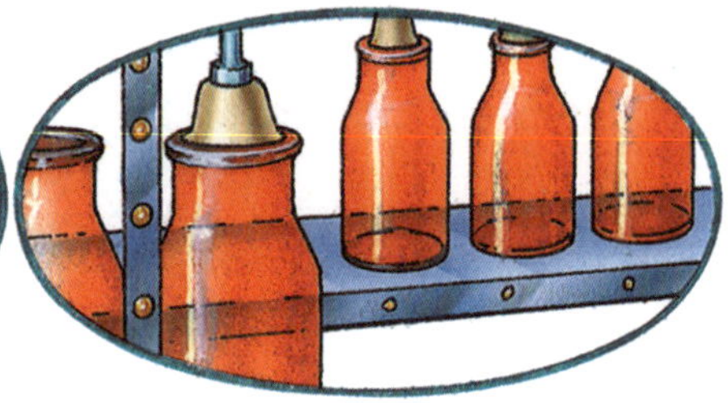

4. Die Flasche wird aus der Gussform genommen und kommt auf ein Fließband.

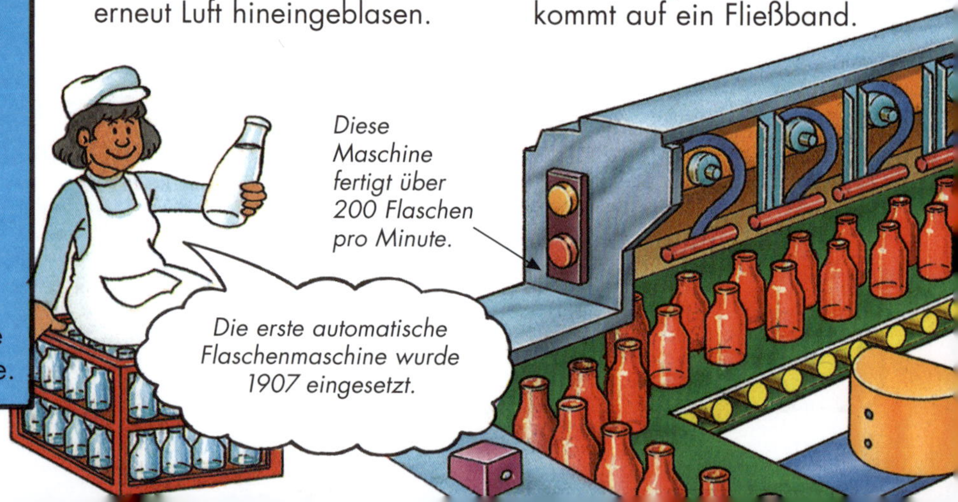

Glasblasen

Noch vor etwa 100 Jahren gab es nur Glas, das mundgeblasen war. Auch heute noch gibt es den Beruf des Glasbläsers.

Die Glasmacherpfeife wird in einen Tiegel mit flüssigem Glas getaucht und gedreht, bis ein Glasposten daran haftet.

Das Glas wird auf einem harten Holzbrett gleichmäßig geformt.

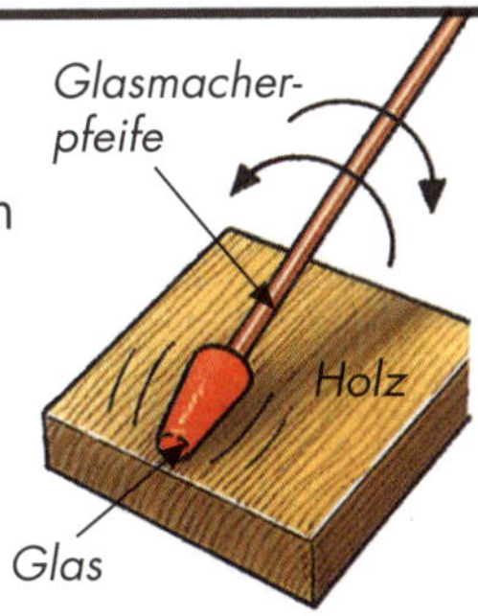

Ein zweiter Glasbläser erhitzt das Glas erneut und bläst es zu einem sogenannten Külbel auf.

Die Pfeife wird weiter gedreht und der Külbel mit Metallwerkzeugen geformt. Ist das Glas abgekühlt, wird die Pfeife entfernt.

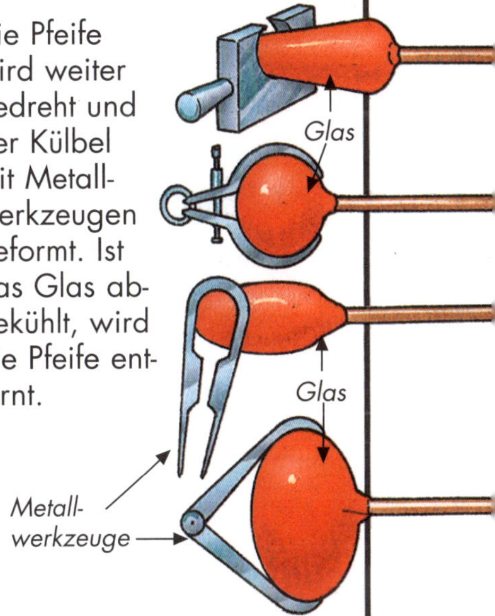

5. Es transportiert die Flaschen in einen Abkühler. Die Temperatur wird genau überwacht, damit die Flaschen langsam abkühlen.

Dies ist ein wichtiger Vorgang, denn wenn Glas zu schnell abkühlt, zerspringt es.

Flachglas

So werden große, flache Teile aus Glas hergestellt: Flüssiges Glas wird auf eine Form gegeben und im Schmelzofen auf 1000 °Celsius erhitzt. Das Glas bleibt dabei nicht an der Form haften.

Das Glas kühlt auf der Form ab. Bei 600 °C ist das Glas so fest, dass man es auf Gleitrollen heben und abkühlen lassen kann.

Konserven- und Getränkedosen

Konservendosen werden in erster Linie aus Weißblech hergestellt; das ist dünnes Stahlblech mit einer Zinnschicht auf beiden Seiten. Reines Zinn zu verwenden, wäre zu teuer. Schon eine dünne Schicht verhindert, dass das Stahlblech rostet. So verderben Lebensmittel nicht.

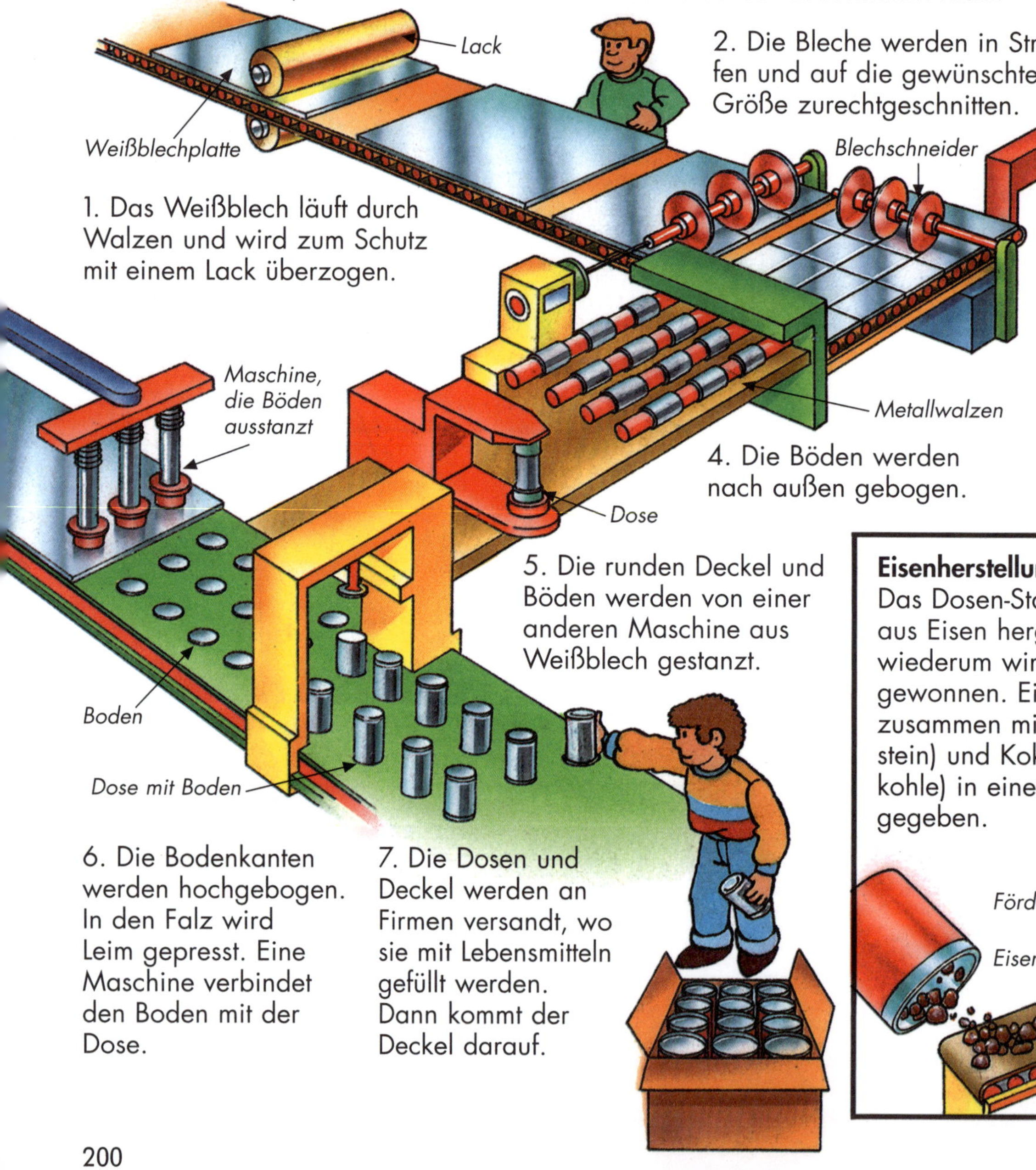

1. Das Weißblech läuft durch Walzen und wird zum Schutz mit einem Lack überzogen.

2. Die Bleche werden in Streifen und auf die gewünschte Größe zurechtgeschnitten.

3. Die Teile werden auf Metallwalzen rund gebogen, die Enden mit heißem, weichem Metall aneinandergelötet.

4. Die Böden werden nach außen gebogen.

5. Die runden Deckel und Böden werden von einer anderen Maschine aus Weißblech gestanzt.

6. Die Bodenkanten werden hochgebogen. In den Falz wird Leim gepresst. Eine Maschine verbindet den Boden mit der Dose.

7. Die Dosen und Deckel werden an Firmen versandt, wo sie mit Lebensmitteln gefüllt werden. Dann kommt der Deckel darauf.

Eisenherstellung
Das Dosen-Stahlblech wird aus Eisen hergestellt. Eisen wiederum wird aus Eisenerz gewonnen. Eisenerz wird zusammen mit Kalk (aus Kalkstein) und Koks (aus Steinkohle) in einen Hochofen gegeben.

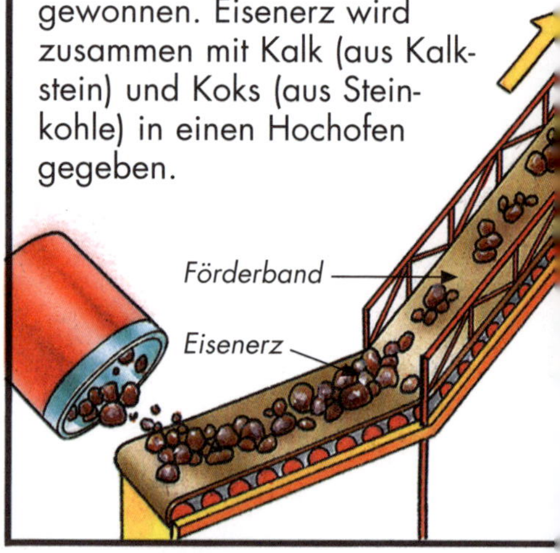

Getränkedosen

Getränkedosen werden meist aus Aluminium hergestellt, das leicht und zugleich fest ist. Der Boden und die Wände werden aus einem Stück gefertigt. Es gibt große Nachteile: Bei der Herstellung wird sehr viel Energie verbraucht und es fallen viele giftige Schadstoffe an.

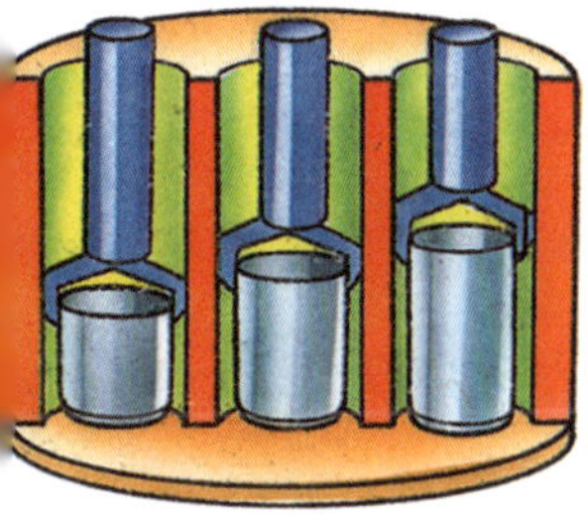

Das Muster wird auf die fertig geformte Dose geprägt. Der Deckel wird nach dem Füllen aufgesetzt.

Dosenallerlei

In den USA werden jährlich 1 Million Tonnen Aluminium zu Dosen verarbeitet – so viel wiegen zwei der größten Schiffe.

Ein Haus in Lesotho, Südafrika, wurde aus alten Dosen und Farbtöpfen gebaut.

Bessere Technik: Aus einer Tonne Aluminium lassen sich heutzutage 7000 Dosen mehr herstellen als noch vor 10 Jahren.

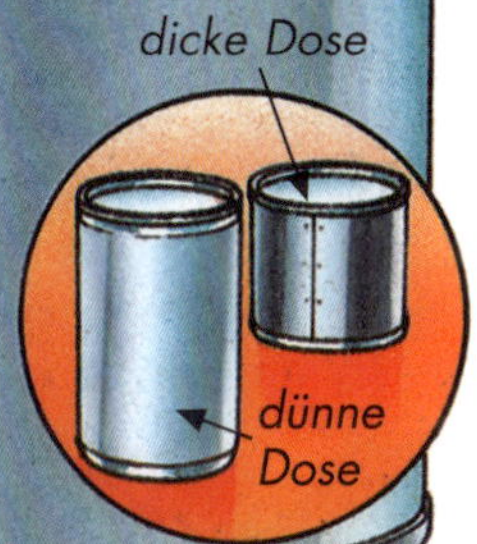

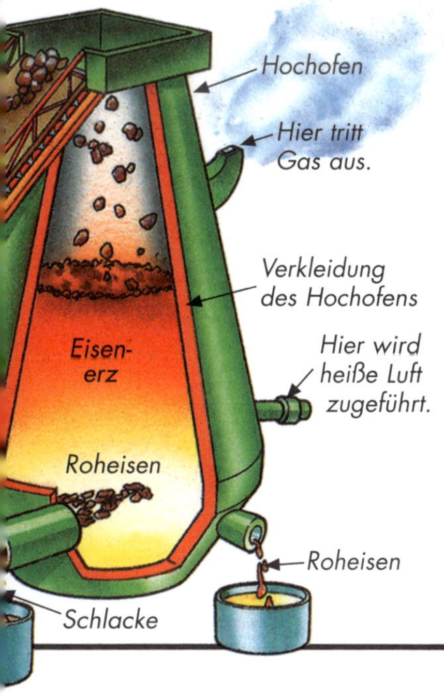

Dann wird heiße Luft in den Hochofen geblasen. Koks und Eisenerz verbinden sich bei 1500 °C. Es entsteht Roheisen. Der Kalk verbindet sich mit den unbrauchbaren Bestandteilen im Eisenerz und bildet die sogenannte Schlacke. Aus dem Ofen fließt unten fertiges Eisen heraus.

Stahlherstellung

Die häufigste Methode: Luft wird in das im Hochofen befindliche heiße Roheisen gepresst.

Man erhält flüssigen Stahl. Der Ofen ist schwenkbar, und der flüssige Stahl kann ausgeleert werden. Stahl lässt sich dünn zu Blech für Konservendosen auswalzen.

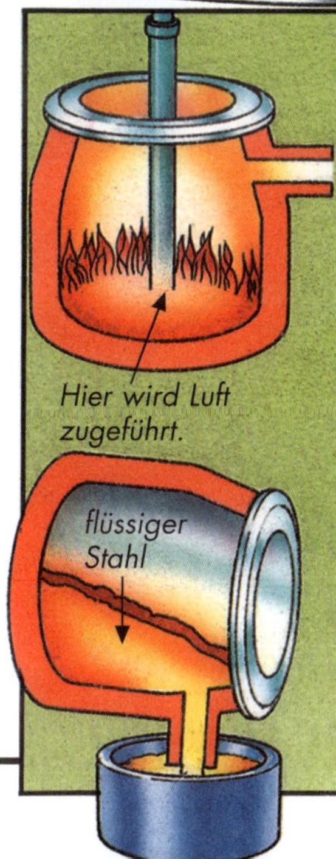

LEGO®-Steine

Bestimmte Bestandteile in Stoffen wie Erdöl, Kohle und Erdgas werden chemisch herausgefiltert und umgewandelt und zum Beispiel zu Kunststoff verarbeitet. Unterschiedlich zusammengesetzte Chemikalien ergeben verschiedenartige Kunststoffe. Sie werden in Chemiefabriken hergestellt und haben die Form kleiner bunter Plastikkugeln. Man nennt sie Granulat. Daraus werden auch LEGO-Steine gefertigt.

Kunststoffherstellung

Die gesamte Natur ist aus winzigen Teilchen, den Molekülen, aufgebaut. Jedes Molekül besteht aus noch kleineren Teilchen, den Atomen. Kunststoffe werden aus sehr großen Molekülen hergestellt. Sie sind jedoch mit bloßem Auge nicht zu erkennen.

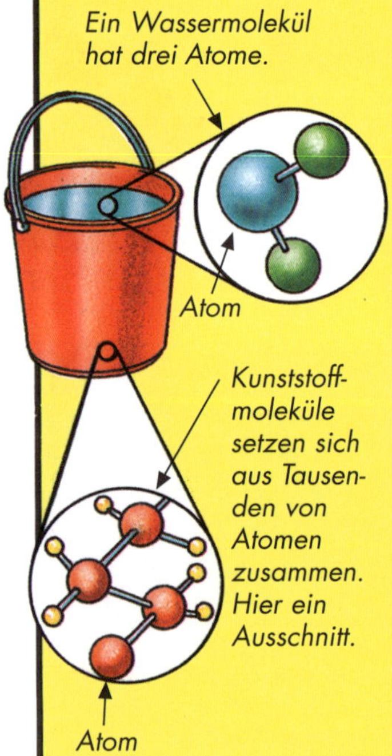

Die großen Kunststoffmoleküle nennt man Polymere.

Die Moleküle der verwendeten Chemikalien sind kleiner. Sie heißen Monomere.

Monomere werden erhitzt und zusammengepresst. Sie verbinden sich zu Ketten, den Polymeren.

1. Das Granulat wird in einen Trichter gefüllt. Eine Drehschraube befördert es weiter.

2. In einem Ofen wird das Granulat auf 225 °C erhitzt. Es wird weich.

Kleidung aus Kunststoff

Manche deiner Kleidungsstücke sind vielleicht aus Materialien wie Nylon, Polyester oder Acryl. Es sind synthetische Fasern, also Kunststoffe.

Es gibt auch Chemiefasern, die aus Naturprodukten hergestellt werden, wie zum Beispiel Viskose, die aus Zellulose gewonnen wird. Diese Naturprodukte nennt man Kunstfasern.

Diese Fasern entstehen, indem flüssiger Kunststoff durch Spinndüsen gepresst wird.
Dieses Verfahren haben Wissenschaftler den Seidenraupen abgeschaut.

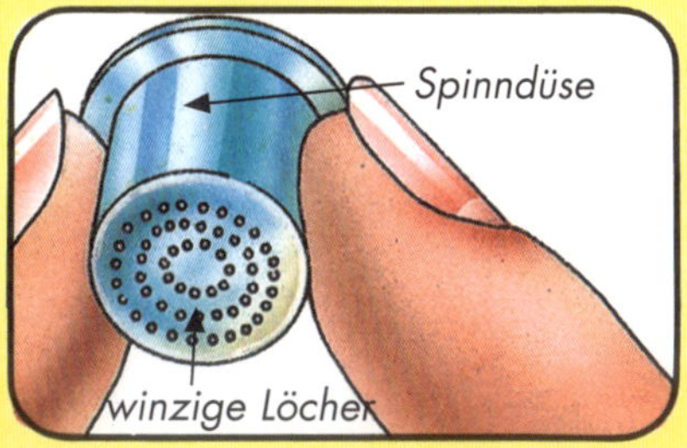

Die dünnen Kunstfasern werden in warmer oder kalter Luft oder auch in Säure gehärtet.

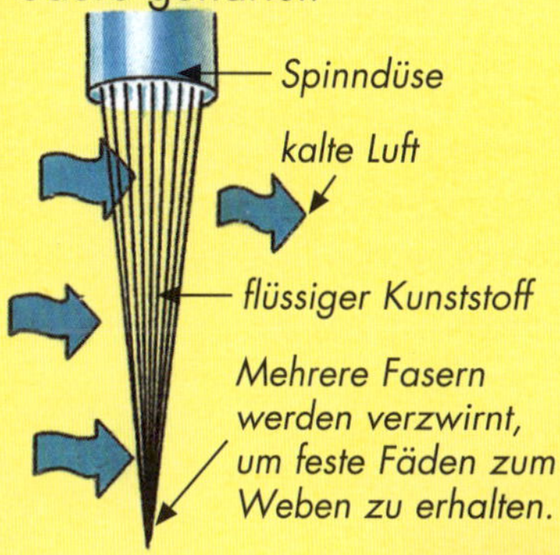

Prüfe die Etiketten in deinen Pullis. Wie viele verschiedene Kunststofffasern findest du?

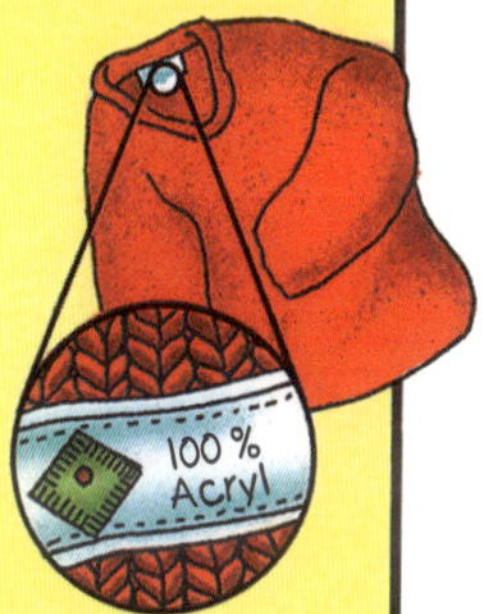

3. Kunststoffmasse wird in eine kalte Stahlform gepresst, die die Form des LEGO-Steins hat.

4. Der Kunststoff kühlt ab und wird in der Stahlform hart. Die Form wird geöffnet und der LEGO-Stein fällt in eine Schachtel.

Seife

Seife besteht aus Fetten und Ölen, die mit Natronlauge versetzt werden. Noch vor 30 Jahren wurde Seife in offenen Tiegeln gemacht, was jeweils eine ganze Woche dauerte.
Heute wird Seife in wenigen Stunden mit Maschinen hergestellt, die rund um die Uhr in Betrieb sind.

Fette und Öle für Seifenherstellung

Rizinusöl	5 %
Palmöl	10 %
Kokosnussöl	25 %
Tierische Fette	60 %

Zur Seifenherstellung werden pflanzliche Öle und tierische Fette verwendet.

1. Natronlauge, Fette und Öle werden in einem geschlossenen Tiegel gekocht. Er funktioniert wie ein Dampfkochtopf. Nach 15 Minuten ist die Seife gekocht.

2. In den Fetten und Ölen ist Glycerin enthalten. Bei manchen Seifen wird es durch Zusatz von Salzwasser entzogen. Glycerin vermischt sich mit dem Wasser.

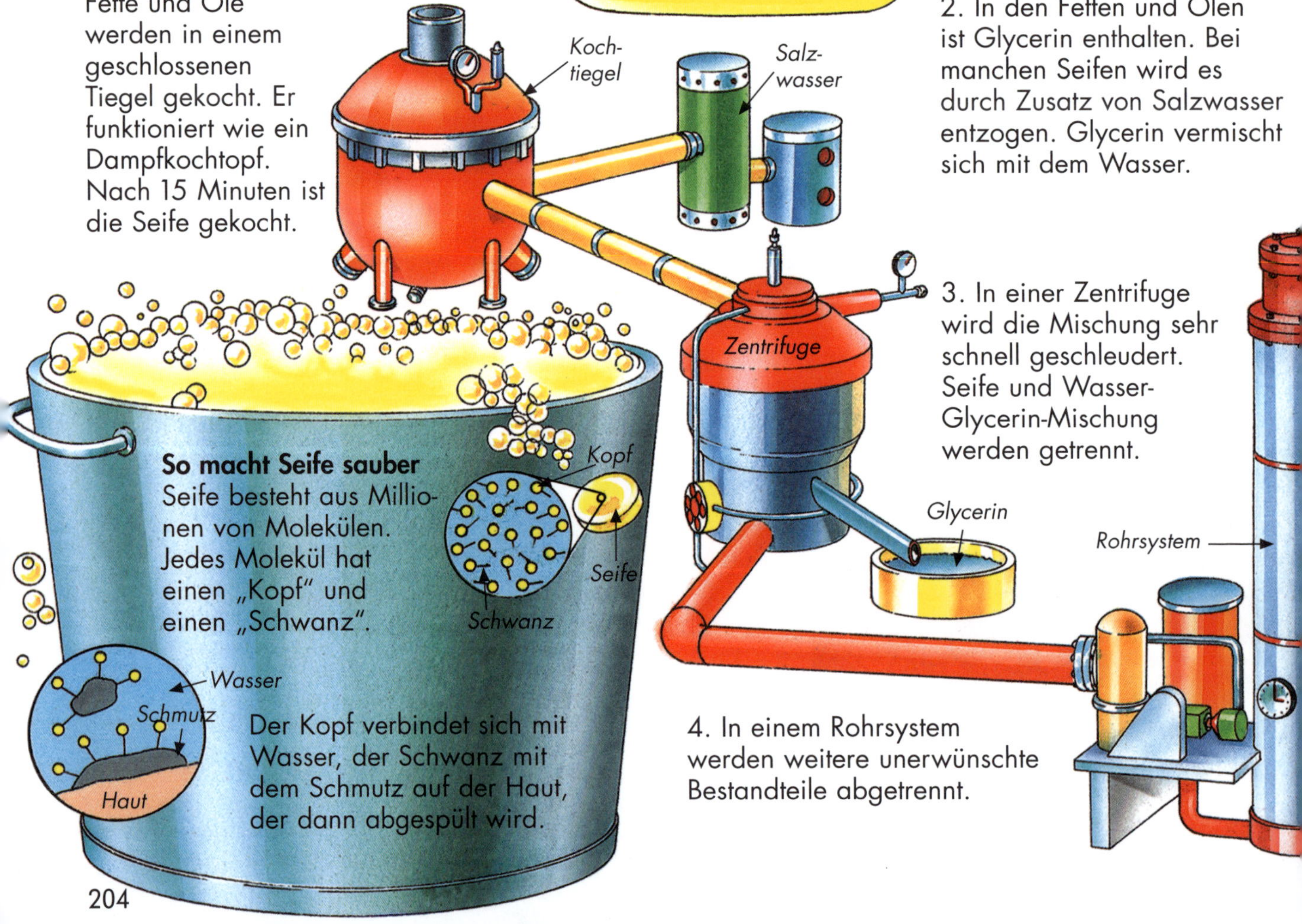

3. In einer Zentrifuge wird die Mischung sehr schnell geschleudert. Seife und Wasser-Glycerin-Mischung werden getrennt.

4. In einem Rohrsystem werden weitere unerwünschte Bestandteile abgetrennt.

So macht Seife sauber
Seife besteht aus Millionen von Molekülen. Jedes Molekül hat einen „Kopf" und einen „Schwanz".

Der Kopf verbindet sich mit Wasser, der Schwanz mit dem Schmutz auf der Haut, der dann abgespült wird.

So machte man früher Seife
Heute ist Seife verhältnismäßig billig und es gibt sie in vielen Farben und Formen. Vor 400 Jahren aber war Seife sehr teuer, roch nicht besonders gut und sah schmutzigbraun oder grau aus.

Man stellte Seife aus einer Mischung aus Fetten und Asche her.

Elisabeth I.

Damals wusch man sich nur selten. Königin Elisabeth I. von England (1588 – 1603) badete einmal im Monat – das war schon höchster Luxus.

7. Parfümöle und Farbstoffe werden zugesetzt.

8. Die „Schnitzel" werden zu großen, rechteckigen Stücken zusammengepresst und weiter getrocknet.

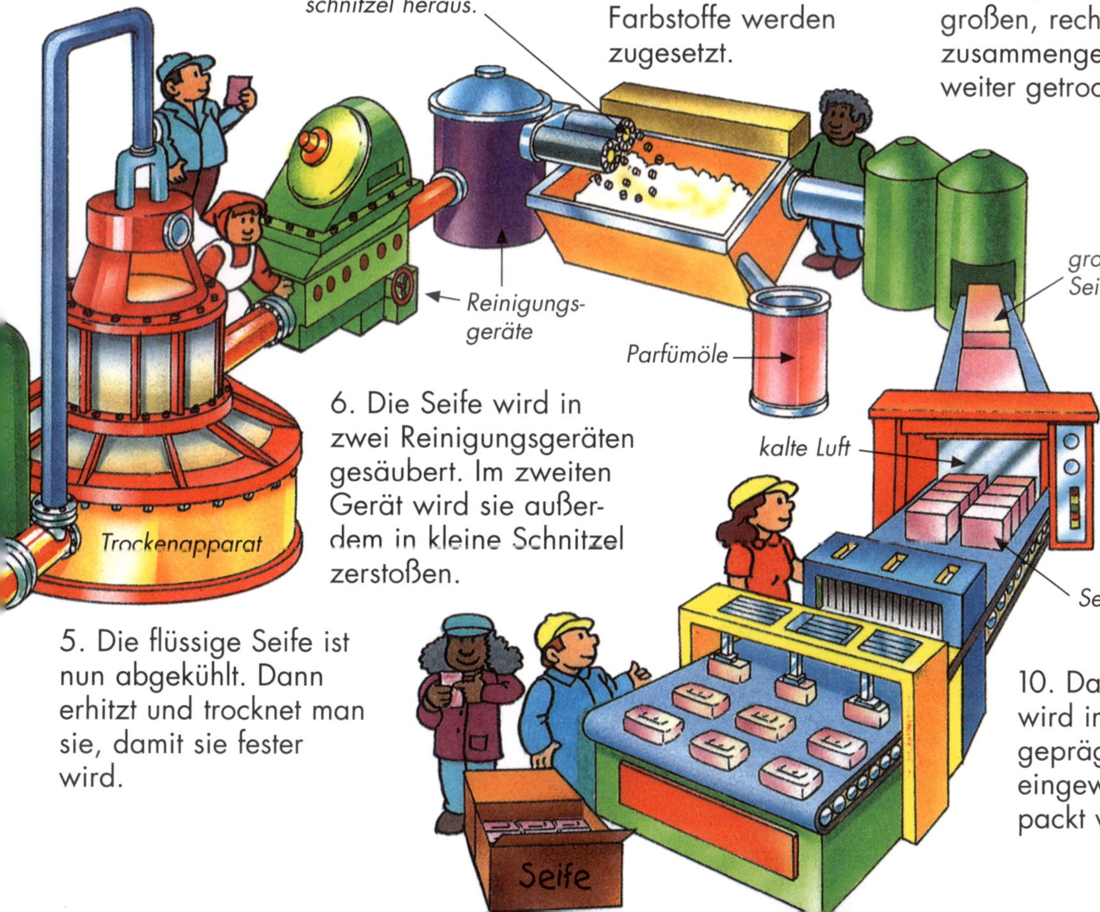

6. Die Seife wird in zwei Reinigungsgeräten gesäubert. Im zweiten Gerät wird sie außerdem in kleine Schnitzel zerstoßen.

5. Die flüssige Seife ist nun abgekühlt. Dann erhitzt und trocknet man sie, damit sie fester wird.

9. Die Seife wird in kleine Stücke geschnitten und mit kalter Luft gehärtet.

10. Das Firmenzeichen wird in die Seifenstücke geprägt, die danach eingewickelt und verpackt werden.

Bleistifte, Farbe, Klebeband und Zahnpasta

Hier erfährst du, wie man Bleistifte, Farbe, Klebeband und Zahnpasta herstellt.

Bleistifte aus Holz

1. Für die Minen mischt man Grafit (Kohlenstoff), Tonerde und Wasser und presst diese Masse durch kleine Löcher, sodass man dünne Stäbchen erhält.

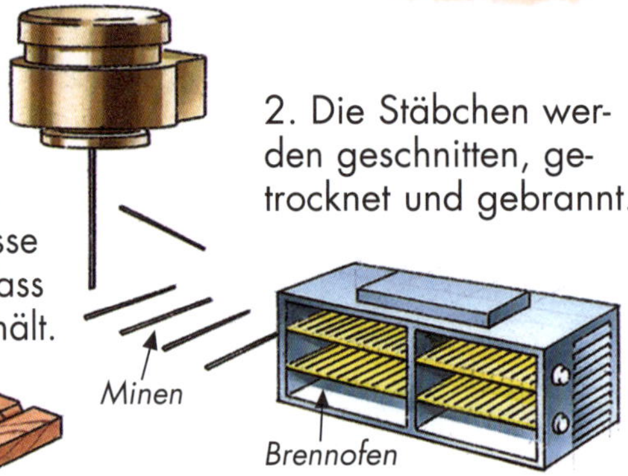

2. Die Stäbchen werden geschnitten, getrocknet und gebrannt.

3. Das Holz wird zu dünnen Brettchen geschnitten, in die jeweils drei Rillen gefräst werden. Dort kommt die Mine hinein.

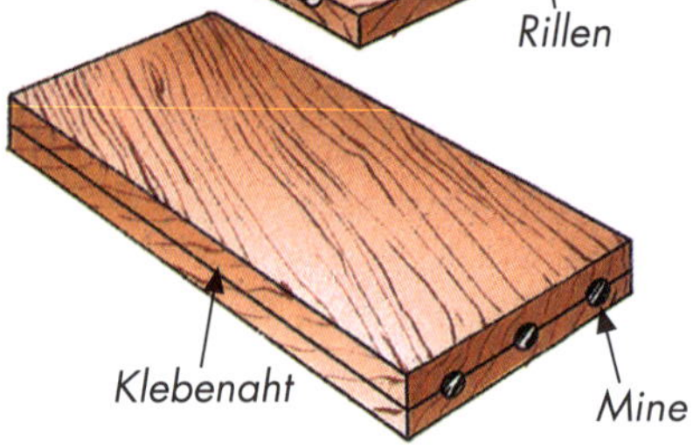

4. Darauf wird ein zweites, mit Rillen versehenes Brettchen geklebt. Beide Teile werden zusammengepresst.

5. Das Brettchen wird in drei Teile geschnitten und zu Bleistiften gedrechselt. Dann werden sie lackiert.

6. Danach werden Hersteller und Härtegrad eingestanzt. Die Bleistifte werden angespitzt und verpackt.

Bleistift-Härtegrade

Ein höherer Anteil Grafit in der Mine ergibt einen weichen Bleistift. Nimmt man einen höheren Anteil Tonerde, wird die Mine härter. Auf jedem Bleistift steht der jeweilige Härtegrad.

4B	Sehr weich
B	Weich
HB	Mittel
H	Hart
2H	Mittel
4H	Sehr hart
7B	Extra hart

Klebeband

Klebeband besteht aus Kunststoff. Die Klebeschicht wird aus Kunstkautschuk und Harz* hergestellt.

Eine Seite des Klebebands wird beschichtet, damit es sich abrollen lässt.

Auf die andere Seite wird eine dünne Schicht Klebstoff aufgetragen.

*Naturharz ist der Milchsaft von Kautschukbäumen, Kunstharz wird chemisch hergestellt.

Farbe

Farbe wird aus Pigmenten (Farbstoffe in Puderform) und einem Bindemittel (Flüssigkeit) hergestellt.

Pigmente können aus Gestein und Pflanzen gewonnen oder chemisch hergestellt werden.

Das Bindemittel besteht meist aus Pflanzenöl, vermischt mit natürlichem Harz, Kunstharz* oder Kunststoff.

Alle Zugaben werden gewogen und mehrere Stunden gemischt. Dann wird die Farbe in Töpfe oder Tuben gefüllt.

Verwendet man die Farbe, so trocknet sie. Das Bindemittel bildet eine feste Schicht und bindet die Pigmente.

Zahnpasta

Folgende Zusätze werden in einem Mischgerät miteinander verrührt.

1. Schlemmkreide: pulveriges Poliermittel aus Bauxit
2. Feuchthaltemittel: verhindern das Austrocknen der Zahnpasta
3. Bindemittel: aus Zellstoff; sorgt für die gute „Mischung" der Zahnpasta
4. Reinigungsmittel: reinigt die Zähne und sorgt für Schaumbildung; chemisch hergestellt
5. Keimtötende Mittel: töten Keime in der Paste ab; chemisch hergestellt
6. Fluoride: dienen der Zahnhärtung; chemisch hergestellt
7. Aromastoffe: verleihen der Paste einen angenehmen Geschmack
8. Süßstoffe: geben der Paste einen süßlichen Geschmack; chemisch hergestellt

Die Deckel werden auf die Tuben geschraubt. Die Tuben werden von unten maschinell mit Zahnpasta gefüllt. Dann werden die Enden luftdicht verschlossen.

Jede Schicht wird einzeln getrocknet.

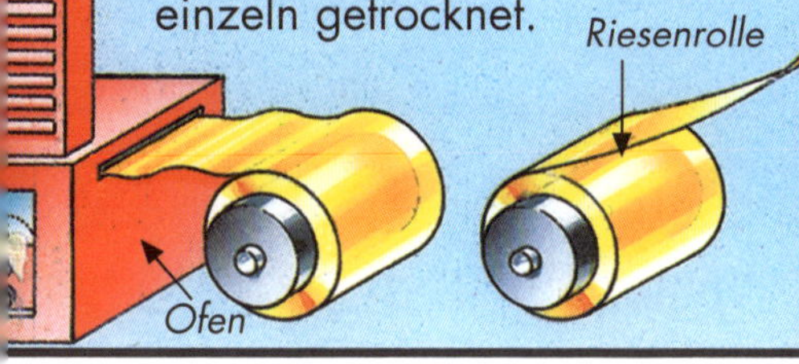

Der Klebstoff kühlt ab und wird fest. Das Klebeband wird aufgerollt und geschnitten.

Dann wird das Klebeband auf kleinere Rollen gewickelt. Eine große Firma stellt in einer Woche mehrere Tausend Meter Klebeband her.

Wissenswertes und Rekorde

Schuhe
Schuhgrößen wurden erstmals 1792 in England eingeführt. Davor war jedes Paar einzeln nach Maß gefertigt.
Die größten Schuhe, Größe 69, kann man in der Bundesrepublik kaufen. Sie werden in kleiner Serie produziert.

Tonwaren
Vor über 5000 Jahren wurde erstmals eine Töpferscheibe verwendet. Es war ein flacher Tisch, der von Hand gedreht wurde.

Wolle
Die fünf Haupterzeuger von Wolle sind:

Australien	735 000 Tonnen/Jahr
Neuseeland	278 000 Tonnen/Jahr
China	260 000 Tonnen/Jahr
Russland	145 000 Tonnen/Jahr
Kasachstan	100 000 Tonnen/Jahr

Weltweit leben rund eine Milliarde Schafe.

Baumwolle
In einer Höhle in Mexiko wurde ein 8000 Jahre alter Baumwollstoff gefunden.
Erst vor rund 150 Jahren wurde Baumwolle zu Nähgarn verarbeitet. Vorher benutzte man Seiden- oder Leinengarn zum Nähen.

Die fünf Haupterzeuger von Baumwolle sind:

USA	4 295 000 Tonnen / Jahr
China	4 250 000 Tonnen / Jahr
Indien	2 264 000 Tonnen / Jahr
Pakistan	1 350 000 Tonnen / Jahr
Usbekistan	1 306 000 Tonnen / Jahr

Seide
Ehe man 1 kg Seide erhält, haben Seidenraupen rund 220 kg Blätter der Maulbeerbäume verspeist.
Seide ist ein so feines Material, dass für 1 m Seidenstoff 3000 Kokons benötigt werden.

Papier
Vor etwa 2000 Jahren stellten die Chinesen die ersten Zeitungen aus einem Gemisch aus Holz, Baumwolle und Stroh her.
Aus einem Baum lassen sich etwa 400 Zeitungen produzieren. In der Bundesrepublik werden pro Jahr rund 694 Millionen Tonnen Zeitungspapier verarbeitet.

Glas
Glas wurde erstmals vor etwa 5000 Jahren im Mittleren Osten gefertigt.
Die größte Flasche ist eine über 1,80 m große Whiskyflasche, die 185 Liter fasst.
Das dünnste Glas ist 0,076 mm dick und wird in den USA für Uhren mit Flüssigkristallanzeige gebraucht.

Stahl
Die größte Stahlfirma befindet sich in Japan. Sie stellt jährlich 27 Millionen Tonnen Stahl her, etwa ⅕ der Stahlproduktion Japans.

Kunststoff
Kunststoff wurde erstmals 1866 hergestellt. Man nannte es Parkesin.
Die erste Kunstfaser, Reyon, wurde 1884 gefertigt.

Bauen

Wie wurde das Haus gebaut, in dem du wohnst?
Und die Straße vor eurem Haus?
Oder die Brücke über dem Fluss? Weißt du,
wie man einen Tunnel baut, ohne dass er einstürzt?
In vielen Abbildungen und kurzen Texten wird
dir alles über das Bauwesen erklärt.

Ein kurzer Überblick

In diesem Teil erfährst du, wie Häuser, Straßen und Brücken gebaut werden.
Hier kannst du Bauarbeiter bei den verschiedenen Arbeiten beobachten, die sie am Bau ausführen.

Ein Maurer baut Mauern aus Ziegelsteinen.

Ein Zimmermann verrichtet bestimmte Holzarbeiten.

Woraus Gebäude bestehen

Zum Bauen verwendet man überwiegend Materialien wie Stein, Beton, Stahl und Holz.

Ein Taucher führt unter anderem Reparaturen unter Wasser aus.

Ein Schweißer verbindet mit einem Schweißbrenner Metallteile miteinander.

Wie es anfing

Vor vielen Tausend Jahren baute der Mensch erstmals Hütten aus Baumästen und bespannte sie zum Schutz vor Regen mit Tierfellen.

Später baute man mit Felsblöcken. Sie wurden über Baumstämme befördert. Vorn legte man jeweils die Stämme unter, die hinten frei wurden.

Vor 4000 Jahren errichteten die alten Ägypter Steinpyramiden. Sie legten Erdrampen an, über die sie die Steinblöcke nach oben zogen.

Zuerst kommt der Plan

Zunächst entwickelt jemand eine bestimmte Idee für ein Bauwerk. Dann wird ein genauer Bauplan angefertigt.

Ingenieure entwerfen Brückenbaupläne und müssen eine Brücke genau berechnen, damit sie nicht einstürzt.

Beachte: Alle Bauwerke können auf sehr verschiedene Weise gebaut werden. In diesem Buch wird meist nur eine Bauweise gezeigt.

Architekten fertigen Baupläne für Häuser an. Sie arbeiten dabei mit Technikern zusammen.

Architekten bemühen sich darum, Häuser so zu gestalten, dass sich die Bewohner in ihnen wohlfühlen.

Der fertiggestellte Plan wird den Bauarbeitern übergeben. Jetzt kann die Arbeit beginnen.

Vor etwa 2000 Jahren stützten die Griechen und Römer die Dächer mit Marmorsäulen ab. Die Römer waren auch gute Straßenbauer.

Im Mittelalter benutzte man Winden, mit denen man schwere Bauteile hochbeförderte. So konnte man hohe Gebäude errichten.

Moderne Techniken und Materialien ermöglichen, dass wir heute schneller und höher bauen können als die Menschen früherer Zeiten.

Steinhäuser

Um Häuser zu bauen, gibt es die unterschiedlichsten Möglichkeiten. Auf den folgenden Seiten erfährst du, wie ein Haus aus Steinen, Beton und Holz gebaut wird. Versuche herauszufinden, woraus das Haus gebaut ist, in dem du wohnst.

Bauplan eines Hauses

Bauvorbereitungen
Auf dem Plan rechts siehst du, wie das Haus aussehen soll und wie groß es wird.

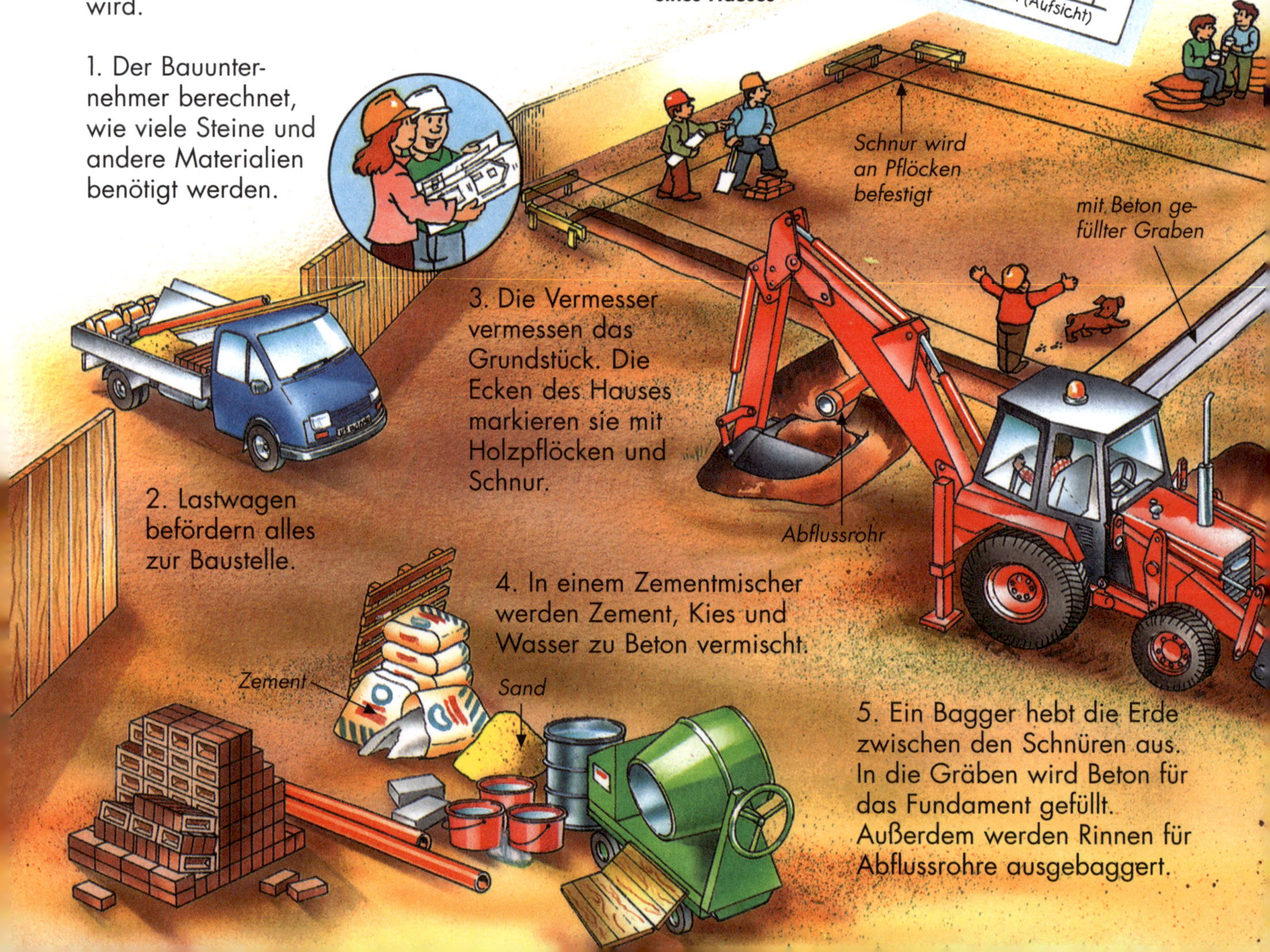

1. Der Bauunternehmer berechnet, wie viele Steine und andere Materialien benötigt werden.

2. Lastwagen befördern alles zur Baustelle.

3. Die Vermesser vermessen das Grundstück. Die Ecken des Hauses markieren sie mit Holzpflöcken und Schnur.

4. In einem Zementmischer werden Zement, Kies und Wasser zu Beton vermischt.

5. Ein Bagger hebt die Erde zwischen den Schnüren aus. In die Gräben wird Beton für das Fundament gefüllt. Außerdem werden Rinnen für Abflussrohre ausgebaggert.

Die Mauern werden gebaut

Die Mauern werden auf dem Fundament errichtet. Zuerst werden die Ecken gemauert. Damit die Mauern gerade werden, spannen die Maurer Schnüre.

Zwischen die Steine kommt Mörtel.

Die Wände im Haus sind aus großen Hohlblocksteinen.

Ein Experiment

Dieser Versuch zeigt, wie man etwas wasserdicht macht.

1. Tauche Küchenpapier in Wasser. Das Papier saugt sich voll.

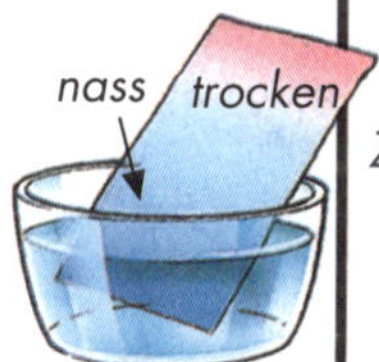

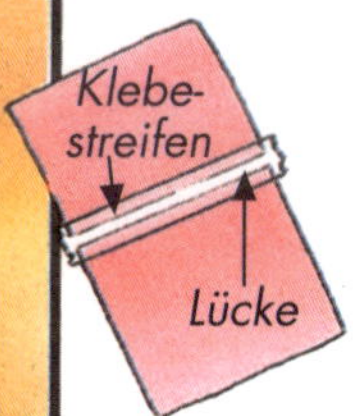

2. Zerschneide ein zweites Stück und klebe die Hälften so zusammen, dass eine Lücke frei bleibt.

3. Tauche das Blatt in Wasser. Oberhalb des Klebestreifens bleibt das Papier trocken.

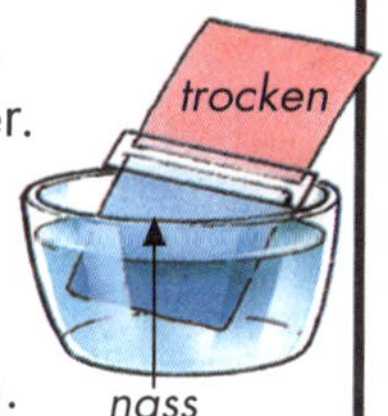

Wasser dringt auch durch Böden und Mauern. Also braucht man eine wasserundurchlässige Schicht.

So wird das Haus vor Feuchtigkeit geschützt

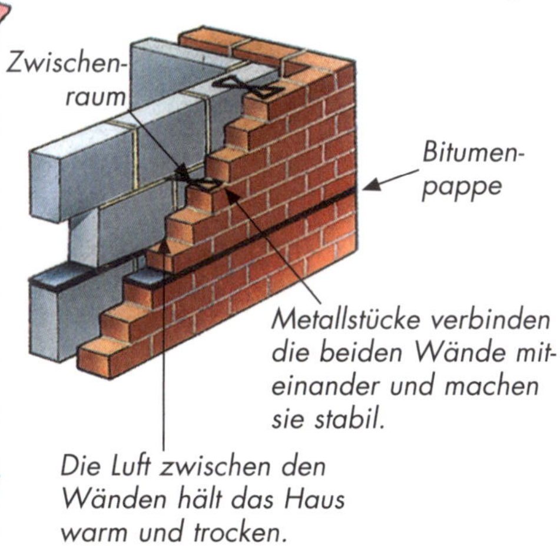

Im Hausinnern wird eine zweite Wand eingezogen. Zwischen die beiden Wände wird in Fußbodenhöhe Teerpappe zur Isolierung eingefügt. So kann keine Feuchtigkeit in die Wände hochdringen.

Der Fußboden

Schichten aus Kies, Sand, Kunststofffolie und Beton bilden den Fußboden. Die Kunststofffolie verhindert, dass Wasser in den Fußboden hochdringt.

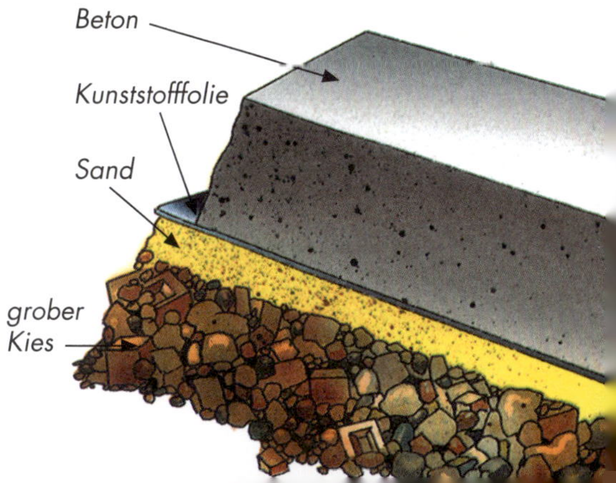

Der erste Stock

1. Die Maurer legen Querbalken aus Holz von Wand zu Wand.

2. Auf die Balken werden Bretter genagelt: Das wird der Fußboden.

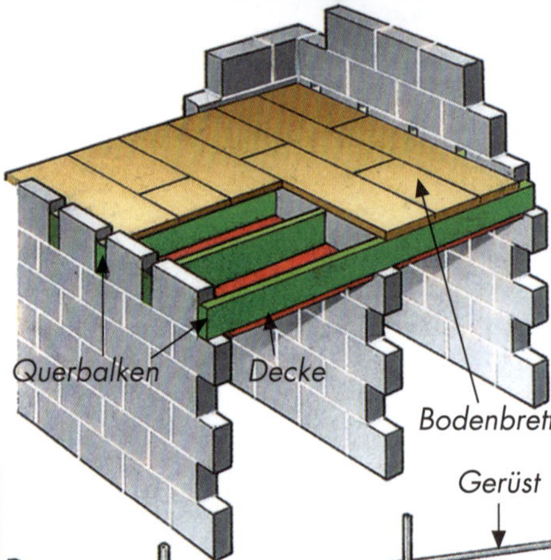

3. Unten an die Querbalken werden Gipsplatten genagelt: Sie bilden die Decke des Erdgeschosses.

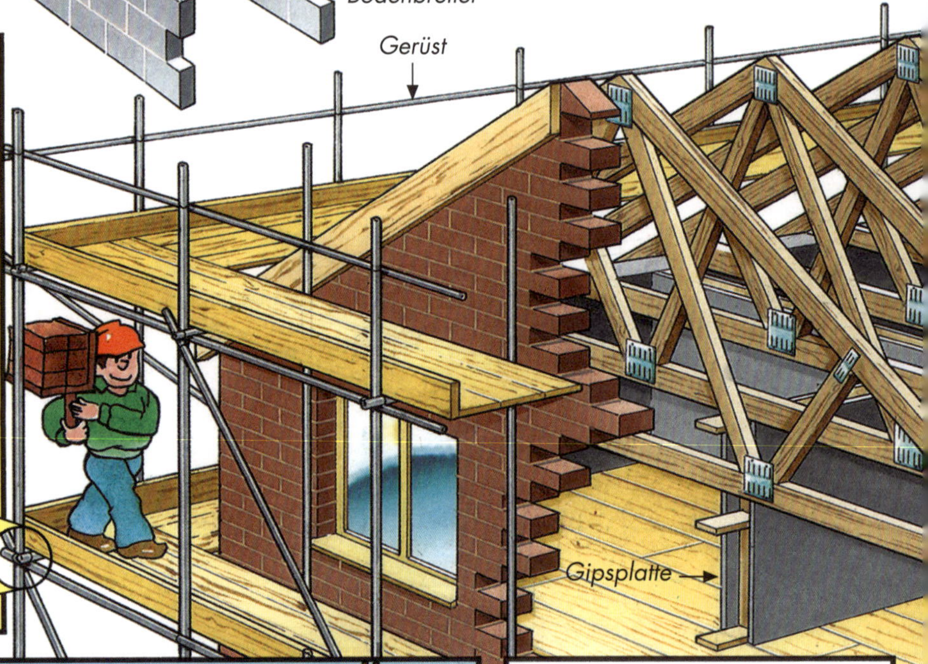

Das Baugerüst
Das Baugerüst dient als „Klettergestell". Es besteht aus Stahlrohren. Die Maurer gelangen über Planken, die auf dem Rohrgestell aufliegen, bis nach oben.

Die Rohre werden mit Schraubklammern befestigt.

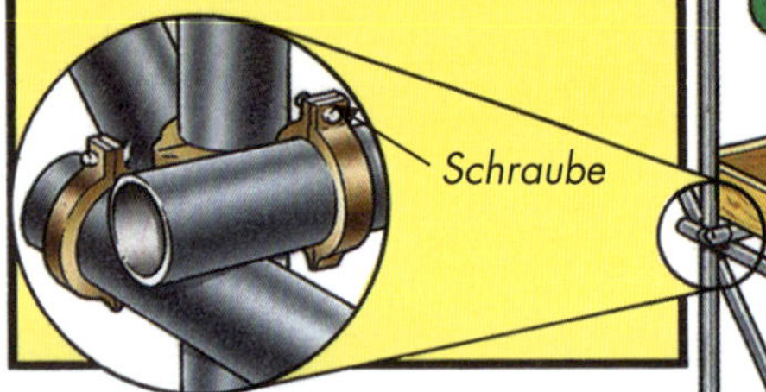

Halt durch Rahmen
Das oben gezeigte Haus bekommt Halt durch Steinmauern. Bei manchen Häusern verwendet man dazu auch Holz, Beton oder Stahl.

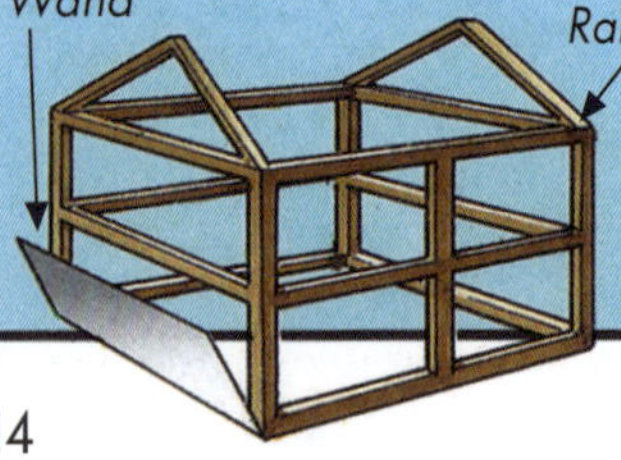

Das macht man oft in den USA.

Ein Haus mit einem Holzrahmen kann mit einem Lastwagen versetzt werden.

Obere Stockwerke
Die Wände werden mit Gipsplatten eingezogen.

Die Treppe
Die Treppe wird vom Zimmermann gebaut. Der obere Teil einer Stufe heißt Auftritt, der senkrechte Setzstufe.

Das Dach wird aufgerichtet
Das Gerüst für das Dach wird aus Holzsparren gebaut. Sie ruhen auf den Wänden.

Über das Gerüst wird Dachpappe gelegt, auf die man Dachlatten nagelt.

Auf die Dachlatten werden sich überlappende Dachziegel gelegt. Von ihnen läuft der Regen in die Dachrinne ab.

Der Schornstein
Der Schornstein wird durch das Dach hochgebaut. Unten dichtet man ihn mit einem Streifen aus Metall ab. Er verhindert, dass Regen zwischen Schornstein und Dachziegeln eindringt.

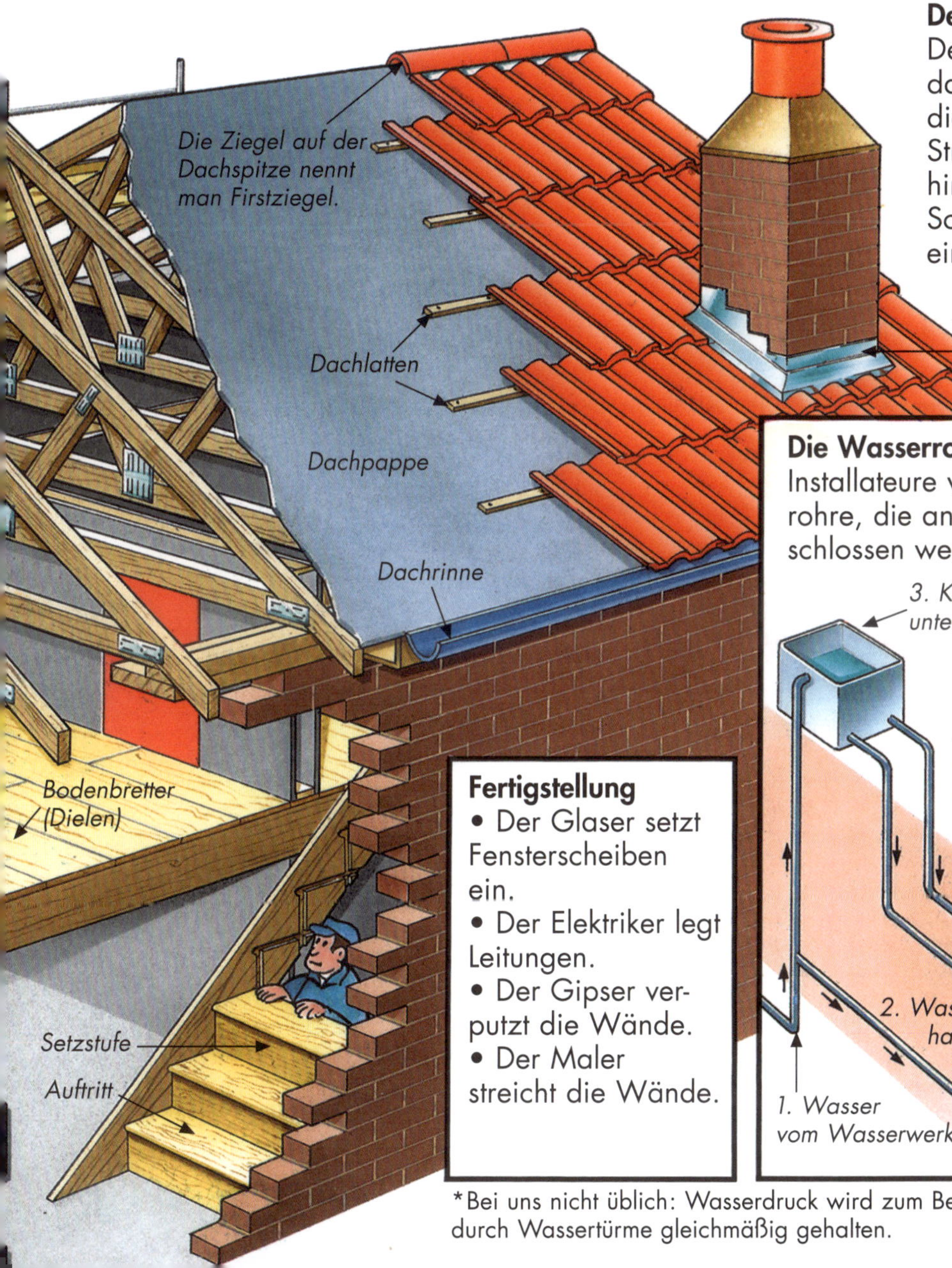

Fertigstellung
- Der Glaser setzt Fensterscheiben ein.
- Der Elektriker legt Leitungen.
- Der Gipser verputzt die Wände.
- Der Maler streicht die Wände.

Die Wasserrohre
Installateure verlegen im Haus Wasserrohre, die ans Wassernetz angeschlossen werden.

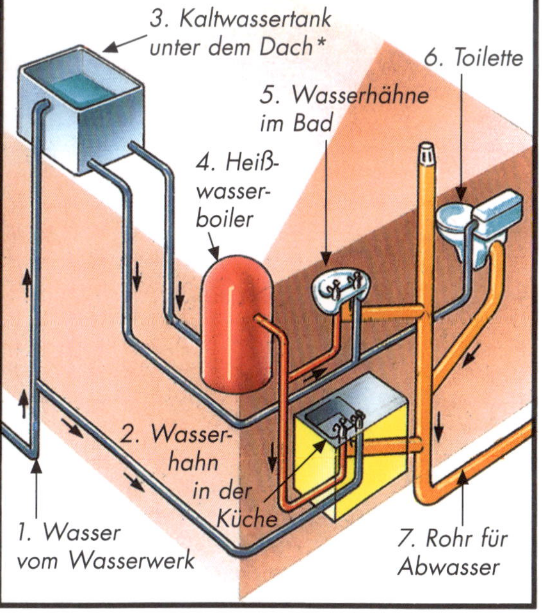

*Bei uns nicht üblich: Wasserdruck wird zum Beispiel durch Wassertürme gleichmäßig gehalten.

Wolkenkratzer

Das große Stahlgerüst eines Wolkenkratzers wird auf sehr stabilem Untergrund errichtet.

Fundament eines Wolkenkratzer
Wolkenkratzer sind sehr schwer und brauchen deshalb ein festes Fundament. Es wird aus Pfeilern gebaut, die tief in die Erde reichen.

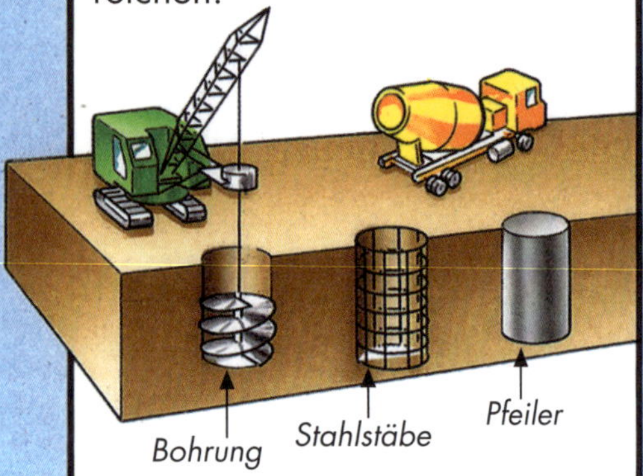

Zuerst werden tiefe Löcher in die Erde gebohrt. In die Löcher versenkt man Stahlstäbe, dann wird Beton hineingefüllt.

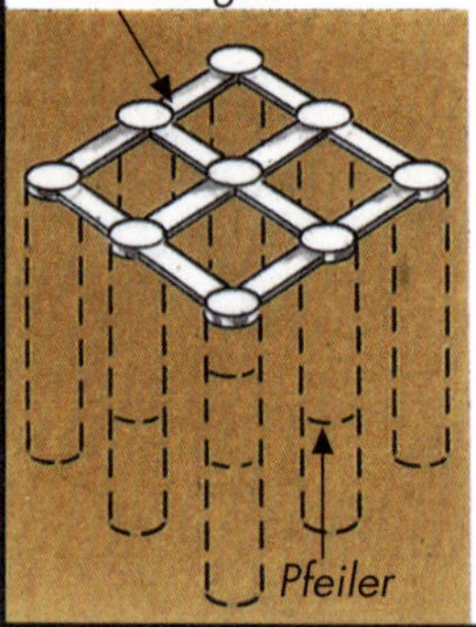

Die Pfeiler werden mit Betonstangen verbunden. Das nennt man ein Betonpfeilerfundament.

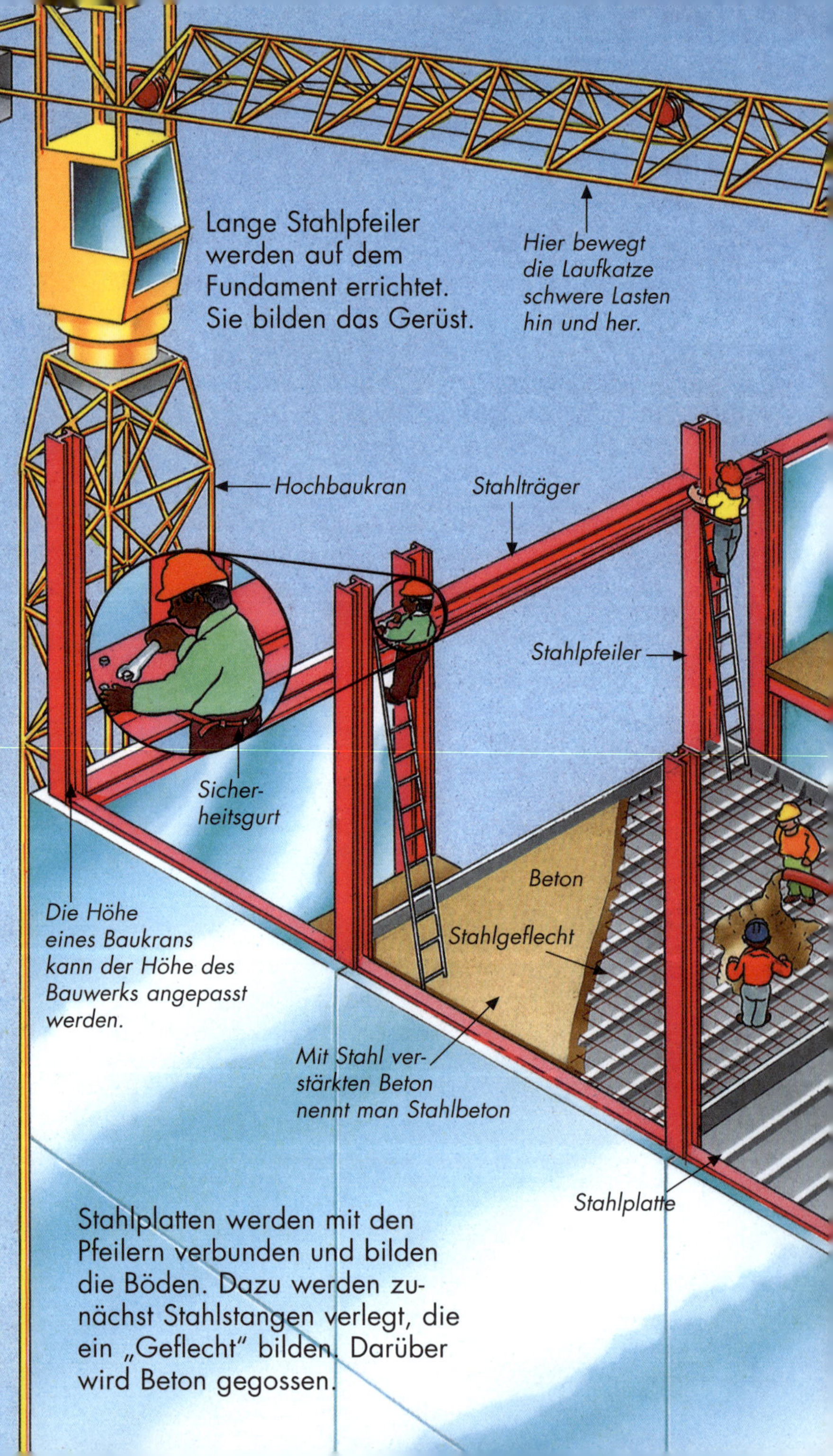

Lange Stahlpfeiler werden auf dem Fundament errichtet. Sie bilden das Gerüst.

Stahlplatten werden mit den Pfeilern verbunden und bilden die Böden. Dazu werden zunächst Stahlstangen verlegt, die ein „Geflecht“ bilden. Darüber wird Beton gegossen.

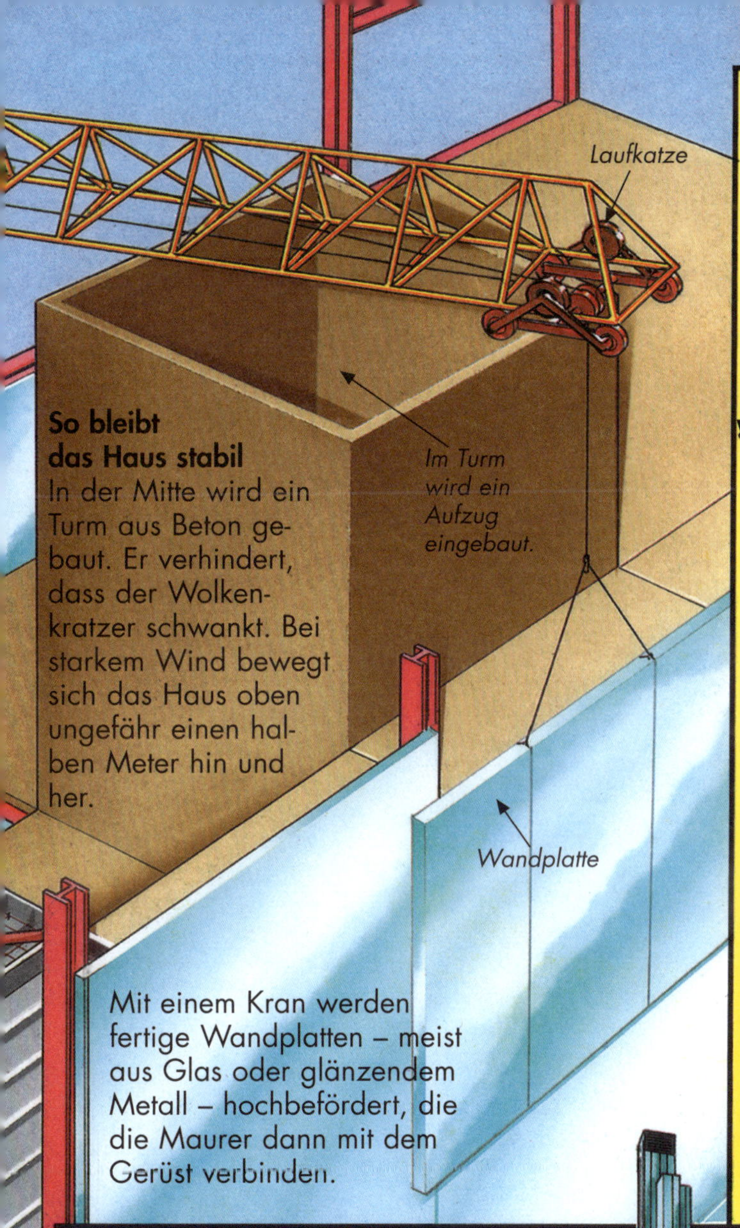

So bleibt das Haus stabil
In der Mitte wird ein Turm aus Beton gebaut. Er verhindert, dass der Wolkenkratzer schwankt. Bei starkem Wind bewegt sich das Haus oben ungefähr einen halben Meter hin und her.

Mit einem Kran werden fertige Wandplatten – meist aus Glas oder glänzendem Metall – hochbefördert, die die Maurer dann mit dem Gerüst verbinden.

Höchster Wolkenkratzer
Das höchste Gebäude der Welt ist der „Burdsch Khalifa" in Dubai, Asien. Er ist 828 m hoch.

Ein selbst gebauter Baukran

1. Befestige einen kurzen Bleistift mit einem Gummiband an einer Garnrolle (Rolle 1).

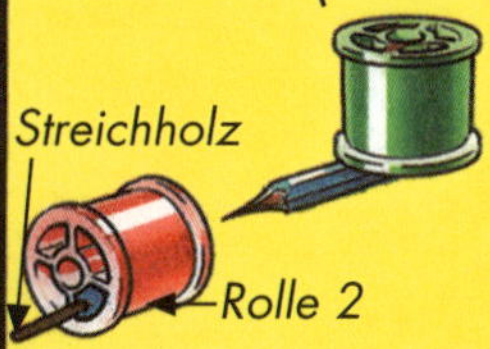

2. Stecke Rolle 2 auf den Bleistift. Befestige mit Plastilin ein Streichholz* an Rolle 2.

3. Knote das Ende eines Fadens an Rolle 2 fest, das andere Ende an einem Drahthaken.

4. Klebe ein Lineal oben so auf Rolle 1, wie es links zu sehen ist.

5. Biege um das Lineal einen Draht und führe Faden und Haken hindurch.

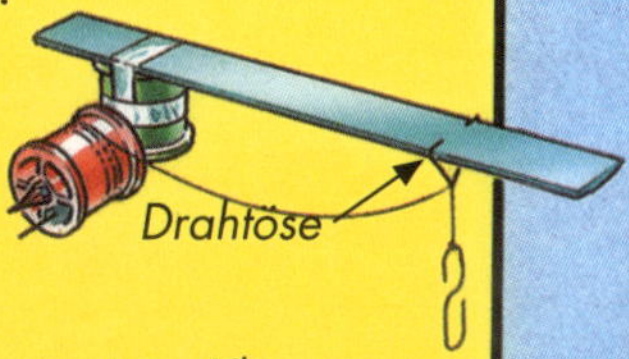

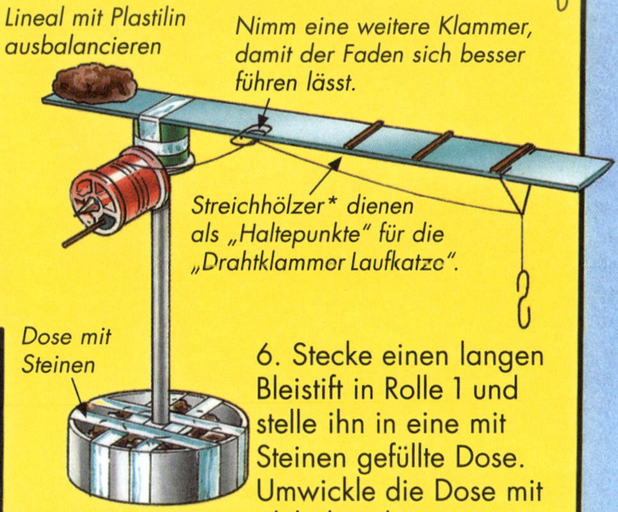

6. Stecke einen langen Bleistift in Rolle 1 und stelle ihn in eine mit Steinen gefüllte Dose. Umwickle die Dose mit Klebeband.

*Verwende nur abgebrannte Streichhölzer.

Straßen

Straßen baut man aus mehreren Schichten. Da Straßen Tag und Nacht von Autos und Lastwagen befahren werden, müssen sie stabil sein.

Der Untergrund

1. Zunächst muss der Untergrund vorbereitet werden. Dazu werden Bäume gefällt und Büsche abgesägt, die dann abtransportiert werden.

Straßenbau im alten Rom

Die Römer bauten über 80 000 km befestigte Straßen. Sie dienten vor allem dem Heer. Sklaven mussten in harter Arbeit Steine und Erde herbeischaffen. Für die oberste Schicht benutzten die Römer große, flache Steine.

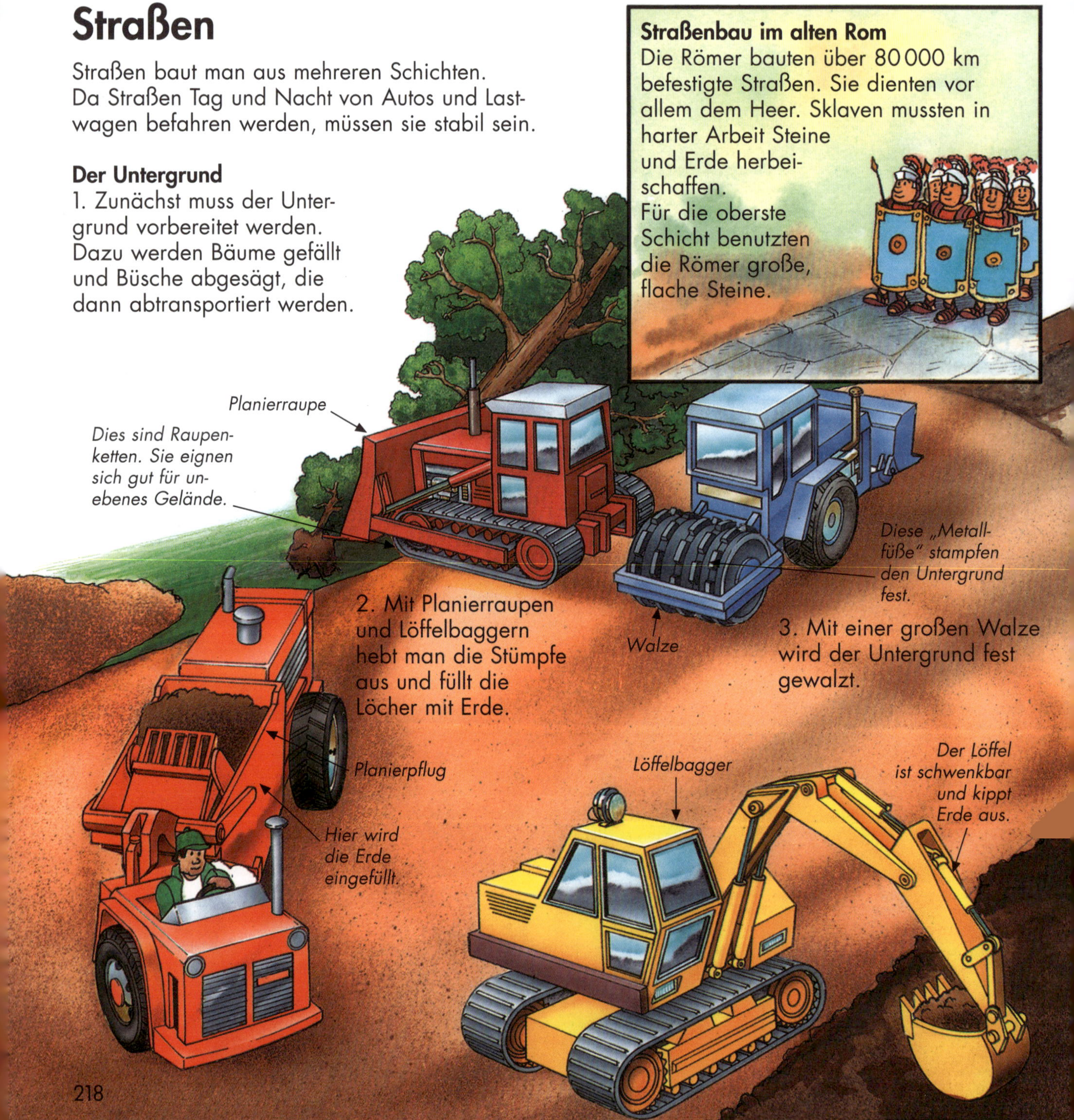

2. Mit Planierraupen und Löffelbaggern hebt man die Stümpfe aus und füllt die Löcher mit Erde.

3. Mit einer großen Walze wird der Untergrund fest gewalzt.

Der Bau beginnt
Schotter wird auf den festen Untergrund gefüllt und mit einem Planiergerät geebnet.

Weniger Steigung
Auf steilen Straßen fährt man nicht so gut. Also werden steile Hänge abgeflacht, indem Erde oben abgetragen und weiter unten wieder aufgeschüttet wird.

Fertigstellung
1. Heißer Asphalt wird von einem sogenannten Asphaltfertiger auf den Untergrund aufgetragen und gleichmäßig verteilt.

Straßenrekorde

Die USA verfügen über das größte Straßennetz (über 6 Millionen km lang). Es würde also 162-mal um die gesamte Erde reichen.

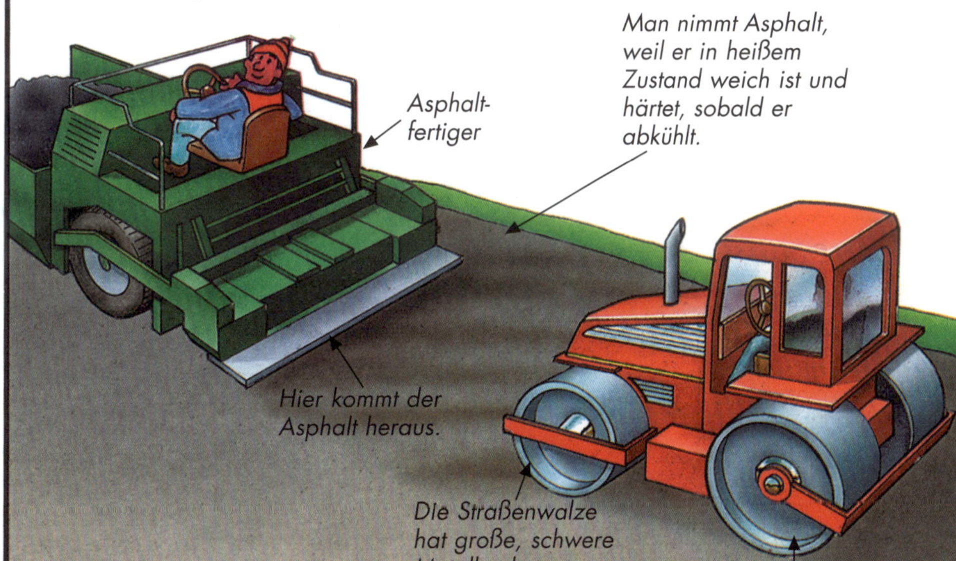

2. Eine schwere Straßenwalze walzt den Asphalt fest. Es werden mehrere Asphaltschichten aufgetragen.

3. Auf die oberste Schicht kommt Splitt. Er macht die Oberfläche rauer und griffig für Autoreifen.

Brücken

Brücken müssen so stabil sein, dass auch Lastwagen oder Züge darüber fahren können. Hier wird gezeigt, wie man eine Brücke über eine Straße baut.

1. Zunächst werden die Widerlager an den beiden Enden errichtet. Dazwischen werden dicke Brückenpfeiler gebaut.

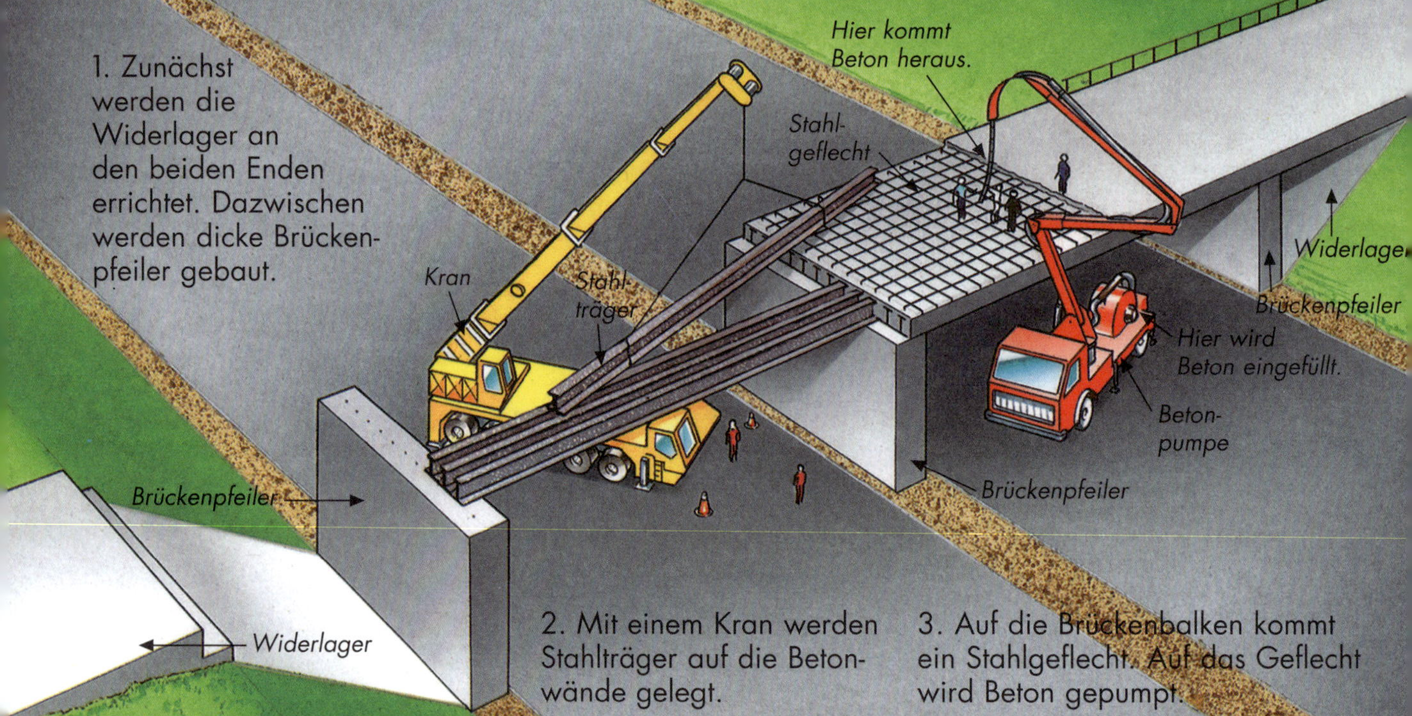

2. Mit einem Kran werden Stahlträger auf die Betonwände gelegt.

3. Auf die Brückenbalken kommt ein Stahlgeflecht. Auf das Geflecht wird Beton gepumpt.

Steinbrücken

Früher baute man Steinbrücken mit Gewölbebögen, die miteinander verbunden wurden. So entstanden kilometerlange Brücken.

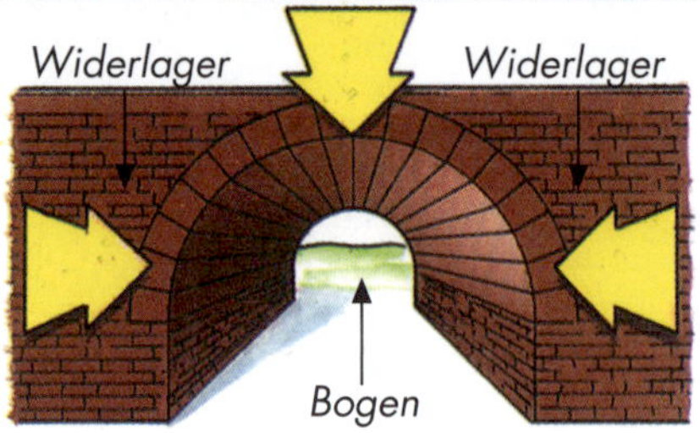

Die Bögen ruhen jeweils auf zwei dicken Widerlagern. Damit gewinnt die Brücke Stabilität, wenn sie belastet wird.

Für eine „Papierbrücke" brauchst du zwei Stapel Bücher als Widerlager. Das Papier ergibt einen stabilen Bogen.

Wie man eine Brücke über einen Fluss baut

Breite Flüsse mit einer Brücke zu überspannen, ist recht schwierig. Darum werden zunächst mehrere Stützpfeiler gebaut.

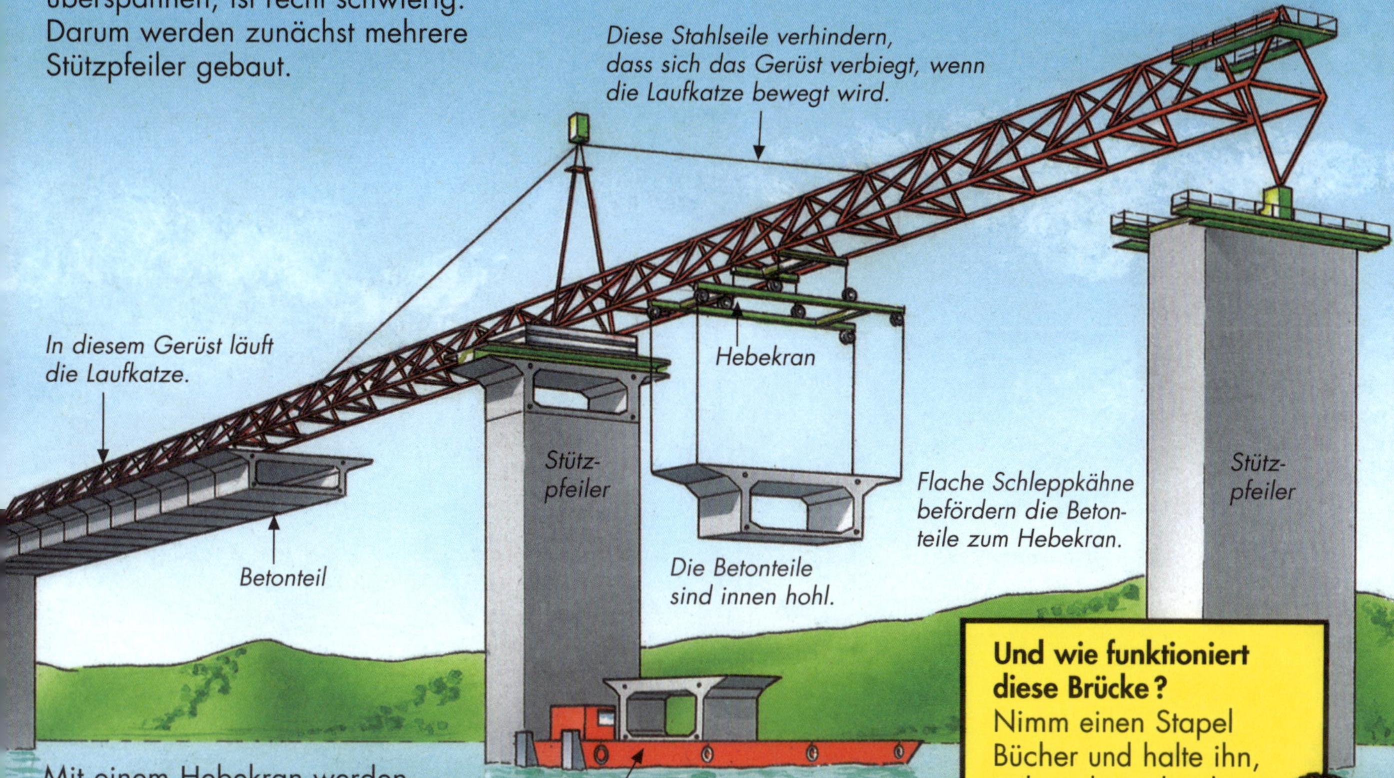

Mit einem Hebekran werden die Betonfertigteile hochgehievt. Diese werden innen mit dicken Stahlseilen miteinander verbunden.

So wird die Brücke stabil

Liegen alle Betonteile an der richtigen Stelle, werden sie mit Stahlseilen verstärkt. Die Seile werden an den Enden mit Stahlplatten versehen, damit sie nicht verrutschen können. Mit einer Maschine werden die Seile gespannt, um die Betonteile fest zusammenzuziehen.

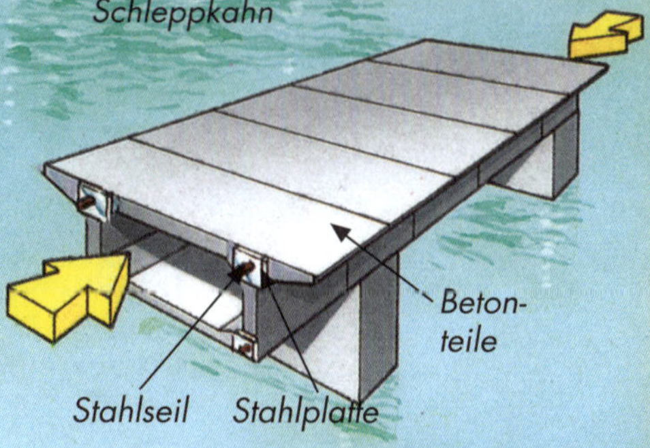

So miteinander verbundene Betonteile verschieben sich auch dann nicht, wenn Lastwagen darüberfahren.

Und wie funktioniert diese Brücke?
Nimm einen Stapel Bücher und halte ihn, indem du an beiden Enden dagegendrückst. So kannst du den ganzen Stapel mühelos hochheben, ohne dass die Bücher verrutschen.

Deine Brücke hält! Jedenfalls solange du an beiden Enden fest genug dagegendrückst.

Hängebrücken

Hier siehst du eine Hängebrücke. Die Straße ist an zwei dicken Stahlkabeln „aufgehängt".

1. An beiden Ufern werden zwei hohe Pfeiler errichtet. Die Kabel verlaufen über den Kabelsattel. Die Kabelenden sind in Betonblöcken am Ufer verankert.

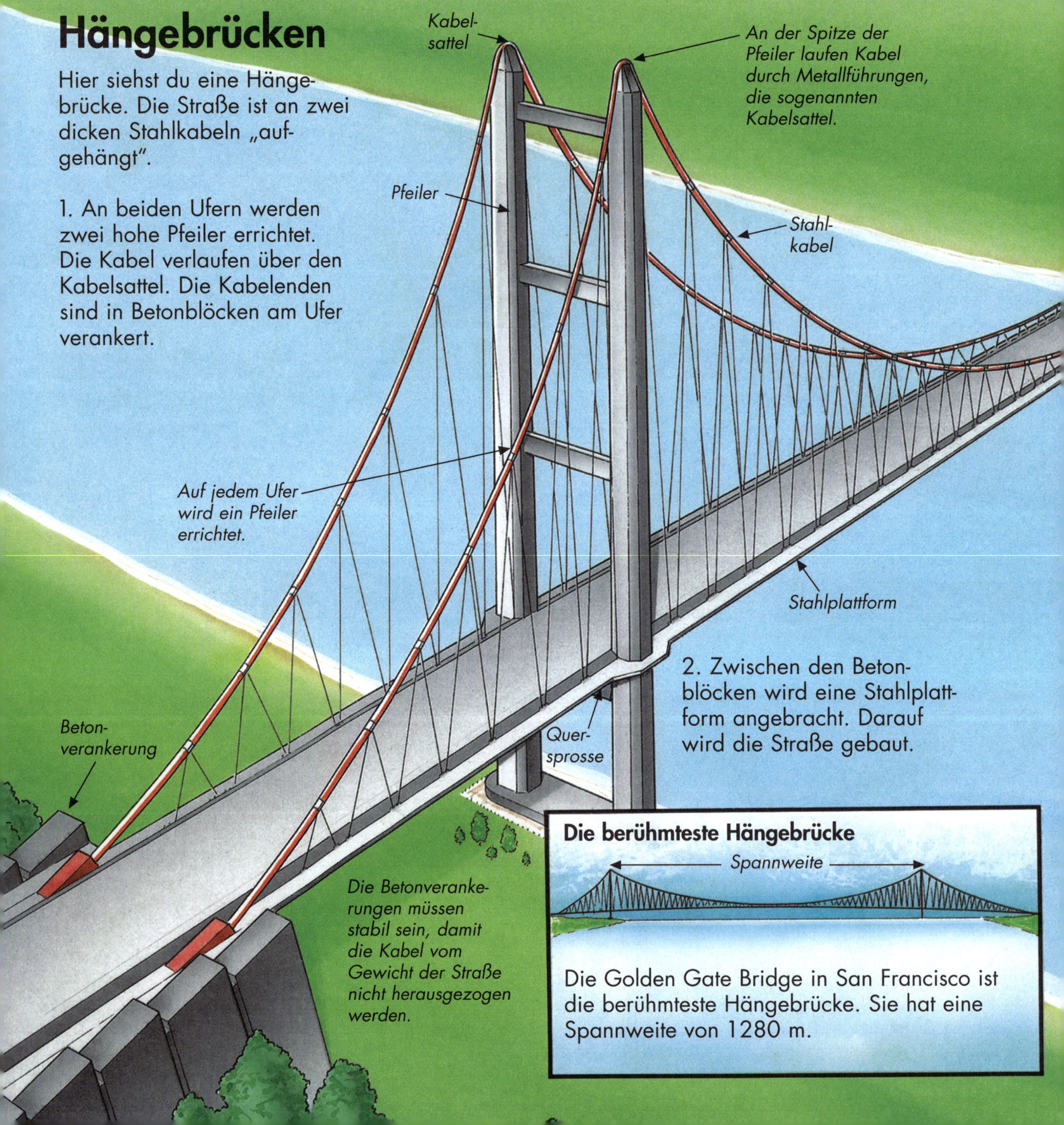

2. Zwischen den Betonblöcken wird eine Stahlplattform angebracht. Darauf wird die Straße gebaut.

Die berühmteste Hängebrücke

Die Golden Gate Bridge in San Francisco ist die berühmteste Hängebrücke. Sie hat eine Spannweite von 1280 m.

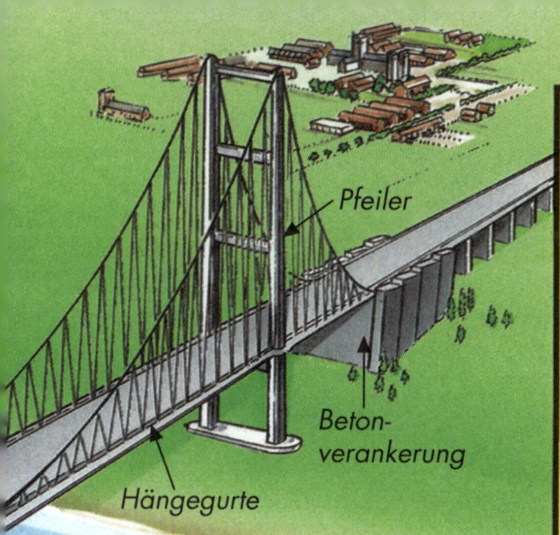

3. Die Stahlplattform ist durch stählerne Hängegurte mit dem Stahlkabel verbunden. So wird die Straße gehalten und verbiegt oder bricht nicht.

So wird eine Straße gebaut

1. Zwischen den Brückenpfeilern werden Drahtgerüste angebracht. Man entfernt sie erst, wenn die Brücke fertig ist.

2. Die Gerüste braucht man, um die Stahlkabel zwischen den Brückenpfeilern anzubringen, um Hängegurte daran zu befestigen.

3. Der Hebekran hievt Stahlfertigteile hoch. Diese Teile, die die Brückenplattform bilden, werden an den Hängegurten befestigt.

Die Plattform wird fertiggestellt

Wenn alle Stahlfertigteile angebracht sind, steigen Arbeiter in das Innere und verschweißen die Teile miteinander.
Das funktioniert so:

1. Schweißdrähte werden in die Zwischenräume gelegt.

2. Die Drähte werden elektrisch geschmolzen.

3. Das flüssige Metall füllt die Lücken aus und ist nach dem Abkühlen fest.

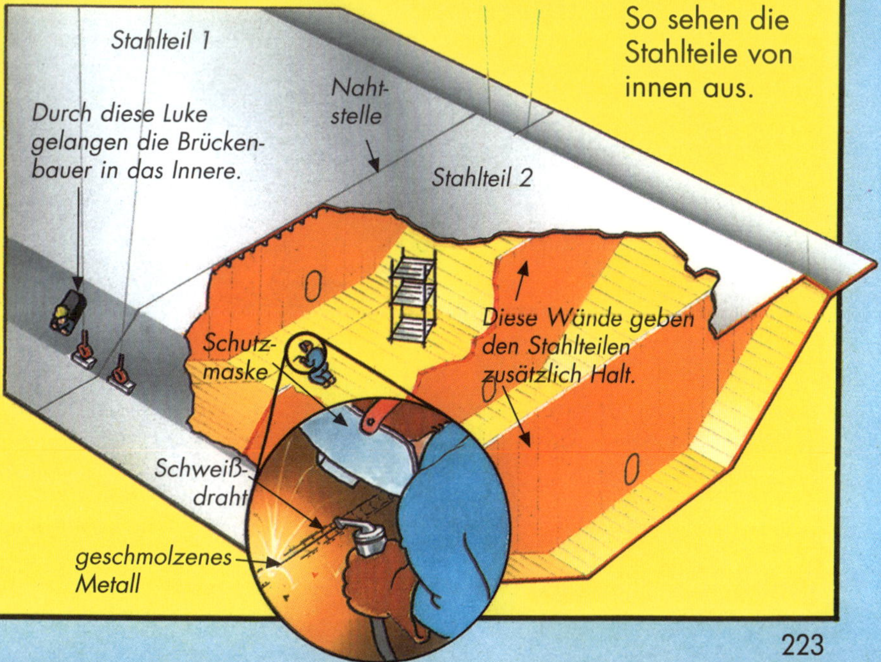

So sehen die Stahlteile von innen aus.

Staudämme

Flüsse können über die Ufer treten oder austrocknen. Um dies zu verhindern, werden Staudämme gebaut. Ein Fluss, der durch einen Damm aufgestaut wird, bildet einen großen See, einen sogenannten Stausee.

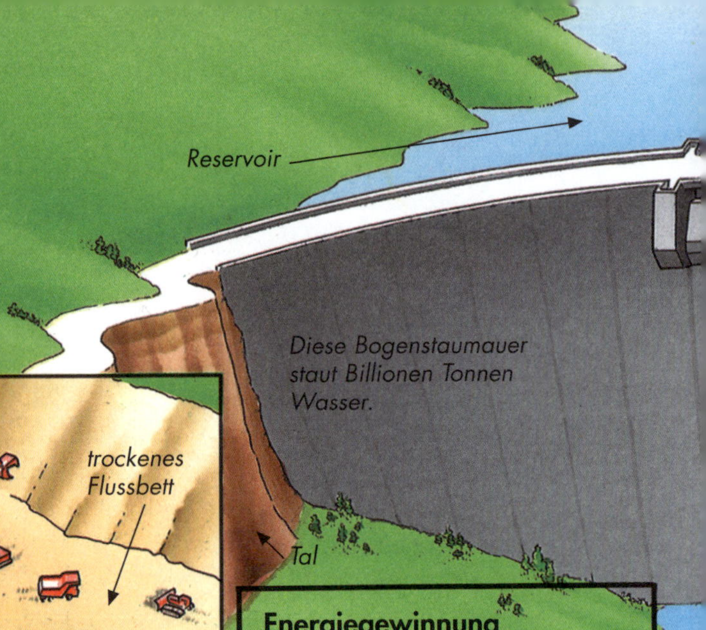

So wird der Damm gebaut

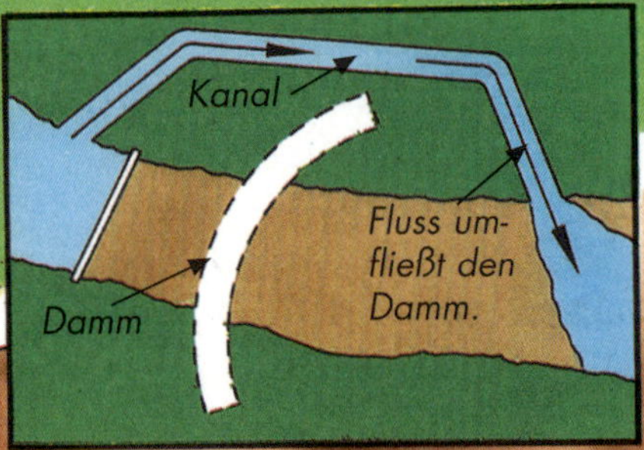

1. Vom Fluss aus werden unterirdisch Kanäle gezogen, durch die das Wasser abfließt.

2. Mit Maschinen wird das trockene Flussbett ausgehoben, bis man auf Gestein stößt.

3. Die Staumauer wird aus Betonblöcken erstellt, die in den Gesteinsuntergrund eingebunden werden.

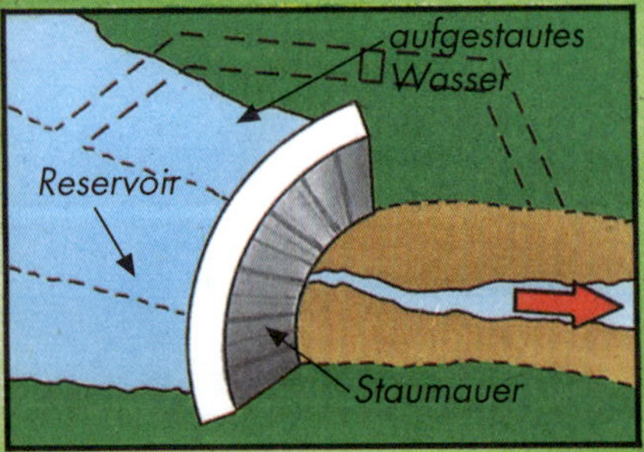

4. Die unterirdischen Kanäle werden mit Beton gefüllt. Das Wasser fließt wieder ins Flussbett und wird vom Damm aufgestaut. Große Wassermengen bilden ein Reservoir.

Energiegewinnung

Schnell strömendes Wasser besitzt sehr viel Kraft. Diese Kraft wird in Wasserkraftwerken in Strom umgewandelt. Man errichtet Kraftwerke am Fuß eines Dammes und führt ihnen durch Rohre Wasser zu.

Gestein wird gesprengt

1. Mit einem großen Bohrgerät werden Löcher in den Fels gebohrt.

2. In die Löcher kommt Sprengstoff. Er wird durch Elektrodrähte mit einem Zündgerät verbunden.

3. Am Zündgerät wird ein Hebel betätigt und die Zündung ausgelöst.

4. Der Sprengstoff explodiert. Bis zu 10 000 Tonnen Gestein werden gelöst.

Maschinen für den Dammbau

Diese Maschinen benötigt man für das Ausbaggern des Flussbetts.

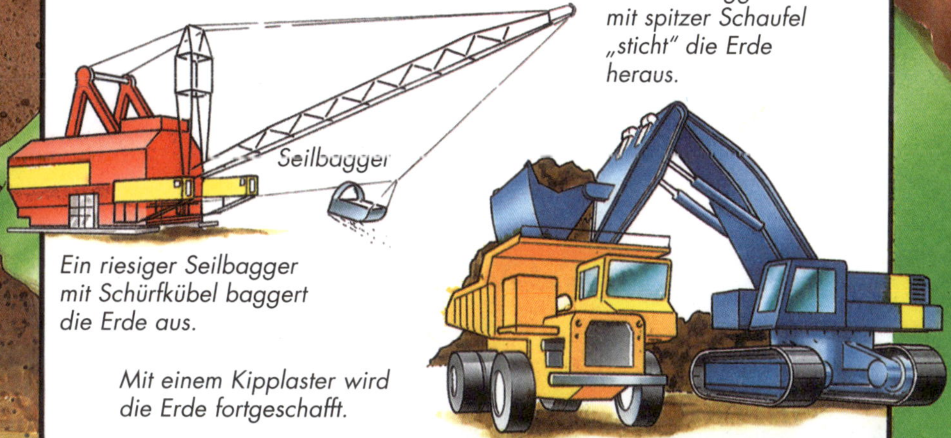

Ein Löffelbagger mit spitzer Schaufel „sticht" die Erde heraus.

Ein riesiger Seilbagger mit Schürfkübel baggert die Erde aus.

Mit einem Kipplaster wird die Erde fortgeschafft.

Tunnel

Ein Tunnel kann durch einen Berg, aber auch unter Flüssen, Seen, ja sogar unter dem Meer gebaut werden. Einige Tunnel sind so groß, dass Autos und Züge hindurchfahren können. Große Tunnel werden mit Spezialmaschinen gebaut, den **T**unnel-**B**ohr-**M**aschinen – TBM.

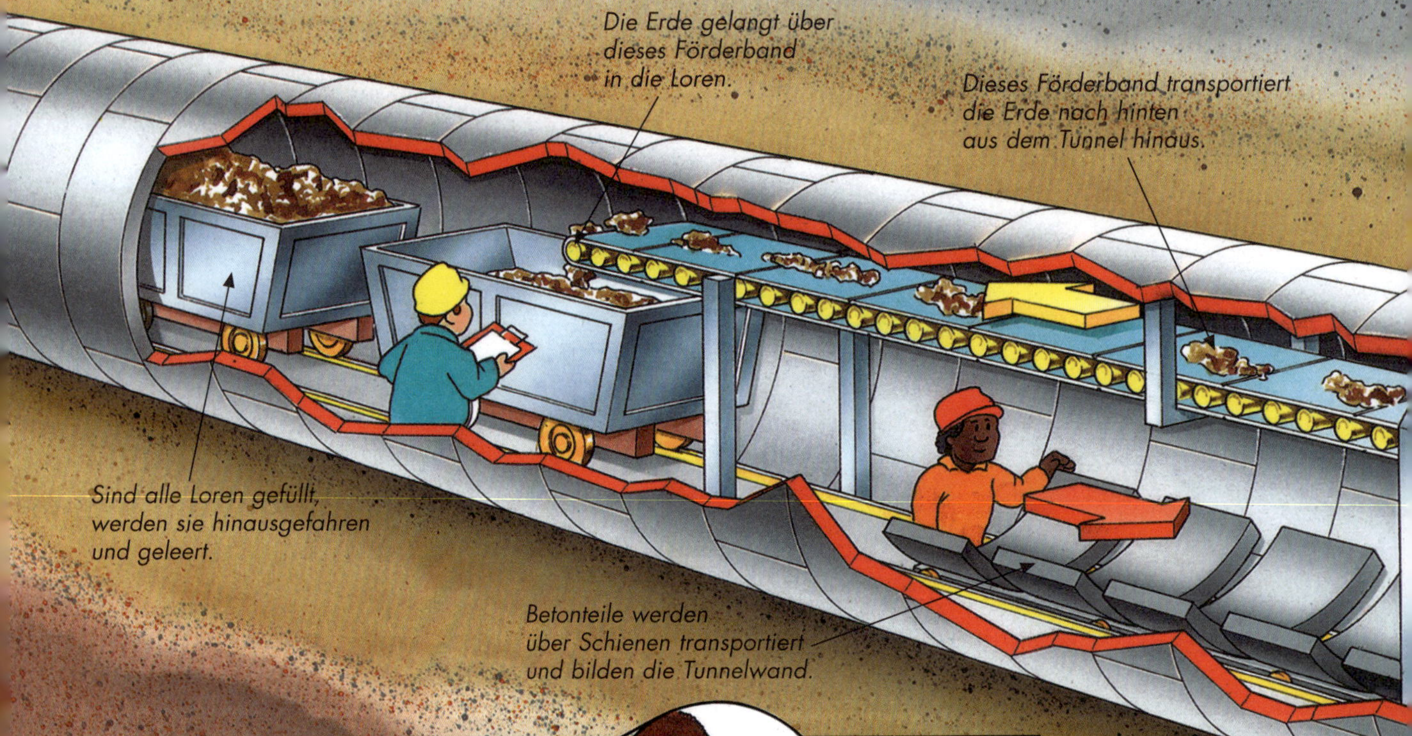

Mini-Tunnel
Tunnel für Rohre und Abflüsse sind vergleichsweise klein. Zum Teil werden sie mit ferngesteuerten Bohrern angelegt, die von einer Kabine über der Erde bedient werden.

Der Eurotunnel
Der Eurotunnel, der England und Frankreich verbindet, wurde 1994 fertiggestellt.
Züge befördern Menschen, Autos und Güter durch den Eurotunnel. Er ist 51,8 km lang.

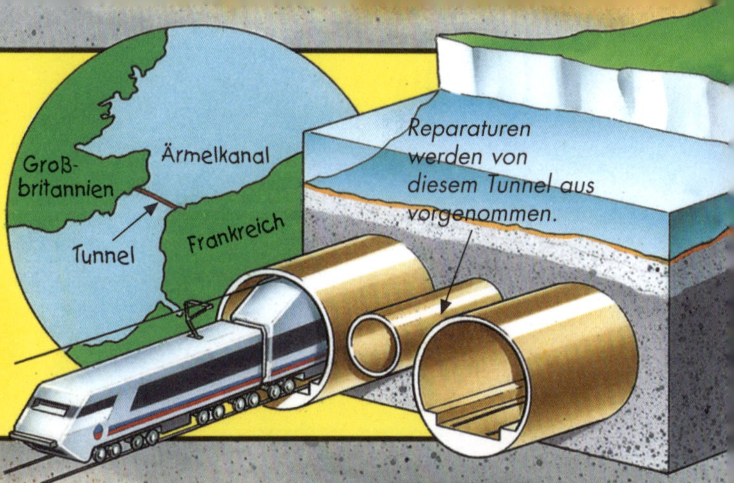

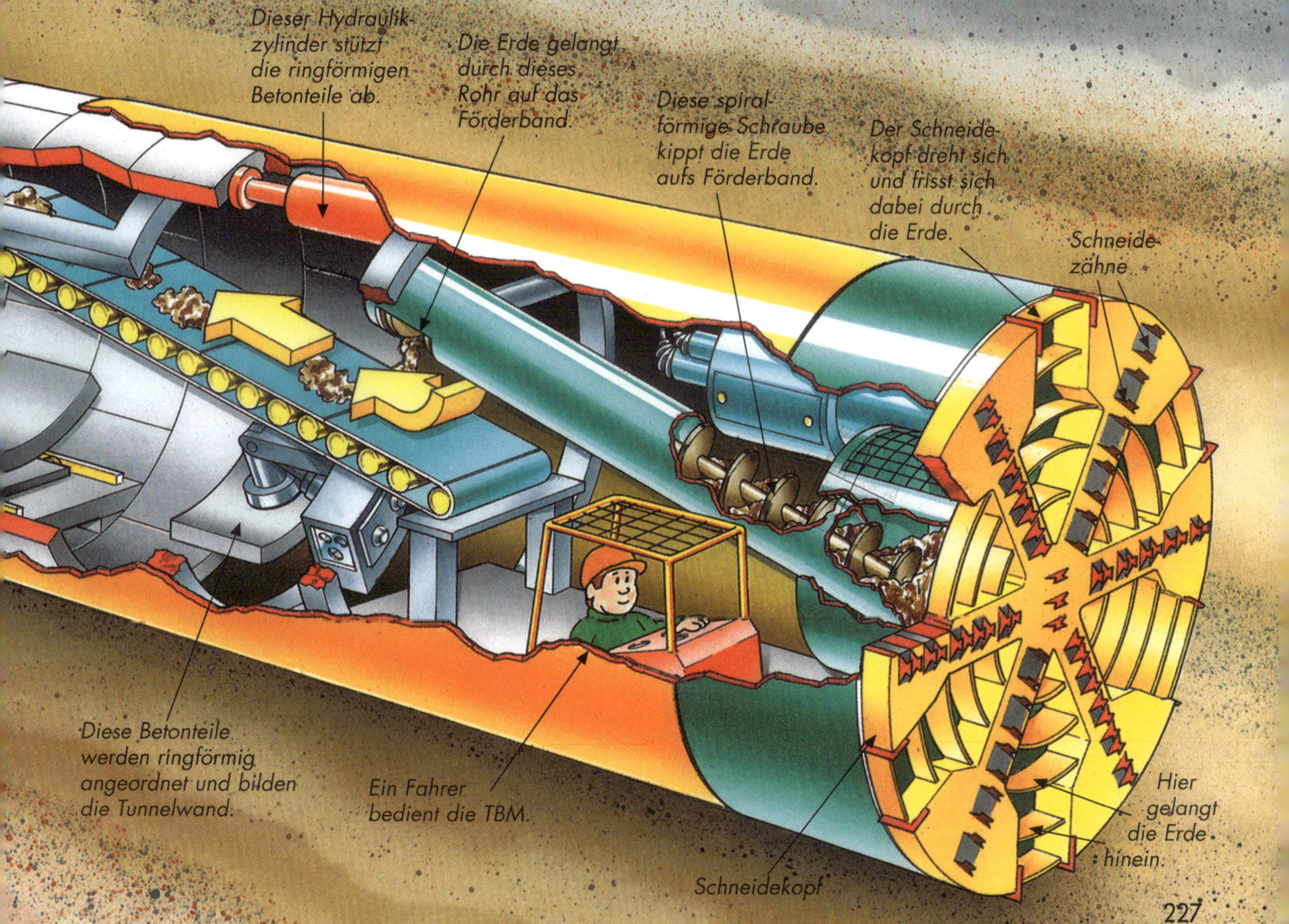

Bohrinseln

Auf Bohrinseln wird unter dem Meer lagerndes Öl gefördert. Die Bohrgeräte befinden sich auf einer Plattform, deren Pfeiler auf dem Meeresboden stehen. Auch bei rauer See muss die Plattform stabil bleiben.

Die Plattform wird errichtet

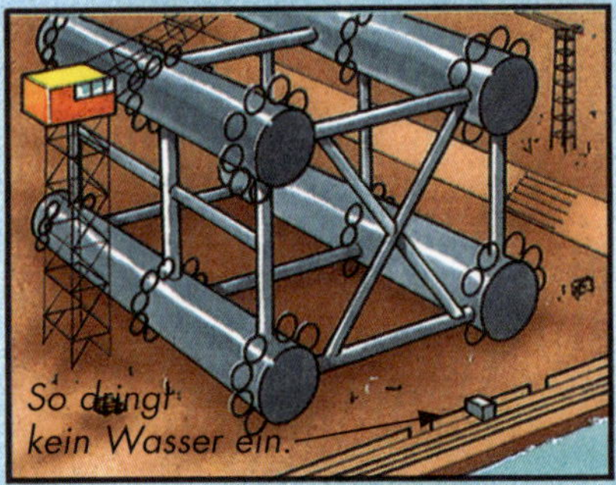

1. Die Plattform wird in einem Trockendock gebaut.
Die Schotten (Tore) sind geschlossen, um kein Wasser eindringen zu lassen.

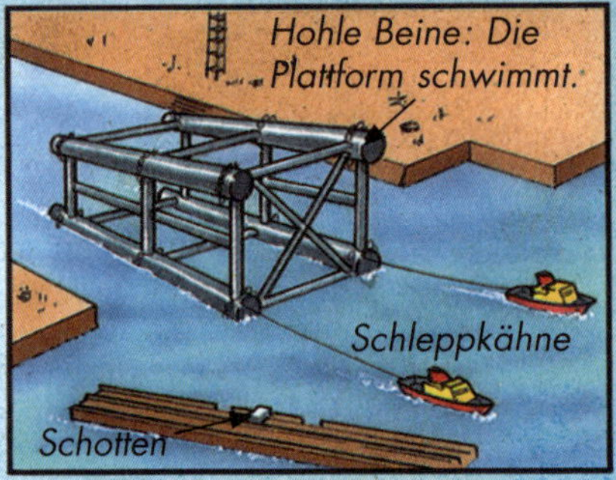

2. Die Schotten werden geöffnet, damit Wasser in das Deck hineinfließen kann.
Die Plattform wird auf See geschleppt.

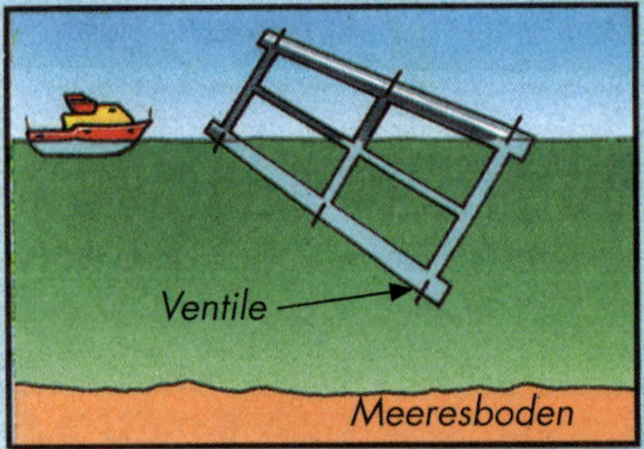

3. In den Beinen der Plattform werden Ventile geöffnet, damit Wasser einfließen kann. Die Beine sinken auf den Meeresboden.

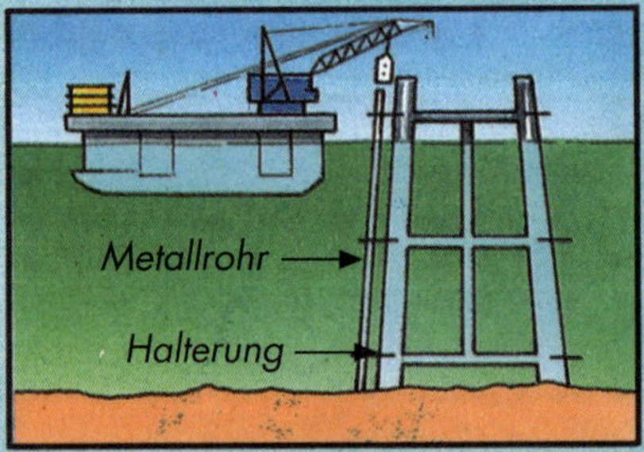

4. An jedem Bein werden in Halterungen Rohre befestigt. Sie reichen weit in den Meeresboden hinein und verankern die Plattform.

5. Kähne befördern den Aufbau und die Wohncontainer auf die Plattform. Mit einem Schwimmkran werden sie hinaufgehievt.

Bauen unter Wasser

Taucher nehmen unter Wasser Reparaturarbeiten an der Ölplattform vor. Durch einen dicken Schlauch werden sie mit Sauerstoff versorgt. Für den Notfall sind sie zusätzlich mit Sauerstoffflaschen ausgerüstet.

Diesen Sauerstoffschlauch nennt man auch Nabel.

Sauerstofftank für den Notfall

Starker Wellengang beschädigt die Ölplattform häufig. Die Taucher suchen sie nach Rissen und Roststellen ab. Schadhafte Stellen werden geschweißt.

Kleines ABC der Baustoffe

	Bezeichnung	Herkunft/Herstellung	Verwendungszweck
	**Asphalt:** schwarz; Gemisch aus Bitumen und Gestein	Wird hergestellt, indem zerkleinertes Gestein mit heißem Bitumen vermischt wird.	Dient als Belag für Straßen, da er eine sehr feste Schicht ergibt.
	**Bitumen:** zähe, klebrige, ölhaltige Masse	Ist in Schiefer enthalten oder wird aus Erdöl gewonnen.	Wird mit Kies vermischt und zu Asphalt für Straßen verarbeitet.
	**Dachpappe:** schwarzes, wasserdichtes Material	Wird hergestellt, indem Pappe mit Bitumen getränkt wird.	Verhindert, dass Feuchtigkeit in Wände dringt.
	**Ziegelstein:** sehr feste Form aus Tonerde	Tonerde wird zu Steinen geformt. Diese kommen in einen Brennofen, um sie zu härten.	Werden für den Bau von Wänden gebraucht. Als Bindemittel dient Mörtel.
	**Zement:** feiner Puder	Wird aus Kalk und Ton hergestellt. Diese Stoffe werden vermischt, gebrannt und härten dann.	Dient als Bindemittel von Sand und Steinen. Wird für Beton und Mörtel verwandt.
	**Beton:** künstlich hergestellter Stein	Wird hergestellt, indem Kies, Zement und Wasser vermischt werden. Bindet ab und wird dadurch hart.	Dient zur Errichtung verschiedener Bauten, wie Fundamente, Pfeiler, Wände und Brücken.

	Bezeichnung	Herkunft/Herstellung	Verwendungszweck
	**Mörtel:** sandige Masse, die sehr fest wird	Wird hergestellt, indem Sand, Zement und Wasser vermischt werden.	Wird zum Beispiel für die Errichtung von Steinbrücken verwandt.
	**Gips:** Masse, die hart und glatt wird, wenn sie trocknet	Findet sich in bestimmtem Gestein. Wird zu einem feinen Puder verarbeitet und dann mit Sand und Wasser vermischt.	Dient zum Verputzen von Stein- und Betonwänden.
	**Gipsbauplatten:** harte Platten	Wird hergestellt, indem Gips zwischen zwei Pappplatten gepresst wird.	Wird für Decken und teilweise auch für Innenwände benutzt.
	**Stahlbeton:** sehr stabiler Beton	Wird hergestellt, indem Beton mit Stahlgeflecht oder -stangen verstärkt wird.	Wird wegen seiner besonderen Festigkeit für nahezu jedes Bauwerk verwendet.
	**Stahl:** sehr hartes Metall	Wird hergestellt, indem Eisen in einem Brennofen erhitzt wird.	Stahlplatten werden miteinander verschweißt und für Brücken, Ölplattformen und Wolkenkratzer verwendet.
	**Bauholz:** von Rinde befreite Baumstämme	Bäume werden gefällt und zersägt, sodass man die gewünschten Bauteile erhält.	Wird für Fußboden und Dachgerüst gebraucht. Manche Gebäude bestehen auch ganz aus Holz.

Wissenswertes und Rekorde

Häuser
In Frankreich hat man 21 Hütten – die ältesten Behausungen – entdeckt. Sie sind ungefähr 400 000 Jahre alt.
Das größte Privathaus steht in den USA. Es hat 250 Zimmer und einen Garten, der fast so groß ist wie sieben Fußballfelder.
Das kleinste Steinhaus steht in England, es ist nur 1,50 m lang, 1,20 m breit und 90 cm hoch.
Das Gebäude mit der größten Bodenfläche ist ein Blumenmarkt in Holland, so groß wie 50 Fußballfelder: fast 400 000 m^2.

Wolkenkratzer
Der erste Stahlgerüst-Wolkenkratzer, das Home Insurance Building, wurde 1885 in Chicago, USA, gebaut.
Die höchsten Wolkenkratzer sind:

Burdsch Khalifa	828 m
Taipeh 101, Taiwan	508 m
Petronas-Zwillingstürme, Kuala Lumpur, Malaysia	451,9 m
Sears Tower, Chicago	443 m
Empire State Building, New York	381 m
Standard Oil Building, Chicago	346 m
John Hancock Center, Chicago	343 m
Chrysler Building, New York	319 m

Der Sears Tower hat 110 Stockwerke, 103 Aufzüge und 16 000 Fenster. Dort sind rund 17 000 Menschen beschäftigt – die Einwohner einer Kleinstadt.

Straßen
Das sind die Länder mit dem längsten Straßennetz:

USA	6 365 590 km
Kanada	3 002 000 km
Frankreich	1 502 000 km
Brasilien	1 411 936 km
Russland	1 408 800 km

Die Bundesrepublik verfügt über 489 000 km.
Die längste Landstraße der Welt ist 27 387 km lang und führt von Alaska nach Brasilien.
Es ist der Pan American Highway.

Brücken
Die älteste Hängebrücke wurde um 400 nach Christus gebaut. Sie führte über den Indus.
Eine zweigeschossige Straßen- und Bahnbrücke verbindet die Inseln Honschu und Schikoku (Japan) miteinander. Die gesamte Hängelänge beträgt 3910 m.
Die meisten Brücken Europas hat Hamburg, nämlich über 2300. Sie führen über Wasser, Straßen und Schienen.

Tunnel
Der längste Tunnel ist der West-Delaware-Wasserversorgungskanal in New York. Er ist fast 169 km lang.

Bohrinseln
Die größte Ölförderanlage, die fast 493 m hoch ist, wird gerade im Golf von Mexiko gebaut. Derzeit ist die 385 m hohe Plattform „Cognac" noch die größte Anlage.

Staudämme
Der stärkste Damm ist der 245 m hohe Sajano-Schuschenskaja-Damm am Jenissej (Russland). Er hat ein Fassungsvermögen von 31,3 Mrd. m^3 und hält einer Belastung von 18 Mio. t stand.

Tiere und Pflanzen

Tiere und Pflanzen

Säugetiere

Katzen

Hunde

Kleintiere

Vögel

Insekten und andere kleine Tiere

Schmetterlinge

Fische

Bäume

Blumen

Säugetiere

In der Nähe des Leoparden hat sich eine Waldmaus versteckt. Findest du die übrigen 15 Waldmäuse, die auf den folgenden 22 Seiten versteckt sind?

Was sind Säugetiere?

Pandas gehen auf der ganzen Fußsohle.

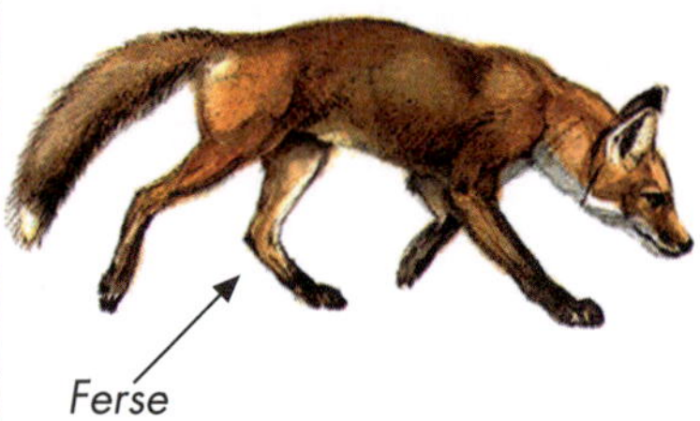

Füchse gehen auf den Zehen.

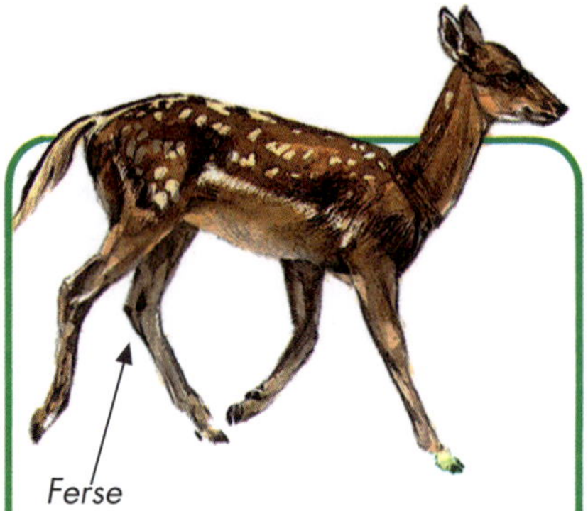

Hirsche gehen auf den Zehenspitzen.

Daran erkennt man Säugetiere

Säugetiere sind die einzigen Tiere, die ein Fell oder Haare haben. Nur Säugetiermütter säugen mit Milch ihre Jungen. Alle Säugetiere atmen Luft, auch wenn sie wie die Wale im Wasser leben.
Säugetiere haben auch immer die gleiche Körpertemperatur, egal ob es draußen heiß oder kalt ist. Die meisten Säugetiere gehen auf vier Füßen; es gibt aber auch Säugetiere, die fliegen beziehungsweise schwimmen können.
Fledermäuse sind fliegende Säugetiere, Wale sind schwimmende Säugetiere.
Manche Säugetiere ernähren sich nur von Pflanzen, wie zum Beispiel Rehe, Kühe oder Pferde.
Andere Säugetierarten jagen Tiere und fressen ihre Beute. Ihrer Nahrung entsprechend sind auch ihre Zähne geformt. Pflanzenfresser haben flache Mahlzähne; Fleischfresser wie der Fuchs haben dagegen scharfe, dolchartige Reißzähne.
Säugetiere kümmern sich liebevoll und fürsorglich um ihre Jungen. Sie sorgen für Nahrung, halten sie sauber und beschützen sie vor Feinden.
Fast alle Säugetiere sind lebendgebärend. Nur Schnabeltier und Ameisenigel legen Eier, aber auch dieser Nachwuchs wird mit Milch gesäugt.
Die meisten Säugetiere leben in Gruppen zusammen.

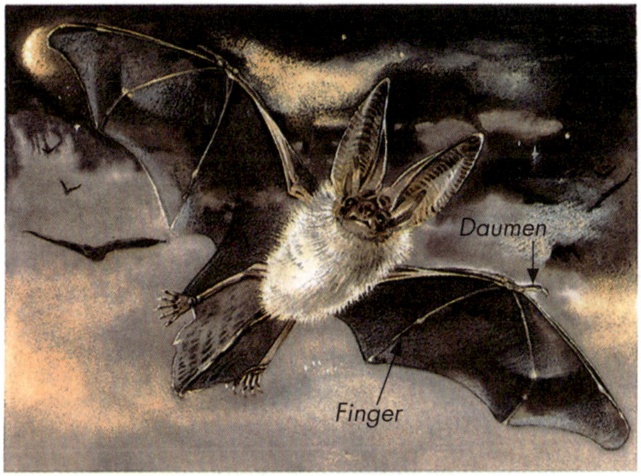

Fledermäuse sind die einzigen Säugetiere, die fliegen können. Sie gebrauchen ihre Arme als Flügel. Die Flügelfläche besteht aus Haut, die zwischen den Arm- und Fingerknochen ausgespannt ist.

Kängururatten können mit ihren langen Hinterbeinen gewaltige Sprünge machen. Ihr Schwanz hält sie dabei im Gleichgewicht.

Klammeraffen benützen ihren kräftigen Schwanz als zusätzlichen Arm. Sie schlingen die Schwanzspitze um einen Ast und schwingen dann durch die Baumkronen.

Säugetiere bei Nacht

Über die Hälfte aller Säugetiere sind Nachttiere.

Der Koboldmaki hat riesige Augen und große Ohren. Damit kann er bei Nacht gut sehen und hören. Er turnt durch die Baumkronen und fängt Insekten und Kleintiere.

Viele Säugetiere haben auf dem Augenhintergrund eine Schicht, die das Licht zurückwirft. Damit können sie bei Nacht besser sehen. Deswegen leuchten auch ihre Augen, wenn sie angestrahlt werden.

Der Dachs gebraucht seinen scharfen Geruchssinn und sein gutes Gehör, wenn er bei Nacht Nahrung sucht. Mit seiner empfindlichen Schnauze erschnüffelt er sie.

Die meisten Fledermäuse ernähren sich von Nachtinsekten. Diese Große Hufeisennase fängt Fliegen, Käfer und Nachtschmetterlinge. Mit nadelspitzen Zähnen zerkleinert sie ihre Beute.

Gleitbeutler fressen nachts Blüten und Insekten. Sie breiten die Flughaut zu beiden Seiten ihres Körpers aus und gleiten lautlos von einem Baum zum anderen.

Der Rotfuchs jagt bei Nacht. Wenn er im Gras eine Maus hört und riecht, macht er einen Luftsprung. Zielsicher landet er mit seinen Vorderpfoten auf der Maus.

Wo Säugetiere wohnen

Säugetiere bauen sich ein „Heim", in dem sie es warm und trocken haben und vor Feinden geschützt sind.

Kaninchen graben einen Bau mit vielen Gängen in die Erde. In diesen Bau flüchten sie vor ihren Feinden.

Eine weibliche Zwergmaus baut ein Heim für ihre Jungen. Sie reißt dazu Grasblätter in Streifen und flicht daraus ein rundes Nest. Darin ist es trocken und warm.

Die Jungen werden mitten im Winter geboren.

Eine Eisbärin gräbt eine Höhle in den Schnee und überwintert darin. Sie kommt erst wieder heraus, wenn es im Frühling wärmer wird.

Schimpansen bauen sich nur ein Nest zum Schlafen, weit oben in der Baumkrone. Sie biegen Zweige zusammen und machen sich daraus ein Kissen.

Der Maulwurf verbringt den größten Teil seines Lebens in seinem Bau. Seine Vorderbeine benützt er als Schaufeln und gräbt damit Gänge in die Erde.

Wie Säugetiere Partner finden

Paarungsbereite weibliche Säugetiere sondern oft einen Geruchsstoff ab. Hier schnuppert ein Zwergmausmännchen an einem Weibchen, um festzustellen, ob es zur Paarung bereit ist.

Tiger spielen vor der Paarung miteinander. Diese Tigerin fordert den Tiger auf, sich mit ihr zu paaren. Sie beißt ihn zärtlich und reibt dann ihren Körper an ihm.

Einmal im Jahr treibt der männliche Rothirsch einige Hirschkühe zu einer Herde zusammen, um sich mit ihnen zu paaren. Er röhrt laut, um anderen Hirschen seine Stärke zu zeigen. Röhrt ein anderer Hirsch ebenso oft, tragen die beiden einen Kampf mit den Geweihen aus. Der Sieger darf sich mit den Hirschkühen paaren.

Eine männliche Antilope, wie dieser Wasserbock, muss dem Weibchen vor der Paarung einen Tanz vorführen.

Männchen *Weibchen* *Männchen* *Weibchen*

1 Der männliche Wasserbock hält seinen Kopf erhoben, um seinen weißen Kehlfleck zu zeigen. Er streckt auch die Vorderbeine aus, um die schwarzen Streifen vorzuweisen.

2 Dann streckt er sein Vorderbein fast waagerecht nach vorn. Dabei stößt er die weibliche Antilope zärtlich in die Seite. Wenn sie stehen bleibt, ist sie breit sich mit ihm zu paaren.

Bei den Rotfüchsen tanzen Männchen und Weibchen miteinander, ehe sie sich paaren. Sie stehen auf den Hinterbeinen und halten sich an den Vorderbeinen. Dabei bringen sie mit offenem Maul schnatternde Töne hervor.

Wie die Jungen zur Welt kommen

Nachdem sich ein weibliches Säugetier mit einem männlichen gepaart hat, wächst in seinem Körper ein Junges heran. Die meisten jungen Säugetiere bleiben so lange im Körper der Mutter, bis alle Teile ihres Körpers ausgebildet sind. Erst dann sind die Jungen geburtsreif.

Ein junges Zebra kann nach der Geburt schon sehen, hören und riechen. Sein ganzer Körper ist mit Fell bedeckt. Etwa eine Stunde nach der Geburt kann es auch schon laufen. Es bleibt aber noch ganz nah bei seiner Mutter. Sie schützt es vor Feinden.

Neugeborene Haselmäuse sind noch ganz hilflos: Sie sind blind, taub und nackt. Sie kommen in einem Nest zur Welt; dort liegen sie warm und sind vor Feinden geschützt.

Einige Säugetiere werden in einem sehr wenig entwickelten Zustand geboren. Die meisten von ihnen vollenden ihre Entwicklung in einem Beutel am Körper des Muttertiers.

So sieht die Geburtsöffnung vergrößert aus. Das Junge kriecht nach oben.

Unmittelbar nach seiner Geburt muss ein Känguru-Junges von der Geburtsöffnung in den Beutel seiner Mutter kriechen. Das dauert etwa drei Minuten. Das Neugeborene ist so klein, dass es in einen Teelöffel passen würde.

Blick ins Innere des Beutels

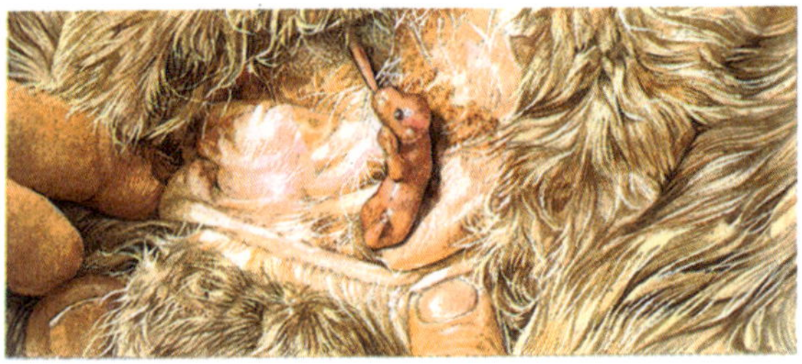

Das Junge hält sich an einer Zitze fest und saugt Milch von seiner Mutter. Es bleibt sechs Monate lang im Beutel. Erst dann ist es vollständig entwickelt.

Das Schnabeltier und der Ameisenigel sind ganz ungewöhnliche Säugetiere: Sie legen Eier. Das Junge entwickelt sich im Ei.

Das Schnabeltier legt seine Eier in ein Nest aus Gras und Blättern. Die Eier haben eine weiche Schale.

Das Nest befindet sich am Ende einer langen Höhle im Flussufer.

Wie die Jungen aufwachsen

Das Junge bleibt zwei bis drei Jahre bei seiner Mutter.

Säugetiere saugen Milch aus den Milchdrüsen der Mutter. Die Milchdrüsen bilden Milch, sobald das Junge geboren ist. Die Milch enthält alle Nährstoffe, die das Junge braucht.

Die meisten Säugetiermütter verwenden viel Zeit, um die Jungen abzulecken. Das hält sie sauber und gesund. Außerdem verstärkt es die Bindung zwischen Mutter und Kind.

Eine Tigerin trägt ihre Jungen mit den Zähnen an einen sicheren Platz. Das tut den Jungen nicht weh: Sie halten ganz still und die Mutter packt sie sehr vorsichtig.

Afrikanischer Elefant

Schneeziegen spielen gern mit ihrer Mutter und mit anderen Jungen. Dabei lernen sie, ihr Gleichgewicht zu halten und an steilen Berghängen zu klettern.

Diese Elefantenmutter beschützt ihr Kalb vor einem Feind. Der junge Elefant ist noch zu schwach, um sich selbst zu verteidigen. Er bleibt deshalb nah bei seiner Mutter.

Junge Feld- und Gartenspitzmäuse folgen ihrer Mutter, sobald sie etwa eine Woche alt sind. Dazu beißt sich jedes Tier am Hinterteil des vorausgehenden Tieres fest. So geht keines der Jungen verloren.

Säugetiere, die in Gruppen leben

Löwen leben in Rudeln. Die Löwinnen gehen meistens auf die Jagd. Außerdem füttern und pflegen sie die Jungen. Die männlichen Löwen sichern für das Rudel ein ausreichend großes Jagdrevier.

Schimpansen leben in Horden. Die Männchen verteidigen die Horde gegen Feinde. Sie sind oft mit anderen Männchen unterwegs und nehmen auch die Nahrung gemeinsam zu sich. Die Weibchen versorgen die Jungen.

Schimpansen teilen ihre Nahrung oft miteinander. Durch Anstarren zeigt ein Tier, dass es etwas haben möchte.

In jeder Horde gibt es einen Anführer. Oft tobt er mit viel Lärm herum. Damit zeigt er den anderen, dass er das Oberhaupt ist.

Dieser Schimpanse duckt sich vor einem ranghöheren. Er möchte damit beschwichtigend sagen: „Ich will dich nicht angreifen."

Schimpansen können mit einem Grashalm Termiten aus ihrem Nest herausstochern. Junge Tiere lernen es von ihren Eltern.

Schimpansen verwenden eine Menge Zeit, um sich gegenseitig das Fell zu pflegen. Dadurch bleiben sie sauber und gesund. Die Fellpflege ist auch Ausdruck der Freundschaft.

Säugetiere, die im Meer leben

Delfine, Wale und Seekühe sind die einzigen Säugetiere, die ihr ganzes Leben im Meer verbringen. Sie haben kaum Haare und keine Hinterbeine.

Ein Delfin kommt an die Wasseroberfläche, um durch seine Atemöffnung Luft zu holen.

Delfine haben lauter gleichartige Zähne. Damit können sie gut Fische festhalten.

Der Delfin hat eine ideale Körperform, um sich im Wasser schnell fortzubewegen. Mit seinem kräftigen Schwanz schlägt er auf und ab und treibt sich dadurch vorwärts. Zum Steuern benutzt er seine Brustflossen und die Rückenflosse.

Manche Wale haben keine Zähne. Stattdessen haben sie Reihen von Hornplatten, die Barten, die am Ende zu Borsten ausgefranst sind. Damit filtern sie winzige Tiere aus dem Meerwasser.

Junge Manatis werden im Wasser geboren und können sofort schwimmen. Sie saugen bei der Mutter Milch aus einer Zitze nahe der Vorderflosse.

Robben, Seelöwen und Walrosse verbringen nur einen Teil ihres Lebens im Meer. Sie haben flossenähnliche Hinterbeine und meistens ein kurzhaariges Fell.

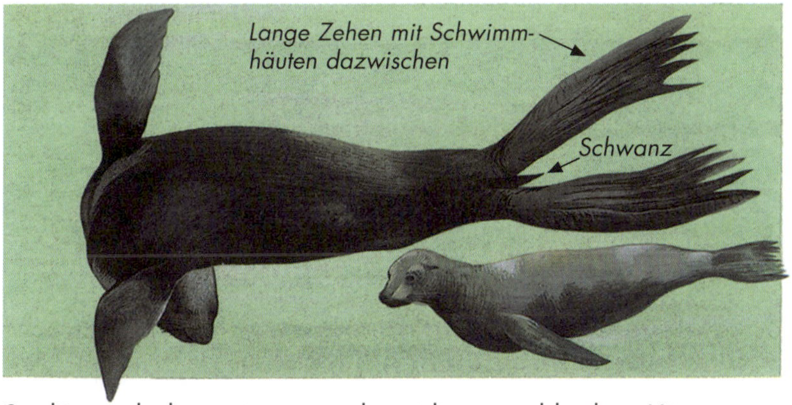

Seelöwen haben einen geschmeidigen, schlanken Körper. Sie können dadurch unter Wasser gut schwimmen. Mit den Vorderflossen rudern sie vorwärts, mit den Hinterflossen steuern sie. Ihr Schwanz ist nur kurz.

Das Walross benutzt seine langen Zähne, um Muscheln am Meeresboden auszugraben und loszureißen. Es gebraucht die Zähne auch als Waffe.

Robben, Seelöwen und Walrosse kommen jedes Jahr an Land, um sich zu paaren, Junge zu gebären und um ein neues Fell zu bekommen.

Hier kämpfen gerade männliche See-Elefanten um ein Revier am Strand. Sie paaren sich mit allen Weibchen in ihrem Revier.

Bilderrätsel

Das Kaninchen möchte in seinen Bau am anderen Ende des Irrgartens. Kannst du ihm den richtigen Weg dorthin zeigen? Er führt auch durch das Fleckenmuster der Giraffe.
Kennst du alle Säugetiere im Irrgarten mit Namen?

Lösung:
1 Kaninchen; 2 Maulwurf; 4 Schuppentier; 5 Fledermaus; 6 Giraffe; 7 Elefant; 8 Panda; 9 Känguru; 10 Zwergmaus; 11 Damhirsch; 13 Zebra; 14 Waschbär; 15 Eisbär; 17 Tiger; 18 Biber; 20 Walross; 22 Schimpanse; 23 Stachelschwein.
Die Tiere mit den Nummern 3, 12, 16, 19, 21, 24 und 25 sind keine Säugetiere.

Katzen

und ihre Jungen

Daumenkino: So läuft die Katze

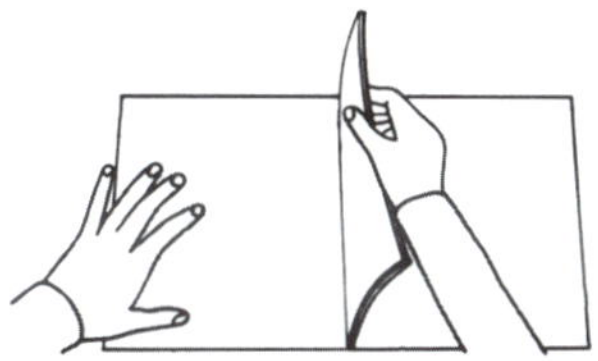

Halte die Seiten 259 bis 277 so, wie es hier gezeigt ist.

Blättere die Seiten schnell durch und achte dabei auf die rechte obere Ecke.

Hier oben siehst du, wie die Katze läuft.

Was man über Katzen wissen sollte

Wenn du eine Katze in der Wohnung halten möchtest, musst du einige wichtige Dinge beachten. Sind die anderen Hausbewohner mit deinem Plan einverstanden?

Eine Katze kann 20 Jahre alt werden. Du musst dich jeden Tag um sie kümmern und du darfst sie nicht einfach aussetzen, wenn sie dir lästig wird.

Wenn du länger als einen Tag weg bist, musst du dir jemanden suchen, der deine Katze versorgt.

Bedenke: Futter, Katzenstreu und Besuche beim Tierarzt kosten Geld!

Katzen brauchen Gesellschaft und lassen sich gern streicheln. Sie schnurren, wenn sie sich wohlfühlen, und sind sehr anschmiegsam, wenn man sich um sie kümmert.

Aber manchmal will deine Katze auch ihre Ruhe haben!

Es ist spannend, Katzen zu beobachten. Sie bewegen sich sehr anmutig. Du brauchst sie nicht spazieren zu führen, sie streifen gern allein herum. Deshalb ist es für sie auch gefährlich, wenn du an einer verkehrsreichen Straße oder Eisenbahnlinie wohnst. Weißt du, warum?

Katzen sind mit Löwen und Tigern verwandt und jagen wie diese gern im Freien.

Wenn du noch andere Tiere hast

Halte Fische oder andere kleine Haustiere außer Reichweite deiner Katze: Manche kleineren Tiere sterben vor Angst.

Wenn Hund und Katze aneinander gewöhnt sind, leben sie friedlich nebeneinander und können sogar Freunde werden.

Wenn du eine Katze möchtest

Am besten suchst du dir ein junges Kätzchen aus, das noch bei seiner Mutter ist. Du findest es über Anzeigen, Freunde, den Tierarzt oder das Tierheim. Nimm keine Katze von der Straße mit, sie ist vielleicht irgendwo zu Hause.

Langhaarige Katzen müssen oft gekämmt werden.

Rassekatzen werden wegen ihres Aussehens gezüchtet. Sie sind teuer und brauchen viel Pflege und Zuwendung.

Ist das Kätzchen 8 Wochen alt, kannst du es mit nach Hause nehmen. Katzen wachsen schnell. In den ersten Wochen kannst du das Alter danach schätzen, wie sie sich verhalten:

1. Wenige Stunden alte Kätzchen können weder sehen noch laufen.

2. Nach 8 bis 10 Tagen öffnen sie die Augen und lernen laufen.

3. Nach 4 Wochen klettern sie aus ihrem „Nest" heraus.

4. Mit 5 bis 6 Wochen werden sie unternehmungslustig und spielen mit allem, was sie finden.

5. Nach 8 Wochen brauchen sie keine Muttermilch mehr, sondern nehmen feste Nahrung zu sich.

Wie man sich ein Kätzchen aussucht
Willst du dir ein Kätzchen aus einem ganzen Wurf aussuchen, beobachte zuerst alle Jungen möglichst lange. Nimm das Kätzchen, das die klarsten Augen hat, gut laufen kann, sauber, neugierig und verspielt ist. Auch die Mutter sollte gesund sein.

Kätzchen sind sehr verschieden. Einige sind kräftig und lebhaft.

Manche sind ängstlich und lernen langsam.

Andere sind neugierig und bringen sich oft in Schwierigkeiten.

Was eine Katze alles braucht

Bevor du dein Kätzchen nach Hause holst, musst du sieben Dinge vorbereiten.
Du findest sie auf diesen beiden Seiten.

1. Zum Abholen brauchst du einen verschließbaren Korb oder einen Karton mit Deckel.

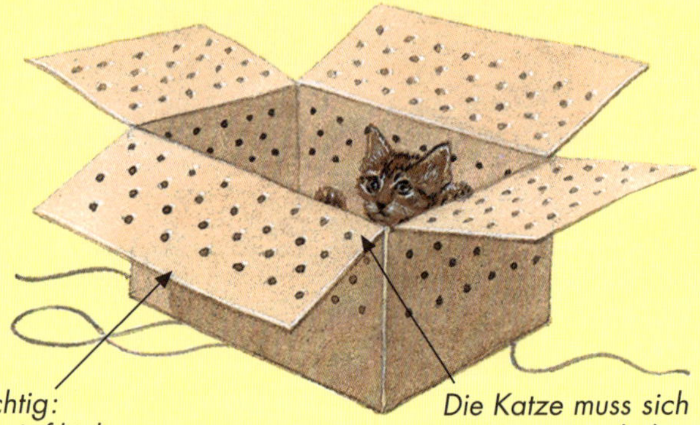

2. Zum Füttern brauchst du 3 Schüsseln: je eine für feste Nahrung, für Katzenmilch und Wasser.

3. Auch wenn deine Katze nach draußen kann, braucht sie ein Katzenklo im Haus. Stelle es aber nicht neben den Schlafplatz oder in die Nähe der Futterschüsseln.

4. Spielzeug für dein Kätzchen kannst du kaufen oder selber basteln.

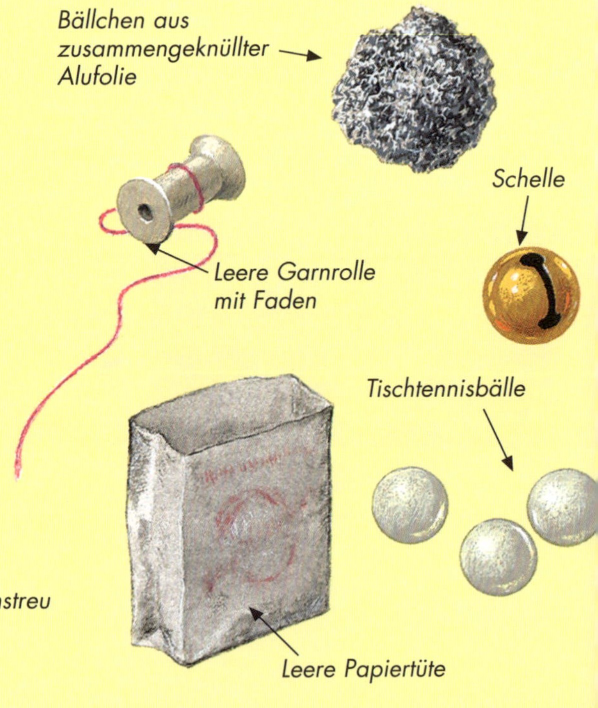

5. Zum Kämmen brauchst du eine Bürste und einen Metallkamm. Wenn du das junge Kätzchen von Anfang an kämmst, gewöhnt es sich bald daran.

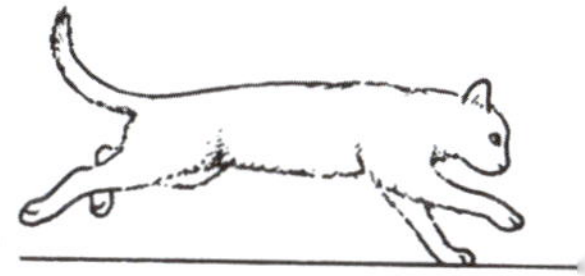

6. Richte den Schlafplatz für deine Katze in einer warmen, ruhigen Ecke ein. Nimm dazu einen Korb oder einen Karton und lege eine Decke hinein.

Gewöhne das junge Kätzchen gleich an einen Kratzpfosten. Nimm seine Pfote und kratze damit vorsichtig am Pfosten.

7. Eine Katze muss ihre Krallen schärfen. Sie tut das auch an euren Möbeln, wenn sie nichts anderes findet. Gib ihr deshalb ein Stück weiches Holz oder baue einen Kratzpfosten (siehe das Bild oben). Du kannst auch ein Kratzbrett kaufen und an die Wand hängen.

Zuerst ist dein Kätzchen vielleicht noch etwas ängstlich. Nach einigen Tagen wird es dann mutiger und neugieriger. Hat es sich etwas eingewöhnt, bring es zum Tierarzt und lass es untersuchen. Der Tierarzt berät dich auch über Impfungen gegen Krankheiten und über Möglichkeiten zur Kastration.

Was frisst deine Katze?

Katzen fressen nicht alles. Am besten gibst du deiner Katze abwechselnd frische Nahrung und gutes Fertigfutter.

Sobald dein Kätzchen feste Nahrung zu sich nimmt, gibst du ihm vier kleine Mahlzeiten am Tag. Ist es 4 Monate alt, gewöhne es allmählich an drei größere Mahlzeiten täglich. Nach 8 Monaten braucht eine Katze nur noch zwei Mahlzeiten am Tag.

Junge Katzen brauchen gute, abwechslungsreiche Kost, damit sie sich kräftig und gesund entwickeln. Am einfachsten hast du es mit gutem Dosenfutter. Für frisches Futter kannst du Fleisch, Fisch, Getreideflocken, Graubrot und Reis verwenden. Auch der Tierarzt kann dir Ratschläge zur richtigen Ernährung deiner Katze geben. Dosenfutter für Hunde ist nicht geeignet. Es enthält zu wenig Eiweiß für Katzen.

Die meisten Katzen mögen zwar Kuhmilch, vertragen sie aber nicht gut. Es gibt inzwischen spezielle Katzenmilch im Handel. Diese ist vor allem für junge Katzen gut geeignet.
Alle Katzen brauchen Wasser! Deshalb muss immer eine Schüssel mit frischem Wasser bereitstehen, damit die Katze jederzeit trinken kann.

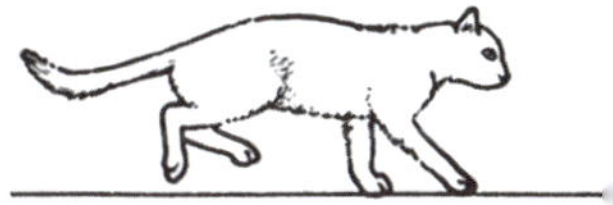

Katzen wollen täglich zur gleichen Zeit und immer am selben Platz gefüttert werden. Ist die Katze fertig, nimm die Schüssel weg und wasche sie aus.

Geflügelknochen

Gib deiner Katze nie kleine, scharte Knochen (z. B. Hühnerknochen) zu fressen – sie kann daran ersticken! Wickle solche Knochen ein und verstaue sie in einem Mülleimer mit schwerem Deckel.

Zähne

Katzen sind vor allem Fleischfresser. Sie haben lange, scharfe Eckzähne, mit denen sie Fleisch zerreißen können. Ihre Backenzähne benutzen sie, um das Fleisch in kleine Stücke zu zerteilen. Junge Katzen können ihre Nahrung noch nicht selbst zerkleinern.

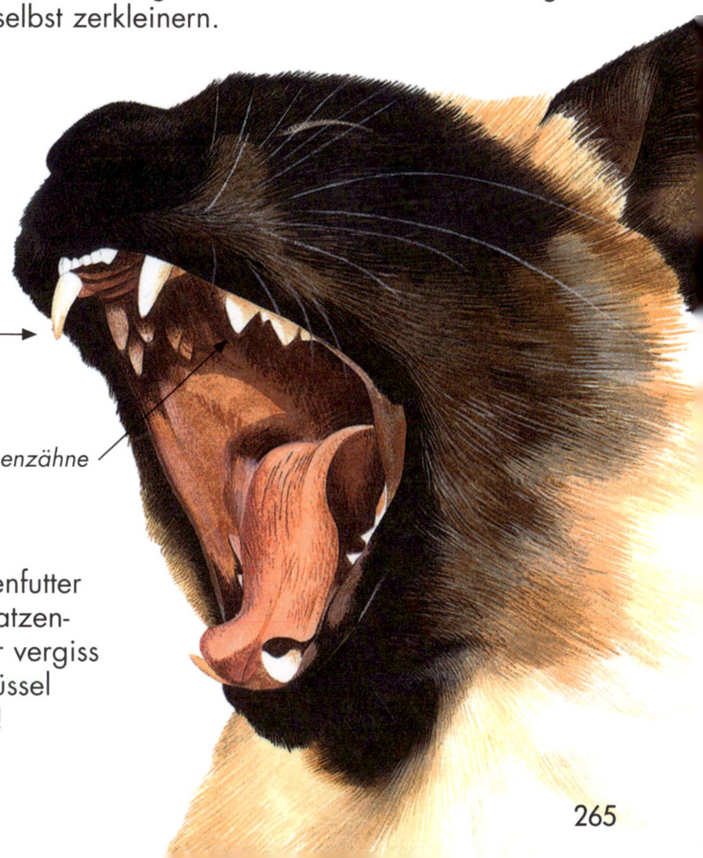

Auch Trockenfutter ist gut für Katzenzähne, aber vergiss nie die Schüssel mit Wasser!

Wie Katzen schlafen

Katzen schlafen täglich etwa 15 Stunden. Man kann ihnen zwar ein Schlafkörbchen einrichten, aber sie schlafen trotzdem oft, wo sie gerade wollen.

Katzen mögen warme Schlafplätze.

Sie lieben enge Stellen, in die sie sich hineinzwängen können.

Manchmal suchen sie sich die ungewöhnlichsten Orte zum Schlafen aus.

Sie verstecken sich gern zum Schlafen. Bevor du irgendeine Tür schließt, schau immer nach, ob sich nicht die Katze dahinter verkrochen hat.

Katzen haben oft einen leichten Schlaf.
Sie nehmen auch beim Schlafen noch
Geräusche wahr und wachen schnell auf.

Manchmal machen Katzen Geräusche beim Schlafen.
Aber das tun sie nur, wenn sie sich sicher fühlen.
Oft rollen sie sich dabei auch zu einer Kugel zusammen.
Wenn Katzen träumen, zucken sie und geben Laute
von sich.

Nach dem Aufwachen streckt die Katze ihren Körper.

Zuerst gähnt sie vielleicht.

Sie streckt die Vorderbeine.

Dann streckt sie die Hinterbeine.

Dann macht sie einen Buckel.

Lass deine Katze nachts nicht draußen! Kälte, Nässe
und Straßenverkehr können ihr gefährlich werden.

Was Katzen lernen können

Katzen tun, was sie wollen. Du kannst eine Katze nicht dressieren wie einen Hund. Trotzdem kannst du ihr einiges beibringen: zum Beispiel das Katzenklo zu benutzen, durch eine Türklappe zu gehen oder auf dein Rufen zu kommen.

Junge Kätzchen lernen von ihrer Mutter, das Katzenklo zu benutzen.

Zeige deinem Kätzchen, wo sein Katzenklo steht. Setze es nach jeder Mahlzeit hinein, ebenso morgens und abends.

Katzen sind sehr reinliche Tiere. Wenn sie aufs Katzenklo gehen, graben sie ein Loch und scharren es nachher zu. Wechsle die Streu täglich und reinige den Behälter mindestens einmal in der Woche. Wasch dir anschließend die Hände! Willst du die Katze daran gewöhnen, in den Garten zu gehen, dann stell das Katzenklo jeden Tag etwas näher an die Tür. Nach ein paar Tagen stellst du es draußen vor die Tür.

Katzenklappe in der Tür

Sobald die Katze 4 Monate alt ist, kannst du ihr beibringen, durch die Türklappe zu gehen. Kurz vor der Mahlzeit setzt du sie vor die Tür. Lass sie das Futter durch die offene Klappe sehen. Kommt sie durch die Klappe, gib ihr das Futter. Wiederhole das so lange vor jeder Mahlzeit, bis sie die Klappe benutzt.

Es ist einfacher, eine Katze rechtzeitig von Unarten abzuhalten, als sie ihr später abzugewöhnen. Wenn du sie bei etwas erwischst, das sie nicht tun darf, dann sag streng „Nein!“ und setze sie an einen anderen Platz. Schlage deine Katze nie!

Du kannst einer Katze nicht das Jagen abgewöhnen. Damit sie aber nicht unbemerkt an Vögel herankommt, häng ihr ein Halsband mit einer Schelle um.

Katzen kratzen oft an Möbeln, wenn sie nichts anderes finden, woran sie ihre Krallen schärfen können.

Katzen stehlen Essen, selbst wenn sie nicht hungrig sind! Da sie sehr wendig sind, bewahre alles Essbare so auf, dass sie nicht daran kommen.

Wenn deine Katze nicht im Bett schlafen soll, dann lass die Schlafzimmertüren geschlossen.

Richtiger Umgang – gute Pflege

Anfangs vermisst das Katzenjunge vielleicht seine Mutter. Deshalb mag es gern von dir auf den Arm genommen und gestreichelt werden. Geh sanft mit ihm um!

Halte die Katze mit beiden Händen. Schiebe die eine Hand unter die Vorderpfoten und stütze mit der anderen Hand das Hinterteil.

Sprich mit der Katze und nenne sie beim Namen. Streiche ihr leicht über das Fell – immer vom Kopf zum Schwanz, nie umgekehrt!

Die Katze zeigt dir, wenn sie gestreichelt werden möchte, spielen oder schlafen will. Überanstrenge sie aber nicht, sonst wird sie müde und ärgerlich.

Sucht deine Katze Gesellschaft, dann kommt sie zu dir. Reibt sie sich an deinem Bein wie hier, so heißt das: „Ich mag dich!"

Spiele mit einem jungen Kätzchen lieber nur auf dem Boden. Wenn du es irgendwo hinaufhebst, könnte es herunterfallen.

Bürsten
Katzen brauchen gute Pflege. Bürste dein Kätzchen jeden Tag ein wenig, damit es sich daran gewöhnt.

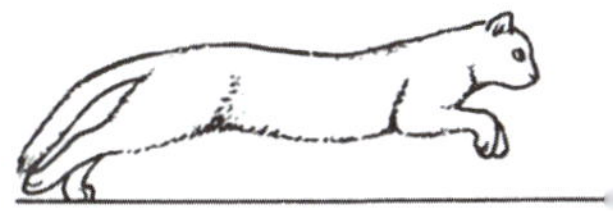

Eine Langhaarkatze musst du jeden Tag bürsten und kämmen. Entferne alle Dinge, die sich im Fell verfangen haben, bevor es verfilzt. Wenn sich im Haar Knoten gebildet haben, reiße nicht daran, sondern löse sie vorsichtig. Kurzhaarige Katzen müssen gebürstet werden, wenn sie Haare verlieren.

Immer „mit dem Strich" bürsten, das heißt in Wuchsrichtung der Haare!

Putzen
Katzen putzen sich ausdauernd. Sie brauchen normalerweise nicht gebadet zu werden, die meisten Katzen mögen auch nicht ins Wasser. Ihre raue Zunge wirkt wie ein Kamm. Sie benutzen ihre Vorderpfoten wie einen Schwamm und „waschen" sich so das Gesicht.

Katzen erreichen fast jeden Teil ihres Körpers, denn sie sind sehr beweglich.

Die Jungen lernen von ihrer Mutter bald sich selbst zu putzen.

Mit der Katze unterwegs

Mit der Katze auf Reisen

Die meisten Katzen gehen nicht gern auf Reisen und versuchen zu flüchten, wenn du sie mitnehmen willst. Deshalb solltest du bereits das Junge daran gewöhnen. Du brauchst einen festen Karton oder Korb, in dem du die Katze tragen kannst.

Der Karton oder Korb muss gut verschlossen sein, sonst zwängt sich die Katze heraus. Wenn der Karton nass wird, kann er aufweichen.

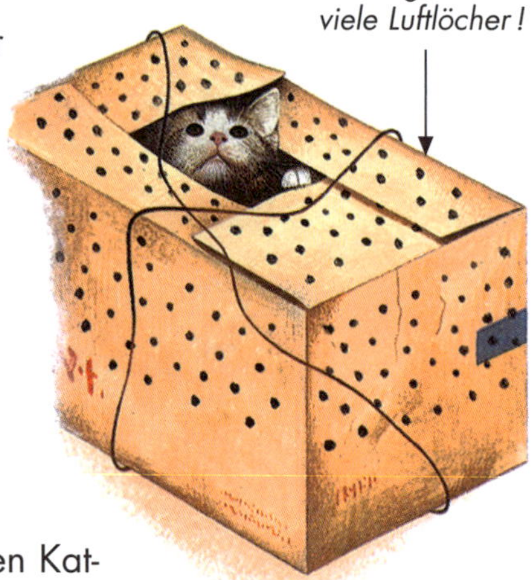

Manchmal haben Katzen weniger Angst, wenn sie in einem Drahtkorb befördert werden. Sie können dann sehen, was um sie herum geschieht, und bekommen genügend Frischluft.

Ein solches Halsband ist nützlich, damit die Katze nicht verloren geht. Gewöhne sie daran, bevor du mit ihr auf Reisen gehst.

Für lange Reisen solltest du einen großen Karton oder Korb besorgen, damit die Katze genügend Bewegungsfreiheit hat. Du musst sie unterwegs auch füttern und ihr Wasser geben.

Während der Ferien

Wenn du in die Ferien fährst, lass die Katze lieber zu Hause.

Manche Tierheime haben ein Gehege für mehrere Katzen. In anderen Heimen hat jede Katze ihren eigenen Käfig.

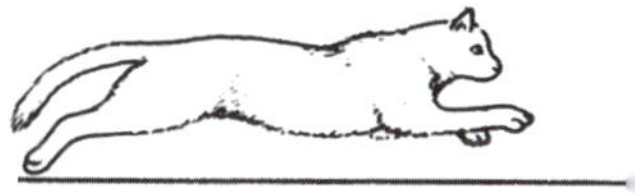

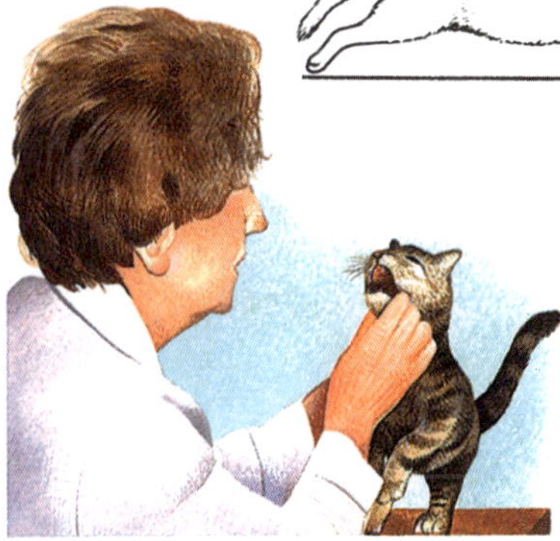

Vielleicht findest du einen Nachbarn oder Freund, der deine Katze täglich füttert und nachschaut, ob es ihr gut geht. Wenn das nicht möglich ist oder wenn du längere Zeit wegbleibst, bring die Katze in ein Tierheim. Aber bemühe dich frühzeitig um einen Platz, denn während der Ferien herrscht sicher großer Andrang.

Die Mitarbeiter des Tierheims werden prüfen, ob die Katze gesund ist, bevor sie sie aufnehmen. Vielleicht verlangen sie auch Impfzeugnisse.

Mit der Katze umziehen

Wenn du umziehst, kümmere dich besonders um deine Katze. Achte darauf, dass sie ihr gewohntes Spielzeug und ihre Schüsseln leicht findet. Eine ältere Katze gerät durch einen Umzug häufig aus dem Gleichgewicht und braucht länger zum Eingewöhnen.

Halte die Katze einige Tage im Haus, bis sie mit der neuen Wohnung vertraut ist. Dann lass sie kurz vor den Mahlzeiten draußen die Umgebung auskundschaften. Sie kommt dann sicher bald zum Fressen zurück und wird sich nicht zu weit entfernen oder gar verirren.

Wenn die Katze krank ist

Eine gesunde Katze ist lebhaft, hat klare Augen und ein sauberes, glänzendes Fell. Sie frisst gut und verwendet viel Zeit darauf sich zu putzen. Sobald die Katze anders aussieht und sich beim Fressen, Trinken oder Schlafen anders verhält, kann das bedeuten, dass sie sich nicht wohlfühlt. Erbrechen, Durchfall, Husten und Schnupfen sind Anzeichen für eine Krankheit.

Wenn die Katze Gras frisst
Katzen fressen oft Gras. Dadurch können sie erbrechen und sich von Haarklumpen im Magen befreien. Für Stadtkatzen ohne Garten oder Rasen muss man deshalb in einem Blumentopf Gras ziehen.

Kleine Tiere wie Flöhe, Milben oder Würmer können sich auf der Haut oder im Körper der Katze angesiedelt haben. Die Katze fühlt sich dann krank.

Flöhe
Wenn die Katze Flöhe hat, wird sie sich häufig kratzen. Bürste das Tier auf einer hellen Unterlage. Setze es weg und bespritze die Unterlage mit Wasser. Erscheinen rote Tüpfelchen, dann hat die Katze Flöhe. Kaufe Flohpulver und wende es nach Vorschrift an. Säubere den Schlafplatz und die Teppiche gründlich.

Ohrmilben
Im Ohrenschmalz können Milben leben. Die Katze kratzt sich dann an den Ohren und schüttelt den Kopf. Berühre die Ohren nicht, denn sie sind besonders empfindlich. Bringe die Katze zum Tierarzt!

Würmer
Junge Katzen sollten ein Medikament gegen Fadenwürmer bekommen. Ausgewachsene Katzen können Bandwürmer haben. Lass dich vom Tierarzt beraten.

Besuch beim Tierarzt
Der Tierarzt kann deine Katze gegen gefährliche Krankheiten impfen. Erkundige dich danach, solange die Katze noch jung ist. Vermutest du, dass die Katze krank ist oder sich verletzt hat, geh gleich zum Tierarzt! Es gibt Krankheiten, an denen eine Katze nach wenigen Tagen stirbt.

Ist die Katze krank, lege sie vorsichtig in ihren Reisekorb und bring sie zum Tierarzt. Versucht die Katze dich zu kratzen oder zu beißen, so wickle sie in eine Decke oder ein Badetuch. Lass dir von einem Erwachsenen dabei helfen.

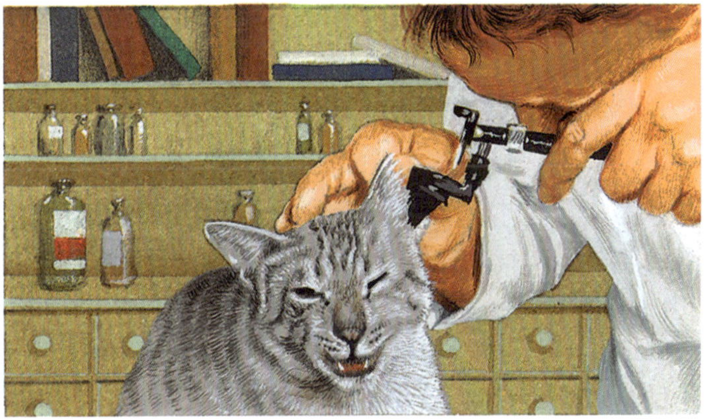

Der Tierarzt untersucht die Katze und sagt dir, was ihr fehlt. Diese Katze hat etwas an den Ohren. Frage, wie du die Katze zu Hause behandeln sollst. Lass sie möglichst viel in Ruhe.

Tabletten oder Tropfen eingeben
Vom Tierarzt bekommst du oft Tabletten oder Tropfen mit nach Hause. Es ist gar nicht einfach, sie der Katze zu geben. Du kannst versuchen, die Tropfen oder die zerdrückte Tablette unter das Futter zu mischen, aber dann frisst die Katze es oft nicht.

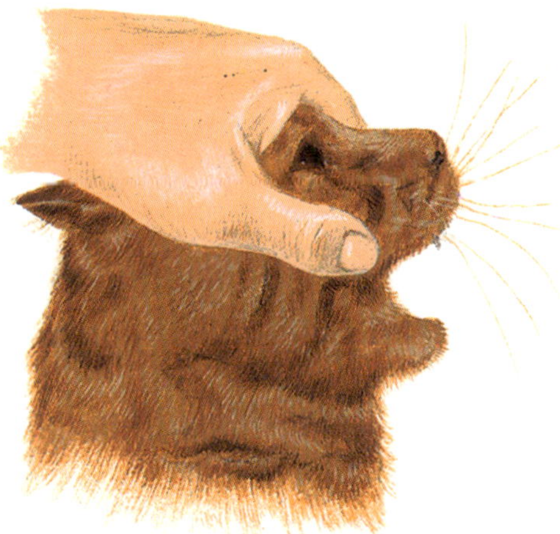

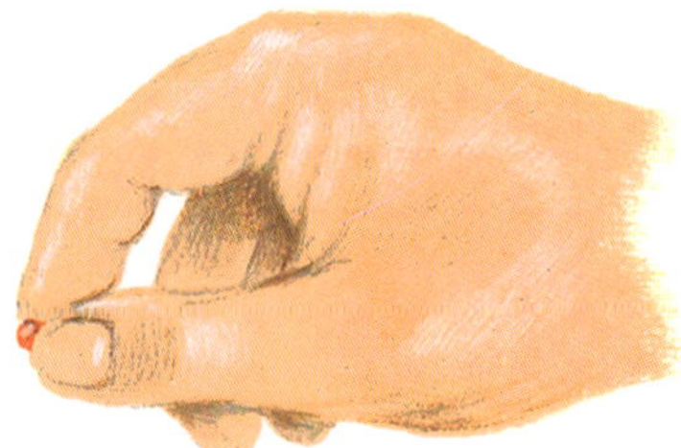

Frage den Tierarzt, wie du die Tabletten eingeben sollst. Lass dir dabei von einem Erwachsenen helfen, damit die Katze dich nicht beißen kann.

Junge Kätzchen

Wenn eine Katze ungefähr 8 Monate alt ist, kann sie Junge bekommen, und zwar dreimal im Jahr. Mit jedem Wurf kann sie bis zu sechs junge Kätzchen zur Welt bringen.

Es ist sehr schwierig, für so viele Katzen ein gutes Zuhause zu finden. Am besten bringst du deine Katze mit etwa 8 Monaten zum Tierarzt und lässt sie kastrieren. Dann kann sie keine Jungen mehr bekommen.

Der Tierarzt rasiert das Fell an der Stelle des Eingriffs.

Auch einen Kater (männliche Katze) solltest du im Alter von 8 Monaten kastrieren lassen. Dadurch kann er nicht mehr Vater von unzähligen Jungen werden. Kastrierte Kater werden meist etwas ruhiger und häuslicher.

Manche Kater werden nach der Kastration recht dick.

Eine weibliche Katze, die nicht kastriert ist, benimmt sich von Zeit zu Zeit seltsam: Sie ist „rollig". Dann ruft sie mit lauter, klagender Stimme nach einem Kater. Sie reibt sich an Gegenständen und hinterlässt so eine Duftspur für einen Kater.

Die Katze rollt sich am Boden, um einen Kater anzulocken.

Ist der Kater nicht kastriert, wird er sehr oft draußen herumstreifen. Er kämpft mit anderen Katern und kommt manchmal verwundet und schmutzig nach Hause. Im Haus verbreitet er einen strengen Geruch.

Oft paart sich die Katze mit dem Kater, der im Kampf gewonnen hat.

Wenn deine Katze Junge hat

Nach der Paarung wachsen im Bauch deiner Katze die Jungen heran. Man sagt, die Katze ist trächtig. Trage sie jetzt nicht, wenn es nicht nötig ist, und behandle sie liebevoll.

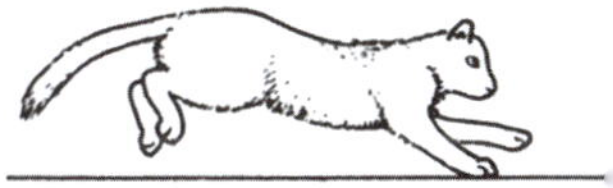

Etwa 9 Wochen nach der Paarung kommen die Jungen zur Welt. Die Katze sucht sich für die Geburt einen warmen, geschützten Platz.

Katzen sind gute Mütter. Gewöhnlich brauchen sie beim Gebären keine Hilfe. Du kannst deine Katze dabei beobachten und den Tierarzt rufen, falls sie Schwierigkeiten hat. Sobald die Jungen auf der Welt sind, krabbeln sie zu den Zitzen und saugen Milch. Fass die Jungen erst an, wenn sie die Augen öffnen.

Stelle einen Karton zurecht und lege ihn mit alten, aber sauberen Tüchern oder Zeitungspapier aus. Vielleicht benutzt ihn die Katze.

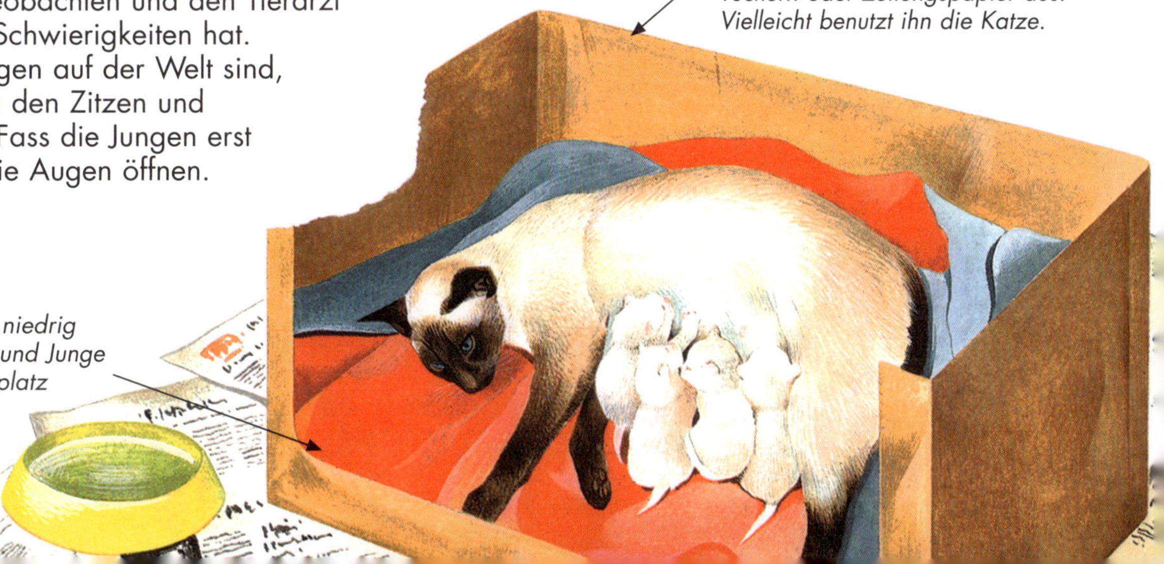

Der Eingang sollte niedrig sein, damit Mutter und Junge bequem zum Ruheplatz kommen.

Bilderrätsel

Auf diesem Bild sind 13 Katzen versteckt.
Findest du sie alle?

Hunde

und ihre Welpen

Collie
(Schottischer Schäferhund)

Daumenkino: So läuft der Hund

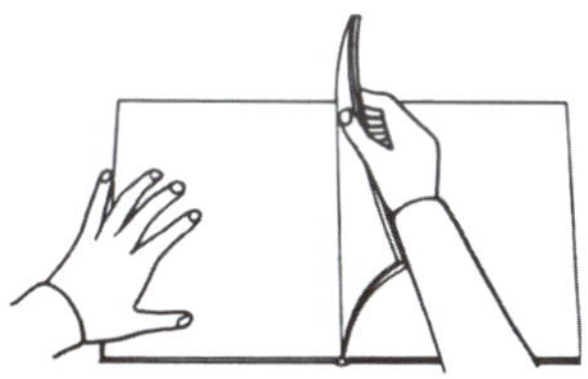

Halte die Seiten 281 bis 301 so, wie es hier gezeigt ist.

Blättere die Seiten schnell durch und achte dabei auf die rechte obere Ecke.

Hier oben siehst du, wie der Hund läuft.

Was man über Hunde wissen sollte

Ein Hund ist wie ein Familienmitglied. Bevor ihr einen Hund anschafft, solltest du zusammen mit deinen Eltern einige Dinge überlegen und besprechen. Deine Eltern werden dir nämlich bei seiner Erziehung und Betreuung helfen müssen.

Ein Hund lebt etwa 14 Jahre und braucht täglich Zuwendung. Du musst ihn füttern, bei jedem Wetter ausführen, ob du dazu gerade Lust hast oder nicht, und ihm dabei erlauben, seine Lieblingsstrecke zu wählen. Und du musst ihn pflegen. Das heißt, er muss gebadet, gebürstet und gekämmt werden. Vor allem musst du ihm zeigen, dass du ihn lieb hast, indem du mit ihm spielst und herumtobst.

Einen Hund zu halten, kostet Geld: Zuerst einmal musst du ihn kaufen, dazu ein Halsband, eine Leine und einen Schlafkorb; denke auch an das Futter, die Hundesteuer, Besuche beim Tierarzt und vielleicht an die Unterbringung in einem Tierheim während der Ferien.

Dieser Hund wartet auf seinen Abendspaziergang.

Dieser Hund war zu lange allein. Er jault, weil er unglücklich ist. Das könnte die Nachbarn stören.

Hunde brauchen Gesellschaft und sollten nicht länger als ein paar Stunden allein sein.

Bearded Collie

Notfalls müssen deine Eltern den Garten mit einem hohen Zaun umgeben, damit der Hund nicht wegläuft.

Deutscher Schäferhund

Hundebesitzer müssen bestimmte Vorschriften beachten: Für einen Hund muss man Hundesteuer bezahlen und bekommt dann eine Marke, die der Hund am Halsband tragen muss. Wenn man ins Ausland reisen will, braucht man Impfzeugnisse für den Hund und er muss gechippt sein.

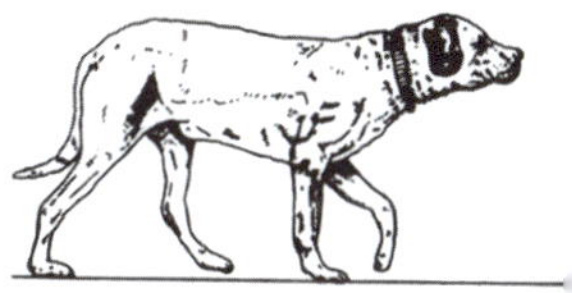

Im Straßenverkehr und meist auch in öffentlichen Anlagen musst du den Hund an der Leine führen.

Wild und Weidetiere haben Angst vor Hunden. Wenn ein Hund andere Tiere anfällt, wird der Hundebesitzer dafür zur Verantwortung gezogen. In Sperrgebieten darf ein Jäger frei laufende Hunde sogar erschießen. Du mussst außerdem darauf achten, dass dein Hund die Gehwege nicht verschmutzt. Sonst rutscht vielleicht jemand aus und verletzt sich.

Läuft der Hund frei herum und verursacht einen Unfall, müssen deine Eltern für den Schaden aufkommen. Sie werden auch zur Verantwortung gezogen, wenn dein Hund einen anderen Hund anfällt und verletzt oder wenn er gar einen Menschen beißt. Gegen solche Vorkommnisse kann man sich versichern lassen.

Ein Hund braucht viel Aufmerksamkeit und Beschäftigung. Wenn du ihn gut versorgst und ihm deine Zuneigung zeigst, wird er dir ein treuer Freund und Spielkamerad.

Wenn du einen Hund möchtest

Hier findest du einige Tipps, was du bei der Auswahl eines Hundes beachten solltest. Es gibt über 200 anerkannte Hunderassen. Einige davon sind in diesem Buch abgebildet. Lies am besten noch andere Bücher über Hunde und frage Hundebesitzer nach ihrer Meinung.

Große Hunde sind sehr kräftig, sie wollen daher auch gut gefüttert und ausreichend beschäftigt werden. Sie brauchen viel Platz im Haus und einen großen Auslauf. Ein großer Hund kann dich umwerfen, auch wenn er freundlich sein will.

Bobtail
(Altenglischer Schäferhund)

Langhaarige Hunde brauchen viel und regelmäßige Pflege.

Dieser Hund muss zum Haareschneiden – er sieht nichts mehr!

Manche Hunde züchtet man mehr wegen ihres Aussehens als wegen ihres Verhaltens. Deshalb solltest du dich genau über die Rasse erkundigen, die du dir wünschst. Tierärzte und Hundezüchter können dir darüber Auskunft geben.

Bei der Kreuzung verschiedener Rassen entstehen Bastarde. Sie sind oft gutmütig und viel billiger als Rassehunde.

Bei einem Bastard-Welpen weiß man nie, wie groß der Hund wird, auch wenn man die Mutter kennt.

Aus diesem kleinen Welpen …

… ist dieser riesige Hund geworden!

Wie man sich einen Hund aussucht
Wenn du dich für eine bestimmte Hunderasse entschieden hast, frage bei einem Züchter oder in einem Tierheim, ob du dort Welpen kaufen kannst. Erkundige dich auch beim Tierarzt, worauf du bei dieser Rasse besonders achten musst.

Lass dir die Welpen zusammen mit ihrer Mutter zeigen. Such dir einen aus, der gesund und lebhaft wirkt, gern spielt und sich für dich interessiert.
Der Welpe sollte weder zu dick noch zu mager sein und klare Augen haben; Fell, Ohren und Nase müssen sauber sein.

Jack-Russell-Terrier

Was ein Hund alles braucht

Bevor du den Welpen nach Hause holst, musst du ein paar Dinge besorgen. Überleg dir auch einen Namen, damit du ihn zu Hause gleich daran gewöhnen kannst.

Wenn du deinen Hund abholst, setzt du ihn am besten in einen festen Karton, der mit Zeitungen ausgelegt ist. Darin ist er sicher und bequem untergebracht, denn an die Leine kannst du ihn ja noch nicht nehmen.

Anfangs erscheint dem Welpen alles fremd und beängstigend. Begrüße ihn mit etwas Futter und Wasser und streichle ihn sanft. Lass noch keine fremden Leute zu ihm!

Dein Hund braucht einen warmen Schlafplatz. Für den Anfang ist ein einfacher Karton wahrscheinlich besser als ein teurer Schlafkorb, denn dein Welpe nagt vielleicht daran herum. Der Platz dafür sollte vor Zugluft und Feuchtigkeit geschützt sein.

In den ersten Nächten wird der Welpe vielleicht jaulen, weil er Mutter und Geschwister vermisst. Geh nicht gleich bei jedem Ton zu ihm, sonst jammert er immer, sobald du ihn verlässt.

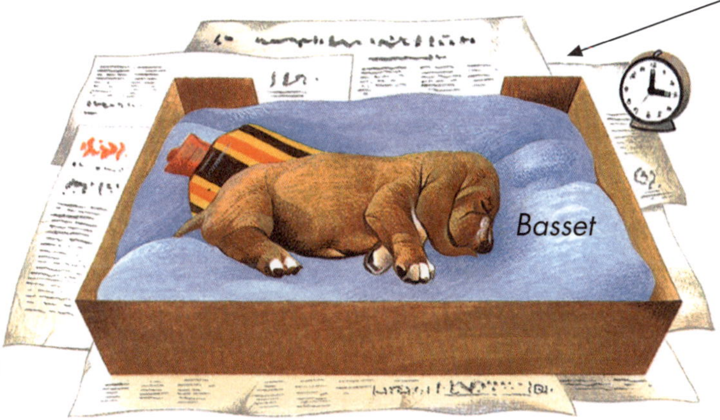

Du kannst eine Wärmflasche mit warmem Wasser in ein Tuch einwickeln und dem Welpen ins Bett legen. Zur „Unterhaltung" kannst du ihm einen tickenden Wecker neben das Lager stellen.

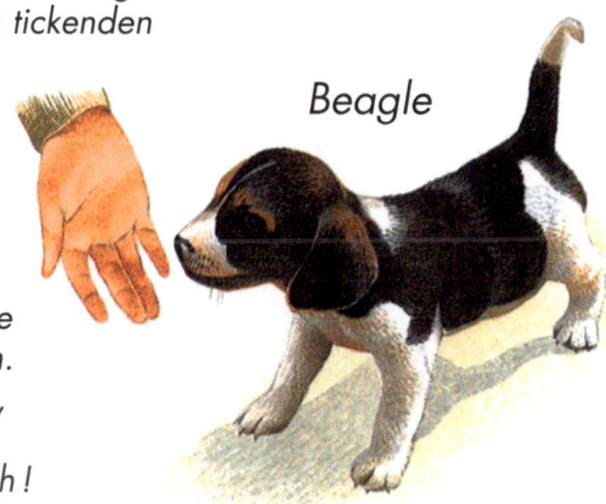

Bald wird der Welpe seine Angst verlieren. Er wird herumlaufen, alles erkunden und ablecken – auch dich!

Halsband für Welpen

Für deinen Welpen brauchst du ein Halsband und eine Leine. Das Halsband sollte so locker sitzen, dass du noch zwei Finger zwischen Halsband und Hals schieben kannst. Später braucht dein Hund ein stärkeres und größeres Halsband mit Leine.

Dehnbares Band

Anhänger mit deinem Namen und deiner Anschrift

Geh möglichst bald zum Tierarzt. Der Welpe muss eine Wurmkur machen und gegen Krankheiten geimpft werden, bevor er 3 Monate alt ist.

So hältst du deinen Hund richtig

Nimm beide Hände, wenn du deinen Welpen aufhebst. Hebe ihn nie am Bauch oder an den Vorderbeinen hoch.

Mit der einen Hand stützt du die Vorderbeine.

Mit der anderen Hand stützt du die Hinterbeine.

Halte den Hund fest, aber drücke ihn nicht zu sehr. Versuche nie, einen großen Hund hochzuheben!

Was frisst dein Hund?

Wild lebende Hunde müssen sich Nahrung suchen oder jagen. Deshalb fressen sie so viel wie möglich, wenn sie etwas finden. Auch manche Haushunde neigen dazu. Es ist aber falsch, ihnen zu viel auf einmal zu geben oder sie länger ohne Nahrung zu lassen.

So fütterst du deinen Welpen
Anfangs braucht dein Welpe vier Mahlzeiten am Tag – er frisst noch nicht viel auf einmal. Du kannst ihm eine Mischung aus Dosenfutter, halb feuchtem, trockenem oder frischem Futter geben sowie Hundekuchen, Flocken und Reis. Stelle immer eine Schüssel mit frischem Wasser bereit.
Wenn dein Welpe 3 Monate alt ist, gewöhne ihn an drei größere Mahlzeiten am Tag.
Mit 6 Monaten reichen zwei große Mahlzeiten täglich. Vergrößere die Mahlzeiten, indem du ihm mehr Fleisch und Hundekuchen gibst.
Nach 9 Monaten sind die meisten Hunde mit einer Mahlzeit am Tag zufrieden.

So fütterst du einen ausgewachsenen Hund
Ältere Hunde gedeihen am besten mit einer Mischung aus Fleisch, Flocken und Hundekuchen. Dosenfutter, halb feuchtes oder trockenes Futter kann man einfach zusammen mit Hundekuchen und Wasser geben.
Wie viel Futter dein Hund braucht, hängt natürlich von seiner Größe ab. Tierärzte oder Züchter können dich dabei beraten.
Füttere deinen Hund jeden Tag zur gleichen Zeit am selben Ort. Wasser muss immer bereitstehen.

West Highland White-Terrier

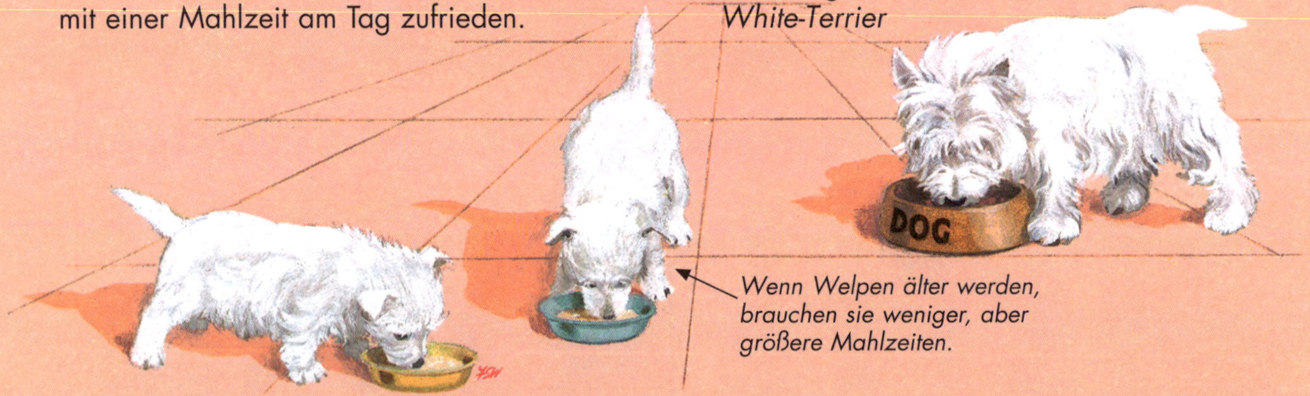

Wenn Welpen älter werden, brauchen sie weniger, aber größere Mahlzeiten.

Wenn du dem Welpen Dosen- oder Trockenfutter gibst, verwende spezielles Welpenfutter. Fütterst du frische Nahrung, dann mische Fleisch, Flocken und warme Milch. Du kannst ihm auch Innereien wie Leber oder Nieren geben, aber alles muss stets gut zerkleinert sein. Der Tierarzt kann dir Ratschläge für die richtige Ernährung deines Welpen geben.

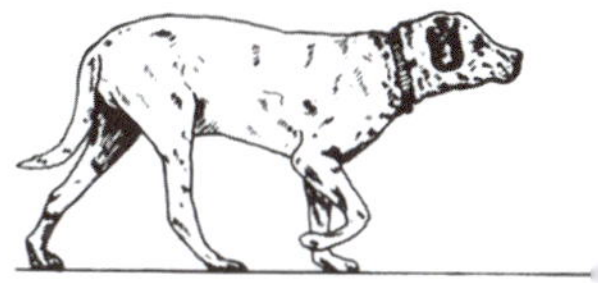

Wenn du deinen Hund beim Fressen beobachtest, so wirst du feststellen, dass er die Nahrung nicht kaut. Ältere Hunde haben einen großen Magen, der große Stücke aufnimmt. Nach der Mahlzeit brauchen sie Ruhe zum Verdauen.

Hunde nagen gern an Knochen: Gib deinem Hund nur große, rohe Markknochen. Hühnerknochen und andere kleine, spitze Knochen sind gefährlich.

Hunde sind gefräßig. Gib deinem Hund nichts zu naschen zwischen den Mahlzeiten oder wenn du gerade selber isst. Süßigkeiten schaden ihm.

Deutsche Dogge

Für große Hunde sollte der Futternapf etwas erhöht stehen.

Bluthund

Hunde mit langen Ohren brauchen kleine Schüsseln mit hohem Rand.

Schwarzer Labrador Retriever

Hunde stehlen manchmal Essen, auch wenn sie satt sind.

Mit dem Hund im Haus

Schlafen

Lebt dein Hund mit im Haus, braucht er sein eigenes Lager. Ist er ausgewachsen, kannst du ihm einen Korb kaufen. Es gibt verschiedene Arten davon: Nimm einen, der groß genug ist, dass sich der Hund darin herumdrehen kann. Das „Bett“ sollte auch leicht zu säubern sein.

Hunde schlafen täglich etwa 14 Stunden, Welpen sogar noch mehr.

Gelber Labrador Retriever

Cavalier King Charles-Spaniel

Wenn dein Hund Ruhe haben will, zieht er sich in den Korb zurück. Dort versteckt er auch sein Lieblingsspielzeug oder seine Knochen.

Dein Hund ist wachsam
Jeder Hund, gleich welcher Rasse, fängt im Haus an zu bellen, wenn er ungewohnte Geräusche hört. Damit hilft er, das Haus zu bewachen.

Hunde schlafen gern auf harten Böden, wenn es dort warm oder sonnig ist. Dabei strecken sie sich genüsslich aus.

So wird dein Hund sauber

Mit 8 Wochen muss ein Welpe täglich etwa 12-mal Wasser lassen. Aber er lernt bald, seine „Pfützen" nicht überall in der Wohnung zu machen. Meistens spürt er den Drang nach dem Aufwachen und nach den Mahlzeiten. Wenn es so weit ist, schnüffelt er am Boden und dreht sich im Kreis. Bring ihn dann immer gleich hinaus und lobe ihn, wenn er sein Geschäft draußen verrichtet hat. Bitte beachte, dass du auf öffentlichen Flächen den Kot deines Hundes entfernen musst. Wenn du ihn in der Wohnung dabei erwischst, sag streng: „Pfui!" Schrei aber nicht und schlage ihn nicht! Am strengen Tonfall merkt er, dass er etwas falsch gemacht hat. Säubere die Stelle gründlich und wasche dir danach die Hände.

Es gibt noch andere Möglichkeiten, deinen Welpen sauber zu bekommen: Wenn er „muss", setze ihn behutsam auf eine Zeitung und lass ihn darauf sein Geschäft machen. Nach und nach nimmst du einige Blätter weg, bis schließlich nur noch eins an der Tür liegt. Dann legst du die Zeitung in den Garten. So lernt der Welpe, sich zu melden, wenn er hinaus muss.

Lass besonders bei Welpen keine kleinen oder spitzen Sachen herumliegen – der Hund könnte sie verschlucken und sich verletzen. Auch Plastiktüten sind gefährlich, da der Welpe darin ersticken kann. Schütze Elektrokabel, damit er sie nicht durchnagt. Lass weder Spielzeug noch Schuhe herumliegen, wenn du sie nicht angeknabbert vorfinden willst.

Was Hunde gern spielen

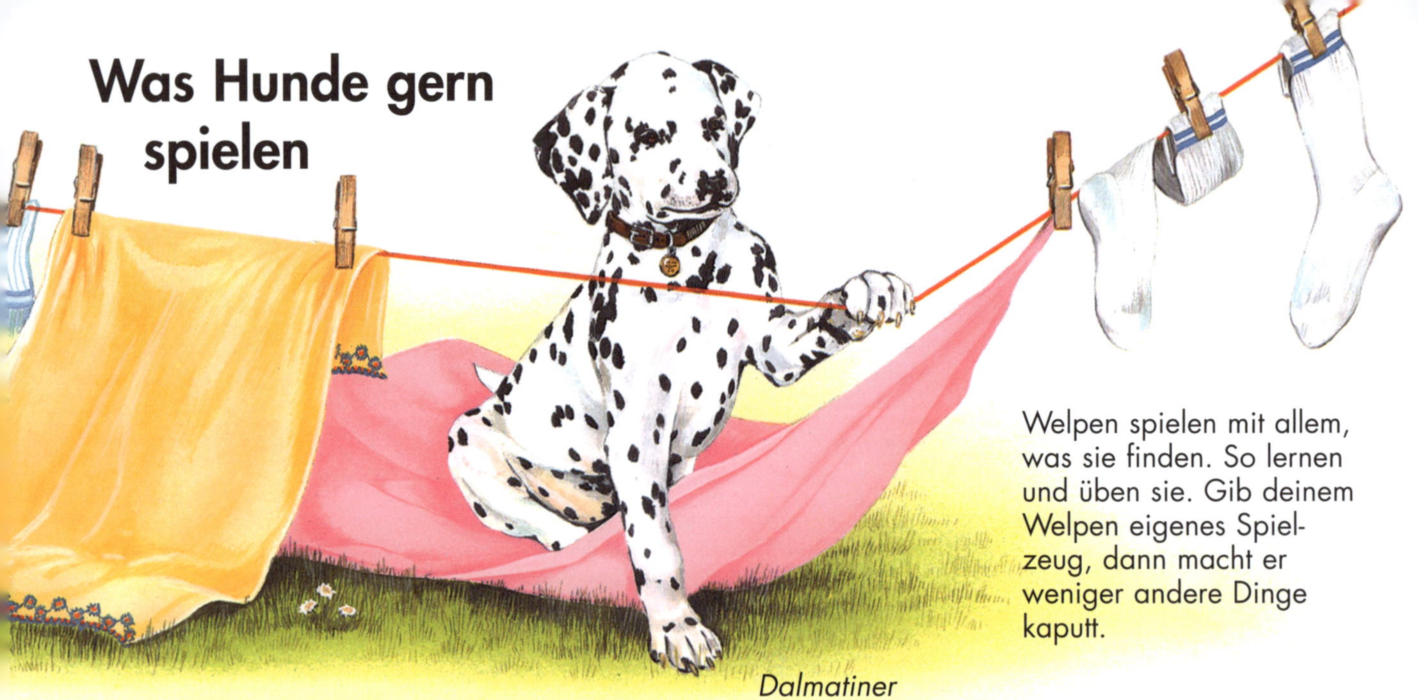

Dalmatiner

Welpen spielen mit allem, was sie finden. So lernen und üben sie. Gib deinem Welpen eigenes Spielzeug, dann macht er weniger andere Dinge kaputt.

Ein Ball für deinen Hund sollte so groß sein, dass er ihn nicht verschlucken kann.
Bälle und Spielzeug aus weichem Gummi sind gefährlich: Der Hund kann sie zerbeißen und die Teile verschlucken.
Wenn du mit Stöcken spielst, achte darauf, dass sie keine spitzen Ecken haben und dass keine Nägel herausstehen.
Wirf auch keine Steine: Dein Hund könnte einen verschlucken oder sich die Zähne damit beschädigen.

Manche Hunde spielen gern Verstecken. Befiehl deinem Hund sitzen zu bleiben, während du ein Spielzeug versteckst. Dann lass ihn suchen.

Wenn dein Hund gern schwimmt, wirf ihm ein Stöckchen ins Wasser und lass es ihn holen.

Münsterländer

Viele Hunde jagen gern hinter einem Stock her, den du wegwirfst. Sie holen ihn und bringen ihn dir zurück. Das macht Spaß und ist eine gute Übung.

Deutscher Schäferhund

Hunde springen gern hoch, um etwas zu fangen. Lass deinen Hund aber nicht zu hoch springen, damit er sich nicht verletzt.

Dieser Hund möchte, dass jemand mit ihm spielt.

Hunde spielen gern Tauziehen. Pass auf, dass er sich dabei nicht die Zähne beschädigt oder das Maul verletzt!

Wenn Hunde zusammen spielen, sieht es manchmal wie ein Kampf aus.

Richtiger Umgang – gute Pflege

Mit ausgewachsenen Hunden muss man viel draußen spazieren gehen. Gewöhne deinen Hund an die Leine, solange er noch jung ist. Er muss gelernt haben, aufs Wort zu folgen, bevor du ihn von der Leine lässt.

Junge Schäferhunde

Für den Welpen gilt das Spielen in Haus und Garten als Übung. Bevor er nicht geimpft ist, sollte er den Garten nicht verlassen.

Hunde laufen gern frei herum und kundschaften alles aus. Sie wollen Fährten verfolgen und andere Hunde treffen. Ein kurzer Spaziergang ohne Leine an einem sicheren Ort ist besser als lange Spaziergänge an der Leine.

Englischer Setter

Halsband und Leine

Du brauchst für deinen Hund das richtige Halsband und eine Leine. In einer Tierhandlung kann man dich dabei beraten.

Dobermann

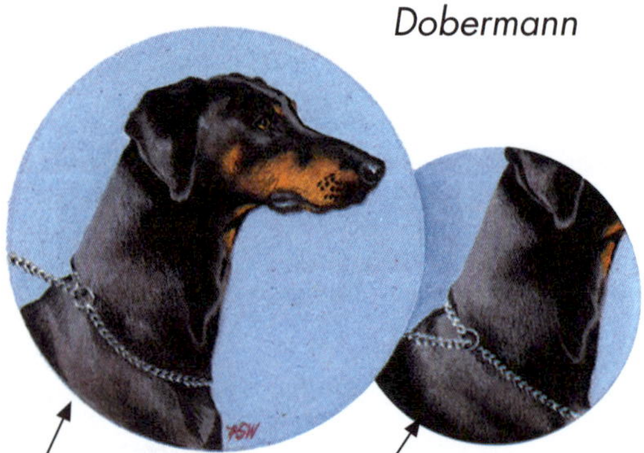

Richtig angelegt *Falsch angelegt*

Bei manchen Übungen ist ein Zughalsband (wie abgebildet) hilfreich. Es kann den Hund aber verletzen und muss mit Vorsicht gehandhabt werden. Es ersetzt auch nicht das normale Halsband mit Leine.

Basset

Rüden (männliche Hunde) hinterlassen ihre Fährte bei Spaziergängen, indem sie an Bäume, Laternenpfähle und Ähnliches urinieren. Ebenso schnüffeln sie ständig den Fährten anderer Hunde nach. Jeder Hund hat seine eigene Fährte.

Bürsten und Kämmen
Damit das Fell sauber und gesund bleibt, solltest du es regelmäßig kämmen und bürsten.

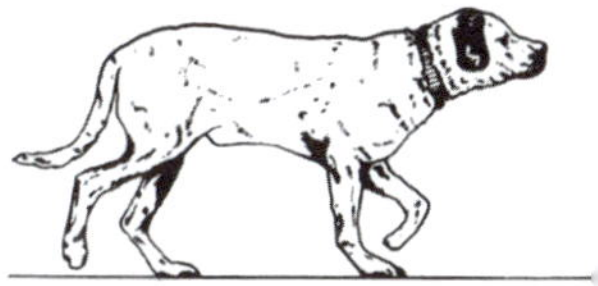

Kurzhaarige Hunde muss man nur bürsten. Nimm dazu eine weiche Haarbürste.

Langhaarige Hunde müssen täglich gekämmt und gebürstet werden.

Bernhardiner

Baden
Wenn dein Hund unangenehm riecht oder wenn er sich mal voller Wonne im Schlamm gewälzt hat, musst du ihn baden. Nicht jeder Hund liebt das Baden, manche versuchen sich davor zu drücken. Zwinge ihn nicht, versuche ihn liebevoll zu überreden.

Einen kleinen Hund kannst du ins Waschbecken setzen. Mit einem großen Hund gehst du besser in den Garten und verwendest eine Gießkanne oder einen Wasserschlauch. Wenn du keinen Garten hast, muss der Hund in die Badewanne oder unter die Dusche. Vergiss nicht, das Bad anschließend wieder sorgfältig zu putzen. Benutze immer warmes Wasser und ein Hundeshampoo! Spül die Seife gut ab. Wenn du dein eigenes Shampoo verwendest, kann er sich hinterher nicht „riechen" und wälzt sich gleich wieder im Schlamm. Reibe ihn mit seinem eigenen Handtuch gut trocken und halte ihn anschließend warm. Einen langhaarigen Hund kannst du auch vorsichtig föhnen, falls er keine Angst vor dem Geräusch hat. Auch nach einem Spaziergang im Regen solltest du ihn abtrocknen.

Was Hunde lernen sollten

Mit der Erziehung eines Hundes fängt man an, wenn der Hund etwa 6 Monate alt ist. Dabei sollte immer dieselbe Person (am besten ein Erwachsener) die Übungen mit dem Hund durchführen. Man geht dazu in ein abgezäuntes Gelände oder in eine Gegend, die der Hund kennt.

Sprich immer mit klarer, freundlicher Stimme und benütze kurze, einfache Worte. Sprich die Worte immer in der gleichen Weise, dann erkennt sie der Hund schnell wieder. Hat er etwas richtig gemacht, muss er gelobt werden. Geduld und Ruhe des Trainers sind ganz wichtig!

Es gibt vier grundlegende Befehle, die der Hund befolgen muss.

„Fuß!"
Zuerst soll er lernen „bei Fuß" zu gehen. Sobald der Welpe sich an das Halsband gewöhnt hat, legst du ihm die Leine an und lässt ihn damit herumrennen. Dann hältst du die Leine so kurz, dass der Welpe gerade hinter deinem linken Bein steht, mit seinem Kopf nahe an deinem Bein. Sag „Fuß!" und geh los. Versucht er, dich zu überholen, oder zieht er zur Seite, zieh ihn zu dir zurück und sag wieder „Fuß!". Lobe ihn, sobald er richtig geht.

„Sitz!"
Lass den Hund still stehen, dann sag „Sitz!" und drücke ihm gleichzeitig das Hinterteil nach unten, bis er sitzt. Lobe ihn. Wiederhole diese Übung, bis du ihn nicht mehr hinunterdrücken musst und er aufs Wort folgt.

Regelmäßige Übungen von 5 bis 10 Minuten Dauer sind besser als wenige längere. Wiederhole die gleiche Übung mehrmals am Tag.

Ist dein Hund gut erzogen, habt ihr beide mehr Freude aneinander. Du kannst häufiger etwas mit ihm zusammen unternehmen, wenn du weißt, dass er dir aufs Wort gehorcht. Denn auch für Hunde gibt es viele Gefahren.

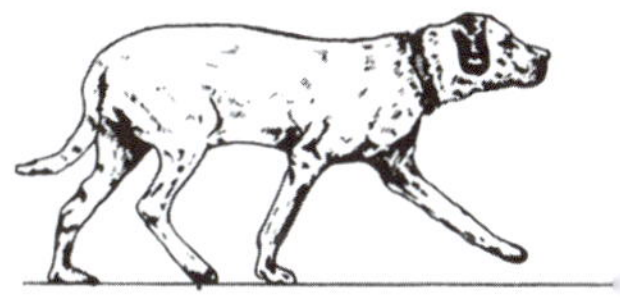

„Platz!“
Manchmal soll der Hund an einer Stelle sitzen bleiben. Sobald er auf „Sitz!“ folgt, sag „Platz!“ und geh einige Schritte zurück. Der Hund wird zunächst versuchen, dir zu folgen. Sag wieder „Platz!“ und lass ihn sich setzen. Lobe ihn, wenn er an der Stelle sitzen bleibt, die du bestimmt hast.

„Komm!“
Schließlich musst du den Hund auch herbeirufen können. Dazu sollte der Hund seinen Namen kennen. Befestige an der Leine eine lange Schnur. Befiehl „Sitz!“, dann „Platz!“ und geh anschließend ein paar Schritte zurück. Sag dann „Komm!“ (oder „Hierher!“) und rufe ihn beim Namen. Zieh gleichzeitig vorsichtig, aber fest an der Schnur. Lobe ihn, wenn er kommt. Gehe nach und nach weiter zurück, bis ans Ende der Schnur. Nach einigen Übungen sollte der Hund auch ohne dein Zeichen an der Schnur zu dir kommen.

Golden Retriever

Mit dem Hund unterwegs

Die meisten Hunde fahren gern im Auto mit. Welpen wird es allerdings bei den ersten Fahrten manchmal übel; deshalb sollte man mit ihnen nur kurze Strecken fahren. Einige Hunde werden während der Fahrt unruhig. Dein Hund muss deshalb lernen still zu sitzen.

Manche Autos haben einen Gepäckraum, den man durch ein Gitter vom Fahrerraum abtrennen kann.

Auf längere Fahrten musst du frisches Wasser und den Hundenapf mitnehmen, damit der Hund trinken kann, wenn er Durst bekommt. Ihr solltet möglichst ab und zu anhalten und ihn an der Leine hinauslassen.
Erlaube ihm nicht, den Kopf aus dem Fenster des fahrenden Autos zu strecken! Das ist gefährlich und er kann sich dabei die Augen verletzen.

Welpen solltest du nie im geparkten Auto allein lassen, auch nicht für kurze Zeit. Ein ausgewachsener Hund sollte nicht länger als zwei Stunden allein im Auto bleiben. Er fühlt sich sonst im Stich gelassen und wird sehr unglücklich. Wenn du den Hund im Auto lassen musst, achte darauf, dass der Wagen im Schatten steht. Es sollte im Auto nie zu heiß oder zu kalt für den Hund werden.

Lass ein Fenster des Wagens so weit offen, dass genügend Frischluft hereinkommt, der Hund aber nicht hinausschlüpfen kann.

Mit dem Hund in die Ferien

Wenn du deinen Hund mit in die Ferien nimmst, braucht er sicher eine Weile, bis er sich eingewöhnt hat. Ein Hund vom Land fürchtet sich vor Stadtverkehr und Lärm. Einen Stadthund können Tiere auf dem Land oder auf einem Bauernhof ziemlich aufregen und er will sie jagen. Halte den Hund anfangs immer an der Leine. Nimm außerdem seinen Korb und seinen Futternapf mit.

Golden Retriever

Viele Hunde spielen und schwimmen gern im Wasser. Ruf deinen Hund zurück, bevor er zu weit weg schwimmt oder andere Leute belästigt. Lass ihn nicht in starker Strömung schwimmen!

Am Meer braucht der Hund einen Napf mit Süßwasser. Wenn er Salzwasser trinkt, kann er krank werden. Lass ihn nie am Badestrand sein Geschäft machen!

Unterbringung im Tierheim

Wenn du den Hund nicht mitnehmen kannst und sich niemand findet, der ihn versorgt, kannst du ihn vielleicht in einem Tierheim unterbringen. Erkundige dich in einer Tierhandlung oder beim Tierarzt, wo es eine solche Einrichtung gibt. Erkundige dich, ob du den Hund zuvor noch impfen lassen musst. Auch bei einem Umzug mit dem üblichen Durcheinander ist es manchmal besser, den Hund vorübergehend in ein Tierheim zu bringen.

Sobald dich dein Hund nicht sieht, fühlt er sich auch im Zwinger wohl, wenn er mit anderen Hunden zusammen ist.

Wenn dein Hund krank ist

Wenn sich dein Hund plötzlich seltsam verhält, kann er krank sein. Hunde erbrechen oft; manchmal fressen sie Gras, damit sie erbrechen können. Falls dein Hund jedoch länger als zwei Tage die Nahrung verweigert, dauernd erbricht oder Durchfall hat, kann er ernsthaft krank sein. Bring ihn zum Tierarzt!

Cavalier King Charles-Spaniel

Würmer
Ist dein Hund ständig hungrig und scheint dabei immer magerer zu werden, hat er vielleicht Würmer. Alle Hunde, besonders Welpen, müssen regelmäßig gegen Würmer behandelt werden. Der Tierarzt gibt dir Auskunft und verschreibt Medikamente.

Wunden
Hunde verletzen sich häufiger eine Pfote. Kleinere Wunden kannst du reinigen und verbinden. Größere Verletzungen am Ballen oder an den Nägeln sowie Fleischwunden musst du vom Tierarzt behandeln und verbinden lassen. Dies empfiehlt sich auch, wenn dein Hund sehr empfindlich ist und bei Verletzungen schnappt.

Wenn dein Hund sich dauernd kratzt
Kratzt sich dein Hund auffallend oft oder beißt er sich ins Fell, so bring ihn zum Tierarzt. Entweder wird der Arzt dir raten, den Hund häufiger zu kämmen, oder er stellt Flöhe fest. Dagegen gibt es Puder. Auch wenn dein Hund häufig den Kopf schüttelt oder sich an den Ohren kratzt, musst du ihn untersuchen lassen; die Ohren sind nämlich besonders empfindlich.

Tollwut ist eine Krankheit, die auch für den Menschen tödlich sein kann. Sie wird durch den Biss oder den Speichel eines tollwütigen Tieres übertragen. Wo diese Krankheit auftritt, sollte man Hunde dagegen impfen lassen. Wer seinen Hund ins Ausland mitnehmen will, muss die entsprechenden Impfbestimmungen beachten.

Hunde in der Paarungszeit

Frühestens mit 6 Monaten kann eine Hündin Junge bekommen. zweimal im Jahr ist sie „läufig", das heißt sie ist bereit, sich mit einem Rüden (dem männlichen Hund) zu paaren. Sobald an ihrem Hinterteil Blutstropfen auftreten und sie ständig von Rüden verfolgt wird, ist sie läufig.

Rüden riechen, wenn eine Hündin läufig ist. Sie kommen und schnüffeln an ihr. Willst du nicht, dass sie Junge bekommt, dann musst du in dieser Zeit gut auf sie aufpassen. Führe sie nur an der Leine aus.

Rüden laufen von zu Hause weg, wenn sie wissen, wo eine läufige Hündin ist. Oft bleiben sie tagelang vor dem Haus der Hündin. Lass die Hündin jetzt nicht hinaus.

Foxhound

Wenn du keine Welpen haben möchtest, kannst du deine Hündin mit 7 Monaten kastrieren lassen. Der Tierarzt macht sie durch einen operativen Eingriff unfruchtbar. Das ist oft besser, als ständig Welpen zu haben und nicht zu wissen, wohin du sie geben kannst.

Wie Welpen zur Welt kommen

Wenn du möchtest, dass deine Hündin Welpen bekommt, und auch weißt, wer sie nehmen wird, dann suche einen Rüden gleicher Rasse. Nach etwa 9 Wochen werden die Jungen geboren. In dieser Zeit – und noch 1 bis 2 Monate danach – braucht deine Hündin besondere Zuwendung. Du solltest während dieser Zeit also nicht gerade in die Ferien fahren.

West Highland White-Terrier

Nach der Paarung beginnen die Welpen im Bauch der Hündin zu wachsen. Sie ist „trächtig". Ihr Bauch und ihre Zitzen schwellen an. Sie wird weniger spielen wollen. Sie braucht viel Eiweiß und kalziumreiche Kost. Erhöhe den Fleischanteil. Gib ihr 3 Wochen vor der Geburt zusätzliche Mahlzeiten.

2 Wochen vor der Geburt (etwa 7 Wochen nach der Paarung) legst du den Schlafplatz mit Zeitungen aus. Vielleicht wird sich deine Hündin ein „Nest" daraus bauen. Kurz vor der Geburt ist sie sehr unruhig. Sie zieht sich auf ihr Wurflager zurück und braucht nun Ruhe; trotzdem möchte sie jemanden in der Nähe haben.

Ein Welpe kommt in einer Fruchtwasserblase zur Welt, die die Mutter aufbeißt, bevor der nächste geboren wird. Sie schleckt jeden Welpen erst einmal sauber. Eine große Hündin kann bis zu zehn Welpen bekommen (in seltenen Fällen auch mehr), eine kleine vier bis sechs.

Dackel

Welpen sind bei der Geburt blind und taub. Erst nach etwa 14 Tagen öffnen sie die Augen und fangen an etwas zu hören. Sie können anfangs auch noch nicht laufen, sondern schieben sich auf dem Bauch vorwärts.

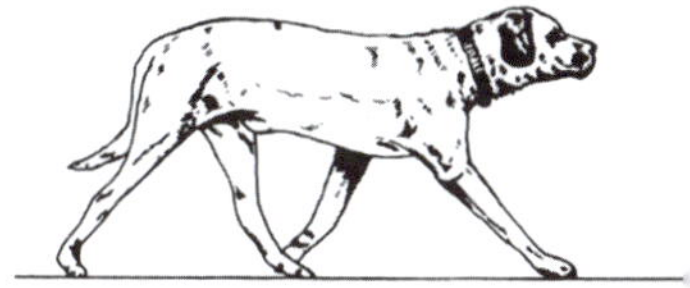

Rough Collie

Solange die Welpen bei der Mutter Milch saugen, braucht diese mehr Nahrung. Wenn die Welpen 3 Wochen alt sind, benötigt sie etwa das Dreifache der normalen Futtermenge.

Fass die Welpen in den ersten zwei Wochen nach der Geburt möglichst wenig an – das stört die Mutter! Sie wird sie schützen wollen, auch vor Menschen, die sie gut kennt.
Mit 3 Wochen beginnen die Welpen zu laufen. Sie verlassen das Lager und kundschaften die Umgebung aus. Jetzt kannst du ihnen kleine Mahlzeiten geben. Es gibt spezielle Welpennahrung zu kaufen.

Beagle

Ein Welpe steigt vielleicht erst einmal in den Futternapf, bevor er lernt daraus zu trinken.

Bilderrätsel

Auf diesem Bild sind 13 Hunde versteckt.
Findest du sie alle?

Kleintiere

Hamster, Meerschweinchen, Mäuse, Kaninchen und Wellensittiche

Daumenkino: So springt die Ratte

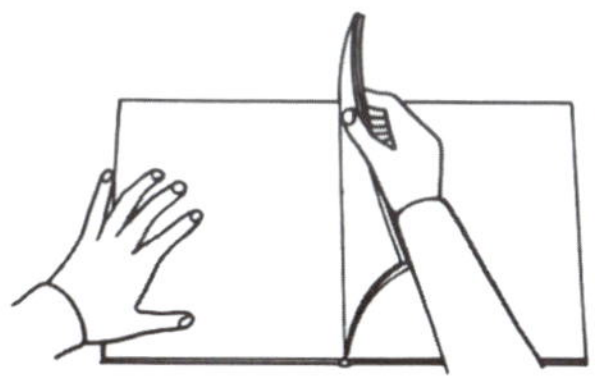

Halte die Seiten 305 bis 319 so, wie es hier gezeigt ist.

Blättere die Seiten schnell durch und achte dabei auf die rechte obere Ecke.

Hier oben siehst du, wie die Ratte springt.

Wenn du ein Kleintier kaufen möchtest

Bevor du dir ein Kleintier aussuchst, versuche so viel wie möglich über die verschiedenen Arten herauszufinden und erkundige dich, wie man sie richtig versorgt. Beim Kleintierzüchterverein, in Tierhandlungen oder beim Tierschutzverein kannst du dir Ratschläge holen.

Wellensittiche
Wilde Wellensittiche leben in Schwärmen. Deshalb sind sie auch in Gefangenschaft lieber mit Artgenossen zusammen. Sprechen lernt jedoch nur ein einzeln gehaltener Vogel.

Wellensittiche gibt es in vielen leuchtenden Farben – du kannst dir einen in deiner Lieblingsfarbe aussuchen.

Rennmäuse

Diese sauberen und lebhaften Tiere nagen gern. Sie sind Tag und Nacht in Bewegung und haben lange, behaarte Schwänze.

Rennmäuse sind neugierig und beobachten aufmerksam, was um sie herum vorgeht.

Goldhamster
Goldhamster sind reinlich und können sehr zahm werden. Gewöhnlich schlafen sie tagsüber und werden erst abends munter. Sie haben kurze Schwänze und tragen ihr Futter in ihren Backentaschen herum.

Dieser Goldhamster füllt gerade seine Backentaschen mit Futter. Darin hebt er es auf und frisst es später.

Mäuse

Mäuse sind scheu, aber leicht zu zähmen. Meistens werden sie erst nachts richtig munter. Du solltest sie nicht frei herumlaufen lassen, sonst findest du sie womöglich nicht mehr. Der Käfig muss 2- bis 3-mal in der Woche gereinigt werden. Mäuse gibt es in vielen Farben, aber alle sind gleich gut zu halten.

Der lange, schuppige Schwanz dient der Maus zum Klettern.

Ratten

Sie sind verspielt, lernen leicht und lassen sich gern kleine Kunststücke beibringen. Das kann recht reizvoll sein. Meist sind sie nachts munter. Ratten gibt es nur in wenigen Farben.

Farbratte

Ratten sind reinliche Haustiere.

Meerschweinchen

Meerschweinchen sind scheu, sanft, einfach zu halten und zu zähmen. Sie haben keinen Schwanz und können nicht gut klettern. Der Stall muss wöchentlich 2- bis 3-mal gesäubert werden.

Langhaarige brauchen viel Pflege!

Rauhaariges Meerschweinchen

Glatthaariges Meerschweinchen

Kaninchen

Sie werden schnell zahm und zutraulich. Beschäftige dich viel mit ihnen, damit sie sich nicht langweilen, und gib ihnen Karotten und hartes Brot zum Nagen. Manche Kaninchen kann man zusammen mit Meerschweinchen halten.

Das Holländer-Kaninchen eignet sich gut für Kinder – es wird nicht zu schwer.

Der richtige Käfig

Bevor du das Tier abholst, musst du einen Käfig besorgen oder einen Stall bauen. Bedenke, dass das Tier fast sein ganzes Leben darin verbringen muss! Deshalb sollte er so groß wie möglich sein. Stelle ihn auf eine Unterlage und an einen Platz, der vor Zugluft und praller Sonne geschützt ist.

Wellensittiche

Ein Zimmerkäfig muss so groß sein, dass der Vogel darin herumhüpfen und seine Flügel ausbreiten kann. Zwei Vögel brauchen entsprechend mehr Platz. Sie leben nicht gern in Räumen, in denen geraucht wird.

① *Waagerechte Stangen zum Klettern*

② *Körner- und Wasserbehälter*

③ *Sepiaschale*

④ *Sittichring*

⑤ *Grit-Schüssel*

⑥ *Obstbaumzweig für Zehenübungen und zum Schnabelwetzen*

⑦ *Die Tür kann offen bleiben, wenn der Vogel frei im Zimmer herumfliegt.*

⑧ *Sand auf dem Boden hält die Krallen scharf und den Käfig sauber.*

⑨ *Spielzeug (Spiegel, Glöckchen)*

Die beste Unterkunft für Wellensittiche ist eine solche Gartenvoliere. Hier können die Vögel fast wie in der Wildnis zusammenleben und haben genügend Raum zum Fliegen. Natürlich brauchst du viel Platz dafür, und es kostet auch einiges, so eine Voliere zu bauen.

Rennmäuse, Hamster, Mäuse und Ratten

Rennmäuse brauchen viel Erde oder Sägemehl zum Eingraben. Das Beste für sie ist ein großes Aquarium, das mit Torf und Stroh gepolstert ist.

Ratten, Mäuse und Rennmäuse klettern gern an Leitern und Ästen. Obstbaumzweige eignen sich gut dafür.

In einem solchen Käfig kannst du Rennmäuse, Hamster oder Mäuse halten. Ratten brauchen einen Käfig, der 3- bis 4-mal so groß ist wie dieser. Metallkäfige sind kalt und rosten. Holzkäfige sind wärmer, müssen aber aus hartem Holz sein, sonst nagt sich das Tier einen Durchschlupf.

① *Rampen, Bretter und Leitern zum Herumtollen und Spielen*
② *Nistkasten aus Holz*
③ *Schwerer Futternapf*
④ *Wasserflasche*
⑤ *Ein Stück hartes Holz zum Nagen, damit die Zähne nicht zu lang werden.*
⑥ *Viel Sägespäne zum Warmhalten und zum Aufsaugen der Ausscheidungen*
⑦ *Geschlossenes Laufrad*

Stall und Freigehege

Meerschweinchen und Kaninchen leben in Ställen. Der Stall sollte aus starkem Holz gebaut sein und feste Scharniere und Riegel haben. Er kann draußen stehen, muss aber vor Wind und praller Sonne geschützt sein. Wird es draußen sehr kalt, dann bring ihn in einen trockenen, gut gelüfteten Schuppen. Nicht in eine Garage stellen, die Auto-Abgase sind giftig!

Meerschweinchen und Kaninchen brauchen zum Auslauf ein Freigehege. Stelle es aber nicht in die pralle Sonne oder in den Wind und weit weg von giftigen Pflanzen! Für Kaninchen musst du einen Boden aus Maschendraht anbringen, sonst gräbt es sich unten durch.

Auch ins Freigehege gehören Futter und Wasser!

So reinigst du Käfig und Stall

Kauf lieber einen leicht zu reinigenden als einen besonders hübschen Käfig. In einem schmutzigen Käfig können Tiere krank werden. Futter- und Wasserbehälter müssen täglich gesäubert, verschmutztes und nasses Heu oder Sägemehl muss entfernt werden. Einige Tiere benützen immer nur eine Ecke als „Toilette", das macht die Reinigung etwas einfacher.

Den Käfig oder Stall solltest du einmal in der Woche auswaschen, bei Meerschweinchen und Mäusen häufiger. Nimm dazu heißes Wasser mit Schmierseife und spüle sie anschließend gut ab. Warte, bis alles ganz trocken ist, bevor du den Käfig wieder einräumst.

Was Kleintiere fressen

Kleintiere brauchen nahrhaftes, gesundes Futter, wenn sie gut wachsen und gesund bleiben sollen. Gekauftes Gemüse und Obst solltest du gründlich waschen, da es oft mit giftigen Spritzmitteln behandelt ist. Gib stets frisches Futter; verdorbenes Futter macht dein Tier krank. Abwechslungsreiche Kost ist wichtig!

Futternäpfe müssen schwer sein, damit sie nicht leicht umkippen. Wasche sie täglich aus!

Alle Kleintiere brauchen täglich frisches Trinkwasser. Flaschen sind besser als Schüsseln, die schnell schmutzig werden und leicht umkippen können. Schau jeden Tag nach, ob die Flasche sauber und in Ordnung ist, und fülle frisches Wasser nach!

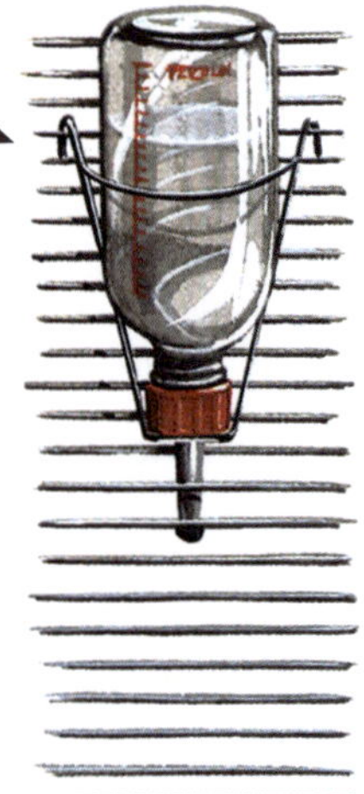

Hier sind einige Wildkräuter, die sich als Futter für Kleintiere eignen. Achte auf die richtigen, es gibt auch giftige Pflanzen!

Gib deinem Tier tagsüber zum Knabbern Grünzeug wie Salatblätter, Brunnenkresse, Spinat, Karotten und Äpfel sowie ein paar Wildkräuter.

Ab und zu darfst du ihm auch Leckereien wie Rosinen, Nüsse, Sonnenblumenkerne oder kleine Hundekuchen geben. Bonbons und Schokolade dagegen sind schädlich und verursachen Krankheiten.

Wellensittiche

Wellensittiche fressen Samenkörner und Grünfutter. Du bekommst Sittichfutter in Tierhandlungen und im Samenhandel.
Da Wellensittiche keine Zähne haben, brauchen sie Vogel-Grit (Vogelsand). Damit zermahlen sie ihr Futter.

Wellensittiche öffnen mit ihrem kräftigen Schnabel die Samenhülle und schlucken den Kern. Dabei fallen die Schalen oft in den Napf zurück. Puste sie ab und zu vorsichtig weg, damit die Samen darunter wieder frei werden.

Wellensittiche knabbern den ganzen Tag über Samen – fülle die Schale täglich auf!

① Hänge einmal in der Woche frische Kolbenhirse in den Käfig. Lass sie nicht zu lange dort hängen!

② Wellensittiche brauchen Sepiaschale als Kalkspender. Sie wetzen auch ihren Schnabel daran.

③ Hänge im Käfig auch einen Sittichring mit tropischer Baumrinde als Zusatzfutter auf.

Füttere Leckereien zweimal wöchentlich in einer besonderen Schüssel. Gib deinem Vogel regelmäßig auch etwas Grünzeug und geriebene Äpfel oder Karotten. Knackiges Gemüse und frischer Salat sind besondere Leckerbissen für den Wellensittich. Bitte vorher abwaschen und abtrocknen. Denke auch daran, jeden Tag das Trinkwasser zu wechseln. Am besten geeignet ist Leitungswasser

Rennmäuse

Rennmäuse solltest du hauptsächlich mit trockenen Hafer-, Mais-, Gersten- und Weizenkörnern füttern. In Tierhandlungen und Supermärkten gibt es fertige Körnermischungen. Als Leckereien eignen sich Sonnenblumenkerne oder Cornflakes. Auch ganz kleine Mengen von frischem Grünfutter sind gut. Du kannst auch ein Grasbüschel in den Käfig stellen.

Goldhamster

Die beste Zeit, um deinen Hamster zu füttern, ist am Abend. Du kannst fertige Körnermischungen kaufen. Gib ihm täglich genügend frisches Grünzeug, aber keine Zwiebeln, Orangen oder Zitronen. Auch kannst du ihm ab und zu eine Mischung aus Essensresten füttern. Lass dich vom Tierarzt beraten.

Mäuse und Ratten
Mäuse und Ratten fressen das Gleiche und mögen viele kleine Mahlzeiten täglich. Ratten brauchen mehr Futter als Mäuse. Gib ihnen Körnermischungen und 2- bis 3-mal in der Woche frisches Grünzeug. Leckereien sind für sie Käse, Äpfel oder Karotten.

Meerschweinchen und Kaninchen
Diese beiden Tiere solltest du täglich zweimal füttern. Gib ihnen Körner und fertige Körnermischungen. Sie brauchen viel frisches Gemüse wie Karotten und Kohl und täglich frisches Heu. Zur Abwechslung kannst du das Futter in Milch oder Wasser einweichen. Beim Tierarzt oder Kleintierzüchterverein bekommst du Ratschläge zur Ernährung.

So wird dein Kleintier zutraulich

Kleintiere werden schnell zahm und lassen sich in die Hand nehmen, wenn du sie früh daran gewöhnst. Sprich ruhig, damit das Tier mit deiner Stimme vertraut wird.

Sobald du das Tier einige Tage bei dir zu Hause hast, kannst du es anfassen und in die Hand nehmen. Achte darauf, dass es wach ist und dich schon bemerkt hat, sonst erschrickt es und versteckt sich. Bedränge es nicht, denn es muss sich erst mit der neuen Umgebung vertraut machen. Strecke ihm dann deine Hand vorsichtig entgegen und lass es daran schnuppern. Mach auch keine plötzlichen, ruckartigen Bewegungen, es könnte sein, dass es dich sonst beißt. Hat das Tier keine Angst mehr vor deiner Hand, kannst du es anfassen. Wie du es halten musst, ist auf der gegenüberliegenden Seite gezeigt. Nach einiger Zeit wird dir das Tier ein liebevoller Freund sein.

Wellensittiche

Wenn der Vogel deine Hand kennt, halte deinen Finger an seine Sitzstange. Warte, bis er auf deinen Finger hüpft. Bewege deine Hand langsam durch den Käfig und sprich ruhig mit dem Tier. Nach etwa einer Woche kannst du den Vogel so aus dem Käfig tragen und fliegen lassen.

Einen Vogel nimmt man so in die Hand. Aber tu das nur, wenn es nötig ist, und sei sehr vorsichtig, damit du ihn nicht verletzt. Bitte notfalls einen Erwachsenen um Hilfe.

Rennmäuse, Hamster, Mäuse, Ratten, Meerschweinchen und Kaninchen
Sobald ein Tier zahm ist, solltest du es täglich in die Hand nehmen; aber nicht zu lange, sonst wird es müde. Halte es vorsichtig fest, aber drück es nicht, sonst verletzt du es.

Bei Rennmäusen, Hamstern, Mäusen, Ratten und jungen Kaninchen greifst du mit einer Hand über den Rücken und hebst das Tier auf die andere Hand. Du kannst es auch mit beiden Händen wie mit einer Baggerschaufel aufnehmen.

Rennmäuse und andere Mäuse kannst du am breiten Schwanzanfang hochheben. Schiebe dann schnell eine Hand unter den Körper, um das Gewicht aufzufangen. Lass das Tier nicht am Schwanz hängen!

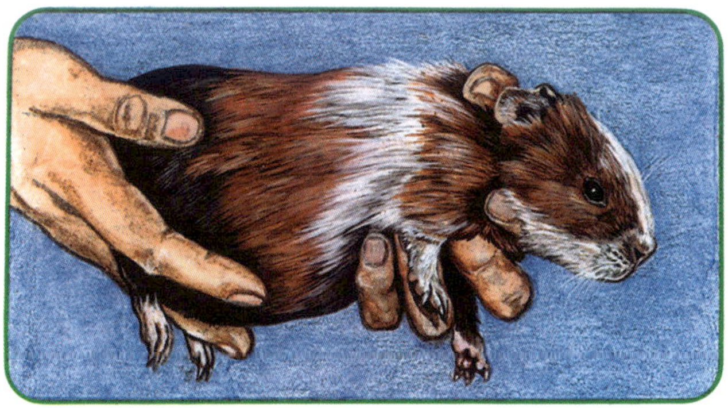

Wenn du ein Meerschweinchen hochnehmen willst, schiebe eine Hand unter seinen Körper und stütze ihn mit der anderen Hand. Lass es auf einer Hand liegen oder stehen, sodass es sich sicher fühlt.

Ein Kaninchen hebt man immer rückwärts in den oder aus dem Stall, für den Fall, dass es wegspringt oder strampelt. Halte es an deinen Körper und stütze es mit beiden Armen.

Spiele mit Kleintieren

Kleintiere brauchen Spielzeug und viel Beschäftigung, sonst langweilen sie sich und sind unglücklich. Hat sich dein Tier bei dir eingewöhnt, lass es täglich für kurze Zeit aus dem Käfig. Schließe vorher alle Fenster und Türen. Achte darauf, dass sich keine Katze und kein Hund im Raum befinden.

Sobald der Wellensittich so zahm ist, dass er sich auf deinen Finger setzt, kannst du ihn frei im Zimmer herumfliegen lassen. Wenn er wieder in den Käfig zurückkommen soll, hältst du denn Finger hoch und rufst ihn leise beim Namen. Kommt er nicht, so verdunkle den Raum. Im Dunkeln fliegt er nicht mehr herum und du kannst ihn leicht einfangen.

Hänge deinem Vogel Spielzeug, zum Beispiel Leiter, Glöckchen und Spiegel, in den Käfig. Auch über eine Schaukel oder ein Klettergerüst freut er sich. Gib ihm aber nicht zu viel, damit das Tier noch genügend Platz hat.

Sprechübungen für Wellensittiche
Es kann Wochen oder Monate dauern, bis dein Wellensittich sprechen lernt. Beginne mit seinem Namen: Sage ihn dem Vogel immer wieder ganz deutlich vor. Sprich mit ihm, sobald du in seiner Nähe bist. Bald wird er nachahmen, was du ihm vorsagst.

Streicheleinheiten
Meerschweinchen genießen es, wenn man sich mit ihnen beschäftigt und sie streichelt. Sie haben auch nichts dagegen, wenn du sie auf den Arm nimmst und tüchtig knuddelst. So werden sie sehr zutraulich.

Rennmäuse, Hamster, Mäuse, Ratten, Meerschweinchen und Kaninchen kundschaften gern alles aus und sind sehr flink. Wenn das Tier frei herumläuft, musst du es dauernd beobachten. Es kann durch Löcher und Spalten verschwinden oder fängt an, Elektrokabel anzuzunagen. Du kannst es auch in einem großen Karton spielen lassen, dann hast du es besser im Auge.

Rennmäuse springen, graben und klettern gern.

Hamster, Mäuse und Ratten spielen gern mit kleinen Schachteln, Papprollen, Papiertüten und Nüssen.

Ein Laufrad ist eine beliebte Beschäftigung für Kleintiere. Das Rad sollte allerdings geschlossen sein: Speichenräder mit Zwischenräumen sind gefährlich für Füße und Schwanz!

Als Spielhaus für Meerschweinchen eignet sich ein umgestülpter Karton. Schneide eine Türöffnung hinein.

Wenn du deinen Hamster, deine Maus oder Ratte nicht mehr findest, dann stell ein großes Glas oder eine Dose mit Futter auf den Boden und leg dich auf die Lauer. Wenn das Tier anfängt zu fressen, kannst du es einfangen.

Wenn dein Kleintier krank ist

Wenn man Kleintiere ordentlich versorgt, bleiben sie normalerweise gesund. Sie sollten in einem geräumigen, sauberen und warmen Käfig leben, vielseitige Kost und viel Beschäftigung und Zuwendung erhalten. Sobald du mit dem Tier vertraut bist, erkennst du, ob es ihm gut geht. Prüfe seinen Zustand täglich.

Wenn du meinst, dass das Tier krank ist, bring es zum Tierarzt. Er kann dir sagen, was zu tun ist. Zu Hause musst du es warm halten und in Ruhe lassen. Achte darauf, dass es immer frisches Futter und Wasser hat.

Ein kranker Wellensittich sitzt still mit aufgeplusterten Federn auf seiner Stange. Er rührt sich nicht. Aber er tut das auch, wenn er friert oder müde ist.

Hat das Tier kleine Kratzer oder Bisswunden, bitte einen Erwachsenen, ein mildes Wundmittel aufzutragen. Bei größeren Verletzungen bringst du es zum Tierarzt.

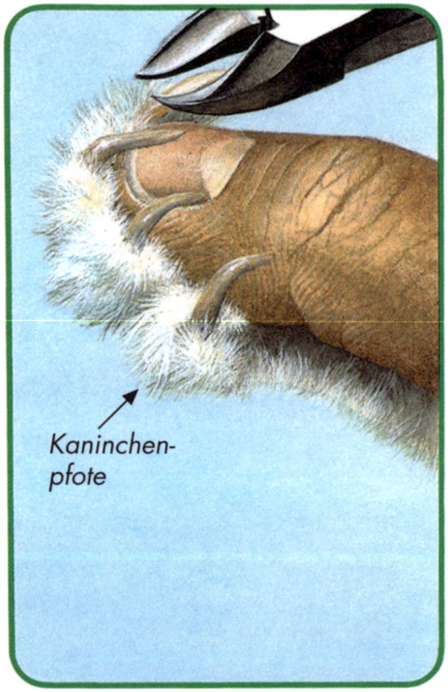

Zähne, Nägel und Schnabel wachsen manchmal zu lang, dann muss sie der Tierarzt beschneiden. Er kann auch einem Erwachsenen zeigen, wie man das macht.

Achte darauf, dass du den richtigen Puder für dein Tier kaufst!

Manchmal wird dein Tier von kleinen Schmarotzern wie Flöhen, Zecken oder Läusen befallen. Es gibt Puder und Sprays, um sie loszuwerden. Bitte einen Erwachsenen um Hilfe und befolge genau die Gebrauchsanweisung! Auch den Käfig musst du gründlich reinigen.

Pflegen und Sauberhalten
Kleintiere putzen sich täglich selbst und putzen sich auch gegenseitig. Dadurch halten sie ihr Fell oder Gefieder sauber und befreien sich von Parasiten (Schmarotzern).

Kurzhaarige Meerschweinchen und Kaninchen lassen sich manchmal sehr gern bürsten, besonders während des Haarwechsels. Das Fell langhaariger Meerschweinchen muss täglich gebürstet werden, und zwar immer in Wuchsrichtung der Haare.

Die meisten Wellensittiche plantschen gern in einem Vogelbad oder in einer Wasserschüssel herum. So halten sie ihr Gefieder sauber.

Kleintiere und ihre Jungen

Kleintiere können jährlich viele Junge bekommen: ein Rattenpaar zum Beispiel bis zu 100. Es ist schwierig, so viele Tiere gut unterzubringen. Halte deshalb keine Weibchen und Männchen zusammen in einem Käfig. Zwar kann der Tierarzt einige Kleintiere operieren und unfruchtbar machen, aber das ist oft gefährlich und manche Tiere sterben dabei.

Wenn Wellensittiche brüten
Wellensittiche bauen selbst kein Nest. Züchter stellen deshalb Nistkästen in einen großen Käfig. Das Weibchen legt 4 bis 8 Eier in eine Mulde, täglich eins. Es sitzt auf den Eiern und dreht sie von Zeit zu Zeit um. Während das Weibchen die Eier ausbrütet, wird es vom Männchen gefüttert.

Nach dem Ausschlüpfen füttern die Eltern ihre Jungen mit einer dicken, milchigen Flüssigkeit, die sie selbst erzeugen. Bis das letzte Küken ausschlüpft, ist das erste oft schon recht dick. Wenn die Jungvögel etwas älter geworden sind, würgen die Eltern das Futter für sie aus ihrem Kropf.

Frisch geschlüpfte Wellensittiche haben noch keine Federn – die beginnen erst nach etwa einer Woche zu wachsen.

Wenn Rennmäuse, Hamster, Mäuse, Ratten und Kaninchen Junge bekommen

Bei der Geburt sind die Jungen nackt, blind und taub. In den ersten Wochen saugen sie Milch bei ihrer Mutter. Das Nest darf nicht zerstört werden, sonst tötet die Mutter vielleicht die Jungen. Nach einiger Zeit kann man die Jungen in eigene Käfige bringen.

Neugeborene Hamster haben noch kein Fell. Es beginnt erst nach einer Woche zu wachsen.

Rennmäuse sind gute Eltern. Ein Mäusepaar bleibt das ganze Leben lang zusammen und beide Eltern versorgen die Jungen. Hamster- und Kaninchen-Weibchen müssen nach der Paarung vom Männchen getrennt werden, weil sie vielleicht einander angreifen.

Das Kaninchen-Weibchen zupft sich Haare aus ihrem weichen Bauchfell aus, um das Nest zu polstern. Darin haben es die Jungen weich und warm. Der Mutter wächst das Fell wieder nach. Manchmal baut ein Weibchen auch ein Fellnest, wenn es gar keine Jungen erwartet.

Junge Meerschweinchen

Neugeborene Meerschweinchen haben schon ein Fell. Sie können auch sehen und hören. Nach etwa einer Stunde laufen sie herum und nach zwei Tagen fressen sie feste Nahrung.

Bilderrätsel

Auf diesem Bild sind 13 Kleintiere versteckt.
Findest du sie alle?

Vögel

Spiele in diesem Teil

Heuschrecken gesucht!

Manche Vögel fressen Heuschrecken. Findest du die 13 Heuschrecken, die auf den folgenden 22 Seiten versteckt sind?

Daumenkino: So fliegt ein Vogel

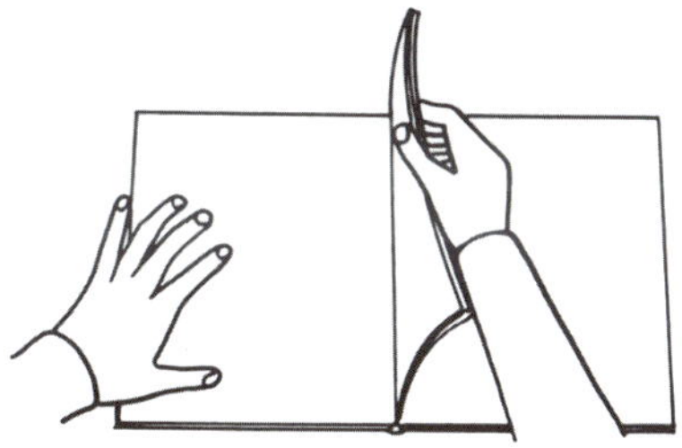

Halte die Seiten 325 bis 345 so, wie es hier gezeigt ist.

Blättere die Seiten schnell durch und achte dabei auf die rechte obere Ecke.

Hier oben siehst du, wie der Vogel fliegt.

Vögel sind besondere Tiere

Ein Vogel ist wie ein kleines Flugzeug:

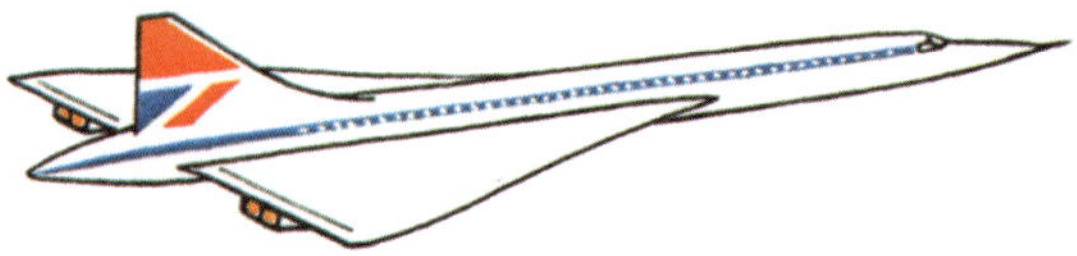

Seine günstige Körperform lässt ihn schnell durch die Luft gleiten.

Ein Vogel ist wie eine Fledermaus:

Er gebraucht seine Arme als Flügel.

Rauchschwalbe

Ein Vogel ist wie
ein Gewichtheber:
Er hat kräftige Arm-
und Brustmuskeln.

Ein Vogel ist wie
ein Ballon:
Er hat viel Luft
in seinem Körper.

Vögel sind die einzigen Tiere, die Federn haben.

Vögel haben drei Arten von Federn:

Flaumfedern:
Sie helfen dem Vogel,
sich warm zu halten.

Deckfedern:
Sie bedecken den Körper.

Schwungfedern:
Sie dienen dem Vogel zum Fliegen.

Die Flaumfedern stecken unter den Deckfedern.

Jedes Jahr wächst den Vögeln ein neues Federkleid.

Solange die neuen Schwungfedern wachsen, kann eine Gans nicht fliegen.

Gänseküken

Vogelküken werden von den Flaumfedern warm gehalten.

Bienenfresser

Kolibri

Waldlaubsänger

Wie kommen Vögel in die Luft?

Beim Abfliegen schwingen sich Vögel mit einem Satz in die Luft und schlagen sehr schnell mit den Flügeln.

Manche Vögel sind zu schwer, um sich in die Luft zu schwingen. Sie müssen zuerst Anlauf nehmen und dabei mit den Flügeln schlagen.

Stockente

Waldkauz

Steinadler

Adler breiten ihre großen Flügel aus und gleiten durch die Luft.

Große Vögel, zum Beispiel Adler, schlagen langsam mit den Flügeln. Kleine Vögel schlagen sehr schnell mit den Flügeln.

Der Flügel hat zwei Gelenke, ähnlich wie ein Arm.

Flussseeschwalbe

Wenn Vögel beim Fliegen die Richtung ändern wollen, müssen sie ihre Flügel in einem bestimmten Winkel abknicken und drehen. Wie unterschiedlich das aussehen kann, zeigen die Abbildungen auf dem Rand.

Eisvogel

Australischer Kakadu

Distelfink

Albatros

Wozu fliegen Vögel?

Wozu landen Vögel?

Was tun Vögel mit ihren Füßen?

Papageientaucher

Vögel strecken beim Landen die Füße aus.
Wollen sie langsamer fliegen, dann breiten
sie auch Schwanz und Flügel aus.

Star

Dieser Vogel ruht sich auf Ästen aus.
Er winkelt die Beine an und krallt sich
mit den Zehen am Ast fest.

Vögel gehen auf den Zehen.
Sie können gehen,
laufen oder hüpfen.

Marabu

Manche Vögel ruhen sich auf dem Boden aus.
Störche sitzen oft so da, wenn sie ausruhen.

Wasservögel haben Häute zwischen den Zehen. Dadurch können sie ihre Füße als Paddel benutzen und sinken nicht im Schlamm ein.

Die Schnee-Eule hat Fänge so scharf wie Dolche: Sie tötet ihre Beute mit den Füßen. Die Füße bleiben warm, weil sie ganz mit Federn bedeckt sind.

Was tun Vögel mit ihrem Schnabel?

Vögel haben keine Zähne, sie können ihre Nahrung also nicht kauen. Die Nahrung wird im Ganzen hinuntergeschluckt und im Magen zerrieben.

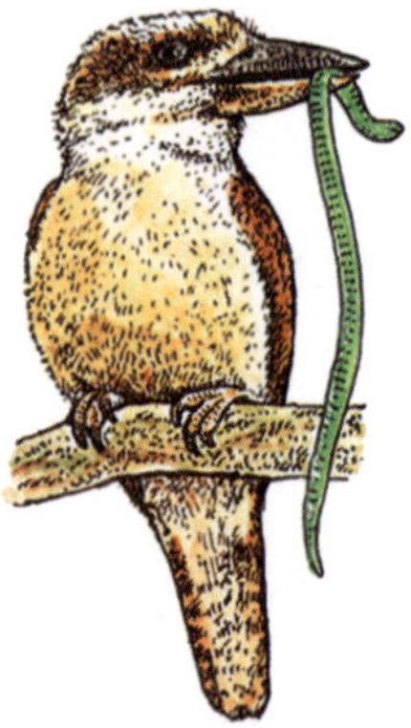

Lachender Hans

Elster

Fichtenkreuzschnabel

Schwarzer Milan

Dieser Vogel zerreißt die Nahrung mit seinem Hakenschnabel.

Löffelente

Diese Ente benutzt ihren Schnabel als Filter. Sie sammelt winzige Pflanzen und Tiere direkt von der Wasseroberfläche auf.

Pelikane

Der Pelikan schöpft mit seinem großen Schnabel Fische aus dem Wasser. Sein Schnabel fasst mehr Nahrung als sein Magen.

Kolibri

Plattschweifsittich

Vögel haben verschiedenartige Schnäbel, weil sie unterschiedliche Nahrung fressen. Diese Küstenvögel können zusammen auf Nahrungssuche gehen, weil sie nicht alle das Gleiche fressen.

Buntspecht

Blauer Staffelschwanz

Pfeifente

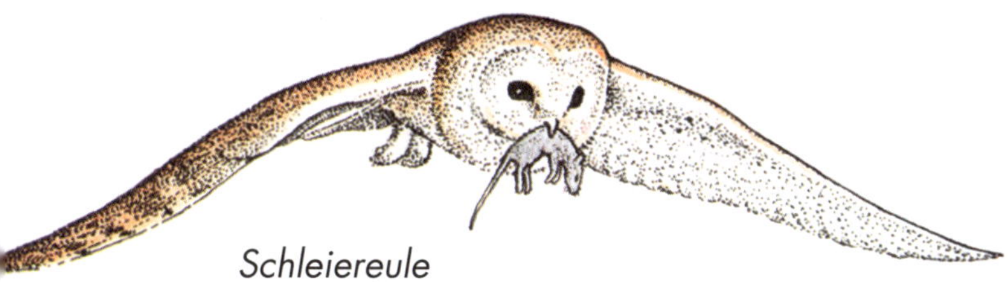

Schleiereule

Was die Farben der Vögel bedeuten

Viele Vögel sind farblich an die Blätter und Äste der Bäume angepasst, auf denen sie ausruhen. Dadurch werden sie von ihren Feinden nicht so leicht entdeckt.

Sieben Vögel sind auf diesem Bild versteckt. Findest du sie alle?

Wenn Vögel auf den Eiern sitzen und brüten, müssen sie gut getarnt sein. Dieses brütende Ziegenmelkerweibchen ist zum Beispiel kaum zu erkennen.

Das australische Froschmaul schläft den ganzen Tag auf einem Baum. Der Vogel sitzt ganz still da, den Kopf hoch erhoben. Er sieht dann einem abgebrochenen Ast täuschend ähnlich.

Vögel können einander an ihren Farben erkennen.

Austernfischer leben in großen Gruppen zusammen. Fliegen einige Vögel zu einer neuen Futterstelle, dann folgen auch bald die anderen. Sie erkennen einander an ihren Farben und an den Schreien, die sie ausstoßen.

Männchen und Weibchen der Stockente unterscheiden sich farblich voneinander. Während der Paarungszeit sehen die Erpel besonders farbenprächtig aus. In einem Balztanz stellen sie ihre leuchtenden Farben zur Schau, um ein Weibchen zur Paarung zu gewinnen.

Vögel können singen und tanzen

Vor und während der Paarungszeit singen viele Vögel, meistens die Männchen.

Das Amselmännchen singt, um das Amselweibchen anzulocken.

Amsel (Weibchen)

Amselmännchen singen auch, um anderen Amselmännchen mitzuteilen: „Bleibt weg aus meinem Revier!"

Eulen stoßen Schreie aus, um einander in der Dunkelheit zu finden.

Vor der Paarung führt der Täuberich dem Weibchen einen Tanz vor:
Er dreht sich im Kreis und gurrt dabei laut.

Das Männchen bläst sich auf und plustert seine Nackenfedern.

Dann spreizt es den Schwanz wie einen Fächer und verbeugt sich vor dem Weibchen.

Der Pfau führt seine langen, farbenprächtigen Federn in einem Tanz vor, mit dem er das Weibchen anlocken will. Wenn die Paarungszeit vorüber ist, fallen die langen Federn aus.

Vom Vogelei zum Küken

Bald nach der Paarung legt das Vogelweibchen Eier. Wenn es alle Eier im Körper behielte, bis die Jungen schlüpfen, wäre es wahrscheinlich zu schwer zum Fliegen.

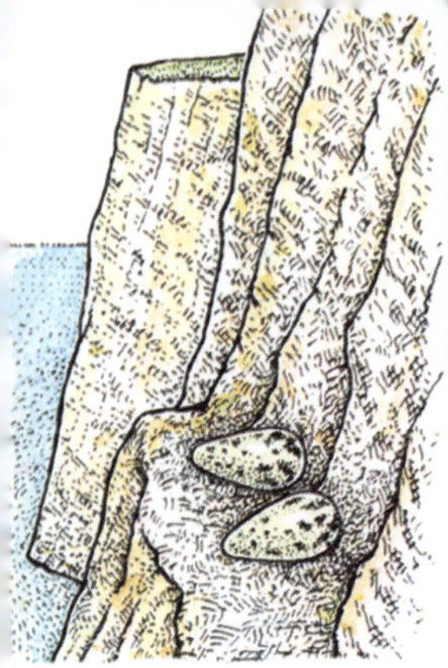

Eier der Trottellumme

Die Flussseeschwalbe legt ihre Eier auf dem Boden ab. In jedem Ei wächst eine junge Flussseeschwalbe heran.

Die Eier sind farblich der Umgebung angepasst. Feinde können die Eier nur schlecht erkennen.

Eier des Austernfischers

Wenn die jungen Flussseeschwalben ausschlüpfen, sind sie mit wärmenden Flaumfedern bedeckt.

Ist ein Feind in der Nähe, ducken sich die Küken, sodass man sie kaum sehen kann.

Eier der Saatkrähe

Eier der Eiderente

Die meisten Vögel bauen Nester. Das Nest schützt die Eier und die geschlüpften Jungvögel vor Feinden und hält sie warm. Werden die Eier kalt, dann sterben die jungen Vögel. Deshalb sitz fast immer ein Altvogel auf den Eiern, um sie warm zu halten.

Singdrosseln

Das Drosselweibchen wird vom Männchen gefüttert, während es auf den Eiern sitzt.

Drosselküken sind noch nackt und haben geschlossene Augen, wenn sie schlüpfen. Sie werden von den Eltern versorgt.

Felsentimalie

Pirol-Eier

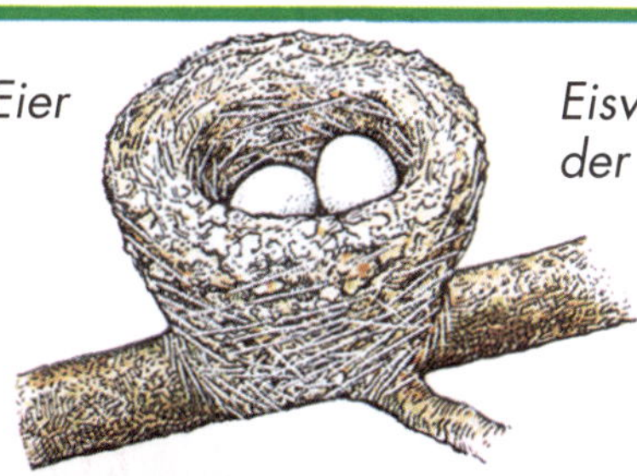

Kolibri-Eier

Eisvogel vor der Bruthöhle

Vogelkinder

Singdrosseln suchen in ihrem Brutrevier, also in der Nähe ihres Nestes, nach Futter.

Junge Singdrosseln bleiben so lange im Nest, bis sie fast alle Federn haben. Das dauert etwa zwei Wochen.

Junge Vögel sind immer hungrig. Wenn die Eltern auf dem Nest landen, sperren die Jungvögel ihre Schnäbel auf und gieren laut nach Futter. Die leuchtenden Farben im Inneren der Schnäbel regen die Eltern zum Füttern an.

Ganz junge Silbermöwen picken am roten Schnabelfleck der Eltern, um Futter zu bekommen.

Etwas ältere Silbermöwen picken in den Schnabelwinkel der Eltern.

Silbermöwen fliegen oft weit, um Futter für die Jungen zu suchen. Das Futter, das sie gesammelt haben, schlucken sie hinunter. Wenn sie zurückkommen, würgen sie es für die Jungen wieder heraus.

Graugänse

Gänseküken lernen von den Eltern, wie man etwas zu fressen findet.

Die Küken sitzen auf dem Rücken der Mutter, wenn sie frieren oder müde sind.

Kurz nach dem Ausschlüpfen können Gänseküken schon schwimmen. Vor Feinden flüchten sie ins Wasser.

Bei jungen Gänsen dauert es etwa sechs Wochen, bis sie alle Federn haben. Sie können dann zwar schon fliegen, aber sie müssen noch lernen, sich in der Luft zu drehen und zu wenden. Auch starten und landen üben sie immer wieder.

Wie sich Vögel erholen und pflegen

In der Nacht suchen sich die meisten Vögel einen geschützten Platz zum Ausruhen. Sie fliegen nicht gern in der Nacht, weil sie im Dunkeln nicht gut sehen.

Hunderte von Staren versammeln sich oft jeden Abend an der gleichen Stelle zur Nachtruhe.

Manche Vögel stecken den Schnabel unter die Flügel, wenn sie schlafen. Sie plustern sich auf, um sich warm zu halten.

Sperlinge

Vögel können im Schlaf nicht vom Baum fallen. Wenn sie die Beine anwinkeln, krallen sie sich mit den Zehen am Ast fest.

Zaunkönige schlafen gern dicht beieinander.

Alle Vögel putzen regelmäßig ihr Gefieder. Die meisten Vögel fetten auch ihre Federn ein, um sie geschmeidig und Wasser abstoßend zu machen.

Vögel pressen mit dem Schnabel Fett aus der Drüse, die direkt über dem Schwanz liegt.

Manche Vögel putzen sich gegenseitig.

Viele Vögel baden gern.

Vögel, die nicht fliegen können

Der Strauß ist der größte Vogel auf der Erde. Er hat nur kleine Schwungfedern und ist zu schwer zum Fliegen. Der Strauß kann vor seinen Feinden nicht wegfliegen, er schützt sich auf andere Weise.

Pinguine können mit ihren Flügeln nicht fliegen. Was tun sie dann damit?

Felsenpinguine

Bilderrätsel

Auf diesem Bild sind 13 Vögel versteckt.
Findest du sie alle?

Insekten

und andere kleine Tiere

Auf einem Grashalm
über dem Hirschkäfer
sitzt ein Marienkäfer.
Findest du die übrigen
10 Marienkäfer, die auf
den folgenden 22 Seiten
versteckt sind?
(Der große Marienkäfer
auf Seite 359 zählt nicht!)

Insekten und andere Tiere, die krabbeln und kriechen

Die Tiere, die in diesem Teil des Buches beschrieben sind, haben keine Wirbelsäule in ihrem Körper. Man nennt sie daher „Wirbellose“. Die meisten Arten der wirbellosen Tiere sind Insekten, aber nicht alle. Auf diesen beiden Seiten findest du die 6 Gruppen der Wirbellosen, die auf dem Land leben.

Diese vier Tiere gehören zu verschiedenen Insektenarten – es gibt noch einige Hunderttausend andere Arten. Alle ausgewachsenen Insekten haben sechs Beine und drei Körperabschnitte: Kopf, Brust und Hinterleib. Am Kopf sind zwei Fühler, die man auch „Antennen“ nennt. Die meisten Insekten tragen zumindest während einiger Zeit ihres Lebens Flügel.

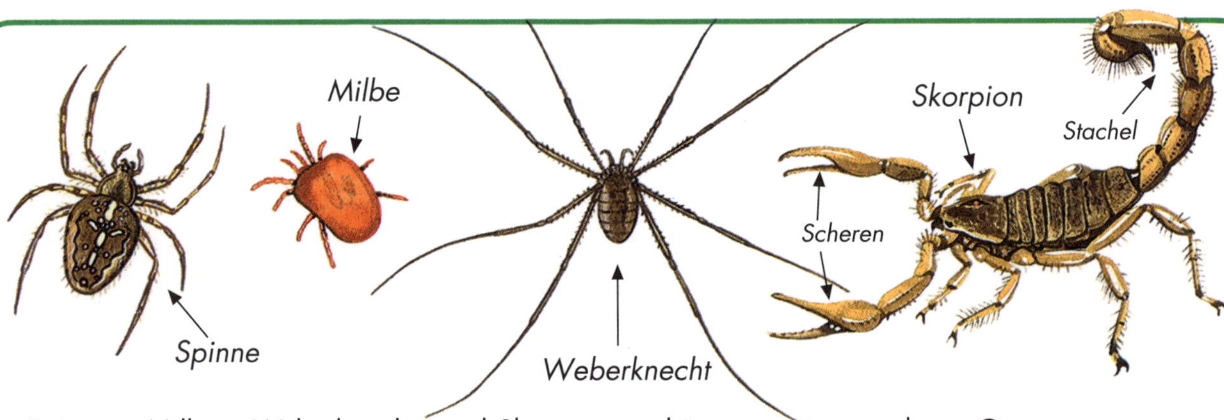

Spinnen, Milben, Weberknechte und Skorpione gehören zu einer anderen Gruppe von Wirbellosen. Anders als die Insekten haben sie acht Beine; ihr Körper besteht nur aus einem oder zwei Abschnitten. Sie haben keine Flügel.

Tausendfüßer und Hundertfüßer haben mehr Beine als alle anderen Tiere.

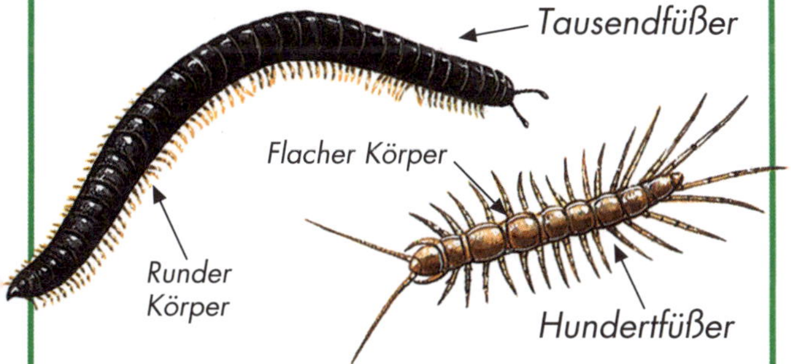

Ihr Körper besteht aus einem Kopf und vielen Körperringen, den Segmenten. Die meisten Hundertfüßer haben 30 Beine, manche Tausendfüßer haben bis zu 700. Beide haben Fühler.

Asseln haben einen flachen Körper, der in einige Segmente gegliedert ist.

Sie haben 14 Beine, die zum Gehen benutzt werden, und zwei, die zur Nahrungsaufnahme dienen. Rollasseln können sich zu einer festen Kugel zusammenrollen, aus der nur noch die Augen hervorschauen.

Ringelwürmer haben, ähnlich wie Hundert- und Tausendfüßer, einen Körper aus vielen Segmenten.

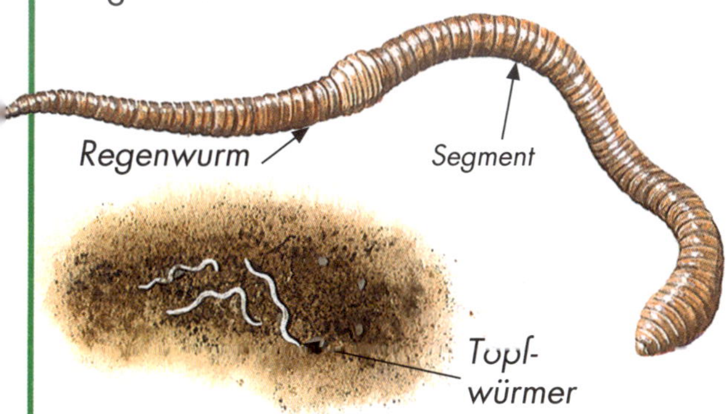

Sie haben allerdings keinen deutlich erkennbaren Kopf, keine Fühler und keine Beine, jedoch eine Mundöffnung am Vorderende.

Nacktschnecken und Gehäuseschnecken gehören zu einer weiteren Gruppe von Wirbellosen.

Beide kriechen auf einer Kriechsohle und haben ein oder zwei Paar Fühler. Gehäuseschnecken tragen ein Haus, Nacktschnecken haben kein Gehäuse.

Wie Insekten sich fortbewegen

Viele Insekten können fliegen. Sie haben dazu ein oder zwei Paar Flügel. Einige Insekten fliegen sehr schnell. Eine Libelle bringt es auf 40 Kilometer in der Stunde.

Käfer haben zwei Flügelpaare.

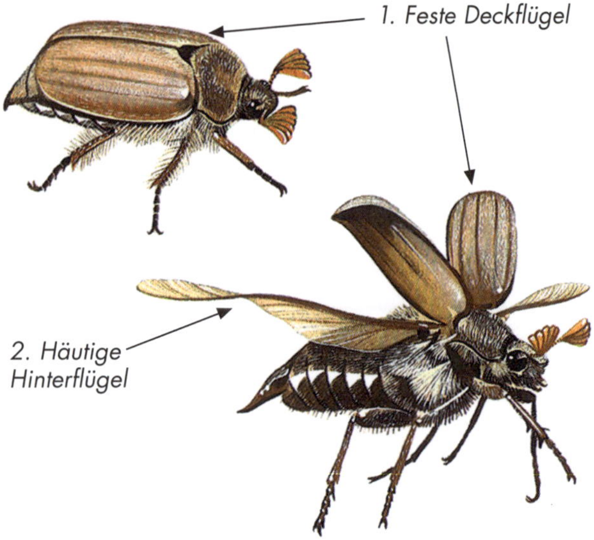

Käfer fliegen meist nur mit den Hinterflügeln. Sie halten die Deckflügel ausgebreitet und bewegen die häutigen Hinterflügel rasch auf und ab.

Bienen fliegen mit beiden Flügelpaaren. Es sieht aber wie ein Flügelpaar aus, weil Vorder- und Hinterflügel durch Häkchen miteinander verbunden sind.

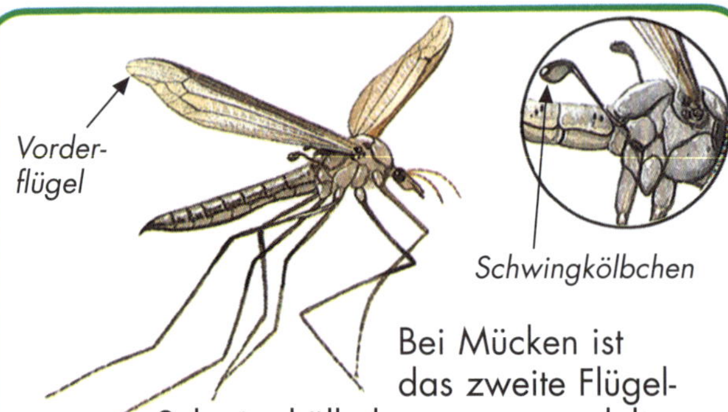

Bei Mücken ist das zweite Flügelpaar zu Schwingkölbchen umgewandelt. Diese unterstützen das Gleichgewicht.

So werden die Flügel im Flug bewegt

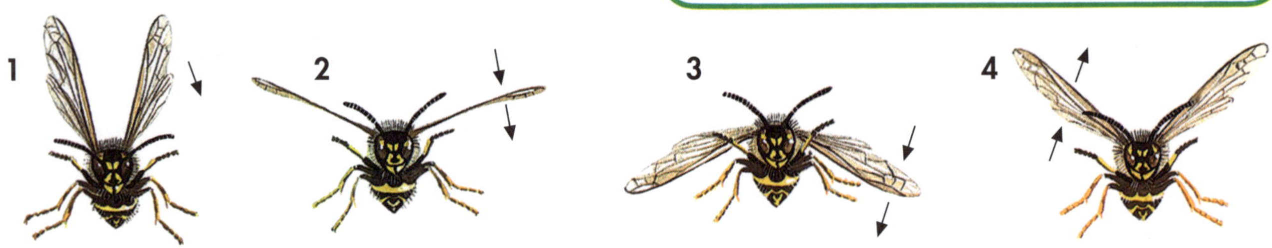

Beim Abwärtsschlag drücken die Flügel die Luft nach hinten und unten weg. Dadurch entstehen Vortrieb und Auftrieb.

Auch beim Aufwärtsschlag entstehen Vortrieb und Auftrieb.

Laufen, springen und kriechen

Diese Spannerraupe macht einen Buckel und zieht die hinteren Beine bis an die vorderen Beine heran. Dann lässt sie die vorderen Beine los und streckt sich.

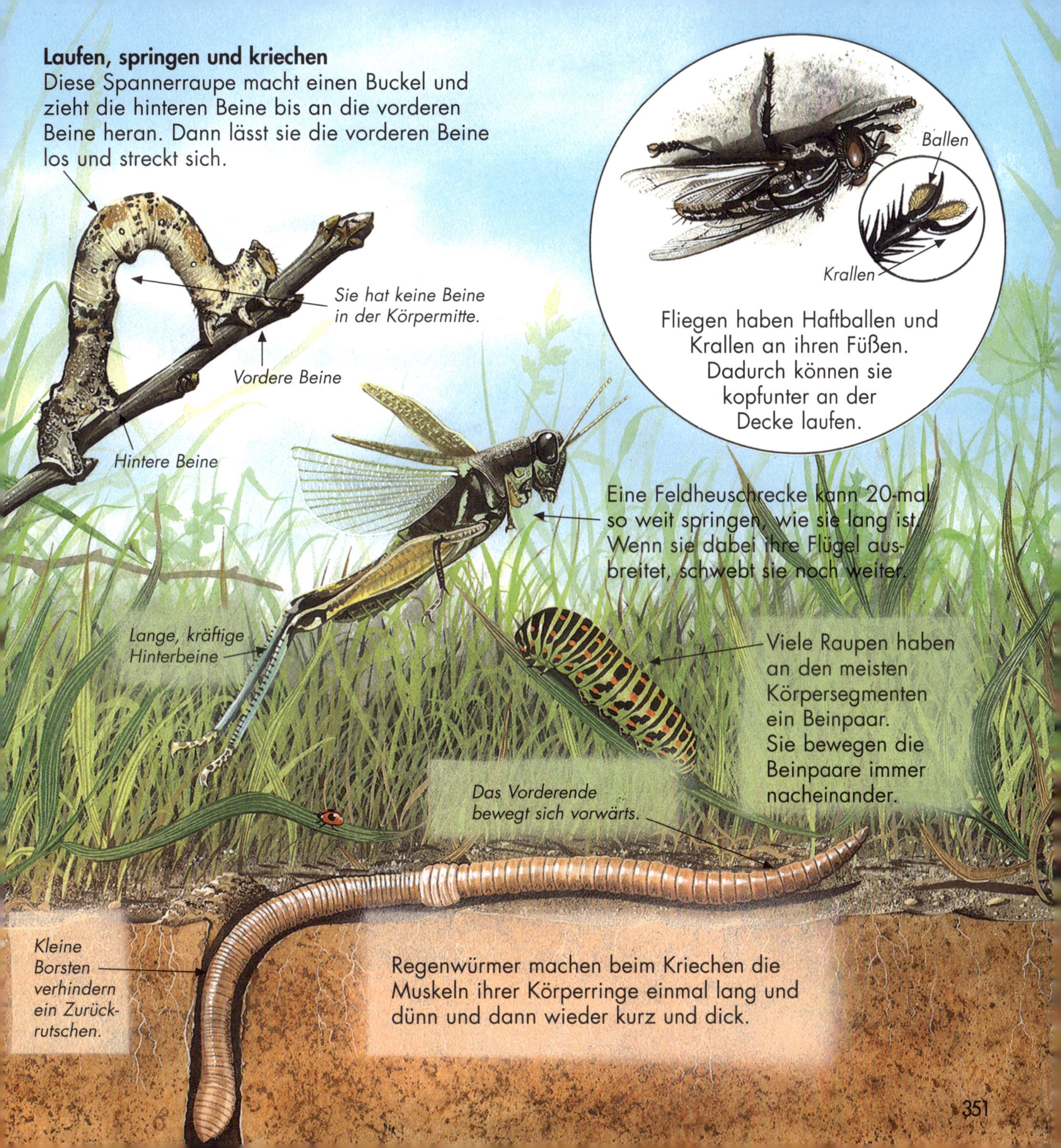

Fliegen haben Haftballen und Krallen an ihren Füßen. Dadurch können sie kopfunter an der Decke laufen.

Eine Feldheuschrecke kann 20-mal so weit springen, wie sie lang ist. Wenn sie dabei ihre Flügel ausbreitet, schwebt sie noch weiter.

Viele Raupen haben an den meisten Körpersegmenten ein Beinpaar. Sie bewegen die Beinpaare immer nacheinander.

Regenwürmer machen beim Kriechen die Muskeln ihrer Körperringe einmal lang und dünn und dann wieder kurz und dick.

Wie wirbellose Tiere sich ernähren

Die vielen verschiedenen Arten von wirbellosen Tieren ernähren sich auf ganz unterschiedliche Weise. Manche fressen pflanzliche Nahrung, andere tierische oder beides. Einige Wirbellose sind Blutsauger.

Schmetterlinge saugen mit ihrem Rüssel Nektar aus Blüten. Sie entrollen dabei ihren Rüssel wie eine aufblasbare Luftschlange.

Heuschrecken schneiden mit ihren Kiefern kleine Stücke Gras ab – wie mit einer Beißzange.

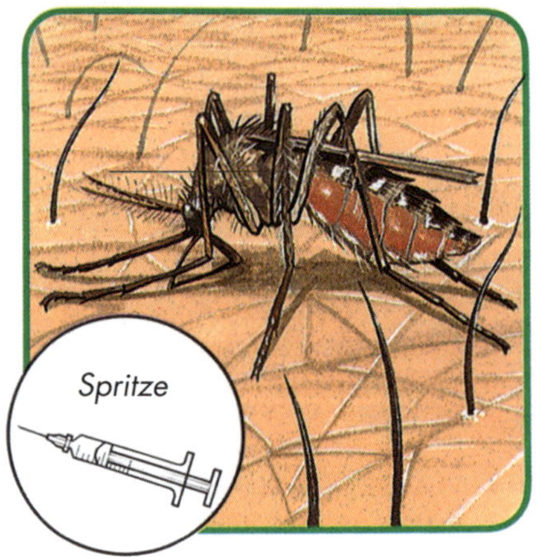

Ein Stechmückenweibchen sticht in die Haut und saugt Blut heraus – wie mit einer Spritze.

Eine Fliege saugt mit ihren Mundwerkzeugen Säfte auf – wie mit einem Schwamm.

Diese haarige Vogelspinne ist eine Riesenspinne. Sie lebt in den tropischen Gebieten Amerikas. Ihre Beute sind kleine Säugetiere, Insekten und kleine Schlangen.

Schnecken zerraspeln mit ihrer Zunge Blätter, Früchte und Blüten – wie mit einer Feile.

Totengräber ernähren sich von toten Tieren. Sie graben eine Höhle und versenken die Tierleiche darin. Außerdem legen die Weibchen ihre Eier in dieser Höhle ab. Die Larven schlüpfen dann direkt neben der Nahrung.

Wie Insekten sich schützen

Viele Tiere sind durch Farbe und Gestalt an ihre Umwelt angepasst und dadurch getarnt. Wenn sie still sitzen, sind sie manchmal kaum zu erkennen. Einige Insekten haben auffallende Farben, mit denen sie Feinde vor einer Berührung warnen. Andere bespritzen Feinde mit ätzenden oder giftigen Flüssigkeiten.

Die Gabelschwanzraupe ist durch ihren grünen Körper gut an die Umgebung angepasst. Sie erschreckt sogar Vögel, wenn sie ihr grellfarbiges Gesicht und ihren spitzen Schwanz aufrichtet.

Eine afrikanische Fangschrecke, die Teufelsblume, gleicht der Blume, auf der sie sitzt. Andere Insekten verwechseln sie deshalb mit einer Blüte, gehen ihr in die Falle und werden gefressen.

Rotschwarz oder gelbschwarz gefärbte Insekten schmecken meistens widerlich. Vögel lernen solche Tiere zu meiden.

Wenn eine Ameise angegriffen wird, richtet sie ihren Hinterleib auf den Feind und bespritzt ihn mit einer Säure.

Wird ein Bombardierkäfer bedroht, so schießt er heißes Gas aus Drüsen an seinem Hinterleib. Das Gas verpufft und reizt die Augen des Verfolgers. Das gibt dem Bombardierkäfer Gelegenheit zu fliehen. Auf diese Weise wehrt er sich gegen seine Feinde: andere Käfer, Ameisen, Spinnen, Frösche und Kröten.

Wie die Eier abgelegt werden

Die meisten Weibchen wirbelloser Tiere legen Eier. Diese sind gewöhnlich sehr klein. Die Eier werden einzeln oder in Gruppen abgelegt, und zwar fast immer dort, wo für die schlüpfende Larve Nahrung vorhanden ist. Wenn du dir in der freien Natur Grashalme oder Blätter genau ansiehst, wirst du bestimmt Insekteneier finden.

Diese Schaumzikade legt ihr Ei an einem Stängel ab. Die aus dem Ei geschlüpfte junge Zikade saugt Saft aus dem Pflanzenstängel und erzeugt viel Schaum. Darin versteckt sich die junge Larve.

Ein Kohlweißlingsweibchen legt seine Eier an einem Blatt ab. Wenn die Raupen geschlüpft sind, fressen sie an dem Blatt. Das Weibchen fliegt davon und kümmert sich nicht mehr um sie.

Dieses Wolfsspinnenweibchen hat einen seidenen Kokon für seine Eier gesponnen. Sie trägt ihn zwischen den Kiefern mit sich herum, bis die Jungen schlüpfen.

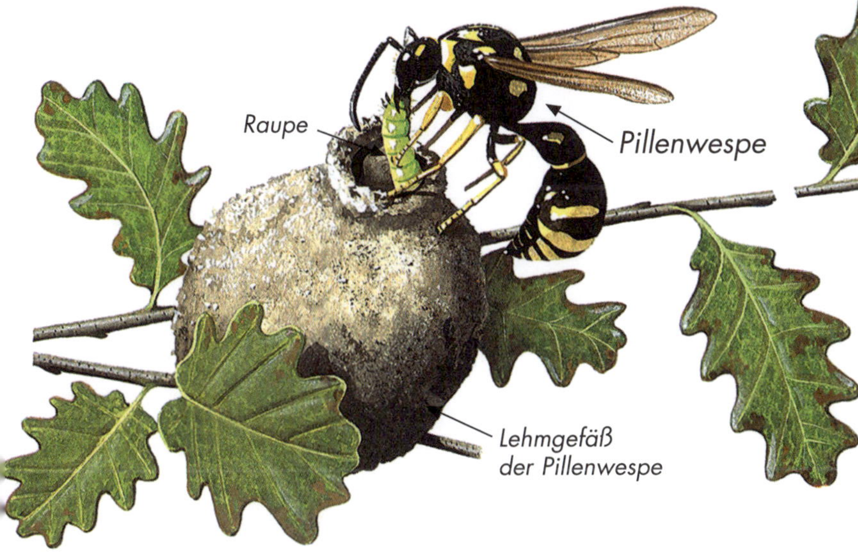

Die Pillenwespe baut ein Gefäß aus Lehm. Dann fängt sie Rüsselkäferraupen, lähmt sie und steckt sie in das Lehmgefäß. Sie legt ein Ei hinein und verschließt das Gefäß mit einem Lehmklümpchen. Die Larve ernährt sich dann von lebenden Raupen.

Eine Schnecke legt viele Eier in den Boden ab. Dann kriecht sie weiter und kümmert sich nicht weiter darum. Aus den Eiern schlüpfen winzig kleine Schnecken.

Ein Gallapfel entsteht, wenn eine Gallwespe ihr Ei in eine Eichenknospe legt. Das Pflanzengewebe rund um die Larve schwillt an und bildet die Galle. Die Wespenlarve frisst von dieser Galle, bis sie sich in eine erwachsene Gallwespe verwandelt.

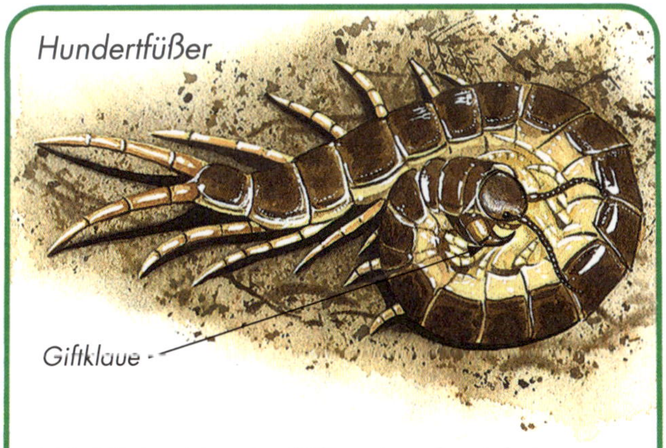

Weibliche Hundertfüßer ringeln sich in der Erde um ihre Eier und bewachen sie scharf. Jeder Angreifer wird mit den Giftklauen gebissen.

Wie sich die Jungen entwickeln

Frisch aus dem Ei geschlüpfte wirbellose Tiere sehen oft noch ganz anders aus als ihre Eltern. Die Jungen ändern ihr Aussehen, spätestens kurz bevor sie erwachsen sind. Es gibt aber auch wirbellose Tiere, die ihren Eltern schon bei der Geburt gleichen.

Blattläuse legen nicht immer Eier. Sie können auch lebende Junge zur Welt bringen, ohne sich zuvor gepaart zu haben. Die winzigen Jungen sehen schon genauso aus wie ihre Mutter.

Schnecken legen Eier. Aus den Eiern schlüpfen winzige Schnecken, die so aussehen wie ihre Eltern. Wenn die junge Schnecke heranwächst, wächst ihr Haus mit.

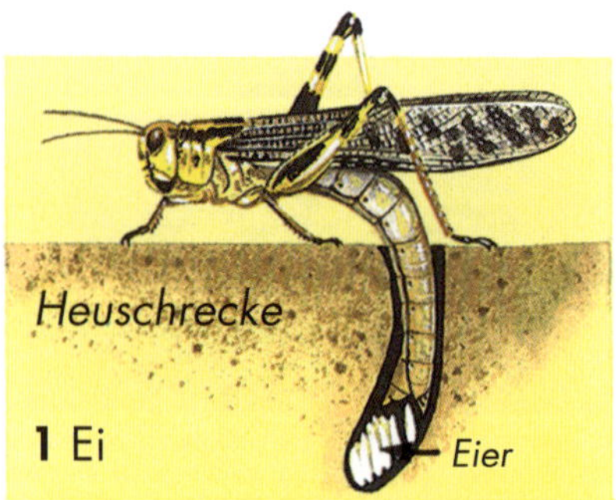

1 Ei

Ein Heuschreckenweibchen legt seine Eier in feuchte, warme Erde und entfernt sich dann.

2 Larve

Die Larve sieht fast so aus wie eine ausgewachsene Heuschrecke, sie hat jedoch nur Flügelstummel.

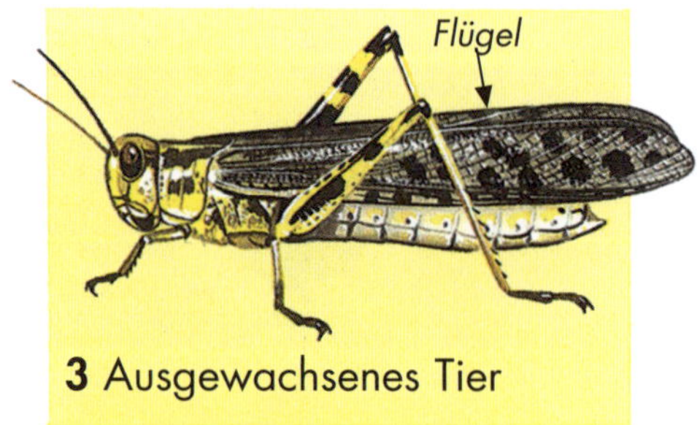

3 Ausgewachsenes Tier

Die Larve wächst heran und verwandelt sich in ein erwachsenes Tier mit Flügeln.

1 Ei

Nach der Paarung legt das Marienkäferweibchen seine Eier auf ein Blatt ab.

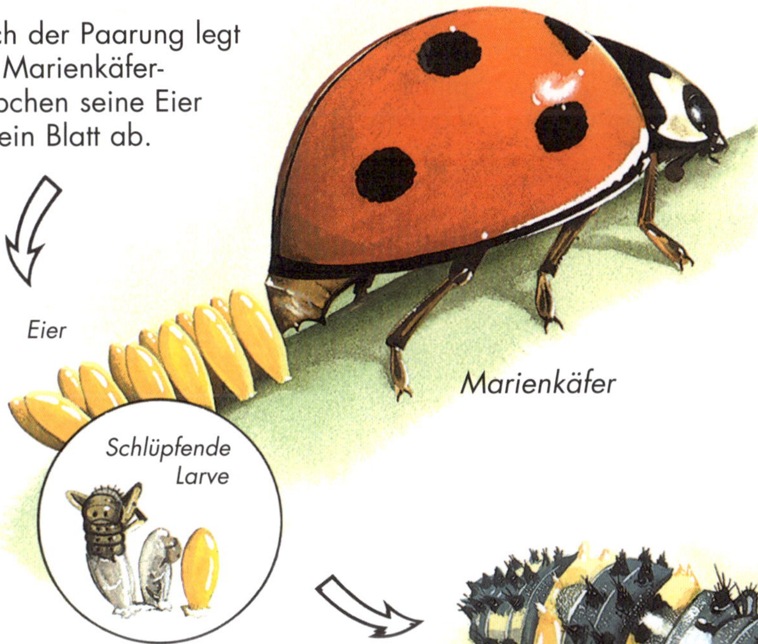

4 Ausgewachsener Käfer

Die Puppenhaut reißt auf und der erwachsene Marienkäfer arbeitet sich heraus. Er sucht sich einen Partner.

2 Larve

Aus jedem Ei schlüpft eine Larve. Die Larven sind gefräßig und wachsen schnell.

3 Puppe

Nach 2 bis 5 Wochen verwandelt sich die Larve in eine Puppe. In der Puppenhaut entsteht der erwachsene Marienkäfer.

Wie wirbellose Tiere wachsen
Die Haut der meisten wirbellosen Tiere ist nicht dehnbar. Damit das Tier wachsen kann, bildet es eine neue Haut unter der alten. Dann reißt die alte Haut hinter dem Kopf auf, und das Tier zwängt sich aus der alten Haut heraus.

Spinnen

Spinnen findet man an den verschiedensten Orten. Manche leben in Haus und Garten, andere auf Bergen oder in Wüsten. Die meisten der über 30 000 Spinnenarten sind für den Menschen nützlich: Sie vertilgen eine Unmenge Fliegen und andere Schädlinge. Alle Spinnen haben acht Beine und können Fäden oder Netze spinnen.

Die Spinnseide wird in besonderen Drüsen im Hinterleib erzeugt.

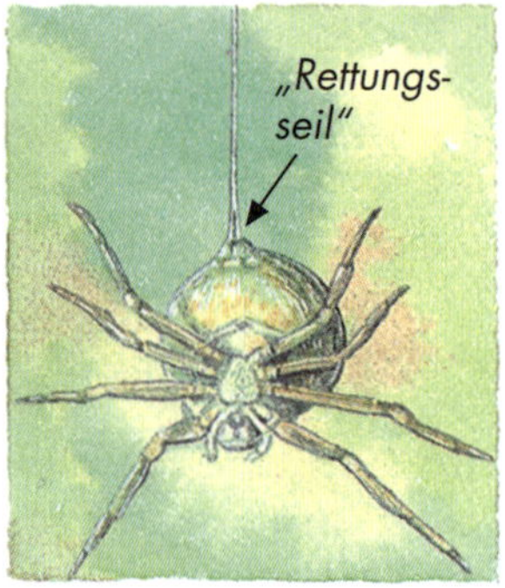

Diese Spinne spinnt einen Faden als „Rettungsseil".

Hier wickelt eine Spinne ihre Beute in Spinnfäden ein.

Ein gesponnener Kokon schützt auch die Eier der Spinne.

Eine Kreuzspinne wartet auf Beute, die sich in ihrem Netz verfängt. Ihre Beine sind „geölt", sodass sie nicht in ihrem eigenen Netz hängen bleibt.

Diese kleine Krabbenspinne sieht fast so aus wie die Blüte, auf der sie sitzt. Insekten, die sich auf der Blüte niederlassen, werden von der Spinne gepackt.

Ihr Biss ist gefährlich!
Alle Spinnen haben spitze Kieferklauen, die Gift absondern. Damit werden Beutetiere gelähmt oder getötet. Nur ganz wenige Spinnen können dem Menschen gefährlich werden. Hier sind drei von ihnen.

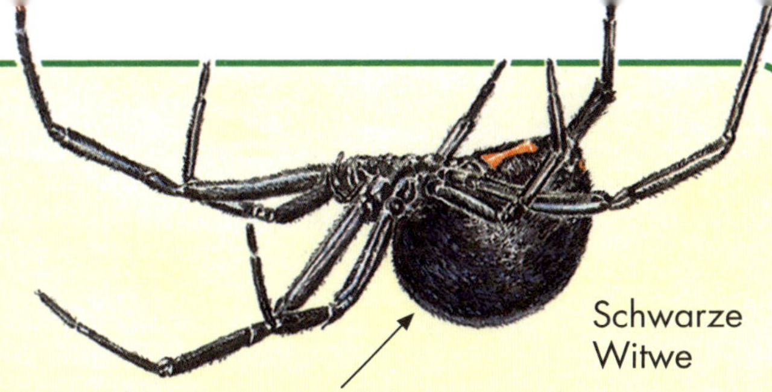

Schwarze Witwe

Die Schwarze Witwe lebt in Amerika. Sie besitzt ein Nervengift, das auch für den Menschen sehr gefährlich sein kann.

Die Katipo kommt nur in Australien und Neuseeland vor.

Diese Trichterspinne lebt im Südosten Australiens.

Diese Spinne spinnt ein Netz aus klebrigen Fäden. Wenn ein Beutetier unter ihr vorbeiläuft, wirft sie blitzschnell das Netz darüber.

Die Falltürspinne wartet in ihrem Schacht, bis ein Beutetier in die Nähe kommt. Dann packt sie es und zieht es in die Röhre hinein, die mit Spinnfäden ausgekleidet ist. Die Falltür wird geschlossen und die Spinne tötet ihre Beute.

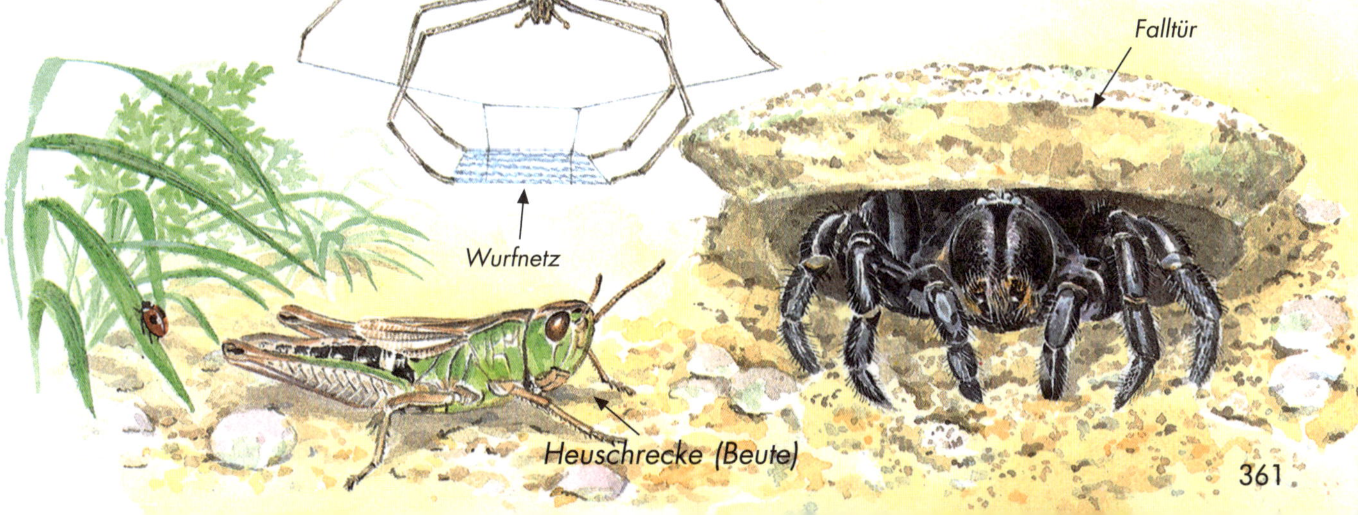

Schnecken

Schnecken gehören zu einer Tiergruppe, die man *Gastropoden* nennt. Das bedeutet „Bauchfüßer". Es gibt Schnecken mit und ohne Gehäuse.

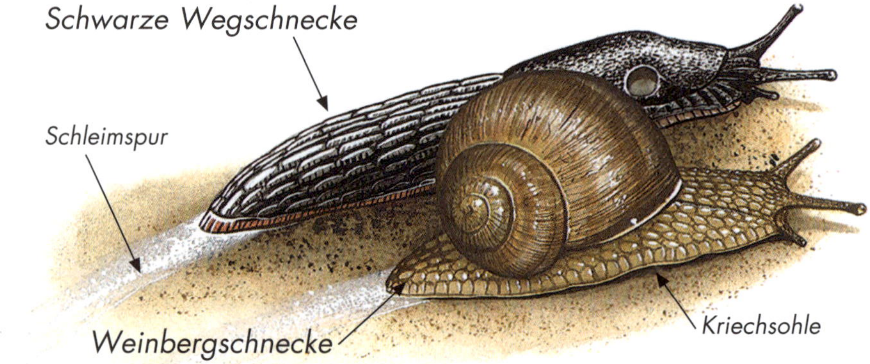

Schnecken hinterlassen eine Schleimspur. Auf dem Schleim können sie sich mit ihrer Kriechsohle vorwärts schieben. Die Kriechsohle ist ein kräftiger Muskel.

Eine Schnecke kann über eine scharfe Klinge kriechen, ohne sich zu verletzen.

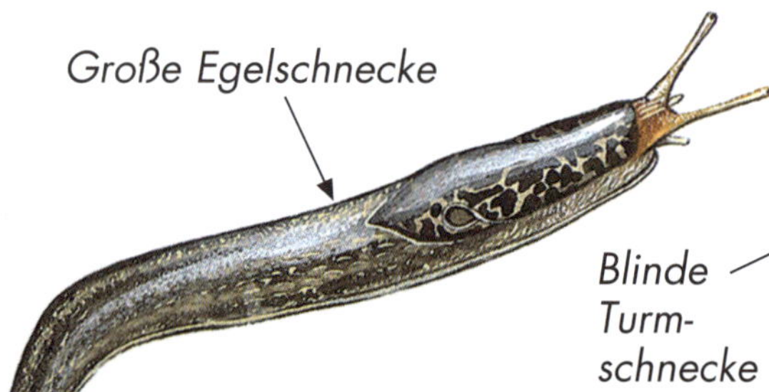

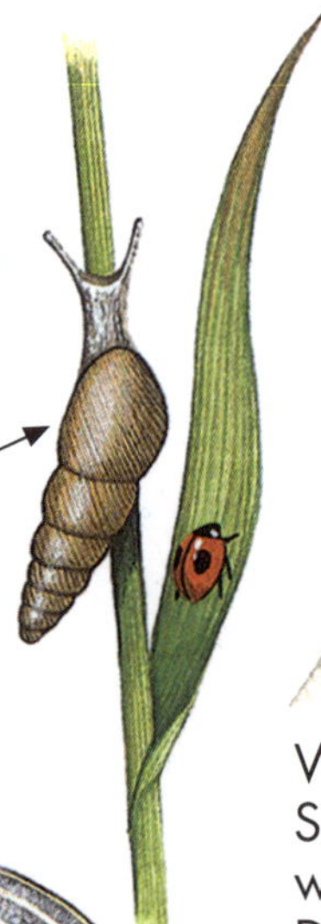

Schnecken leben an feuchten Orten, zwischen Pflanzen, unter Steinen, in der Erde oder im Wasser.

Wenn es sehr trocken ist, zieht sich die Schnecke in ihr Haus zurück. Der Schleim wird dann hart und bildet eine zähe Haut. Dadurch wird der Eingang verschlossen. Wird das Wetter feuchter, dann weicht die Haut wieder auf.

Riesenschnecken gibt es in vielen Teilen der Erde. Diese hier kommt aus Westafrika. Eine der größten, die man je gefunden hat, maß 34 Zentimeter von der Spitze des Hauses bis zum Kopf. Riesenschnecken fressen alle Arten von Pflanzen und Früchten, zum Beispiel Bananen; sie verschmähen auch tote Tiere nicht.

Auf der Spitze dieser langen Fühler sitzen Augen. Damit sieht die Schnecke nur verschwommen. Sie kann aber hell und dunkel unterscheiden.

Die jungen Schnecken sehen genauso aus wie die erwachsenen.

Mit diesen kurzen Fühlern riecht und tastet die Schnecke. Sehen kann sie damit nicht.

Käfer

Es gibt über 250 000 Käferarten. Wenn du im Wald ein Holzstück umdrehst oder im abgefallenen Laub suchst, wirst du leicht einen Käfer finden.

Die meisten Käfer sind ziemlich klein. Nur wenige erreichen eine Größe wie diese beiden. Sie sind hier in Lebensgröße abgebildet.

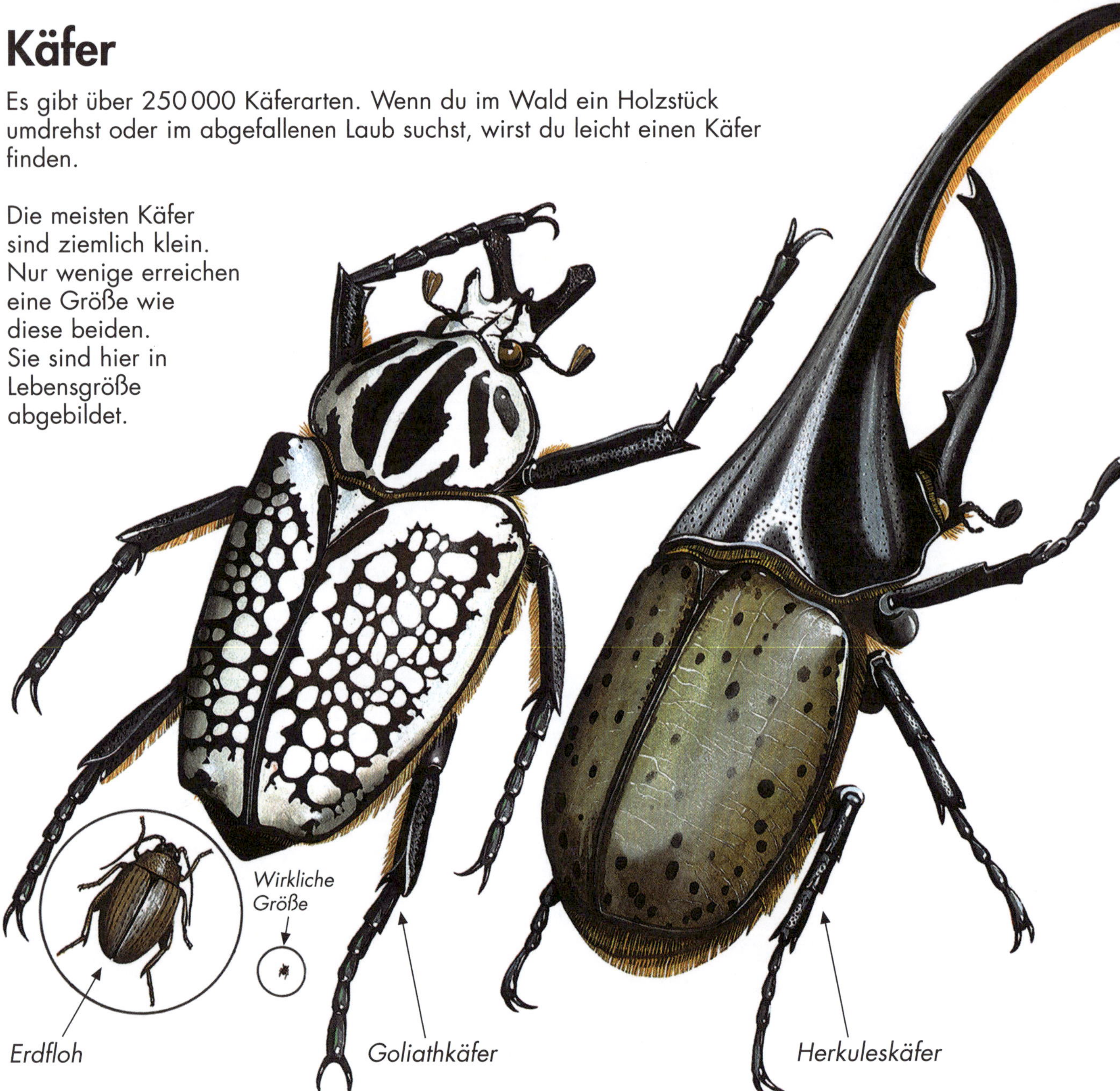

Erdfloh

Dies ist einer der kleinsten Käfer.

Goliathkäfer

Dies ist einer der schwersten Käfer. Er wiegt etwa 100 Gramm.

Herkuleskäfer

Dies ist einer der längsten Käfer. Er ist 19 Zentimeter lang.

Nützliche Käfer
Diese Käfer wurden aus ihrer Heimat Australien nach Amerika gebracht. Sie fressen die Schildläuse auf, die an den Orangen- und Zitronenbäumen großen Schaden anrichten.

Schädliche Käfer
Kartoffelkäfer und ihre Larven fressen an den Blättern der Kartoffelpflanze. Von ihrer Heimat Nordamerika aus haben sie sich fast überall ausgebreitet, wo Kartoffeln angebaut werden. Sie können ganze Kartoffelfelder kahl fressen.

Lebende Lichter

Glühwürmchen sind auch Käfer. Sie können an ihrem Hinterleib Licht erzeugen. Mit diesem Licht locken sie Partner zur Paarung an. In warmen Ländern kann man Bäume sehen, die von den Lichtblitzen unzähliger Leuchtinsekten erstrahlen.

Insekten, die in Staaten leben

Einige Insekten leben und arbeiten in großen Familienverbänden. Diese Verbände nennt man Insektenstaaten. Termiten, Ameisen, einige Bienen- und Wespenarten bilden solche Staaten. Manche Termitenarten errichten gewaltige Nester oder Bauten. Die meisten Termiten leben in warmen Ländern und ernähren sich von Holz.

Nester der Urwaldtermiten

In einem Nest leben Tausende von Termiten. Dies sind Arbeiter und Soldaten.

Im tropischen Regenwald bauen die Termiten ein Dach über ihr Nest. Es wirkt wie ein Schirm. Auch bei heftigem Regen dringt kein Wasser ins Nest ein.

Nest der Baumtermiten

Im tropischen Amerika bauen einige Termitenarten ihre Nester auf Bäumen. Der Baumameisenbär angelt die Termiten mit seiner langen, klebrigen Zunge aus dem Nest.

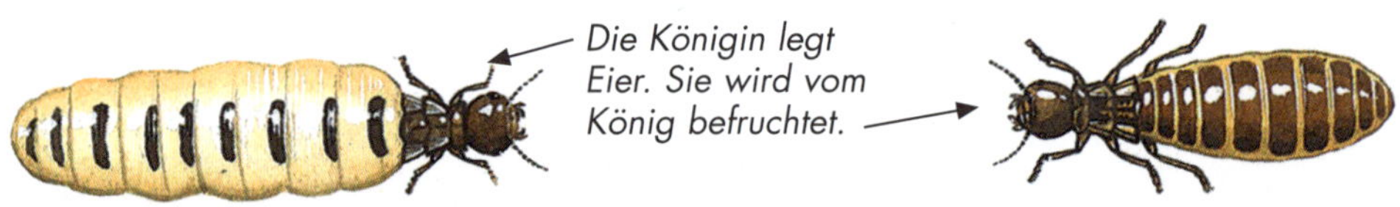

Einige afrikanische Termitennester sind höher als eine Giraffe. Der bisherige Rekord ist ein Nest von 12,80 Meter Höhe. Das ist mehr als zweimal so hoch wie eine Giraffe.

In Nordaustralien errichten die Kompasstermiten Bauten mit abgeflachten Seiten. Zwei Seiten sind schmal, die anderen beiden sind breit. Die breiten Seiten zeigen immer nach Osten und Westen. Sie sammeln die Sonnenstrahlen am Morgen und am Abend, wenn die Sonne nicht so stark scheint. Zur Mittagszeit trifft die Sonne nur auf eine schmale Seite, sodass es den Termiten in ihrem Bau nicht zu warm wird.

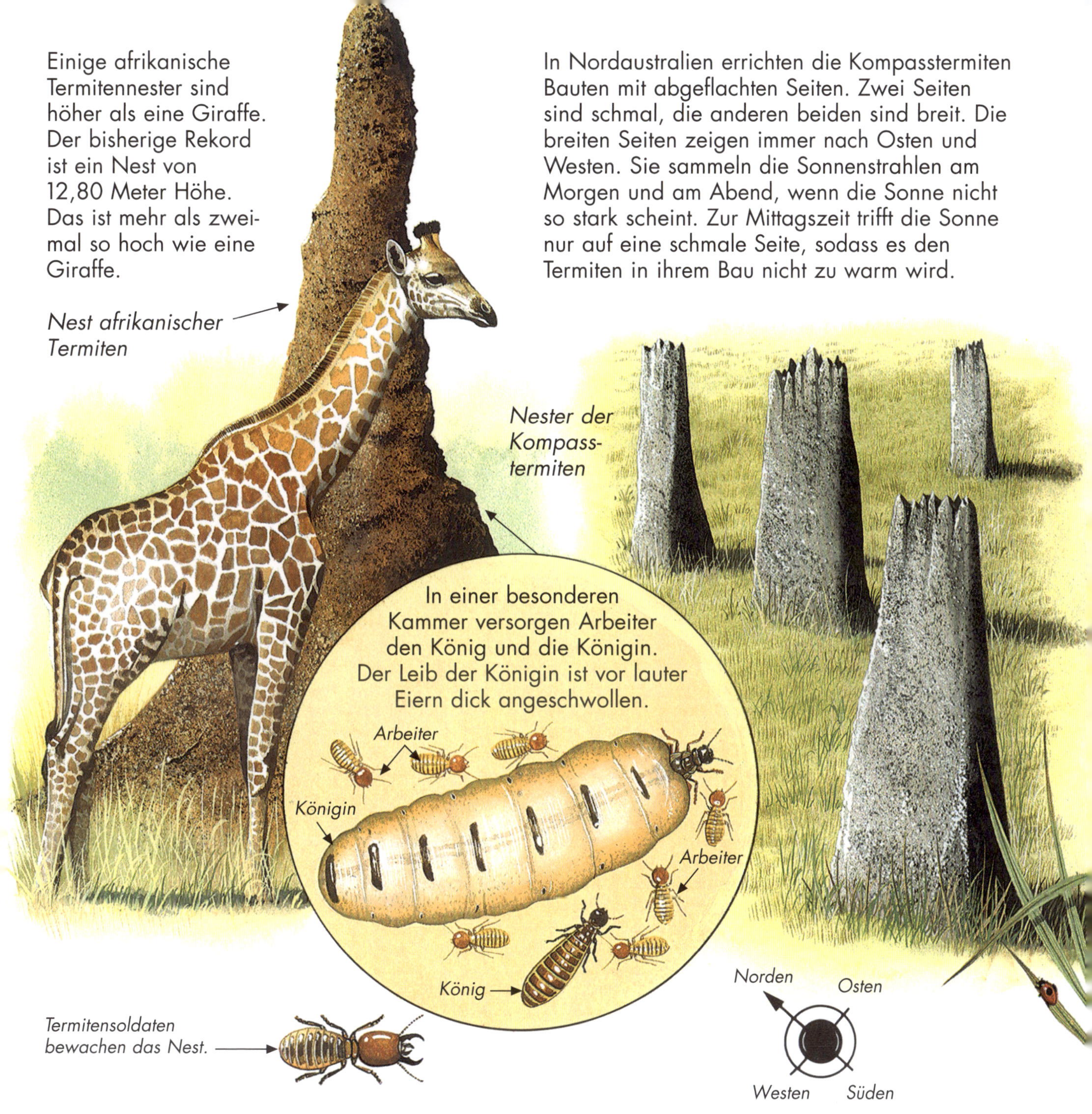

In einer besonderen Kammer versorgen Arbeiter den König und die Königin. Der Leib der Königin ist vor lauter Eiern dick angeschwollen.

Erstaunliche Tatsachen über kleine Tiere

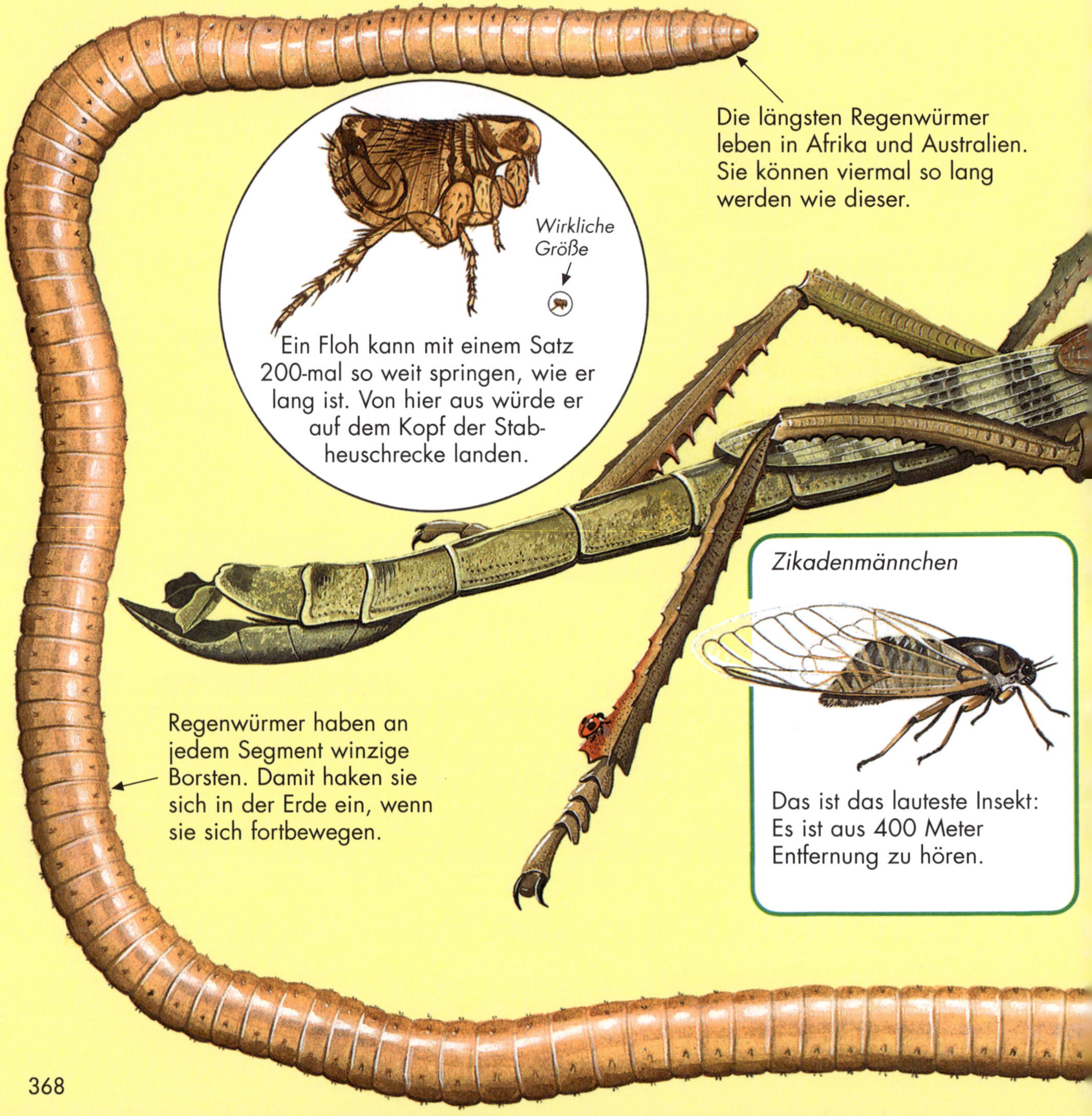

Die längsten Regenwürmer leben in Afrika und Australien. Sie können viermal so lang werden wie dieser.

Wirkliche Größe

Ein Floh kann mit einem Satz 200-mal so weit springen, wie er lang ist. Von hier aus würde er auf dem Kopf der Stabheuschrecke landen.

Zikadenmännchen

Das ist das lauteste Insekt: Es ist aus 400 Meter Entfernung zu hören.

Regenwürmer haben an jedem Segment winzige Borsten. Damit haken sie sich in der Erde ein, wenn sie sich fortbewegen.

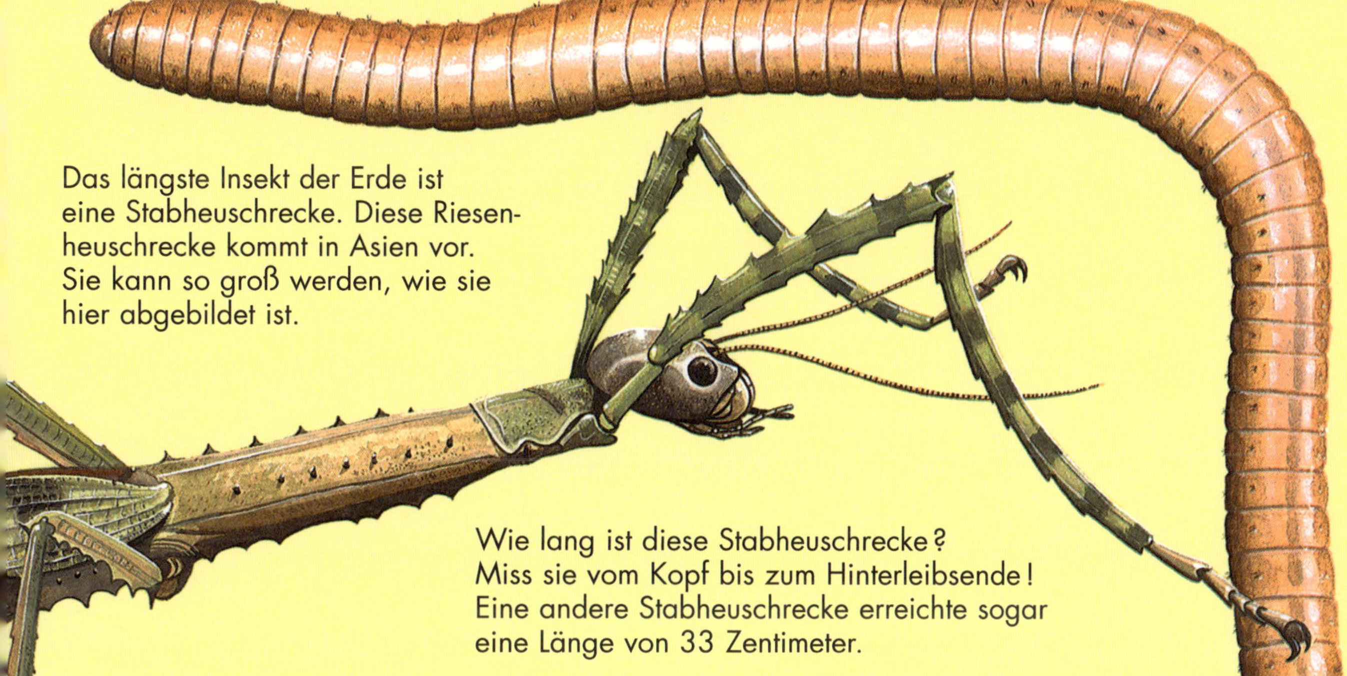

Das längste Insekt der Erde ist eine Stabheuschrecke. Diese Riesenheuschrecke kommt in Asien vor. Sie kann so groß werden, wie sie hier abgebildet ist.

Wie lang ist diese Stabheuschrecke? Miss sie vom Kopf bis zum Hinterleibsende! Eine andere Stabheuschrecke erreichte sogar eine Länge von 33 Zentimeter.

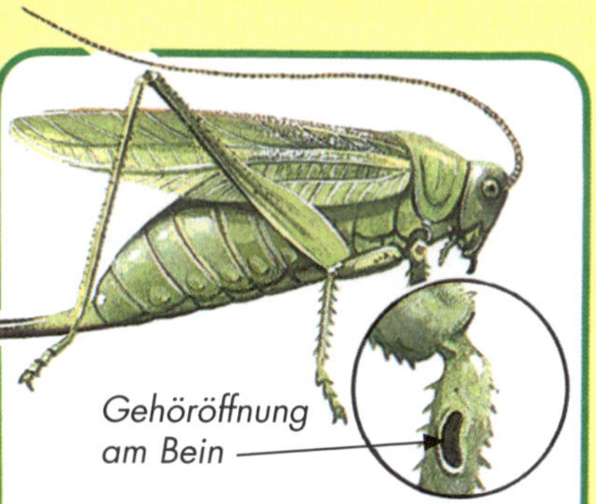

Heuschrecken hören mit dem „Knie“: Dort haben sie eine besondere Öffnung dafür.

Mondspinner

Nachtschmetterlinge riechen mit den Fühlern.

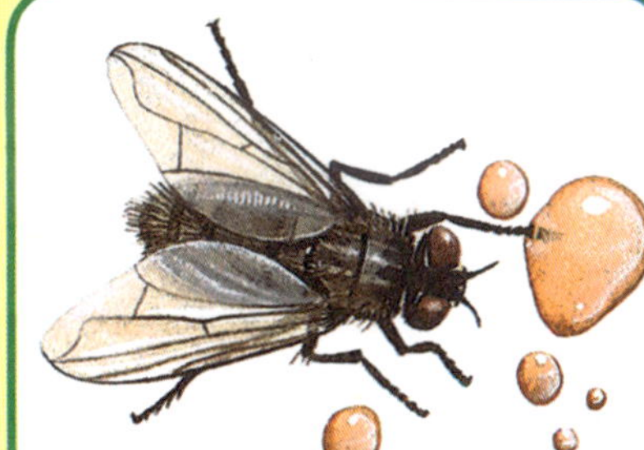

Fliegen schmecken mit den Füßen. Sie mögen Zucker und Süßigkeiten.

Bilderrätsel

Die wirbellosen Tiere, die auf dieser Seite abgebildet sind, haben alle einen oder mehrere Fehler. Findest du die Fehler? Auf den vorigen Seiten sind die Tiere alle richtig abgebildet. Die Lösung steht auf dieser Seite unten.

Lösung:
1 Die Fliege darf nur ein Flügelpaar haben. 2 Die Hinterbeine der Heuschrecke sind zu klein. 3 Die Raupe darf nicht an jedem Segment Beine haben. 4 Die Spinne hat zwei Beine zu viel. 5 Scheren und Stachel des Skorpions sind an der falschen Stelle. 6 Der Marienkäfer hat zwei Beine zu viel. 7 Der Käfer hat keine gefiederten Fühler. 8 Die Schnecke muss zwei Paar Fühler haben; Augen und Mund sind an der falschen Stelle. 9 Der Regenwurm darf weder Beine noch Augen und Zunge haben.

Schmetterlinge

Spiele in diesem Teil

Jagd auf die kleine grüne Raupe!

Findest du die kleinen grünen Raupen, die auf den folgenden 22 Seiten versteckt sind?

Daumenkino: So fliegt ein Schmetterling

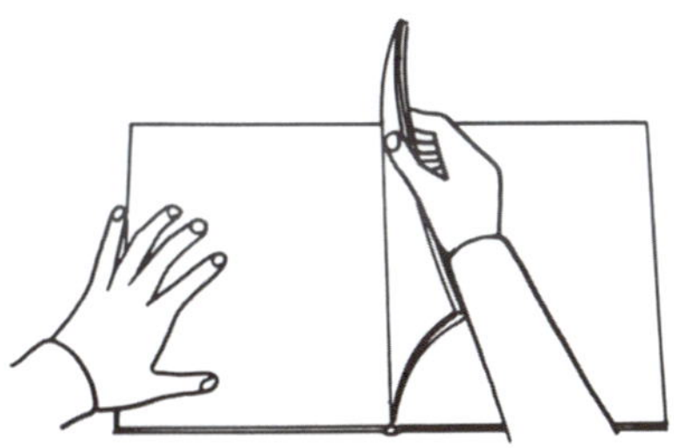

Halte die Seiten 373 bis 393 so, wie es hier gezeigt ist.

Blättere die Seiten schnell durch und achte dabei auf die rechte obere Ecke.

Hier oben siehst du, wie der Schmetterling fliegt.

Schmetterlinge sind Insekten

Was haben alle diese Insekten gemeinsam?

Ihr Körper besteht aus drei Teilen und alle haben sechs Beine.

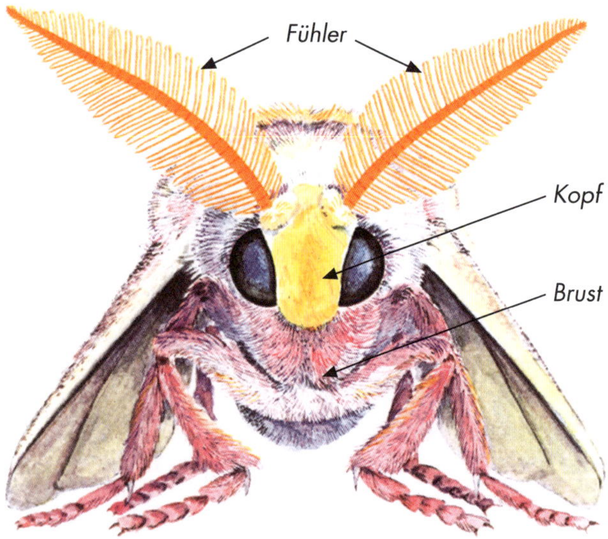

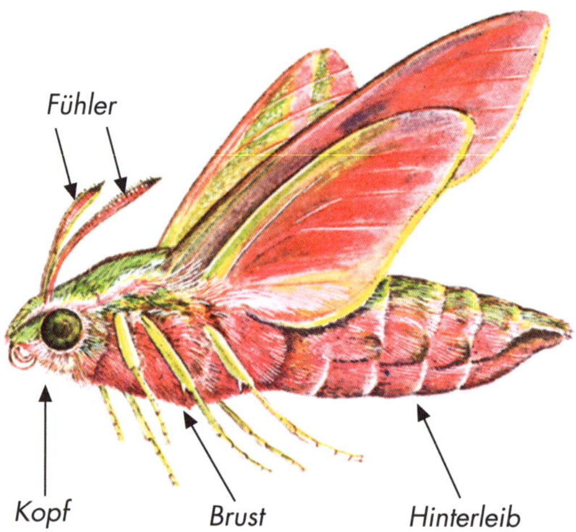

Tag- und Nachtschmetterlinge haben Krallen an den Beinen, mit denen sie sich festhalten. Sie tasten und riechen mit ihren langen Fühlern.

Hinter dem Kopf ist die Brust. Die Flügel gehen von der Brust aus. Der lange Körperteil heißt Hinterleib.

Manche Insekten haben vier Flügel, andere nur zwei und einige gar keine.
Weißt du, wie viel Flügel Schmetterlinge haben?

Die Flügel sind nicht miteinander verbunden, aber sie bewegen sich gleichzeitig, wenn der Schmetterling fliegt.

Die Vorderflügel verrichten die meiste Arbeit. Wenn sie beschädigt sind, kann der Schmetterling nicht mehr richtig fliegen.

Werden die hinteren Flügel beschädigt, kann der Schmetterling immer noch fliegen.

Schmetterlinge haben immer vier Flügel.

Schmetterlingsflügel genau betrachtet

Rotes Ordensband

Oleanderschwärmer

Walnusszünsler

Wenn Tagschmetterlinge ausruhen, klappen sie meistens die Flügel auf dem Rücken zusammen.

Wenn Nachtschmetterlinge ausruhen, falten sie die Flügel auf dem Rücken oder breiten sie flach aus.

Die Flügel der Schmetterlinge sind auf der Außenseite oft anders gefärbt als auf der Innenseite.

Wenn Schmetterlinge ausruhen, verbergen sie die leuchtend gefärbten Flügeloberseiten. Dadurch sind sie von Feinden schwer zu erkennen.

Kupferglucke

Wellenspanner

Dickkopffalter

Manche Schmetterlinge ähneln in Ruhestellung einem Blatt. Sie sind dann schlecht zu erkennen.

Manche ruhenden Nachtschmetterlinge sehen aus wie kleine Ästchen. Für Feinde sind sie kaum zu erkennen.

Zitronenfalter

Wie kommen die Farben auf den Flügeln zustande?

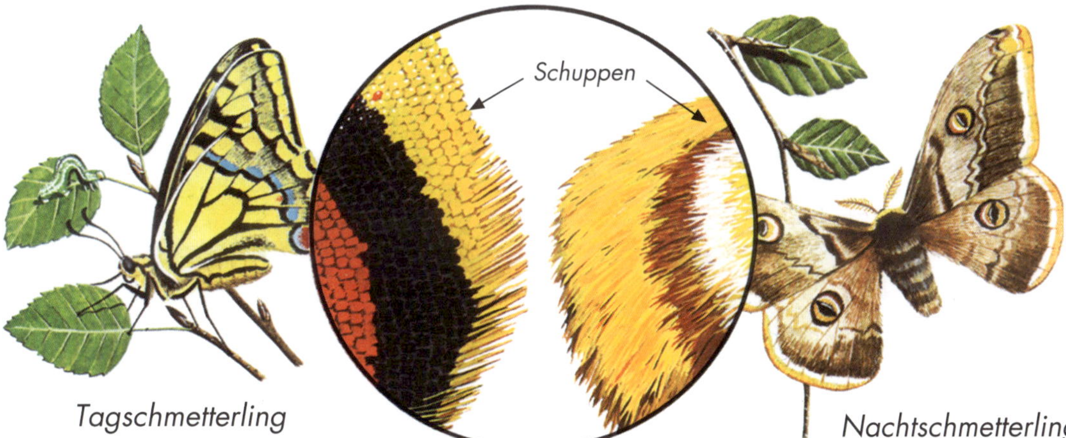

Tagschmetterling

Nachtschmetterling

Admiral

Die Flügel sind mit farbigen oder glänzenden Schuppen bedeckt. Wenn du die Flügel berührst, reibst du die Schuppen ab.

Samtfalter

Brombeerzipfelfalter

Monarchfalter

Wie sich Schmetterlinge warm halten und ernähren

Schmetterlinge brauchen Wärme, damit ihr Körper richtig arbeiten kann.
Wenn es kalt ist, ruhen sie sich aus.

Schmetterlinge wärmen sich in der Sonne auf.

Die dunklen Flügelteile erwärmen sich rasch. Schmetterlinge aus kalten Ländern haben oft dunkel gefärbte Flügel.

Nachtschmetterlinge sind oft sehr haarig. Die Haare auf ihrem Körper wärmen sie bei Nacht.

Manche Nachtschmetterlinge zittern vor dem Abfliegen leicht mit den Flügeln, um sich aufzuwärmen.

Schmetterlinge fressen nicht, um zu wachsen. Die Nahrung soll ihren Körper erwärmen, denn Wärme ist Energie. Und Energie braucht der Körper zum Arbeiten.

Schmetterlinge saugen eine zuckerhaltige Flüssigkeit, den Nektar, aus den Blüten.

Sie saugen den Nektar durch einen langen Schlauch, den Rüssel.

Einige Nachtschmetterlinge saugen Saft aus Bäumen oder verletzten Pflanzen.

Manche Schmetterlinge können mit den Füßen schmecken.

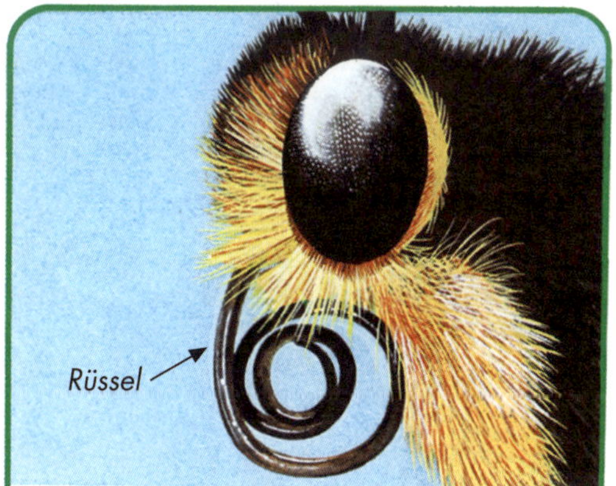

Wenn Schmetterlinge ausruhen, dann ist ihr Rüssel eingerollt.

Wie ein Tagschmetterling den Tag verbringt

1 Nachts ruht das Bläulingsweibchen.

2 Wenn die Sonne herauskommt, wärmt es sich auf.

3 Es sucht sich einen Platz, wo es seine Eier ablegen kann.

4 Es legt die Eier auf einer bestimmten Pflanzenart ab.

Wie ein Nachtschmetterling die Nacht verbringt

1 Der Schwärmer versteckt sich tagsüber.

2 In der Dämmerung zittert er zum Aufwärmen mit den Flügeln.

3 Er fliegt davon und sucht sich ein Weibchen.

4 Er saugt etwas Nektar aus einer Blüte.

5 Es wärmt sich in der Sonne wieder auf.

6 Jetzt hat es sich genügend aufgewärmt und fliegt weg.

7 Es landet auf einer Blüte, um Nektar zu saugen.

8 Wenn es kalt und dunkel wird, versteckt es sich.

5 Jetzt ist es sehr kalt, deshalb ruht er sich aus.

6 Wenn es wärmer wird, fliegt er weg.

7 Er findet ein Weibchen und paart sich.

8 Wenn es hell wird, versteckt er sich wieder.

Wie finden Schmetterlinge einen Partner?

Das Wichtigste im Leben eines Schmetterlings ist es, einen Partner zur Paarung zu finden. Wenn ein Weibchen sich gepaart hat, legt es Eier.

Männchen

Dukatenfalter

Weibchen

Männchen

Blauer Eichenzipfelfalter

Weibchen

Weibchen

Schwalbenschwanz

Männchen

Bei Nacht nützen den Schmetterlingen Farben als Erkennungszeichen nichts. Stattdessen erkennt das Männchen das Weibchen am Geruch. Jede Nachtschmetterlingsart hat einen anderen Geruch.

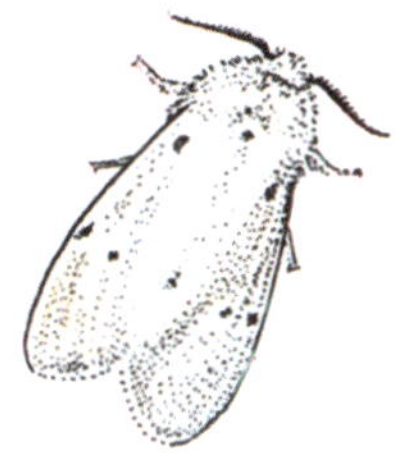

Graubär

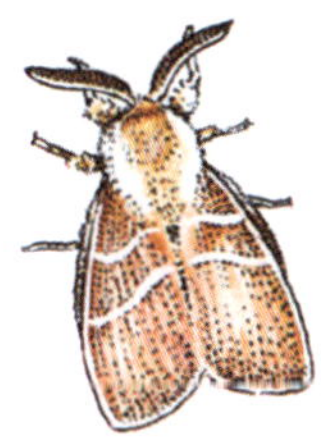

Asselspinner

Eichenspinner

Wie Schmetterlinge sich paaren und Eier legen

Weibchen und Männchen der Schmetterlinge „spielen“ erst miteinander, bevor sie sich paaren. Dieses Paarungsspiel nennt man „Balz“.

Das Männchen hält die Fühler des Weibchens zwischen seinen Flügeln.

Mit den Fühlern nimmt das Weibchen einen bestimmten Duft auf den Flügeln des Männchens wahr.

Wenn Schmetterlinge sich paaren, verbinden sie ihre Hinterleiber. Ein Samenpaket gelangt vom Hinterleib des Männchens in den Hinterleib des Weibchens. Der Samen vereinigt sich mit Eiern im Körper des Weibchens.

Wenn Schmetterlinge von einem Feind aufgeschreckt werden, kann es sein, dass sie vereint wegfliegen.

Ein Weibchen kann Hunderte von Eiern in sich haben. Wenn es sich gepaart hat, legt es die Eier ab.

Schmetterlinge legen ihre Eier meistens auf ganz bestimmten Pflanzen ab. Das Weibchen legt entweder viele Eier auf einmal ab oder in Abständen je eines.

Dieser Nachtfalter legt seine Eier in Rohrkolben ab. Mit einem Stachel am Ende seines Hinterleibs bohrt das Weibchen ein Loch in den Stängel und legt ein Ei darin ab.

Dieser Nachtfalter klebt seine Eier rund um einen Ast herum.

Dieser Nachtfalter klebt seine Eier auf Baumrinde.

Dieser Tagfalter lässt seine Eier im Flug fallen.

Warum sind Raupen so gefräßig?

Aus jedem Ei schlüpft eine Raupe. Diese frisst und wächst unaufhörlich. Sie hört erst auf zu wachsen, wenn sie groß genug ist, um sich in einen Schmetterling zu verwandeln.

1 In diesem Ei ist eine Nachtschmetterlingsraupe.

2 Die Raupe frisst ein Loch in die Eischale und kriecht heraus.

3 Sie ist sehr hungrig, deshalb frisst sie die alte Eischale.

4 Die Raupe frisst sich vom Blattrand aus durch das Blatt. Bald ist sie so groß, dass ihr die Haut zu eng wird.

5 Die Haut platzt und die Raupe windet sich heraus. Sie hat nun ein neues und weiteres Raupenhemd.

6 Die Raupe frisst Ligusterblätter. Sie frisst und wächst unaufhörlich. Noch dreimal wechselt sie ihre Haut.

Die Raupe kann nicht gut sehen. Sie hat zwölf Augen am Kopf. Die Augen sind aber so klein, dass du sie nicht erkennen kannst.

Von der Raupe zur Puppe

Raupe des Schachbretts

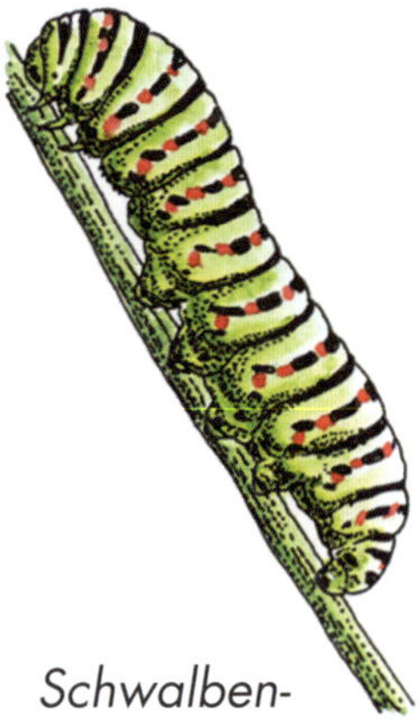

Schwalbenschwanzraupe

So bewegen sich Spannerraupen vorwärts.

In Ruhestellung sehen manche Raupen wie abgebrochene Ästchen aus. Dadurch werden sie von Feinden nicht so leicht erkannt.

Manche Raupen sind haarig. Vögel fressen diese Raupen nicht gern.

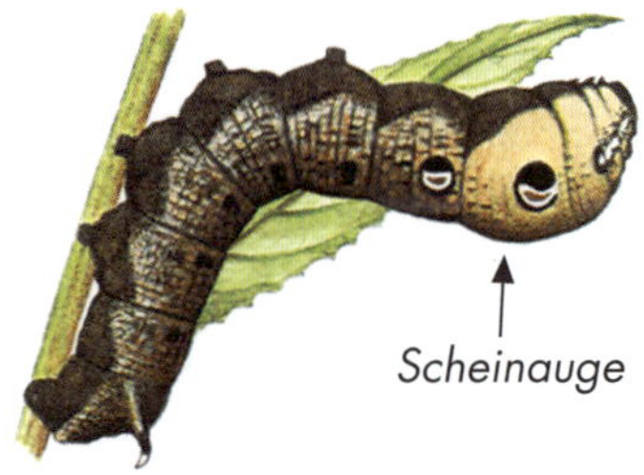

Manche Raupen haben Scheinaugen, um Feinde abzuschrecken.

Raupen produzieren Spinnfäden aus Drüsen an ihrem Mund. Manche Raupen stellen aus diesen Fäden ein Gespinst her und verstecken sich darin.

Raupe eines Heliconiusfalters

Buchenspinnerraupe

Wenn Raupen ganz ausgewachsen sind, verpuppen sie sich.

Raupe des Tagpfauenauges

1 Die ausgewachsene Raupe hängt sich mit dem Kopf nach unten auf.

2 Die Raupe verwandelt sich in ihrer Hauthülle zur Puppe.

3 Die Rückenhaut der Raupe reißt auf, die Puppe schlüpft.

4 Die Puppenhaut wird hart und ändert ihre Farbe.

Manche Schwärmerraupen vergraben sich in der Erde und verpuppen sich dort.

Manche Spinnerraupen spinnen sich in Seidenkokons ein. Die Raupen verpuppen sich in diesen Kokons.

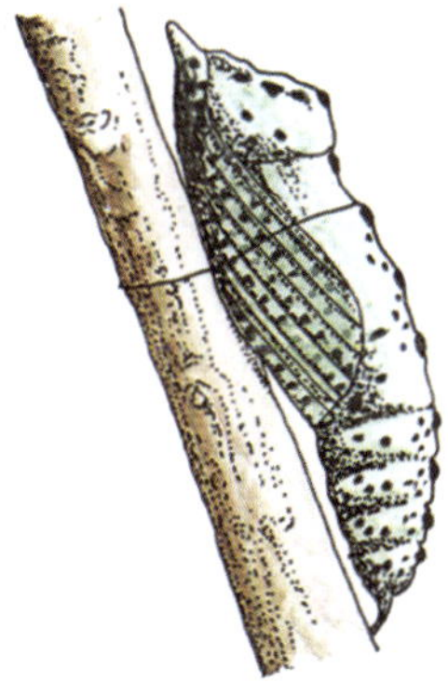

Kohlweißlingpuppe

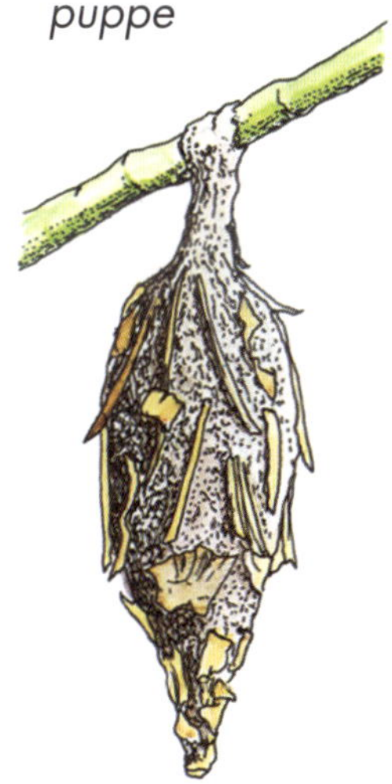

Sackspinnerkokon

Puppe des Windenschwärmers

Puppe des Aurorafalters

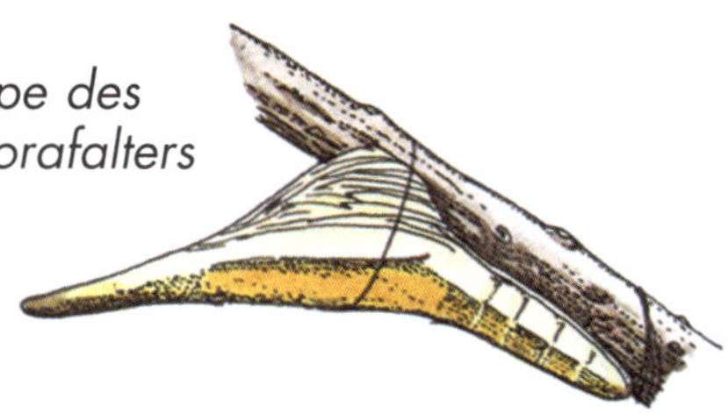

Von der Puppe zum Schmetterling

In der Puppe entwickelt sich der Schmetterling zu seiner endgültigen Gestalt.

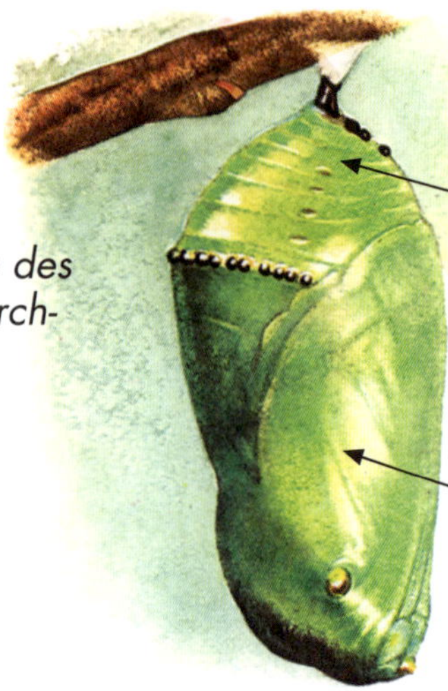

1 Diese Puppe ist zwei Tage alt. Darin entwickelt sich ein Monarchfalter.

2 Die Puppe ist jetzt zwei Wochen alt. Der Schmetterling ist kurz vor dem Ausschlüpfen.

3 Die Haut der Puppe platzt. Kopf und Beine des Schmetterlings kommen zuerst heraus.

4 Der Schmetterling zieht seinen Hinterleib aus der Puppenhülle. Er pumpt Blut in die Adern seiner Flügel.

5 Das Blut wird vom Hinterleib aus in die Adern gepumpt. Jetzt können sich die Flügel entfalten.

6 Der Schmetterling wartet, bis seine Flügel trocken und steif sind. Dann kann er fliegen.

Wie lange lebt ein Schmetterling?

Das Leben eines Schmetterlings verläuft in vier Abschnitten. Die ausgewachsenen Schmetterlinge leben nur ein paar Tage oder Wochen. Wenn sie sich gepaart haben und das Weibchen Eier gelegt hat, sterben sie.

1 Jeder Schmetterling entwickelt sich aus einem Ei.

2 Aus dem Ei schlüpft die Raupe.

3 Die Raupe verwandelt sich zur Puppe.

4 Die Puppe entwickelt sich zum Schmetterling.

In tropischen Ländern, in denen es immer heiß ist, dauert es oft nur wenige Wochen, bis aus dem Ei ein ausgewachsener Schmetterling wird.

In kälteren Gebieten kann die Entwicklung vom Ei zum fertigen Schmetterling mehrere Monate dauern. Manche Schmetterlingsarten verfallen in eine Winterstarre. Sie erwachen erst, wenn es wieder wärmer wird.

Schmetterlinge, die den Winter in Winterstarre verbringen, können ein Jahr oder sogar mehrere Jahre brauchen, bis sie sich vom Ei zum Schmetterling entwickelt haben.

Schmetterlinge leben gefährlich

Schmetterlinge haben viele Feinde.

Vögel fressen sie.

Spinnen fallen über sie her.

Andere Insekten fressen sie.

Viele Nachtschmetterlinge werden nachts die Beute von Fledermäusen.

Manche Nachtschmetterlinge haben seitlich am Körper Hörorgane. Damit können sie die Schreie der Fledermäuse hören. Wenn diese Nachtschmetterlinge eine Fledermaus kommen hören, lassen sie sich zu Boden fallen oder versuchen zu fliehen.

Blaues Ordensband

Manche Schmetterlinge haben besonders eindrucksvolle Muster auf ihren Flügeln. Damit schrecken sie ihre Feinde ab.

Rotes Ordensband

Dieser Nachtschmetterling hat leuchtend rot gefärbte Unterflügel. Er versucht Feinde damit abzuschrecken.

Eulenfalter

Dieser Schmetterling hat Scheinaugen auf seinen Flügeln. Vögel sollen sie für die Augen eines gefährlichen Tieres halten.

Die meisten Schmetterlinge, die rot und schwarz oder gelb und schwarz gefärbt sind, schmecken schlecht. Vögel lassen sie bald in Ruhe.

Nachts gibt der Braune Bär knackende Geräusche von sich. Fledermäuse lernen rasch, dass Nachtfalter, die solche Geräusche machen, schlecht schmecken.

Wissenswertes

Der südamerikanische Eulenfalter, ein Nachtfalter, ist mit 30 Zentimeter Flügelspannweite der größte Falter der Welt.

Der kleinste Schmetterling der Welt ist eine Zwergmotte. Ihre Flügelspannweite beträgt 2 bis 3 Millimeter.

Weltweit gibt es etwa 150 000 Schmetterlingsarten, wobei die Zahl der Nachtfalter weitaus größer ist als die der Tagfalter.

In Sri Lanka, einem kleinen Inselstaat in Südostasien, gibt es 242 verschiedene Schmetterlingsarten.

Die Monarchfalter fliegen im Herbst zu Millionen vom Norden Amerikas nach Mexiko und Kalifornien, um zu überwintern. Im Frühling fliegen sie zurück. Das ist jeweils eine Strecke von 3000 Kilometern.

Der wunderschöne Vogelfalter Queen Alexandra ist vom Aussterben bedroht, weil die Wälder, in denen er lebt, abgeholzt werden.

Der harmlose Hornissenflügler tarnt sich vor Fressfeinden als gefährliche Hornisse.

Der Bärenspinner, ein Nachtfalter, hat eine besondere Taktik entwickelt, um Fressfeinde abzuschrecken. Er hat ein Organ, das beim Fliegen einen deutlich warnenden Ton erzeugt.

Aus dem Kokon einer Seidenspinnerraupe lässt sich ein 1 Kilometer langer Seidenfaden gewinnen.

Unter dem Mikroskop erkennt man, dass ein Schmetterlingsflügel aus Tausenden von Schuppen besteht, die wie Dachziegel übereinander liegen. Bei einem einzigen Falter können das bis zu 10 Millionen Schuppen sein.

Pheromone nennt man die Duftstoffe, die ein Weibchen verbreitet, um einen Partner anzulocken. Das Männchen des Kleinen Nachtpfauenauges kann die Pheromone des Weibchens noch über eine Entfernung von 11 Kilometer wahrnehmen.

Seltsame Fressgewohnheiten

- Eine südostasiatische Nachtfalterart trinkt mit ihrem langen Rüssel Tränenflüssigkeit aus den Augen von Kühen.
- Einige Schwalbenschwänze saugen das verwesende Fleisch toter Tiere auf.
- Eine südamerikanische Falterart schlürft Urin.
- Ein südostasiatischer Eulenfalter durchbohrt mit seinem Rüssel die Haut von Wasserbüffeln, um ihr Blut zu saugen.

Fische

Ein Igelfisch sieht normalerweise so aus.

Wenn der Igelfisch bedroht wird, pumpt er sich voll Wasser, so wie hier. Das kann Raubfische davon abhalten, ihn zu fressen.

Alle Fische leben im Wasser

Fische sind Wassertiere. Sie atmen durch Kiemen und haben ein Skelett im Körper. Ihr Körper hat normalerweise die gleiche Temperatur wie das Wasser der Umgebung. Die meisten Fische pflanzen sich durch Eier fort.

Das Skelett gibt dem Körper und den Flossen Halt.

Auch diese Tiere leben alle im Wasser.

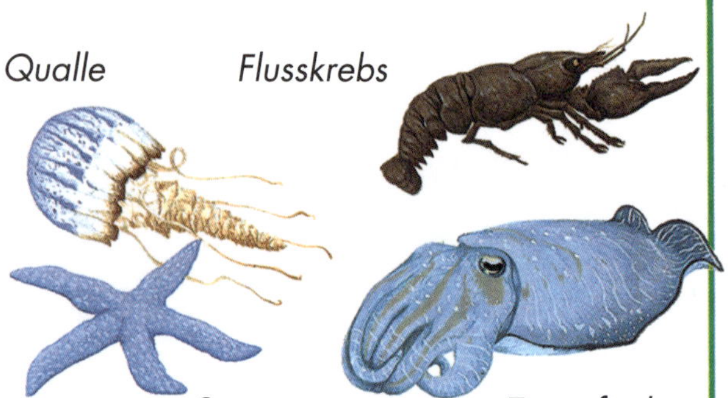

Sie sind aber keine Fische.

Wale und Delfine leben ebenfalls im Wasser; sie sind Säugetiere.

Sie atmen mit Lungen. Weibliche Wale gebären ein Junges und säugen es mit Milch.

Die drei wichtigsten Gruppen von Fischen

1 Knochenfische

Die meisten Fische haben ein Knochenskelett. Normalerweise ist ihr Körper mit dünnen Schuppen bedeckt.

2 Haie und Rochen

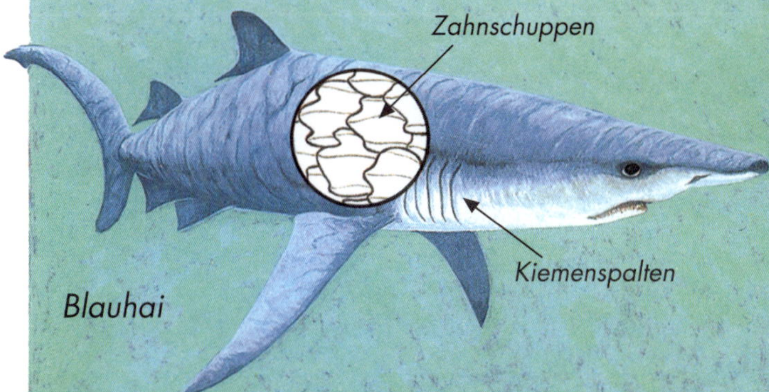

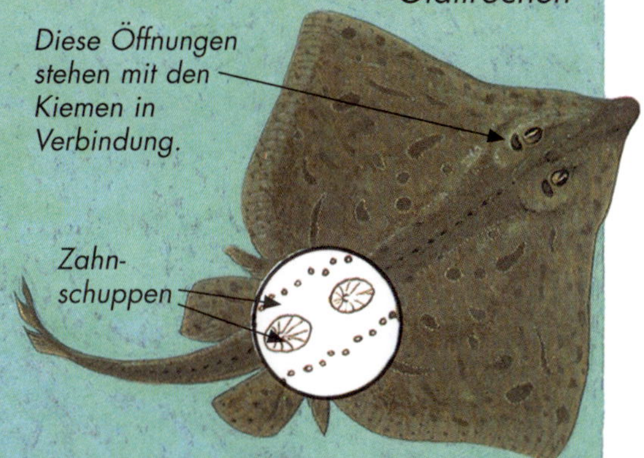

Haie und Rochen haben ein Skelett aus Knorpel. Knorpel ist weicher als Knochen; dafür ist er biegsam und zäh. Haie und Rochen sind mit einer großen Zahl winziger Zahnschuppen bedeckt. Die Zahnschuppen sind halb in die Haut eingewachsen.

3 Neunaugen

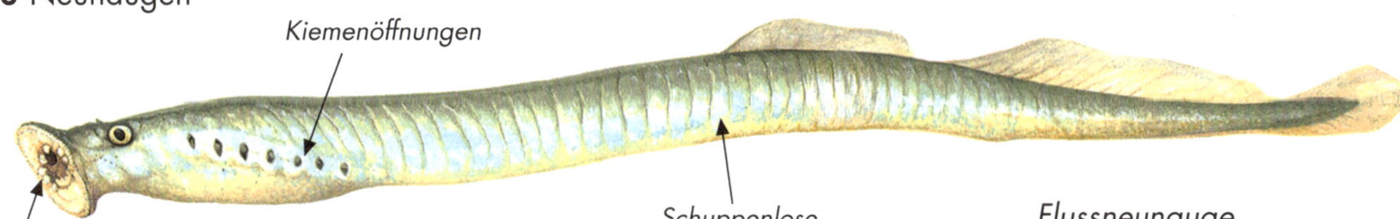

Neunaugen haben keine Kiefer, sondern einen Saugmund, und keine Schuppen. Das Skelett ist knorpelig.

Wie Fische sich fortbewegen

Die meisten Fische schwimmen mithilfe ihrer Flossen. Die einen Flossen dienen dazu, den Fisch vorwärts zu bewegen; die anderen werden zum Steuern benutzt.

Der Seebarsch schlägt mit seinem Schwanz hin und her. Das treibt den Fisch vorwärts. Mit den anderen Flossen hält er die Richtung.

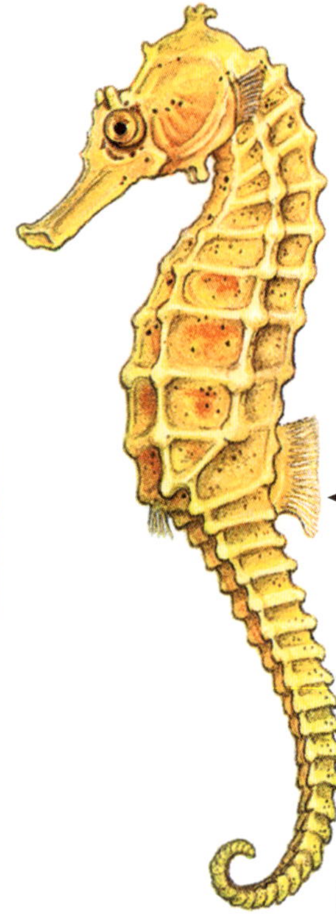

Der Riesenmanta hat gewaltige Seitenflossen. Damit schlägt er auf und ab wie mit Flügeln. So „fliegt" der Fisch durch das Wasser.

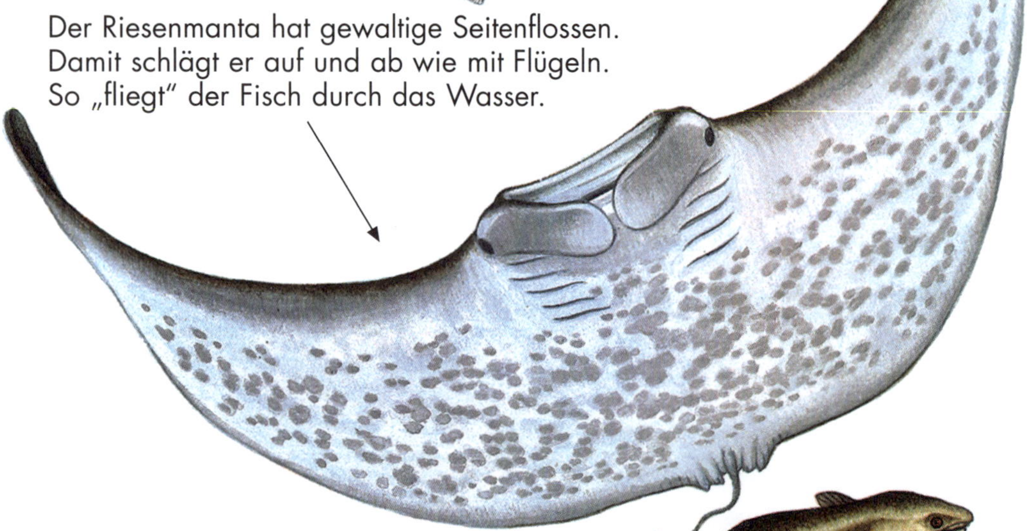

Die Rückenflosse des Seepferdchens ermöglicht es ihm, in aufrechter Haltung zu schwimmen.

Der Aal schlängelt sich mit dem ganzen Körper vorwärts.

Aale haben normalerweise nur kleine Flossen.

Einige Fische bewegen sich auf ungewöhnliche Weise fort.

Beilbauchfische können aus dem Wasser springen. Sie schlagen ihre Brustflossen schnell auf und ab und gleiten dadurch ein Stück durch die Luft. Das ergibt ein schwirrendes Geräusch.

Fliegende Fische werden von Delfinen und Haien gejagt.

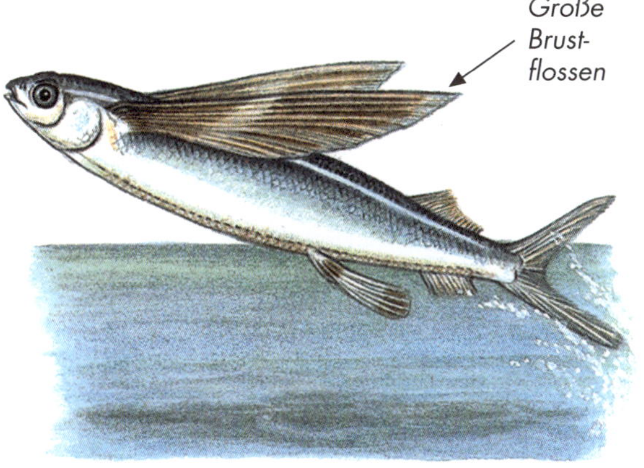

Fliegende Fische schwimmen mithilfe ihrer Schwanzflossen sehr schnell durchs Wasser. Dann stoßen sie plötzlich durch die Wasseroberfläche, breiten ihre Flossen aus und gleiten durch die Luft.

Sargassofische haben ihre Flossen am Ende von vier kurzen „Armen". Sie kriechen damit zwischen Korallen und Tang herum und suchen nach Nahrung.

Schlammspringer können gut springen. Sie krümmen den Schwanz und stemmen ihn gegen den Boden. Dann strecken sie den Körper ganz plötzlich und machen dadurch einen Satz vorwärts.

Wie Fische atmen

Auch Fische müssen atmen und brauchen dazu Sauerstoff. Sauerstoff ist im Wasser gelöst; die meisten Fische können ihn mithilfe ihrer Kiemen aufnehmen. Dazu wird das Wasser durch die Kiemen gepresst. Im Inneren der Kiemen übernimmt das Blut den Sauerstoff vom Wasser.

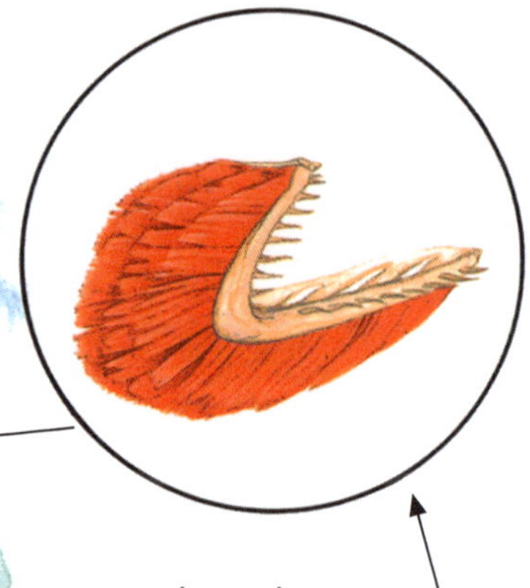

So sehen die Kiemen aus, wenn man einen Blick hinter den Kiemendeckel wirft. Sie sind leuchtend rot, weil sie stark von Blut durchströmt werden.

So atmen die meisten Fische

Maul geöffnet:

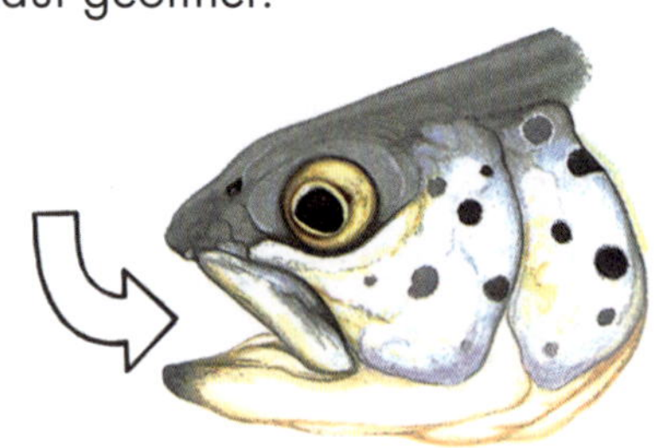

1 Der Fisch nimmt ein großes Maul voll Wasser. Dann schließt er das Maul.

Maul geschlossen:

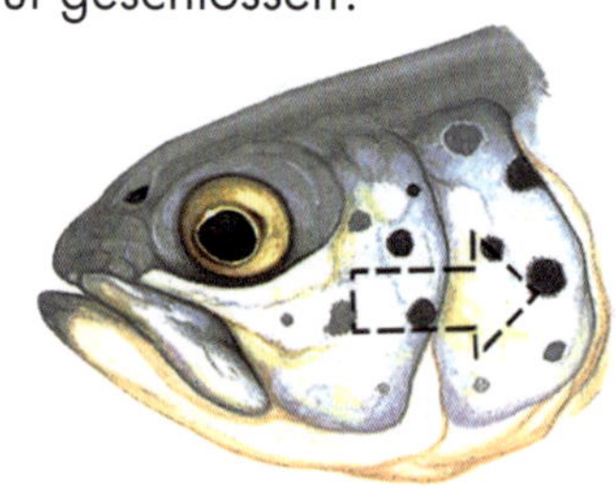

2 Das Wasser wird zwischen die Kiemen gedrückt. Das Blut in den Kiemen nimmt den Sauerstoff auf.

Maul geschlossen:

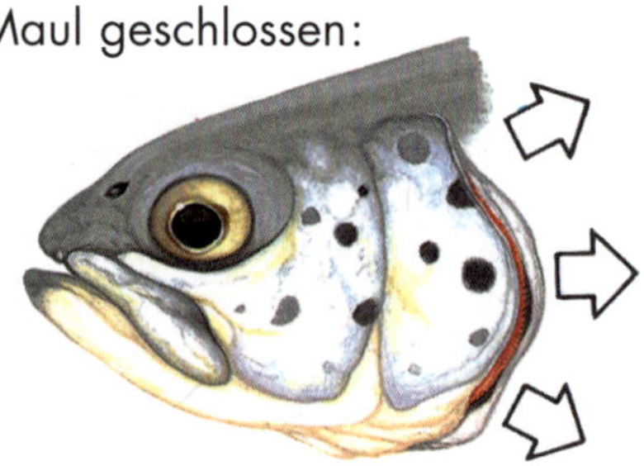

3 Das Blut verteilt den Sauerstoff im ganzen Körper. Das Wasser strömt durch die Kiemenöffnungen aus.

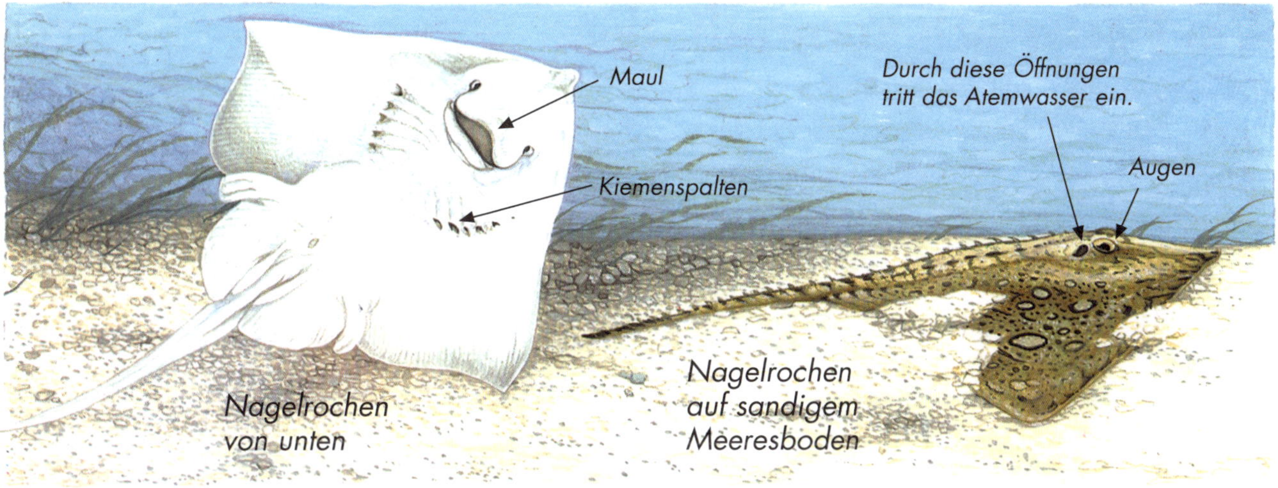

Die Mundöffnung eines Rochens befindet sich auf der Körperunterseite. Wenn der Rochen auf dem Grund ruht, kann er aber mit dem Mund kein klares Atemwasser aufnehmen. Dafür hat er zwei Öffnungen oben auf seinem Kopf. Das Wasser strömt von dort nach unten durch die Kiemen und wird durch die Kiemenspalten wieder ausgestoßen.

So atmen Lungenfische

Afrikanische Lungenfische leben gewöhnlich am Grund von Seen. Sie haben Kiemen und Lungen zum Atmen. Zum Luftschnappen kommen sie an die Wasseroberfläche.

Wenn der See austrocknet, wühlt sich der Lungenfisch in den Schlamm ein. Durch einen Luftschacht hält er Verbindung zur Oberfläche. Er atmet dann mit seinen Lungen.

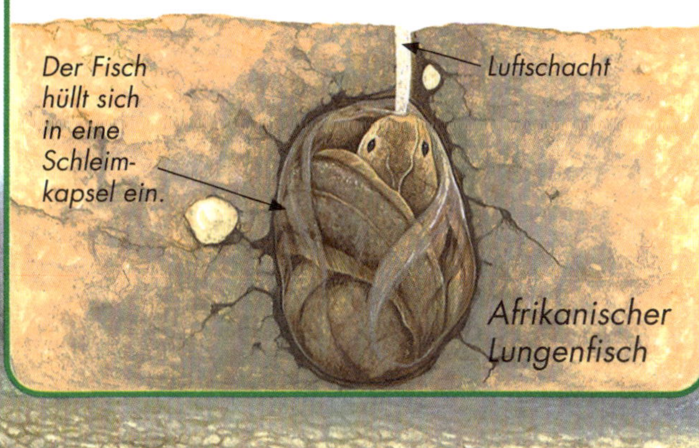

Wie Fische sich zurechtfinden

Fische können wie wir riechen, sehen, schmecken und hören. Dazu haben sie noch besondere Organe, die ihnen helfen, sich zu orientieren.

Riechen

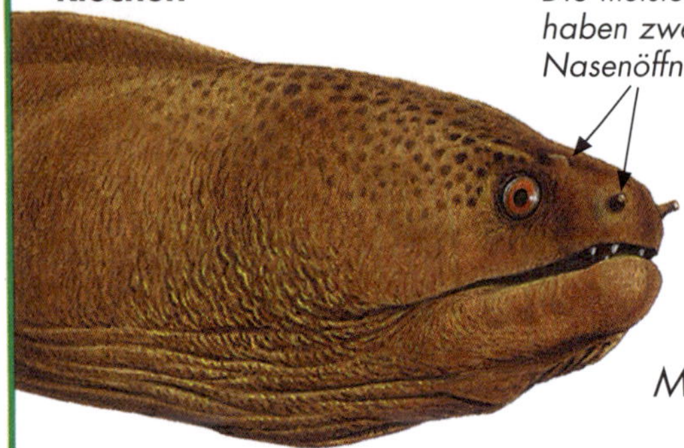

Fische haben einen guten Geruchssinn. Die Nasenöffnungen dienen zum Riechen, aber nicht zum Atmen.

Sehen

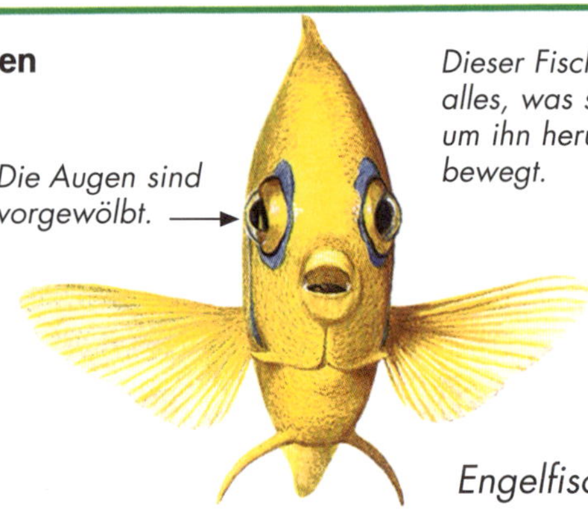

Fische sehen sehr gut nach vorn, aber weniger gut nach den Seiten und nach hinten. Viele Fische können Farben sehen.

Schmecken und Tasten

Einige Fische haben Fühler an Kinn und Lippen. Diese Fühler nennt man Barteln. Mit den Barteln kann der Fisch schmecken. Er benutzt sie auch bei der Nahrungssuche.

Hören

Fische haben ihre Ohren im Inneren des Kopfes. Dieser Fisch lebt im trüben Wasser, sodass für ihn Hören viel wichtiger ist als Sehen. Seine Artgenossen findet er, indem er laute Trommelgeräusche erzeugt.

Die meisten Fische haben eine waagerechte Linie auf beiden Seiten des Körpers. Das ist die Seitenlinie. Durch die feinen Poren in dieser Linie kann der Fisch Wasserbewegungen wahrnehmen, die von anderen Wassertieren verursacht werden.

Dieser Elefantenfisch kann das Wasser um sich herum elektrisieren.

Der Elefantenfisch achtet beim Schwimmen auf alles, was sein elektrisches Feld verändert. Dadurch stößt er nirgendwo an, und er findet so auch seine Artgenossen. Sogar rückwärts schwimmen kann er mithilfe dieser Einrichtung ohne Schwierigkeiten.

Wie Fische sich ernähren

Fische nehmen nicht regelmäßig Nahrung zu sich. Aber wenn sie etwas erbeutet haben, fressen sie davon, so viel sie können. Einige kommen tagelang ohne Nahrung aus, andere müssen dauernd etwas fressen. An der Form des Fischmauls lässt sich oft erkennen, wie die Nahrung gefangen wird.

Schwarzer Schlinger

Einige Tiefseefische können ihr Maul besonders weit aufreißen. Sie können deswegen auch große Fische verschlingen. Der Magen dehnt sich, um die Riesenmahlzeit zu fassen.

Riesenhai

Dieser Hai schwimmt mit weit geöffnetem Maul. Sein Schlund enthält Reihen von Knorpelbögen, sogenannte Kiemenreusen. In den Kiemenreusen verfangen sich winzige Tiere.

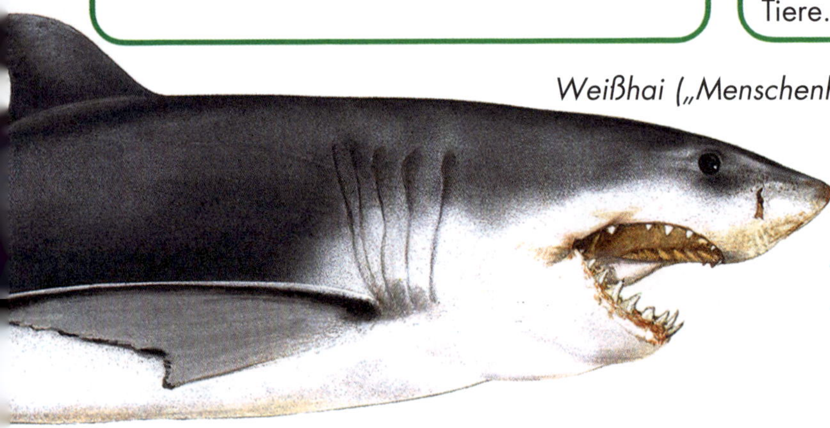

Weißhai („Menschenhai")

Der Weißhai ist groß und stark. Er kann fast alles überwältigen, was ihm im Meer begegnet. Seine dreieckigen Zähne sind sehr scharf. Jeder Zahn, der abgenützt ist und ausfällt, wird durch einen neuen Zahn aus der Zahnreihe dahinter ersetzt.

Tricks beim Beutefang

Schmetterlingsfisch

Dieser Fisch lauert knapp unter der Wasseroberfläche auf Beute. Er springt und schnappt nach niedrig fliegenden Insekten.

Schützenfisch

Dieser Fisch spritzt mit Wasser nach Insekten und Spinnen, die sich über der Wasseroberfläche befinden. Der feine Wasserstrahl reißt sie von der Pflanze.

Seeteufel

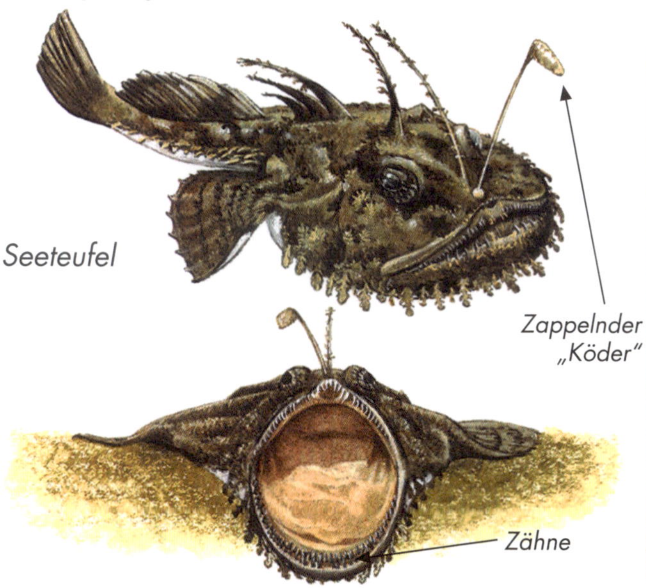

Die „Angelrute" und der „Köder" sind Körperteile dieses Fisches. Kleine Fische halten den „Köder" für Nahrung und lassen sich davon anlocken. Sie werden geschnappt und gefressen.

Der Knochenhecht steht unbeweglich an der Wasseroberfläche oder in den Wasserpflanzen. Sobald sich ein Fisch nähert, dreht der Hecht sich langsam auf ihn zu und packt ihn blitzschnell.

Wie Fische sich schützen

Viele Fische zeigen prächtige Farbmuster. Damit können sie sich gut an ihre natürliche Umgebung anpassen und werden nicht so leicht entdeckt.

Durch ihre Färbung ist die Makrele gut getarnt. Sie kann sich dadurch vor ihren Feinden, wie Vögeln und Raubfischen, geschickt verbergen.

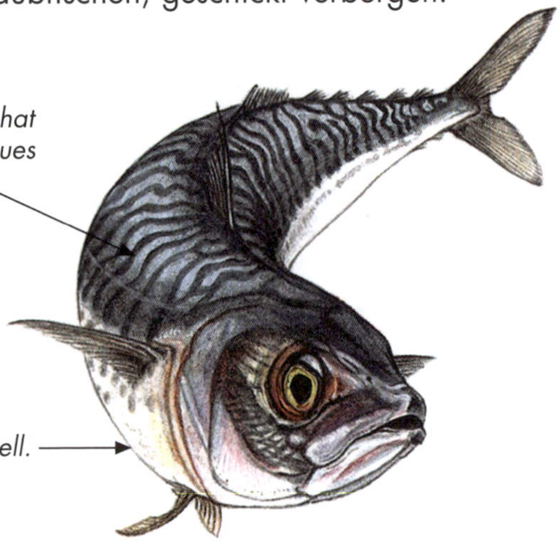

Makrele

Wenn du eine Makrele von oben betrachtest, hebt sich ihr blauer Rücken kaum vom Wasser ab.

Wenn du eine Makrele von unten siehst, dann verschmilzt ihre helle Unterseite mit dem Himmel.

Dieser Hecht jagt andere Fische. Er lauert ihnen zwischen den Wasserpflanzen auf. Die Streifen auf seinem Körper sehen so ähnlich aus wie die Stängel der Pflanzen. So ist er nur schwer zu erkennen.

Viele Fische, die auf dem Meeresgrund leben, können bei einem Ortswechsel auch ihre Farbe verändern. Die Farbe dieses australischen Ammenhais passt zu Sand und Geröll.

Einige Fische haben besonders leuchtende Farben oder auffallende Zeichnungen. Damit täuschen sie ihre Feinde oder halten sie von einem Angriff ab.

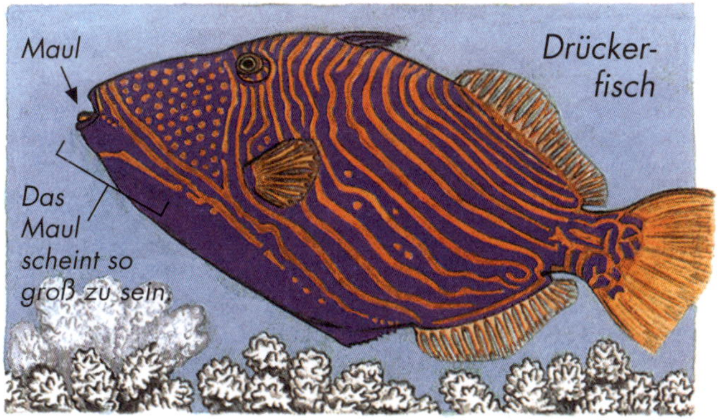

Dieser Drückerfisch hat auffällige Zeichnungen am Maul und im Gesicht. Sie lassen das Maul viel größer erscheinen, als es ist. Das schreckt andere Fische ab.

Einige Pinzettfische haben in Schwanznähe einen dunklen „Augenfleck". Das verwirrt andere Fische: Der Kopf scheint dort zu sein, wo in Wirklichkeit der Schwanz ist.

Dieser prächtig gefärbte Fisch hat lange Stacheln auf seinem Rücken. Die Stacheln enthalten ein starkes Gift. Seine auffällige Färbung dient anderen Fischen zur Warnung.

Wie Fische Partner finden und Nester bauen

Die meisten Fische kommen in Schwärmen zusammen, um sich zu paaren und Eier zu legen. Bei manchen Fischen finden sich auch ein Männchen und ein Weibchen zu einem Paar zusammen. Das Männchen stellt sich vor dem Weibchen zur Schau. Das nennt man Balz.

Das Stichlingmännchen hat ein Nest gebaut und zeigt nun einem Weibchen seinen roten Bauch. Dadurch lässt sich das Weibchen dazu bringen, seine Eier in das Nest zu legen. Andere Stichlingmännchen jagt das Männchen davon.

Das Bitterlingmännchen balzt vor dem Weibchen und führt es zu einer lebenden Muschel. Das Weibchen legt seine Eier mit einer besonderen Legeröhre in die Muschel.

Der männliche Leierfisch ist prachtvoll gefärbt. Er hat eine sehr lange, spitze Rückenflosse. Er stellt sie auf, um ein Weibchen anzulocken.

Einige Fische bauen Nester. Andere verstecken ihre Eier nur. Doch in beiden Fällen können die Eier nicht so leicht gefressen oder fortgespült werden.

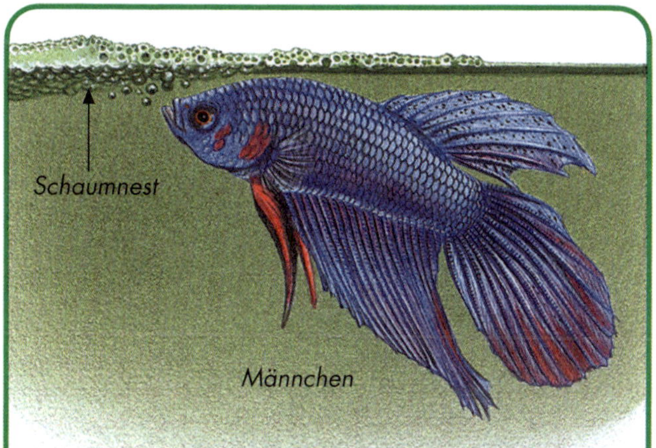

Der männliche Kampffisch baut ein Schaumnest an der Wasseroberfläche. Das Weibchen legt seine Eier unter dem Nest ab und das Männchen bewacht sie.

Das Lachsweibchen scharrt eine Laichgrube in den Kies des Flusses. Die Männchen kämpfen miteinander um den Besitz eines Weibchens und seiner Laichgrube.

Kalifornische Ährenfische lassen sich von den Wellen der Springflut auf den Strand tragen. Dort vergraben sie ihre Eier im feuchten Sand.

Niger-Prachtkärpflinge leben in kleinen Tümpeln, die oft austrocknen. Die Tiere vergraben ihre Eier im Schlamm. Die jungen Fische schlüpfen erst, wenn es wieder geregnet hat.

Wie sich die Jungen entwickeln

Die meisten Fische legen eine Unmenge kleiner Eier. Manche Fische lassen ihren Laich einfach im Meer treiben; andere kleben ihn an Pflanzen oder Riffe. Im Allgemeinen kümmern sich die Eltern nicht weiter um die Eier.

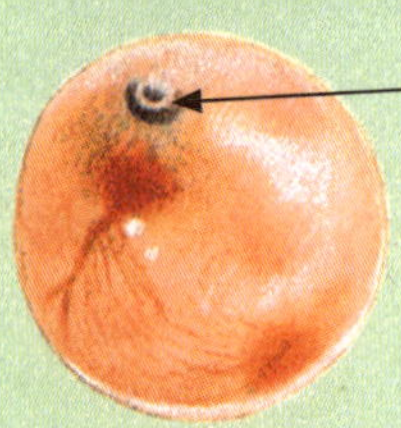

1 In den Fischeiern befindet sich viel Dotter. Davon ernährt sich das heranwachsende Fischchen.

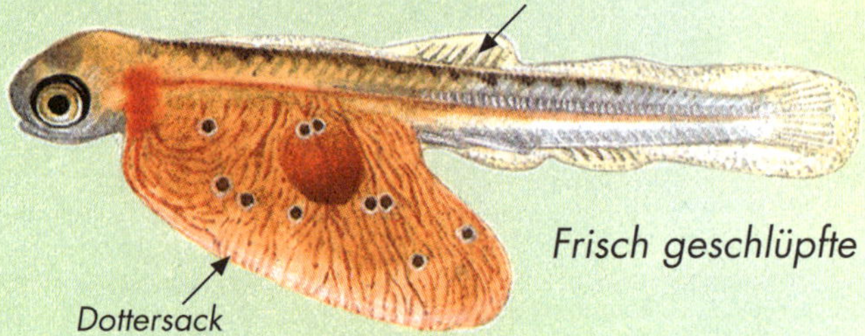

2 Der Jungfisch ist geschlüpft, ernährt sich aber von seinem Dottervorrat.

3 Der Dottervorrat reicht so lange, bis die Flossen des Jungfisches voll ausgebildet sind.

Einige Fische legen nur wenige große Eier. Der Katzenhai zum Beispiel legt seine Eier in einer Kapsel ab, die im Wasser hart wird. Die Kapsel schützt das Ei während der Entwicklung.

Einige Knochenfische kümmern sich um ihre Eier, bis die Jungen geschlüpft sind.

Das Guppyweibchen behält seine Eier im Körper. Die Jungen schlüpfen aus den Eiern, kurz bevor sie geboren werden.

Ein männliches Seepferdchen trägt die Eier des Weibchens in einer Tasche, bis die Jungen ausschlüpfen.

Maulbrütermännchen tragen die Eier im Maul. Sogar die jungen Fischchen finden noch Schutz im Maul des Vaters.

Einige Haie gebären lebende Junge. Andere legen ihre Eier in festen Kapseln ab und kümmern sich nicht weiter darum.

Fische in Flüssen und Seen

Im gleichen Fluss können viele verschiedene Fischarten leben, weil jede Art einen anderen Abschnitt des Flusses bevorzugt.

Forellen lieben schnell fließende Bergbäche mit sauberem und kaltem Wasser. Es ist reich an Sauerstoff.

Elritzen leben gern in Bächen mit langsam fließendem, aber klarem Wasser.

Döbel mögen sanft strömende Flüsse mit tiefem Wasser.

Brachsen bevorzugen Flüsse, die ganz langsam fließen.

Manche Bäche und Flüsse haben eine starke Strömung. Die Fische müssen sich sichern, damit sie von dem schnell fließenden Wasser nicht fortgerissen werden.

Einige Fische, wie dieser junge Lachs, weichen vor der Strömung hinter Steine aus.

Dieser Fisch hat eine flache Unterseite. Er kann sich an große Steine im Flussbett anschmiegen.

Diese Fische sind an ihre Lebensräume gut angepasst.

Segelflosser sind sehr schlank. Sie können sich zwischen Pflanzenstängeln vor Feinden verstecken.

Dieser Fisch lebt in Höhlenseen. Er hat keine Augen, kann sich aber im Dunkeln zurechtfinden.

Fische im Meer

Die Flachmeere an den Küsten bieten Nahrung und Versteckplätze für viele verschiedene Fischarten.

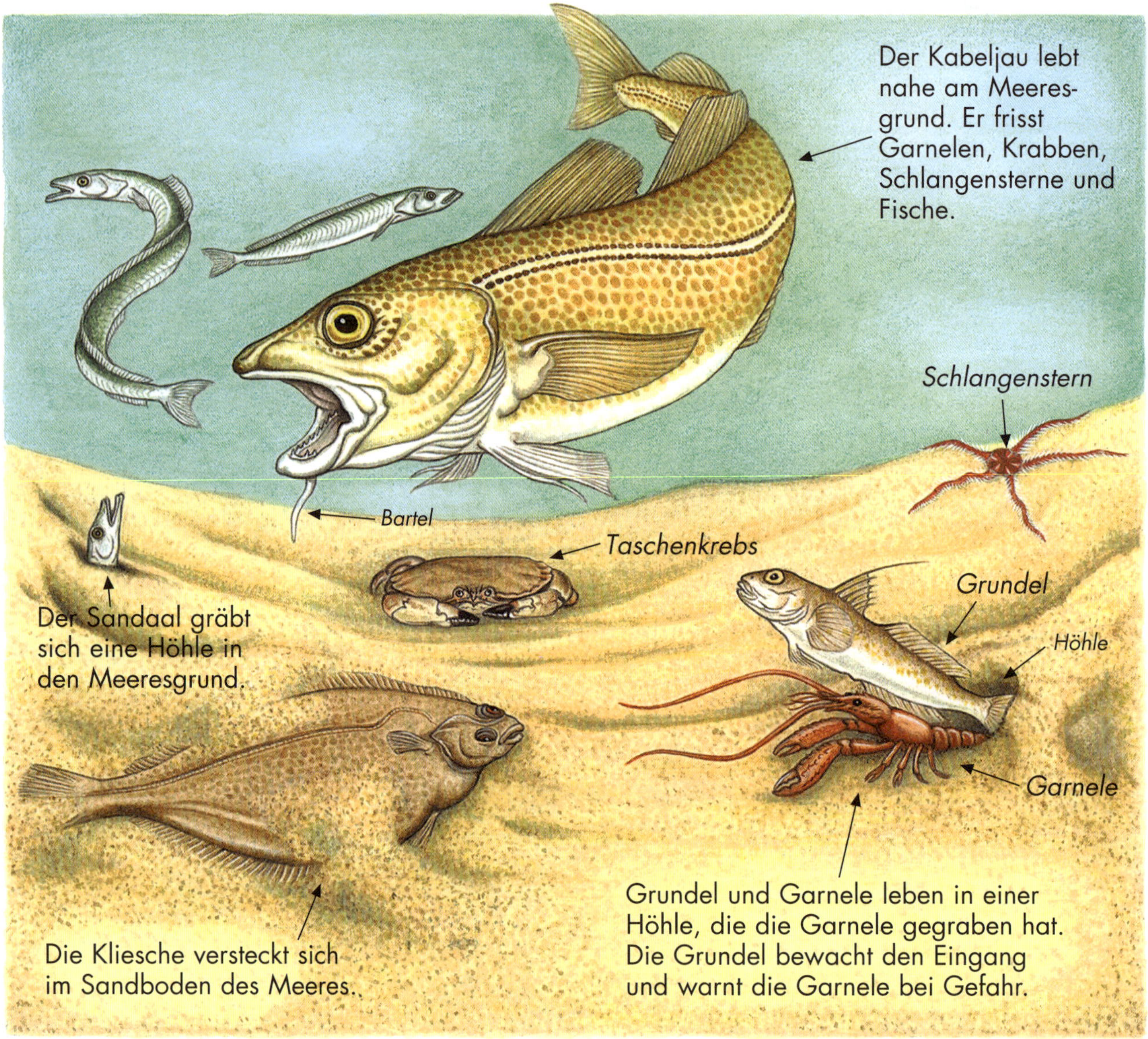

Korallenriffe sind ein günstiger Lebensraum für Fische. Sie finden dort reichlich Nahrung und überall Versteckmöglichkeiten. Einige Fische ernähren sich von den Korallen, andere suchen Schutz darin.

Fische in der Tiefsee

Die Tiefsee ist ein finsterer und kalter Lebensraum. Dort leben keine Pflanzen und nur wenige Tiere. Die Fische der Tiefsee müssen versuchen, alles zu erbeuten, was als Nahrung für sie infrage kommt.

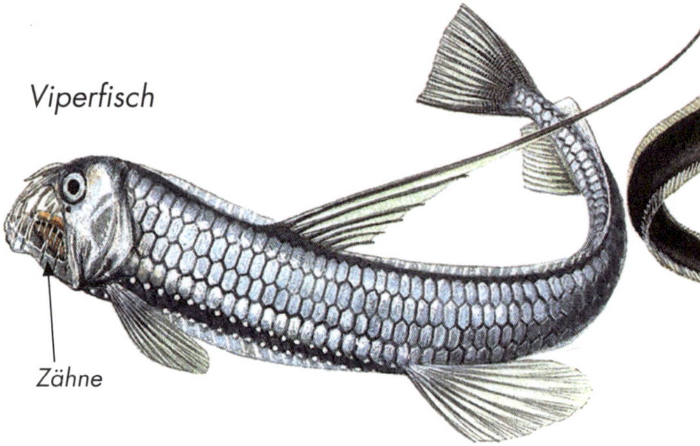

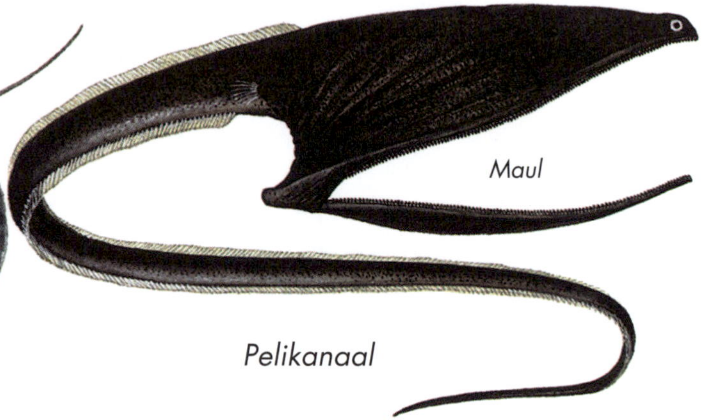

Einige Fische, wie dieser Viperfisch, fangen ihre Beute mit riesigen Zähnen.

Andere Fische haben ein Maul, das größer ist als der ganze Körper.

Viele Fische fressen kleine Tiere, die auf dem Grund der Tiefsee leben.

Der Tiefsee-Fühlerfisch stützt sich auf seine langen Flossen. Mit den langen Strahlen dieser Flossen tastet er im Schlamm nach Nahrung.

Diese beiden Fische schwimmen mit dem Kopf am Boden. Sie suchen Schlangensterne und kleine Garnelen, die sich am Meeresgrund verstecken.

Die meisten Tiefseefische sind schwarz gefärbt. Einige haben besondere Organe, mit denen sie Licht erzeugen können. Wenn diese Fische ihr Licht „abschalten", sind sie in der Dunkelheit der Tiefsee nicht mehr zu sehen.

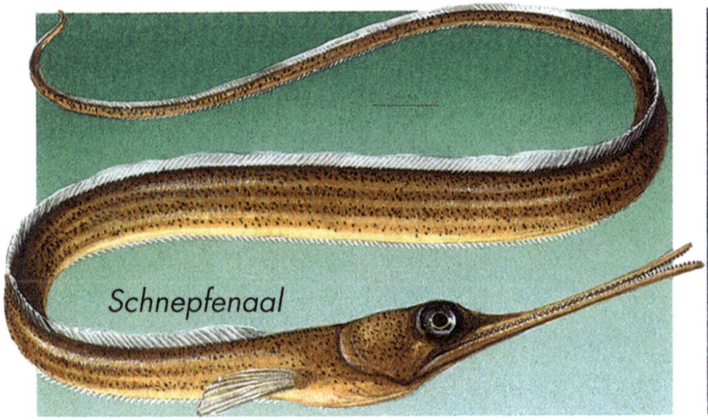

Dieser Fisch hat große Augen. Damit kann er auch bei ganz wenig Licht noch sehen. Seine Nahrung sind kleine Krebstiere.

Die Laternenfische bleiben im Schwarm beisammen, indem sie mit ihren Lichtern blinken.

Der Tiefsee-Drachenfisch hat neben jedem Auge ein rotes und ein grünes Licht. Mit diesen Lichtern sucht er wie mit einer Taschenlampe nach Nahrung.

Der Laternenangler hat Lichter an seinen „Angelruten". Er schnappt andere Fische, die sich von den Lichtern anlocken lassen.

Bilderrätsel

Jeder Fisch, der auf dieser Seite abgebildet ist, hat den Schwanz eines anderen Fisches. Kannst du feststellen, welcher Schwanz zu welchem Fisch gehört? Kennst du die Namen der Fische? Du findest sie alle auf den vorigen Seiten. Die Lösung steht auf dieser Seite unten.

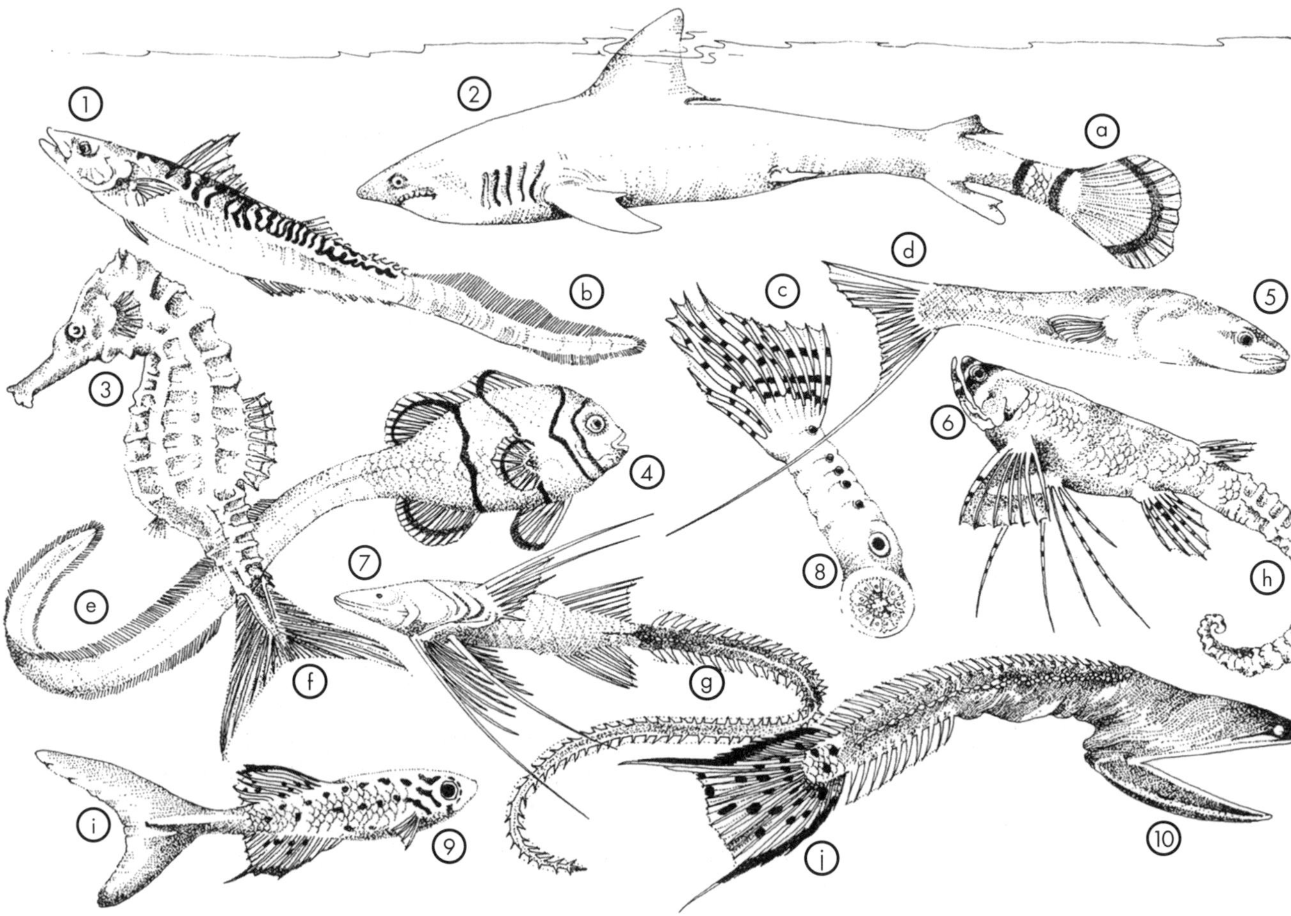

Lösung:
1 Makrele (richtiger Schwanz: f); 2 Hai (i); 3 Seepferdchen (h); 4 Clownfisch (a); 5 Aal (e); 6 Schmetterlingsfisch (c); 7 Tiefsee-Fühlerfisch (d); 8 Neunauge (b); 9 Niger-Prachtkärpfling (j); 10 Pelikanaal (g).

Bäume

Spiele in diesem Teil

Jagd auf den Rüsselkäfer!

Rüsselkäfer leben auf Bäumen. Findest du die 10 Rüsselkäfer, die auf den folgenden 23 Seiten versteckt sind?

Daumenkino: So öffnet sich eine Blattknospe

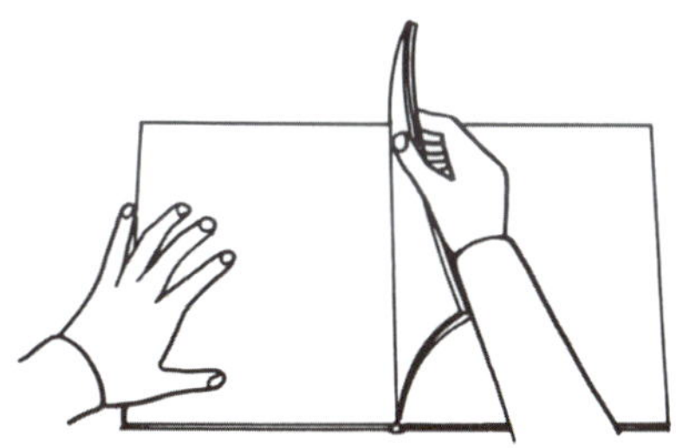

Halte die Seiten 423 bis 437 so, wie es hier gezeigt ist.

Blättere die Seiten schnell durch und achte dabei auf die rechte obere Ecke.

Hier oben siehst du, wie sich die Blattknospe entfaltet.

Überall wachsen Bäume

Dieses Bild zeigt verschiedene Standorte von Bäumen. Manche Bäume wachsen wild, andere werden von Menschen angepflanzt.

Hier wachsen nur wenige Bäume. Es ist zu kalt und zu windig.
Hier sind Kiefern und Fichten angepflanzt worden. Diese Bäume wachsen sehr schnell.
An Straßen werden Bäume als Schattenspender gepflanzt.
Im Abstand von mehreren Jahren werden immer wieder einige Bäume gefällt. Dadurch schafft man den anderen mehr Platz zum Wachsen.
Feldbegrenzungen aus Bäumen und Sträuchern verhindern, dass das Erdreich davongeweht wird.

Wie wachsen Wurzeln?

Wurzeln nützen dem Baum auf vielfältige Weise: Sie nehmen Wasser und Mineralstoffe aus der Erde auf. Der Baum braucht diese zum Wachsen. Die Wurzeln verankern den Baum und halten das Erdreich zusammen. An steilen Hängen verhindern sie, dass die Erde vom Regen weggewaschen wird.

Diese Wurzeln sind sehr kräftig und verholzt. Sie halten den Baum im Boden fest. So verhindern sie, dass er umstürzt.

Engerlinge fressen junge Wurzeln.

Jedes Jahr werden die Wurzeln etwas dicker.

Die starke Pfahlwurzel dieses Baumes wächst tief in den Boden. Andere Bäume können mehrere gleich starke Wurzeln haben.

Die Wurzeln müssen um Steine herumwachsen.

Abgefallene Blätter verrotten oder werden von Würmern in die Erde gezogen. Das welke Laub enthält Mineralstoffe, die von den Wurzeln wieder gebraucht werden.
Manche Pilze wachsen auf Wurzeln. Sie helfen dem Baum bei seiner Ernährung.
Nährwurzeln zweigen von den Nebenwurzeln ab. An den Spitzen nehmen sie Wasser und Mineralstoffe auf. Nach einigen Jahren sterben sie ab und neue Wurzeln wachsen in frisches Erdreich hinein.
Nebenwurzeln wachsen nahe an der Erdoberfläche, dort gibt es Luft und Wasser.
Die Wurzelspitzen wachsen ständig. Sie schieben sich durch die Erde hindurch und sind mit feinen Haaren bedeckt. Diese nehmen das Wasser und die Mineralstoffe auf.
Alle Wurzeln wachsen auf das Grundwasser zu.

Wie wächst ein Zweig?

So wächst ein Buchenzweig im Laufe des Jahres.

Im Sommer sind die Stiele dann steif und die Blätter dunkelgrün und glänzend.
Wenn der Zweig aufhört zu wachsen, entsteht an der Spitze eine neue Knospe. Daraus entwickelt sich im nächsten Frühjahr ein neuer Spross.
Bevor die Blätter abfallen, werden sie braun.
Gegen Ende des Sommers entwickelt sich direkt über jedem Blattstiel eine neue Knospe. Im nächsten Jahr wird aus dieser Knospe ein neuer Seitenspross.
Hier war die Spitzenknospe im Winter. Die Schuppenblättchen haben einen Kranz von Blattnarben hinterlassen. Zählt man die Narbenkränze an einem Ast, dann kann man sein Alter bestimmen. Dieser Ast ist zwei Jahre alt.

4 Herbst

Was geschieht unter der Rinde?

So sieht das Innere eines gesunden Baumstammes aus.

Der größte Teil des Stammes ist Splintholz. Es leitet Wasser und Mineralstoffe von den Wurzeln zu den Blättern.

Aus einer ganz dünnen Schicht unter der Rinde entsteht jedes Jahr ein neuer Ring Splintholz.

Das Kernholz in der Mitte besteht aus altem, abgestorbenem Splintholz. Es ist sehr hart und fest.

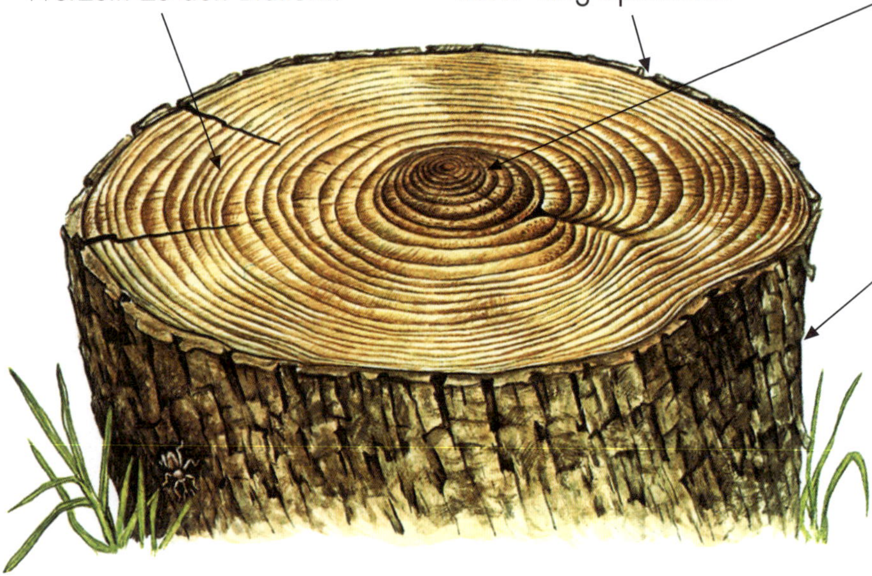

Die Rinde bewahrt den Stamm vor dem Austrocknen und schützt ihn vor Insekten und Krankheiten. Rinde kann sich nicht ausdehnen. Sie platzt oder schält sich, wenn das Holz im Inneren wächst. Darunter entsteht neue Rinde.

So stirbt ein Baum

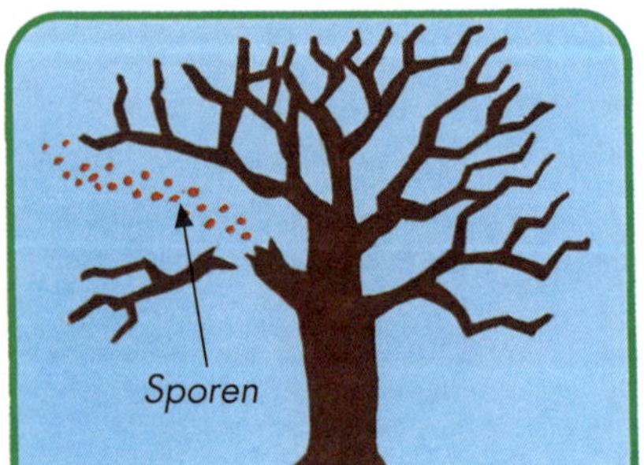

Pilzsporen gelangen aus der Luft in eine Baumwunde.

Der Pilz breitet sich im Inneren des Stammes aus. Das Kernholz fault.

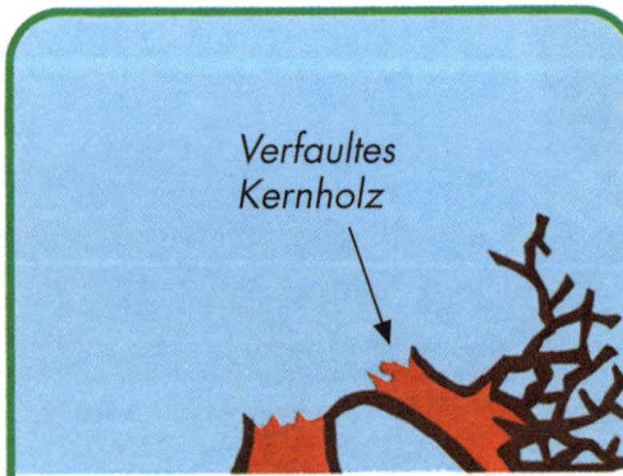

Ein vermodernder Baum kann leicht vom Sturm geknickt werden.

Wenn ein Baum abstirbt, lockert sich die Rinde.
Kleine Tiere und Pflanzen können unter die Rinde eindringen.
Viele von ihnen ernähren sich von faulendem Holz.

Bäume haben Blätter ...

Laubbäume werfen ihre Blätter jeden Herbst ab. Die meisten Laubbäume haben weiche, glatte Blätter.

Ebereschenblatt

Eichenblatt

Die Blattoberseite ist der Sonne zugewandt.

Adern versteifen das Blatt. Auch sie leiten Wasser und Nahrungsstoffe.

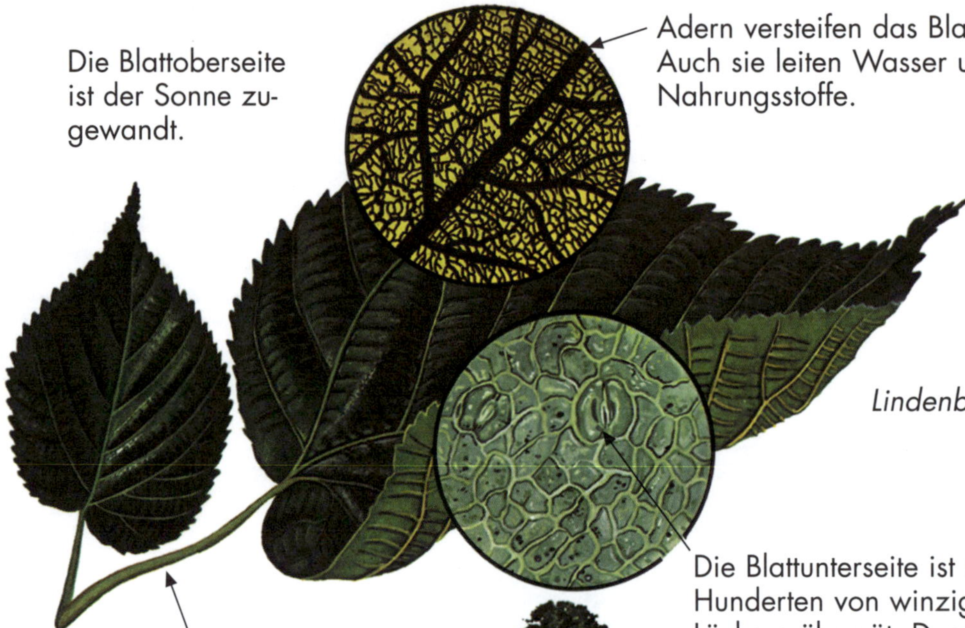

Lindenblätter

Der Blattstiel ist biegsam, sodass das Blatt bei Wind nicht abbricht. Wasser und Nahrungsstoffe werden durch den Stiel befördert.

Die Blattunterseite ist mit Hunderten von winzigen Löchern übersät. Durch diese Spaltöffnungen „atmet" das Blatt und kann Wasserdampf hinauslassen.

Linde

Bergahornblatt

Zitterpappelblatt

Rosskastanienblatt

… oder Nadeln

Fast alle Nadelbäume behalten ihre Nadeln auch im Winter. Die meisten Nadelhölzer haben zähe, wächserne Nadeln.

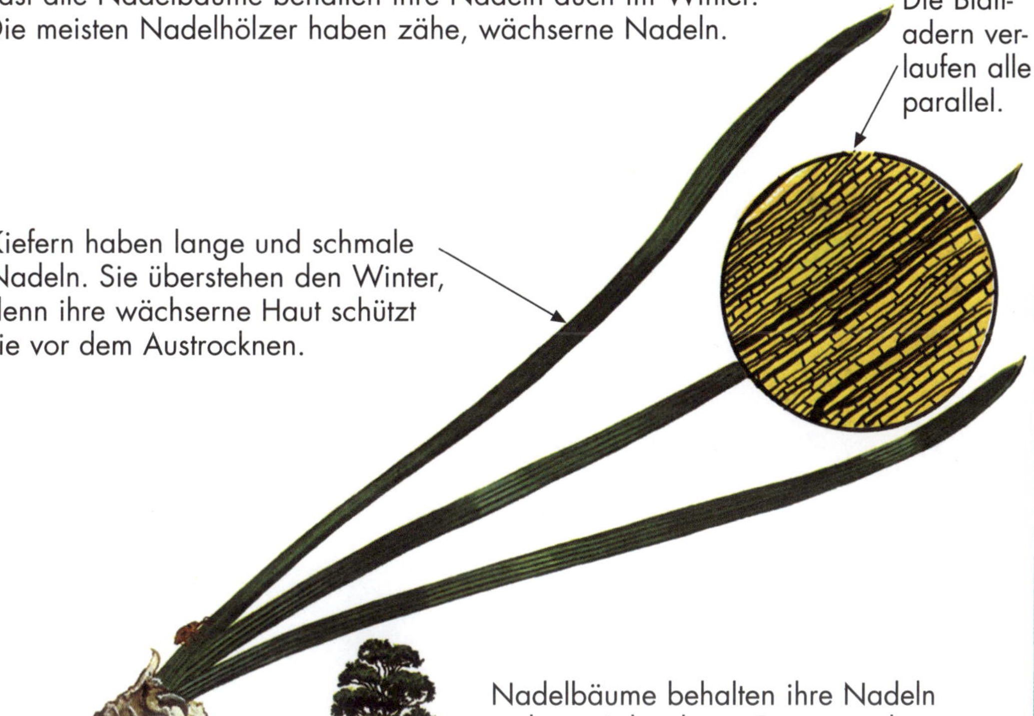

Die Blattadern verlaufen alle parallel.

Kiefern haben lange und schmale Nadeln. Sie überstehen den Winter, denn ihre wächserne Haut schützt sie vor dem Austrocknen.

Zypressenzweig

Blatt des Weißen Gummibaums

Montery-Kiefer

Nadelbäume behalten ihre Nadeln mehrere Jahre lang. Dann werden die Nadeln braun und fallen ab. Allerdings fallen nicht alle Nadeln gleichzeitig ab, der Baum steht also nie ohne Nadeln da.

Blätter haben viele unterschiedliche Formen, aber sie verrichten alle die gleiche Arbeit. Auf der nächsten Seite siehst du, was sie tun.

Fichtenspross

Wacholderzweig

Korkeichenblatt

Kiefernzweig

Wozu haben Bäume Blätter?

Ein Baum atmet und ernährt sich mithilfe seiner Blätter. Auf dieser Seite erfährst du, wie das vor sich geht. Lies die Texte in der Reihenfolge der Nummern.

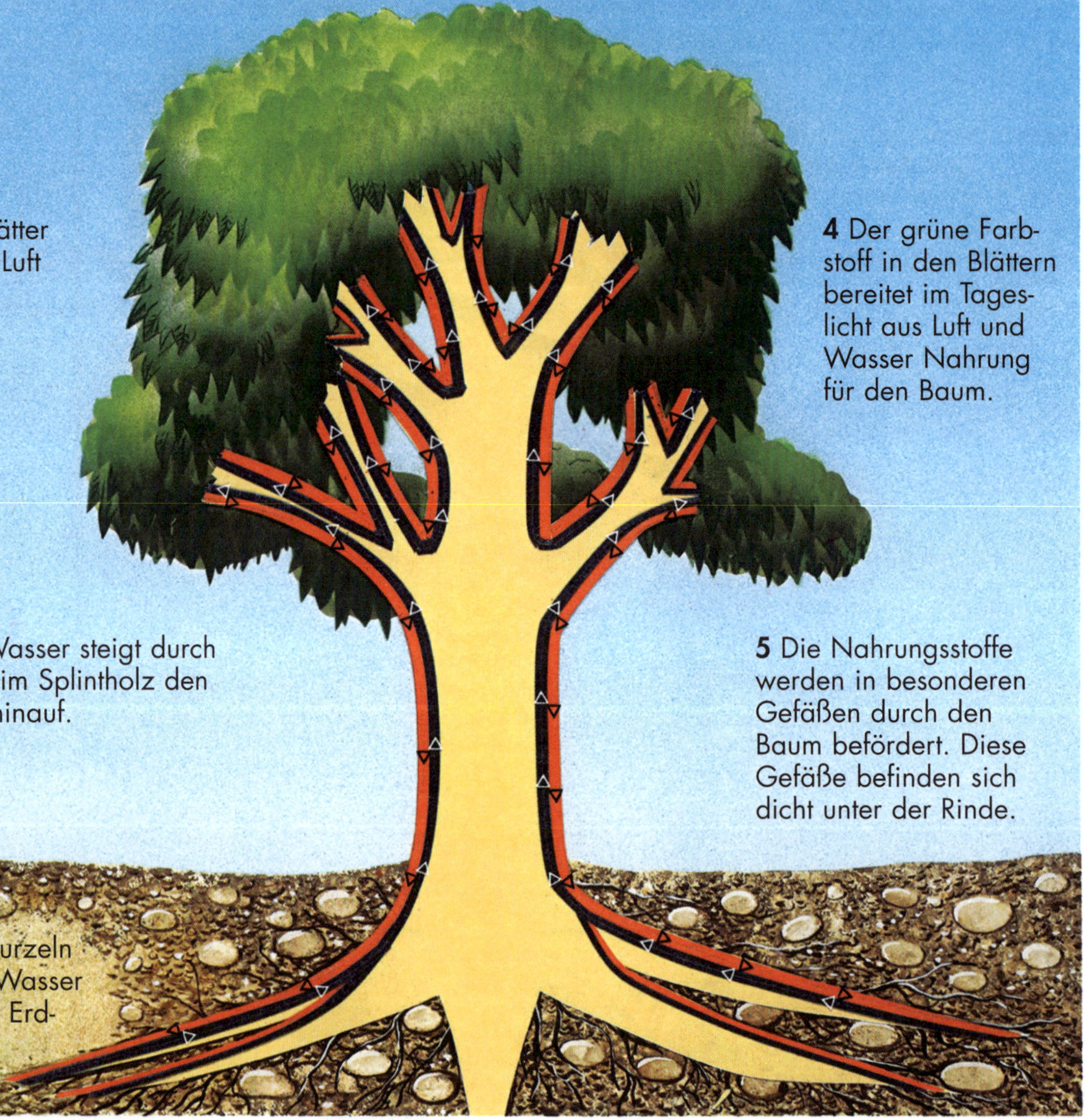

1 Die Wurzeln saugen Wasser aus dem Erdreich.

2 Das Wasser steigt durch Gefäße im Splintholz den Stamm hinauf.

3 Die Blätter nehmen Luft auf.

4 Der grüne Farbstoff in den Blättern bereitet im Tageslicht aus Luft und Wasser Nahrung für den Baum.

5 Die Nahrungsstoffe werden in besonderen Gefäßen durch den Baum befördert. Diese Gefäße befinden sich dicht unter der Rinde.

Warum verlieren Laubbäume ihre Blätter?

1 Im Herbst ist es für die Blätter nicht warm genug: Sie können nicht genügend Nahrung zubereiten. Auch würden Wind und Kälte den weichen Blättern schaden.

2 Durch die Ansatzstelle des Blattstiels wächst eine korkartige Schicht. Sie unterbricht die Wasserzufuhr vom Ast zum Blatt. Das Blatt wird fahl.

3 Das Blatt trocknet aus und stirbt ab. Der Wind bläst es vom Baum.

4 Schließlich fallen alle Blätter ab. Der Baum ruht sich bis zum Frühjahr aus.

Alle Bäume blühen

Die Blüten aller Bäume haben einen Stempel mit Samenanlagen und Staubgefäße, die Blütenstaub (Pollen) enthalten. Wenn Blütenstaub auf die Narbe (das ist die Spitze des Stempels) gelangt, wächst er zu den Samenanlagen hinunter und vereint sich mit ihnen. Das ist die Befruchtung. Aus befruchteten Samenanlagen werden Samen.

1 Die Blüten locken mit ihrem Duft und durch Form und Farbe ihrer Blätter Insekten an. Die Insekten ernähren sich vom Nektar, einer süßen Flüssigkeit im Inneren der Blüte.

2 Wenn ein Insekt in der Blüte nach Nahrung sucht, streift es die Staubgefäße. An seinem Körper bleibt Blütenstaub hängen.

3 Besucht das Insekt dann eine Blüte auf einem anderen Baum, gelangt etwas Blütenstaub auf die Narbe. In dieser Blüte kann sich nun Samen entwickeln.

Manche Bäume haben zwei Arten von Blüten. Die eine Art hat nur Staubgefäße, die andere nur Stempel. Die Erle hat männliche und weibliche Blüten am selben Zweig.

Dieses Blütenköpfchen hat viele weibliche Blüten. An den klebrigen Narben bleibt der Blütenstaub hängen.

Nur die weiblichen Blüten haben Samenanlagen und können Samen hervorbringen.

Nur die männlichen Blüten haben Staubgefäße mit Blütenstaub. Auf einem langen Stiel liegen viele Staubgefäße dicht beieinander. Das nennt man „Kätzchen".

Im Frühjahr entwickeln sich die Kätzchen noch vor den Blättern. Der Wind bläst in die Kätzchen und der Blütenstaub fliegt davon.

Baumfrüchte und Samen

Aus den befruchteten Samenanlagen werden Samen. Die Früchte wachsen darum herum und schützen sie.

Kirsche

Früchte der Eberesche

Birne

Diese Früchte sind weich und saftig. Sie werden von Vögeln und anderen Tieren gefressen. Manche Früchte haben nur einen Samen im Inneren, andere haben mehrere Samen.

Rosskastanie

Weidenfrucht

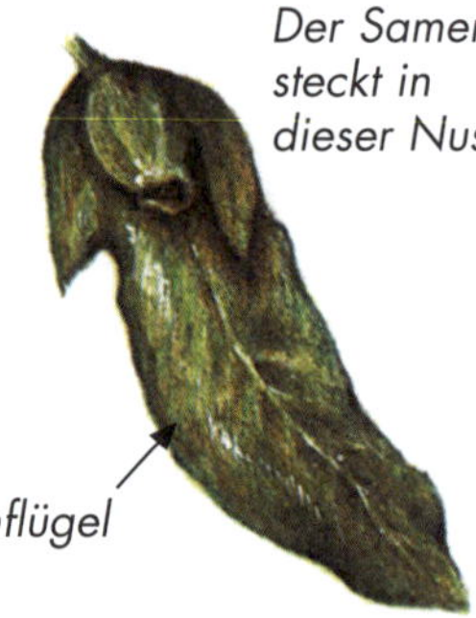

Frucht der Hainbuche

Diese Frucht ist stachelig. Sie schützt den Samen im Inneren.

Diese Frucht besteht aus vielen Samen mit federigen Spitzen.

Diese Frucht ist hart und trocken. Sie hat einen geflügelten Samen.

Zapfen der Sitkafichte

Lindenfrüchte

Fruchtstand der Platane

Birkenkätzchen

Buchecker

Haselnuss

Viele Nadelbäume haben Früchte, die man „Zapfen" nennt. Sie entstehen aus den Blüten, die an den Spitzen neuer Sprosse wachsen. Manchmal dauert das zwei Jahre.

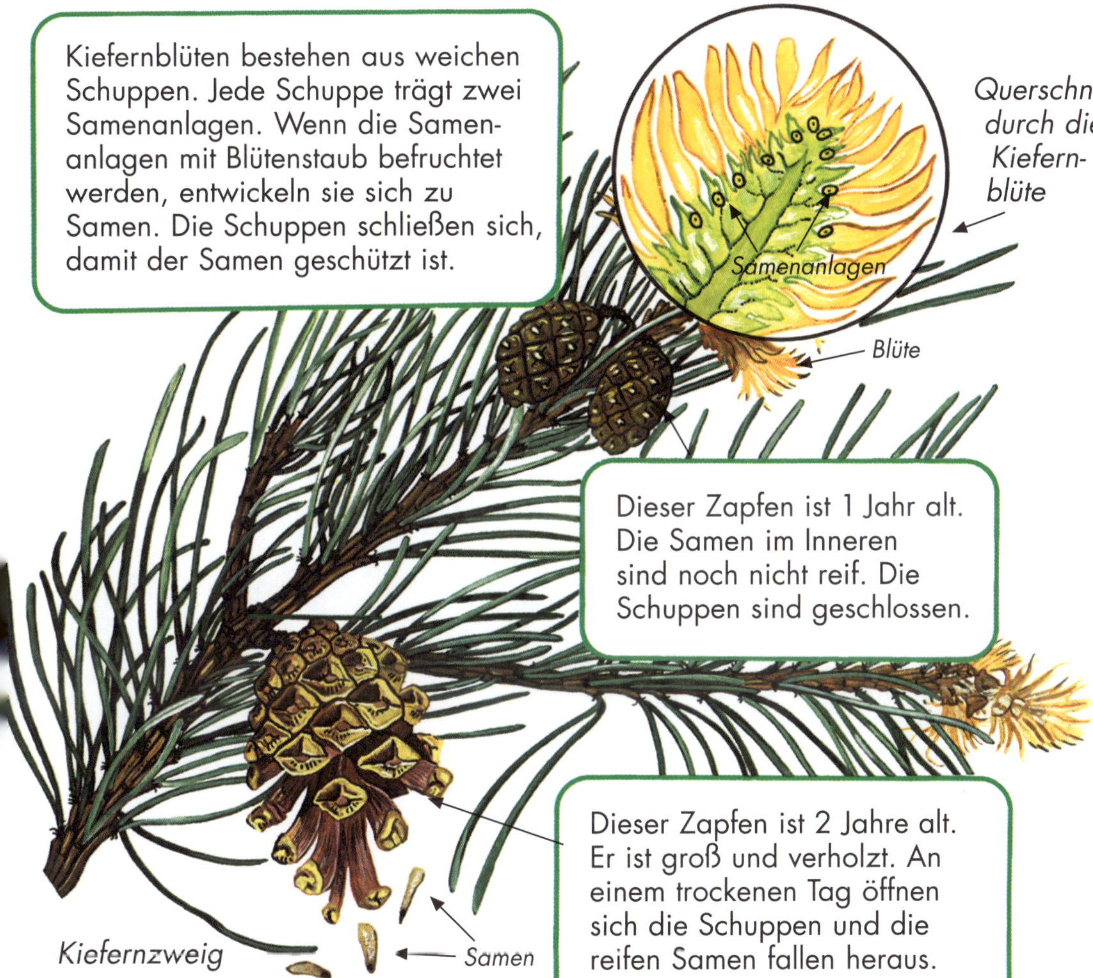

Kiefernblüten bestehen aus weichen Schuppen. Jede Schuppe trägt zwei Samenanlagen. Wenn die Samenanlagen mit Blütenstaub befruchtet werden, entwickeln sie sich zu Samen. Die Schuppen schließen sich, damit der Samen geschützt ist.

Dieser Zapfen ist 1 Jahr alt. Die Samen im Inneren sind noch nicht reif. Die Schuppen sind geschlossen.

Dieser Zapfen ist 2 Jahre alt. Er ist groß und verholzt. An einem trockenen Tag öffnen sich die Schuppen und die reifen Samen fallen heraus.

Eibenfrüchte

Wacholderbeere

Wild-Äpfel

Maulbeere

Edelkastanie (Marone)

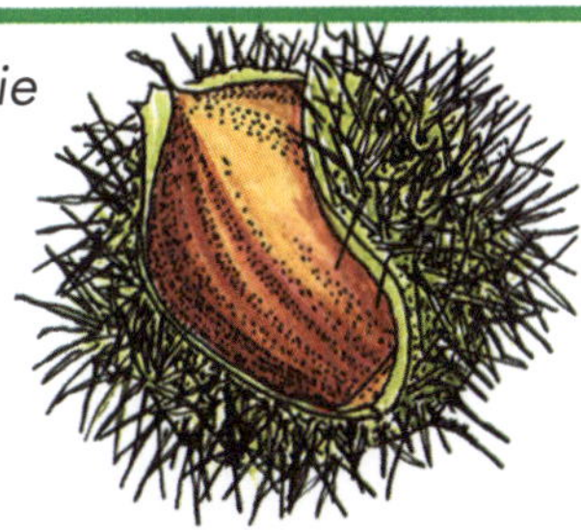

Samenhülsen der Robinie

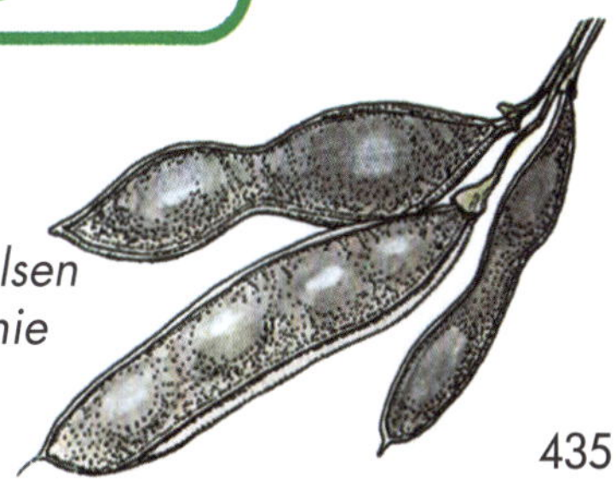

Wie Baumsamen verbreitet werden

Wenn der Samen in der Frucht reif geworden ist, kann er vom Wind oder von Tieren davongetragen werden. Unter der Mutterpflanze könnte die junge Pflanze nicht gut gedeihen, denn dort kommt zu wenig Licht hin.

Ulmenfrüchte

Eschenfrüchte

Bergahornfrucht

Geflügelte Samen fliegen vom Baum weg.

Fruchtstand der Platane

Weibliche Kätzchen der Silberpappel

Manche Früchte sind sehr leicht. Da sie winzige Haare haben, werden sie vom Wind verweht.

Eichhörchen holen sich Eicheln und vergraben sie. Einige Vögel fressen Eicheln, dabei verlieren sie manchmal welche. Daraus können neue Bäume entstehen.

Vögel holen sich Früchte und Samen von diesen Bäumen. Sie fressen das Fruchtfleisch und lassen die Samen fallen.

Erlen wachsen am Wasser. Ihre Samen fallen ins Wasser und schwimmen davon. Manche werden vielleicht auf ein feuchtes Flussufer gespült. Aus einigen Samen werden neue Bäume.

Wissenswertes

Die ersten Bäume erschienen vor rund 370 Millionen Jahren auf der Erde. Unser Planet war damals überwiegend mit Wäldern bedeckt.

Obwohl Regenwälder nur kleine Teile der Landfläche bedecken, leben in ihnen die meisten Tier- und Pflanzenarten. Biologen schätzen, dass im Regenwald jährlich 50000 Arten aussterben, weil Bäume abgebrannt oder gerodet werden. Ein ähnlich schnelles Aussterben gab es zuletzt zur Zeit der Dinosaurier.

Die Früchte des Durian-Baums (Asien) sind so groß wie Fußbälle. Sie sind stachlig und stinken faulig. Ihr Fruchtfleisch soll aber köstlich schmecken.

Bäume liefern nicht nur Holz. Aus einem Stoff in der Weidenrinde wurde früher Aspirin hergestellt. Die getrockneten Knospen der Gewürznelke verwendet man in der Küche. Bernstein und Gummi stammen aus dem Harz von Bäumen.

Geh sparsam mit Papier um und gib Altpapier in den Recycling-Container zur Wiederverwertung. Dann müssen weniger Bäume gefällt werden, um Papier herzustellen. Achtet beim Kauf von Holzprodukten darauf, dass sie aus nachhaltigem Anbau stammen. Das bedeutet, dass für gefällte Bäume neue Bäume gepflanzt werden.

Waldbrände sind gefährlich! Deshalb niemals in der Nähe eines Waldes, von trockenem Gras oder Sträuchern eine Zigarette, ein Lagerfeuer oder einen Grill anzünden.

Gibt es in deiner Nähe einen schönen Baum, den du besonders magst? Schreibe auf, fotografiere oder zeichne, wie sich der Baum im Laufe eines Jahres verändert.

Blumen

Spiele in diesem Teil

Hummeln gesucht!

Hummeln besuchen Blumen. Findest du die 20 Hummeln, die sich auf den folgenden 23 Seiten versteckt haben?

Daumenkino: So öffnet sich eine Blüte

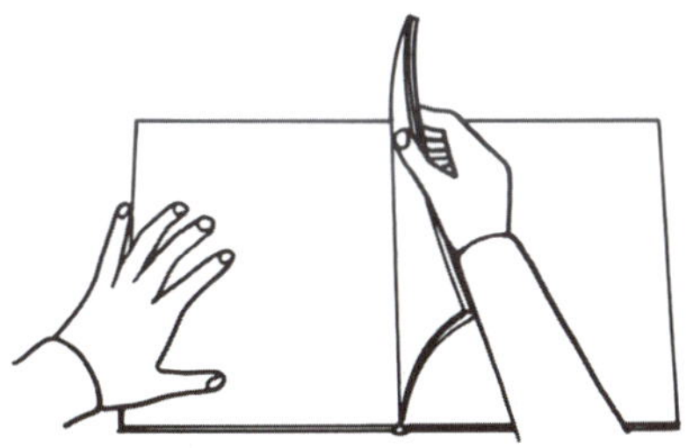

Halte die Seiten 441 bis 459 so, wie es hier gezeigt ist.

Blättere die Seiten schnell durch und achte dabei auf die rechte obere Ecke.

Hier oben siehst du, wie sich die Blüte öffnet.

Was alles zu einer Blüte gehört

Wenn du dir diese Hahnenfußblüte genau anschaust, siehst du, dass sie aus vielen verschiedenen Teilen besteht.

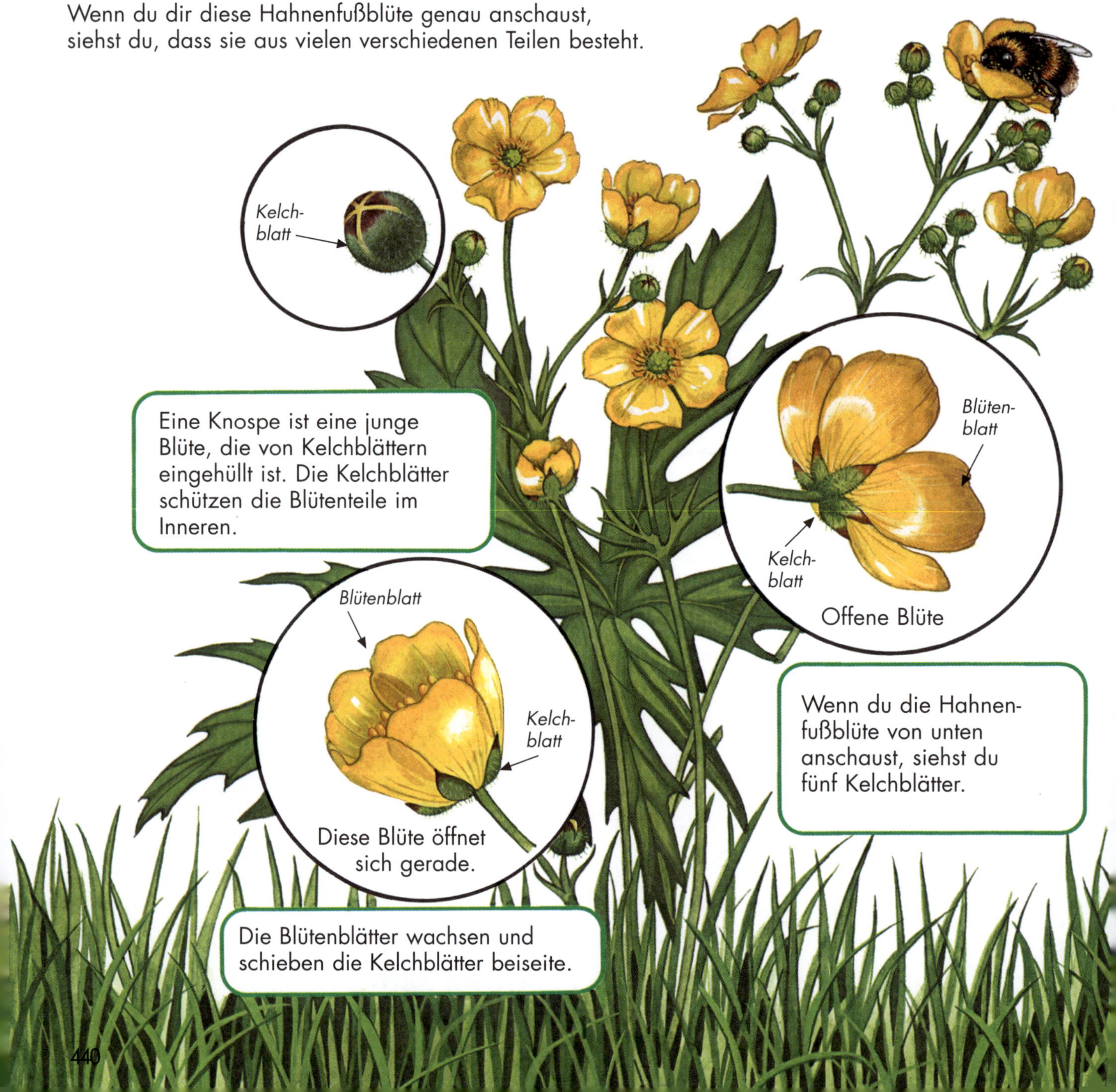

Eine Knospe ist eine junge Blüte, die von Kelchblättern eingehüllt ist. Die Kelchblätter schützen die Blütenteile im Inneren.

Wenn du die Hahnenfußblüte von unten anschaust, siehst du fünf Kelchblätter.

Die Blütenblätter wachsen und schieben die Kelchblätter beiseite.

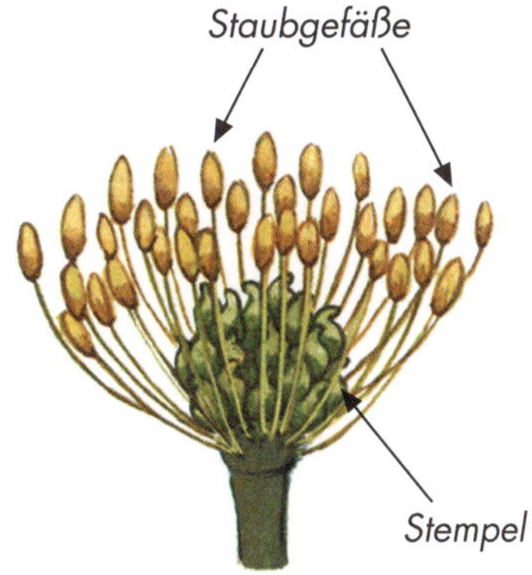

Die grünen Teile in der Mitte der Blüte bilden den Stempel. Er ist umgeben von gelben Staubgefäßen.

Wenn du die Blütenblätter und die Kelchblätter abpflückst, siehst du alle Teile, die sich im Inneren der Blüte befinden.

Jeder einzelne Stempel hat eine klebrige Spitze, die Narbe.

Die Staubbeutel enthalten den gelben Blütenstaub, den Pollen.

In jedem Stempel befindet sich eine winzige Samenanlage. Daraus wird nach der Befruchtung der Samen.

Blüten in vielen Farben und Formen

Blüten gibt es in vielen verschiedenen Formen, Farben und Größen. Du musst jede Blüte genau anschauen, wenn du die einzelnen Teile unterscheiden willst.

Ackerwinde

Lilie

Nelke

Manche Blüten haben zusammengewachsene Blütenblätter.

Glockenblume

Manche Blüten haben unterschiedlich große und verschiedenfarbige Blütenblätter.

Veilchen

Manche Blüten haben sehr viele Staubgefäße.

Zylinderputzer

Manche Blüten haben glänzende Kelchblätter und leuchtend gefärbte Blütenblätter.

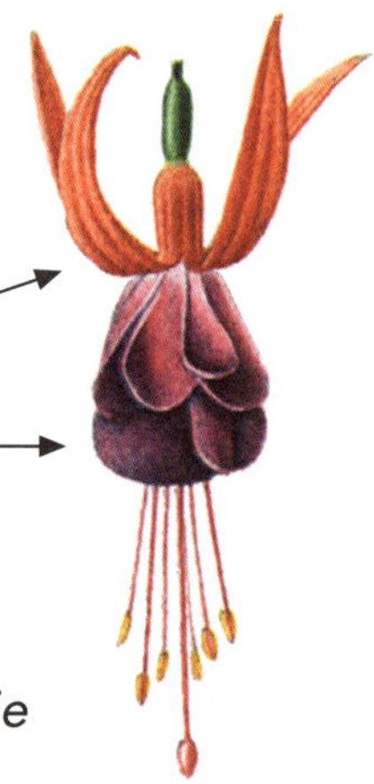

Fuchsie

Vogelwicke

Akelei

Manche Blüten haben einen Stempel mit nur einer Narbe.

Gelbe Narzisse

Krokus

Andere Blüten haben einen Stempel mit mehreren Narben.

Storchschnabel

Eine Aster – viele Blüten!

Außen hat die Aster winzige Blüten mit einem langen Blütenblatt.

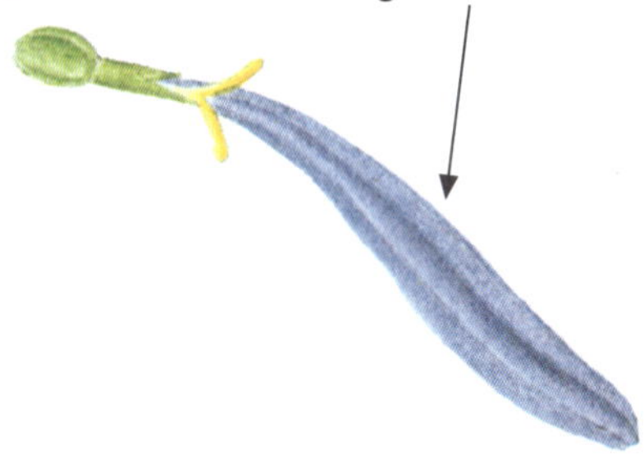

Im Inneren der Asternblüte stehen viele winzige gelbe Blüten.

Irgendwo auf dieser Seite hat sich die Hummel versteckt. Hummeln besuchen Blüten, um dort eine süße Flüssigkeit, den Nektar, zu trinken.

Gänseblümchen

Löwenzahn

Dahlie

Wozu Blüten Besucher brauchen

Die Blütenbesucher nützen den Pflanzen, weil sie Blütenstaub von Blüte zu Blüte tragen.

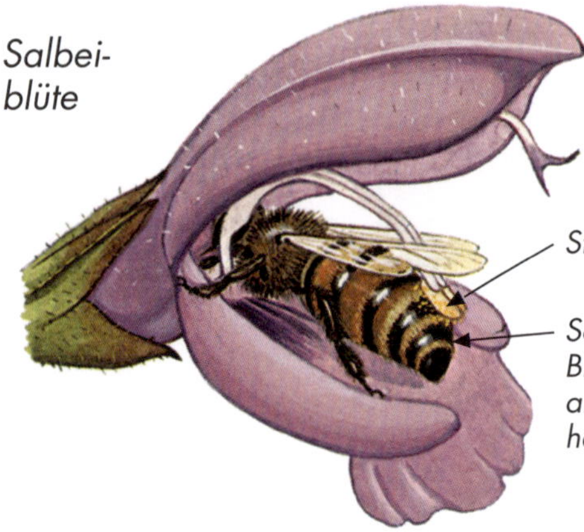

1 Während die Biene aus einer Blüte Nektar saugt, bleibt Blütenstaub (Pollen) an ihrem haarigen Körper haften.

2 Mit dem Blütenstaub der ersten Blüte auf dem Rücken fliegt sie zu einer anderen Salbeiblüte.

3 Die Biene landet, um auch hier Nektar zu sammeln. Dabei streift sie den mitgebrachten Blütenstaub an der klebrigen Narbe ab.

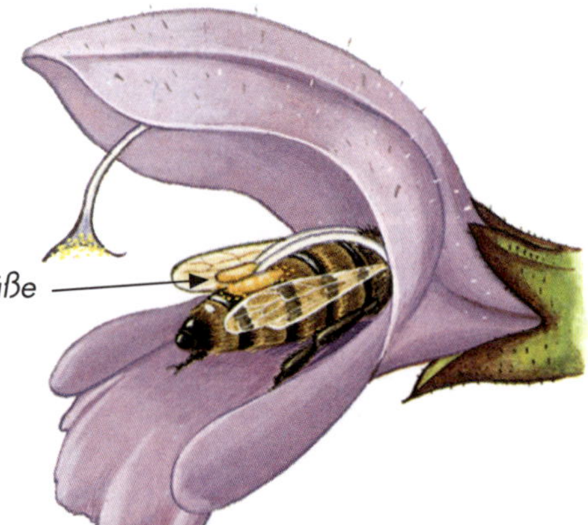

4 Wenn die Biene in die Blüte hineinschlüpft, bleibt neuer Blütenstaub an ihrem Rücken hängen.

Der Kolibri saugt Nektar aus einer Fuchsienblüte. An seinen Brustfedern haftet etwas Blütenstaub von einer anderen Fuchsienblüte. Während der Vogel Nektar saugt, reibt sich der Blütenstaub von den Federn auf die Narbe der Fuchsienblüte ab.

Bist du ein guter Beobachter?
Suche eine Blüte, die Staubgefäße und eine Narbe hat, die gut zu erkennen sind. Setze dich an einem sonnigen Tag vor die Blüte und beobachte die Insekten, die die Blüte besuchen.

Wenn das Insekt weggeflogen ist, schau nach, ob es Blütenstaub auf der Narbe zurückgelassen hat.

Bringt das anfliegende Insekt Blütenstaub an seinem Körper mit?

Spitzwegerichblüten

Glatthafer mit Blüten

Wie der Wind den Pflanzen hilft

Die Blüten auf dieser Seite brauchen keine Besucher, die den Blütenstaub weitertragen: Der Wind bläst ihn von Blüte zu Blüte.

Im Frühjahr kannst du beobachten, wie der Wind ganze Wolken von Blütenstaub von den Gräsern wegbläst. Ein großer Teil davon geht verloren, aber einige Pollenkörner bleiben an der Grasblüte hängen.

Blüten der Hainsimse

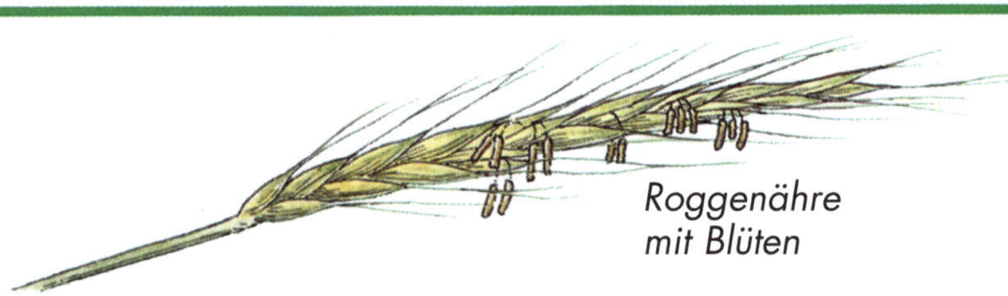

Roggenähre mit Blüten

Alle Bäume haben Blüten. Bei vielen Baumblüten bläst der Wind den Blütenstaub davon.

Der Walnussbaum hat zweierlei Blüten. Die eine Blütenart hat einen großen Stempel. Die andere besteht aus sehr vielen Staubgefäßen.

3 Wenn Blütenstaub zu einer weiblichen Blüte gelangt, bleibt er an den Narben hängen.

1 Sehr viele männliche Blüten wachsen zusammen auf einem Stiel. Einen solchen Blütenstiel nennt man „Kätzchen".

2 Der Wind bläst den Blütenstaub vom Kätzchen. Einige Körner davon landen vielleicht auf einer weiblichen Blüte.

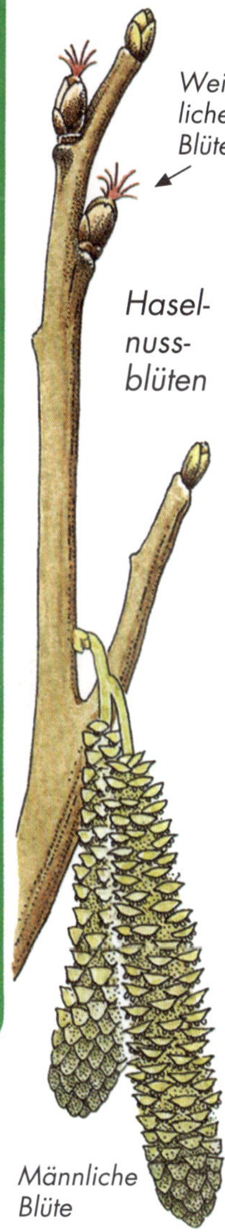

Haselnussblüten

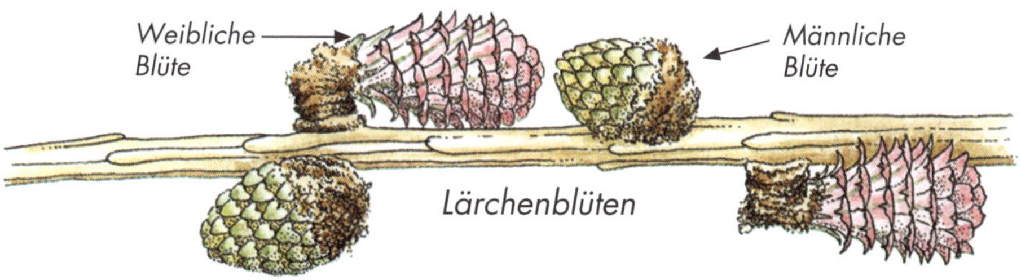

Lärchenblüten

Was geschieht mit dem Blütenstaub?

1 Auf der Narbe dieser Mohnblüte hat eine Biene Blütenstaub (Pollen) von einer anderen Mohnblüte hinterlassen.

2 Aus jedem Pollenkorn wächst ein Schlauch durch das Innere des Stempels hinunter zu den Samenanlagen.

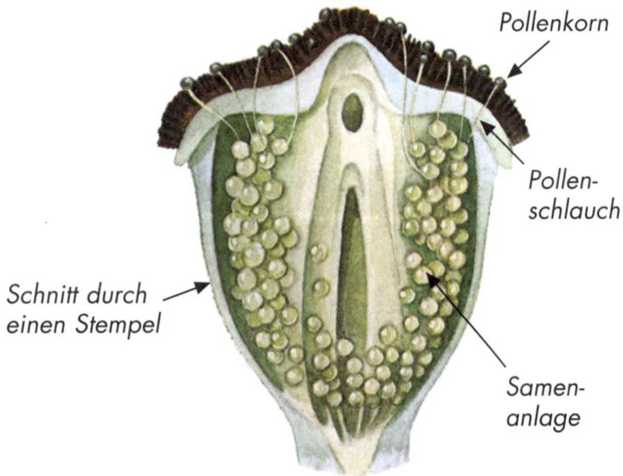

3 Trifft ein solcher Pollenschlauch auf eine Samenanlage, dann quillt der Inhalt des Pollenkorns aus dem Schlauch heraus und vereinigt sich mit der Samenanlage.

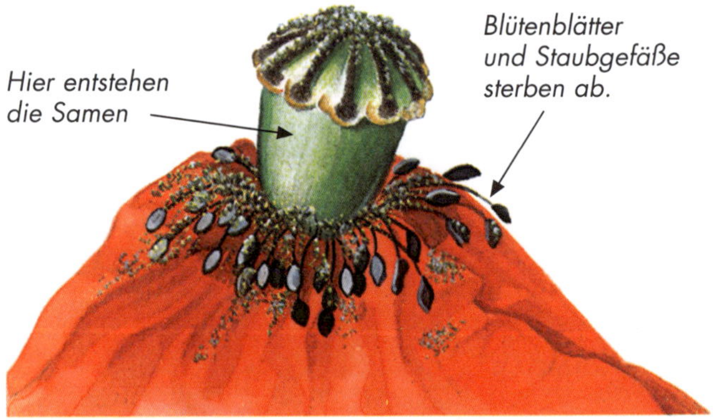

4 Die Samenanlagen im Stempel sind von Pollen befruchtet worden.
Aus den befruchteten Samenanlagen werden Mohnsamen.

Mohnblüten können nur befruchtet werden, wenn ein Insekt Blütenstaub von einer anderen Mohnblüte überträgt.

Eine Mohnblüte kann ihre Samenanlagen nicht mit dem eigenen Blütenstaub befruchten. Aus den eigenen Blüten wachsen nämlich keine Pollenschläuche in den Stempel hinunter.

Mohnpollen können ihre Pollenschläuche auch nicht in den Stempel einer anderen Pflanzenart hineinwachsen lassen.

Können sich Blumen selbst bestäuben?

Bei vielen Blumen ist es wie beim Mohn: Sie können sich nicht mit dem eigenen Blütenstaub befruchten. Der Blütenstaub muss durch Blütenbesucher oder durch den Wind von einer anderen Blüte derselben Art herbeigebracht werden.

Nur männliche Langhornbienen tragen den Blütenstaub dieser Bienen-Ragwurz weiter. Wenn aber keine Langhornbienen zur Bestäubung kommen, befruchtet sie sich mit dem eigenen Blütenstaub.

1 Diese Bienen-Ragwurz-Blüte sieht dem Weibchen der Langhornbiene sehr ähnlich und duftet auch so. Deshalb lockt die Blüte männliche Langhornbienen an.

2 Landet eine männliche Biene auf der Blüte, dann bleiben die beiden Staubbeutel am Kopf der Biene hängen.

3 Dies ist eine andere Langhornbiene. Sie hat Blütenstaub von einer anderen Bienen-Ragwurz am Kopf.

4 Wenn die Biene auf der Blüte landet, bleibt der Blütenstaub an der Narbe hängen und die Blüte wird befruchtet.

Wenn keine Bienen kommen, befruchtet sich die Bienen-Ragwurz selbst.

So befruchtet sich die Bienen-Ragwurz selbst.

Wie Blumensamen verbreitet werden

1 Die Samenanlagen in diesem Stempel der Mohnblüte sind befruchtet worden. Nun werden Samen daraus.

2 Der Stempel schwillt an. Er ist jetzt eine Fruchtkapsel und umschließt die Samen im Inneren.

3 Durch kleine Öffnungen im oberen Teil der Fruchtkapsel können die Samen herausfallen.

Blick in eine Bohne

Das ist eine Feuerbohne. Sie hat eine dicke Haut zum Schutz der inneren Teile.

Aus diesem winzigen Spross entsteht eine neue Bohnenpflanze.

Du kannst die Bohne in zwei Hälften spalten. So sieht sie von innen aus.

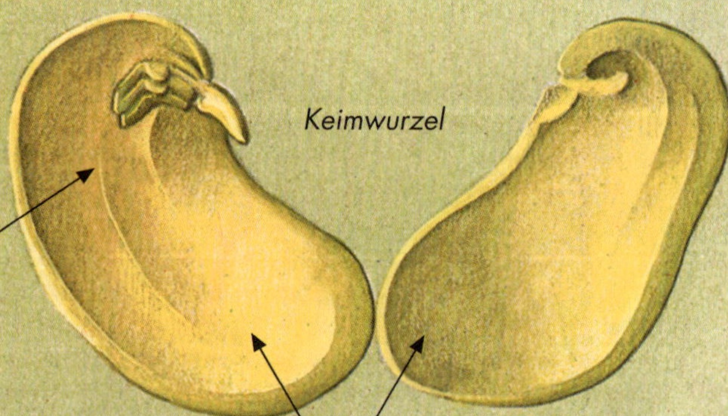

Dies sind die beiden Keimblätter. Sie enthalten die Nahrung, die der Spross zum Wachsen braucht.

Wenn die Samen in den Früchten reif sind, werden sie vom Wind oder von Tieren davongetragen.

Pflanzen bilden große Mengen von Samen. Aber nur aus wenigen entstehen neue Pflanzen, denn viele Samen werden gefressen oder sterben ab.

Vom Samen zur Pflanze

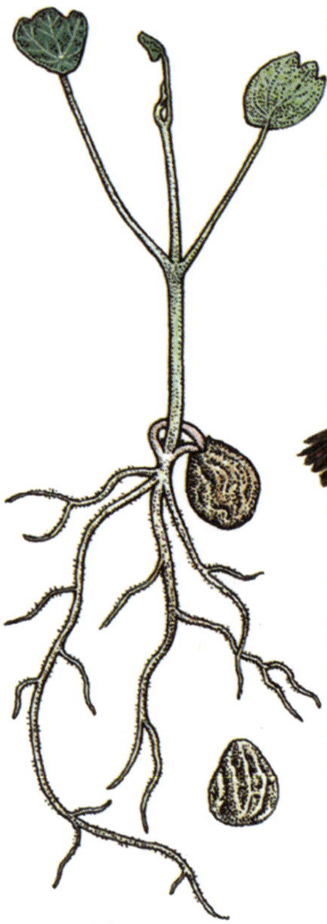

Kapuzinerkresse

1 Herbst
Ein Vogel lässt aus Versehen einen Sonnenblumenkern fallen.

2 Winter
Der Samen fällt auf den Boden und wird zugedeckt.

3 Frühjahr
Durch den Regen quillt der Samen auf. Die Wurzel wächst ins Erdreich hinunter.

6 Spätes Frühjahr
Die Sonnenblume entwickelt eine Blütenknospe. Die Pflanze ist nun schon größer als ein Mensch.

7 Sommer
Die Knospen öffnen sich.

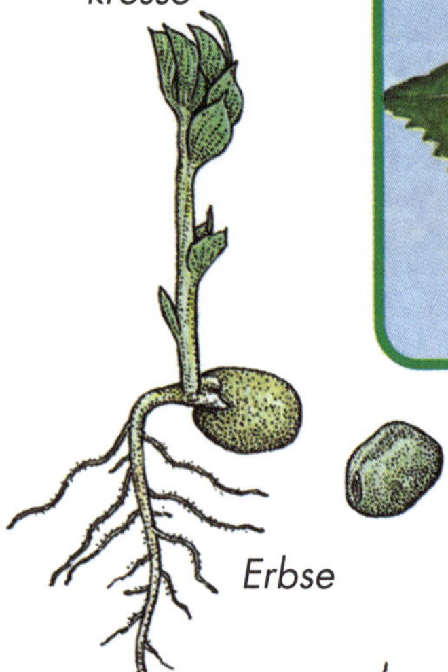

Erbse

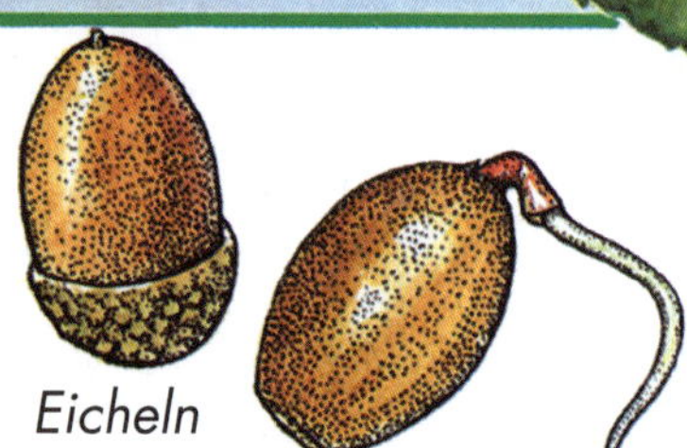

Eicheln

Bergahornfrüchte

4 Frühjahr
Der Spross wächst auf das Sonnenlicht zu.

5 Frühjahr

Die junge Pflanze verbraucht die Nahrung aus den Keimblättern zum Wachsen.

Die richtigen Blätter sprießen. Sie können nun selbst Nahrung herstellen.

Die Wurzel nimmt Wasser und Mineralstoffe aus dem Boden auf.

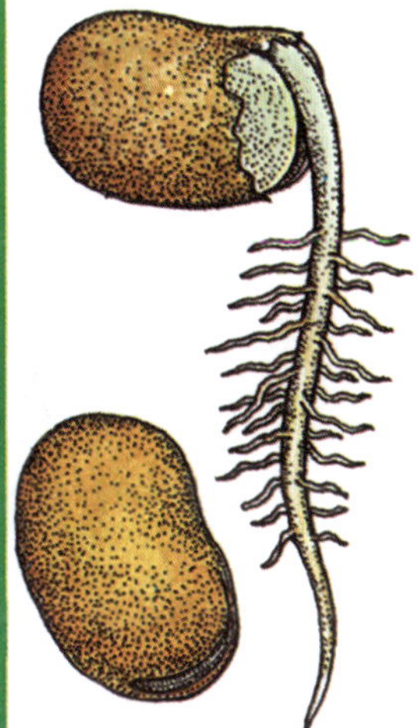

Ackerbohnen

Bienen bringen Blütenstaub von anderen Sonnenblumen.

8 Herbst

Die Blüten sind befruchtet worden.

Ein Vogel frisst die Samen.

Maiskörner

Samen der Platterbse

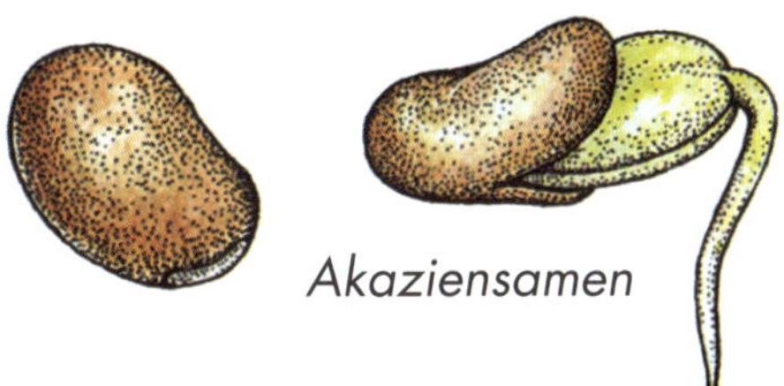

Akaziensamen

Wie Blüten und Insekten zusammenarbeiten

Blüten haben am meisten Nektar und duften am stärksten, wenn Stempel oder Staubgefäße reif sind. Dann müssen sie Insekten zur Bestäubung anlocken.

Diese Kirschblüten besuchen die Bienen am Morgen. Dann haben die Blüten am meisten Nektar.

Diese Apfelblüten besuchen die Bienen am Nachmittag. Dann haben die Blüten am meisten Nektar.

Junge Geißblattblüten öffnen sich abends. Sie werden dann von Nachtfaltern besucht.

Die Blüten duften abends sehr stark, tagsüber dagegen nur wenig.

Bei vielen Pflanzen dauert es mehrere Wochen, bis alle Blüten offen sind. Tag für Tag kommen Bienen zu diesen Pflanzen, bis sich alle Blüten geöffnet haben.

Beim Wald-Weidenröschen dauert es etwa einen Monat, bis sich alle Blüten geöffnet haben. Die ersten Blüten öffnen sich unten am Stängel, die letzten Blüten an der Spitze.

Bei der Rosskastanie öffnen sich jeden Tag neue Blüten. Sie haben sehr viel Nektar. Gelbe Leitlinien weisen den Weg zum Nektar.

Wenn es keinen Nektar mehr gibt, färben sich die Leitlinien rot. Bienen besuchen keine „alten" Blüten mit roten Linien.

Wald-Weidenröschen

Je älter die Blüte wird, desto mehr Nektar bildet sie. Bienen besuchen immer zuerst die älteren Blüten des Wald-Weidenröschens.

Wie wird der Blütenstaub geschützt?

Bei den meisten Blüten ist der Blütenstaub sicher und trocken aufbewahrt. Kälte, Regen und Tau könnten dem Blütenstaub schaden oder ihn wegspülen.

Sind die Blüten geschlossen, dann ist der Blütenstaub geschützt.

Diese Blumen blühen zeitig im Frühjahr. Die Blüten öffnen sich nur, wenn es warm und sonnig ist. Wenn die Sonne hinter den Wolken verschwindet, schließen sich die Blütenblätter.

Bei geschlossenen Blüten können Regen und Tau nicht ins Innere eindringen.

Diese Blüten schließen sich am Abend und bei schlechtem Wetter. Wenn sie mehrere Tage geschlossen bleiben müssen, befruchten sie sich selbst.

Diese Blüten brauchen ihre Blütenblätter nicht zu schließen, um den Blütenstaub zu schützen. Im Inneren der Blüte kann sich kein Wasser ansammeln.

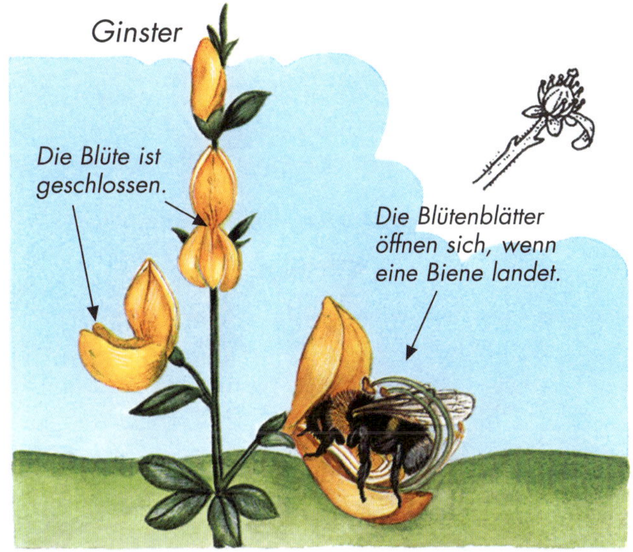

Staubgefäße und Stempel der Ginsterblüte werden von den Blütenblättern geschützt. Sie springen auf, wenn eine Biene auf den unteren Blütenblättern landet.

Reife Staubgefäße von Apfelblüten platzen, um den Blütenstaub hinauszulassen. Die Staubgefäße platzen aber nur an warmen Tagen.

Junge Blüten der Pechnelke gehen abends auf. Sie werden von Nachtschmetterlingen besucht. Wenn die Abende jedoch sehr kalt sind, öffnen sich die jungen Blüten nicht.

Bilderrätsel

Auf dieser Seite sind neun Blüten und neun Früchte abgebildet.
Welche Blüte gehört zu welcher Frucht?
Die meisten von ihnen kommen in diesem Buch vor.

Lösung:
1 und 10 Roggen; 2 und 15 Apfel; 3 und 7 Tomate; 4 und 8 Roter Gummibaum; 5 und 6 Walnuss; 9 und 11 Löwenzahn; 12 und 16 Hahnenfuß; 13 und 17 Storchschnabel; 14 und 18 Erdbeere.

Register

A

B

C

D

E

F

G

H

I

J

K

L

M

N

O

P

Q

R

S

V

W